한말 외국인 기록 11

한국의 야생동물지 / 일제 강점기의 조선 생활상

이 책의 맞춤법과 띄어쓰기는 역주자의 의견을 기준으로 했습니다.

개정판
한말 외국인 기록 11
한국의 야생동물지 / 일제 강점기의 조선 생활상
1999년 10월 20일 초판 1판 1쇄
2019년 11월 1일 개정판 1쇄

저 자 | S. 베리만 / H. B. 드레이크
역주자 | 신복룡 · 변영욱 / 신복룡 · 장우영
발행인 | 임동규
발행처 | **(주)집문당**
등 록 | 1971. 3. 23. 제2012-000069호
주 소 | 03134 서울시 종로구 돈화문로 82 집문당빌딩 5층
전 화 | (02)743-3192~3 팩스(02)742-4657
이메일 | sale@jipmoon.co.kr
홈페이지 | www.jipmoon.co.kr

편 집 | 장이지
디자인 | 임용우

ISBN 978-89-303-1842-6 04900
978-89-303-1831-0(세트)

가격 25,000원

이 도서의 국립중앙도서관 출판시도서목록(CIP)은 e-CIP홈페이지(http://www.nl.go.kr/ecip)와
국가자료공동목록시스템(http://www.nl.go.kr/kolisnet)에서 이용하실 수 있습니다.
(CIP제어번호: CIP2019042413)

한국의 야생동물지

In Korean Wilds and Villages

S. 베리만 지음/신복룡 · 변영욱 역주

집문당

In Korean Wilds and Villages

by

Sten Bergman

Translated by Frederic Whyte

Travel Book Club, London
1938

원저자 베리만(Sten Bergman)

역주자 개정판 서문

번역판의 재판 서문을 쓴다는 것은 그 자체로서 즐거운 일이지만 달리 생각하면 조금은 겸연쩍은 일이다. 번역판에 딱히 재판 서문을 써야 할 이유가 흔한 일은 아니기 때문이다. 그럼에도 불구하고 재판 서문을 쓰는 데는 나로서 몇 가지 남다른 감회가 있기 때문이다.

애당초 내가 미국에서 공부하다가 이 책을 발견했을 때 그 기쁨은 매우 컸다. 그것이 나의 전공과 무관한 것이라 할지라도 한국의 자연사에 대한 일말의 애정이 있었고 또 이 책은 한국에 있어야 할 자료라고 생각했기 때문이었다. 그러나 그쪽 분야에서 공부하는 분들 가운데 이 책을 주목하거나 언급한 사실을 나는 본 적이 없었다. 나는 그것이 이상하고 희한하게 느껴졌다.

지난날 나의 전공과는 다소 거리가 있는 엔닌(圓仁) 스님의 『입당구법순례행기』(入唐求法巡禮行記)를 발견하고, 왜 이런 자료가 한국에는 알려지기조차도 않았는가를 개탄하다가 결국에는 내 분수에도 맞지 않게 스스로 번역하여 출판했을 때와 꼭 같은 느낌이 나에게 다가왔다. 『한국의 야생동물지』를 처음 발견하고 끝내 내 분수도 모른 채 이를 번역하여 출판한 것도 엔닌의 경우와 꼭 같았다. 이런 저런 사연으로 이 책을 번역하고 다시 서문을 쓰려니 가슴에 맺힌 기억들이 주마등처럼 지나간다.

가장 가슴을 울리는 것은 우리 나라의 야생조류학의 천부적 학자였던 김수일 교수의 죽음이다. 그는 생물학을 전공했지만 나의 강의실에 여러 차례 들어왔던 것으로 기억된다. 그가 내 강의의 학점을 땄는지는 모르겠다. 내가 야생동물에 관심을 갖게 된 동기에는 그와의 인연이 크게 작용했다. 가까워질수록 기인이라는 생각이 들었다. 놀라운 요들송과 전각 기술 등도 신기하게 느껴졌지만, 새에 대한 그의 사랑은 참으로 놀라운 것이었다. 그는 이미 학부시절에 야생 조류에 대한 일가를 이루고 있었다. 그는 "건국대학교 캠퍼스에 서식하는 조류 연구"로 최우수 학부 졸업 논문상을 탔다.

어찌 알았는지 국제두루미학회(International Crane Association)의 회장인 아치볼드 박사(George W. Archibald)가 김수일 군에게 전액장학금과 생활비를 조건으로 위스콘신대학 야생동물학과에 입학허가서를 보내왔다. 그는 곧 유학을 떠나 그토록 바라던 조류를 원 없이 공부했다. 내가 워싱턴에서 공부할 무렵 그는 그 먼 길에 차를 몰고 찾아와 하루를 함께 보내고 올라갔다. 그 뒤 그는 귀국하여 청주의 교원대학 교수로 임명되어 멸종한 두루미의 복원을 위해 혼신의 노력을 기울여 성공했다.

그러나 그에게 불행이 찾아왔다. 학업을 마치지 못한 아이들과 아내를 미국에 두고 혼자 귀국하여 기러기 아빠로 살아야 했기 때문이었다. 가족에 대한 그리움과 외로움 때문에 그는 술에 의지했고 몸은 점점 망가지고 있었다. 그는 끝내 혼자서 살다가 쓰러져 다시 일어나지 못하고 2005년에 쉰 한 살의 한창 일할 나이에 세상을 떠났다. 하늘에서는 야생동물을 살펴보아야 할 일도 없을 터인데 하느님은 왜 그를 그리 일찍 데려갔는지, 나는 많이 울었다.

이 글을 쓰려니 또 다른 인물이 생각난다. 최영묵(崔永默) 군이다. 그는 사학과 학생이었지만 내 강의의 충실한 수강생이었다. 그는 학업을 계속하여 군정 시대의 신한공사(新韓公社)의 연구로 박사학위를 딴 다음 국사편찬위원회에 들어가 촉망 받는 역사학자로 열심히 공부했다. 그러나 그에게도 예상치 않은 불행이 다가오고 있었다.

2년 전 어느 날, 문득 그에게서 전화가 왔다. 무슨 특별한 일이 있는 것은 아니고 갑자기 뵙고 싶고 저녁이라도 한 번 대접하고 싶다는 것이었다. 그런데 말이 좀 어눌했다. 나도 반가워 학교 부근의 식당에서 만나기로 약속했다. 그러나 약속 시간이 되어서도 나타나지 않았다. 얼마의 시간이 흐른 뒤 전화가 왔는데 식당을 찾을 수 없다는 것이었다. 이럴 수가 있나? 10년을 다닌 학교 부근이고, 전철역에서 얼마 되지 않는 거리인데, 그리고 우리가 자주 다니던 식당인데 못 찾겠다니, 이상한 생각이 들었다. 열 번의 통화를 한 다음에 한 시간이 너머 그가 식당을 찾아왔다.

그런데 그의 모습이 초췌했다. 말씨도 이상했다. 아, 몇 만 명에 하나가 걸린다는 청년 치매에 걸린 것이다. 어쩌라고 하늘은 그에게 이런 아픔을 주었는지…… 그는 5분마다 같은 말을 되풀이 했다. "건강하시지요?", "하시는 연구는 잘 되시지요?", "저는 요즘 무슨 무슨 연구를 준비하고 있습니다." 그리고 5분이 지나면 같은 말을 되풀이했다. 나는 너무 가슴이 막혀 말을 이을 수가 없었다.

식사를 마치고 함께 찻집에 들어갔다. 그리고 같은 이야기가 되풀이 되었다. 그것이 내가 본 그의 마지막 모습이었다. 그리고 얼마 뒤 그가 세상을 떠났다는 소식을 들었다. 겨우 쉰 살을 살고서…… 그는 나에게 마지막 작별을 하고 싶어 찾아왔었으나 내가 도울 수 있는 것이 아무 것도 없다는 것이 너무 가슴 아팠다. 알려주는 사람도 없어 조문도 못했다. 이 책을 비롯하여 외국인 기록의 주석을 찾으면서 싫은 내색 한번 하지 않고 도와주었는데, 그는 그렇게 내 곁을 떠났다.

끝으로 나는 이제 이름도 기억할 수 없는 한 독자에게 감사의 글을 쓰고자 한다. 앞서 말했듯이 나는 정치학을 공부하는 사람인데 야생동물의 학명을 정확히 알 턱이 없다. 검정딱따구리와 까막딱따구리를 구분할 수 없었고, 하늘다람쥐인지 날다람쥐인지, 청까치가 맞는지 물까치가 맞는지 알 수가 없었다. 그저 사전에 의존할 수밖에 없었다. 그래서 초판본에는 동식물의 이름에 오류가 많았다.

그러던 터에 강호의 어느 조류애호가가 이 책을 읽고 꼼꼼히 작성한 교정지를 보내주었다. 나는 너무 감사하여 어쩔 줄을 몰랐다. 그런데 컴퓨터 바이러스로 말미암아 그분이 보내준 이메일이 날아가 이제는 이름조차 알 수 없다. 다행히도 첨부 파일로 보내준 교정본을 출력해둔 것을 잘 보관하여 두었던 덕분으로 이번 개정판에서 모두 바로잡았다. 그러나 이제는 그 분의 이름조차 여기에 남기지 못하는 것이 몹시 죄송하고 안타깝다. 자신의 도움으로 개정판이 나온 줄 알면 그분이 몹시 기뻐할 터인데…… 이 개정판을 인연으로 꼭 다시 연락이 닿았으면 좋겠다.

거듭 말하거니와 나는 이 책을 내면서 있을 수 있는 오역에 대하여 그쪽 학문을 공부하는 분들에게 용서를 빈다. 그리고 나의 충심(衷心)을 이해하여 주시기를 진심으로 바란다. 한국에 관한 자료를 한자로 써 일본말로 읽어 스웨덴 글로 탈고하여 영어로 번역한 것을 내가 다시 한국어로 번역했으니 어찌 오기(誤記)가 없을 수 있겠는가? 내가 비록 그쪽 분야의 전공자는 아니지만 이 글을 통하여 한국의 자연사나 동물상(動物相) 연구에 작은 도움이라도 되었다면 나로서는 더 바랄 것이 없다.

2019년 11월에

역주자 신복룡 씀

역주자 초판 서문

중국의 고전인 『회남자』(淮南子)를 보면, 늘 새와 대화를 나누며 함께 노는 한 청년의 이야기가 나온다. 어느 날 그가 새와 함께 놀다 왔다는 말에 너무도 어이가 없던 아내가 그러면 자기와 함께 가서 새와 노는 장면을 보여 달라고 했다. 이에 응낙한 그 젊은이가 바닷가로 나갔으나 그때는 새들이 오지 않았다. 새들은 이미 그의 마음에 순수함이 없음을 알았기 때문에 몰려들지 않았으며 그후 그는 아내로부터 더 많은 구박을 받았다고 한다. 이 책을 처음 읽었을 때 나는 이것이 하나의 우화(寓話)인 줄로만 알았다.

그러다가 지금으로부터 25년 전에 내가 아끼는 후학인 김수일(金守一) 교수(그후 그는 위스컨신대학에서 조류학 박사 학위를 받고 지금은 교원대학의 교수로 재직 중임)와 나의 어린 자식들과 함께 광릉(光陵)으로 소위 탐조(探鳥) 여행을 다녀 온 후 나는 『회남자』에 등장하는 그 청년이 우화의 주인공이 아니라 실존 인물일 수 있다고 생각했다. 김 박사는 각종 새의 목소리를 내어 새를 불러 나의 아이들과 함께 놀아 주었으며, "이 새와 얘기를 나눠 보니 충청도에서 올라온 미조(迷鳥) 같다"느니, 하늘을 나는 새를 바라보며, "저 새는 암놈으로 지금 4살인데 시베리아로 가고 있는 중"이라느니, 하는 얘기를 들으며 그의 경지가 중국의 그 청년에 결코 못지않다고 생각하며 한없는 경이로움에 빠진 적이 있다.

워싱턴에서 공부할 당시인 1986년에, "Korea라는 글자만 나오면 무슨 고서이든지 나에게 연락해 달라"는 부탁을 해 놓은 고서점으로부터 한국 고서가 나타났다는 연락을 받고 허둥지둥 달려가 보니 그것은 역사학도, 사회과학도 아닌 자연사(自然史), 즉 한국의 야생 동물에 관한 글이었다. 우선 130장에 이르는 한국의 야생 동물의 사진과 민속 사진이 나를 놀라게 했다. 나의 전공과는 아무런 관련도 없었지만 이 책은 한국에 있어야 할 책이라는 생각과 함께 나는 김수일 박사를 생각하며 월 800달러의 국비 장학금으로 쪼들리는 주머니를 털어 거금을 주고 이 책을 샀다.

스웨덴과 한국은 역사적으로 인연이 없을 듯하지만 반드시 그런 것도 아니다. 1926년 10월에 고고학자이며 스웨덴의 왕자인 구스타프(Gustav) 부부(지금의 스웨덴 왕의 父王)가 한국의 고고학에 관심을 가지고 내한하여 경주의 고분을 발굴하고 그를 기념하여 이 무덤을 서봉총(瑞鳳冢)이라 명명(命名)한 것은 잘 알려진 일이다. 그는 그 뒤에도 한국에 대한 관심을 버리지 않던 차에 한국의 야생 동물을 수집하여 스웨덴 왕립 자연사 박물관에 전시하고 싶은 생각을 갖게 되었다.

그러한 목적으로 선발된 사람이 바로 여기에 소개하는『한국의 야생 동물』의 저자인 슈텐 베리만(Sten Bergman)이다. 캄차카와 쿠릴열도의 생태계 연구 학자로 이미 문명(文名)을 날리고 있었을 뿐만 아니라 탁월한 사냥꾼인 그가 스웨덴 자연사 박물관의 진열을 위해 한국의 야생 동물을 잡으러 13일에 걸친 시베리아 횡단 철도의 여행 끝에 서울에 도착한 것은 1935년 2월 21일이었다. 그가 도착한 날 저녁에 당시의 조선 총독인 우가키 가즈시게(宇垣一成)가 만찬을 베풀어 준 것을 보면 그의 지위가 어느 정도였던가를 미루어 짐작할 수 있으며, 일본의 대한 정책의 일면을 볼 수도 있다. 그는 한국에 오면서 스웨덴의 일류 박제사인 훼크비스트(Harald Sjöqvist)를 데리고 왔다.

그는 서울에 1개월 동안 머물면서 도쿄(東京)에서 한 장비를 구입하고 함경도의 지리에 능숙한 일본인 사냥꾼 후지모토 겐지(藤本源治)를 고용하여 북쪽으로 떠났다. 그는 주을(朱乙) 온천에 캠프를 치고 함경도, 특히 백두산 일대의 사냥을 시작했다. 함경도에서 그는 극동 러시아의 일급 사냥꾼인 얀콥스키(G. Jankovski)의 3부자(父子)와 일본인 사냥꾼인 요시무라(吉村)를 다시 고용한다. 이들의 장비를 보면 말이 50필이었고, 백두산 일대의 마적들로부터 약탈당하지 않도록 하고자 관동군(關東軍)의 호위를 받으며 백두산 탐사와 사냥을 전개한다. 통신은 주로 전서구(傳書鳩)를 이용했다. 훌륭한 짐승을 잡으면 훼크비스트가 현지에서 박제를 한 후 즉시 본국으로 탁송했다.

그들이 도대체 얼마나 잡아갔는지 통계가 없지만 이 책에 수록된 사진을 보는 것이 백문이 불여일견(百聞不如一見)이다. 이들이 잡은 짐승으로는 곰, 멧돼지, 영양, 꿩 등의 조류, 해조(海鳥), 스라소니, 날다람쥐, 갑각류(甲殼類), 어패류(魚貝類) 등 종류를 가리지 않았다. 그가 본국 스웨덴에 보낸 조류만 380종이었다니까 그 규모를 미루어 짐작할 수 있다.

이들은 북부 지방에서의 사냥이 끝나자 지리산을 탐사했고 제주도에까지 건너가 야생 동물을 포획했으며 신의주에 캠프를 차리고 압록강의 조류 상태를 조사했다. 이들은 당시에 시보레(Chevrolet)를 타고 21개월 동안 전국을 종횡무진했다. 요시무라의 말을 빌리면 그는 한국에서 25년 동안 주로 꿩을 사냥했는데 그가 잡은 꿩의 숫자는 대략 5만 마리 정도였고 하루에 가장 많이 잡은 것은 300마리 정도였다고 하니까 그 실력을 알 만하다. 그들은 매(海東靑) 사냥을 시험해 보기도 했으며, 주로 최신형 장총을 이용했다. 멧돼지를 잡을 경우에는 150kg 이하는 "쓸모없는 것"으로 처리했다.

이쯤에서 독자들은, "그러면 그들이 백두산 호랑이를 잡았느냐?"고 묻고 싶을 것이다. 나도 이 점이 궁금했고, 필자인 베리만도 호랑이를 잡으려고 백두산 숲속을 헤맨 것이 두 차례나 되었다. 그러나 그는 끝내 백두산 호랑이를 잡아가지는 못했다. 탐문을 해본 결과 백두산 호랑이를 보았다는 사냥꾼은 가끔 있었지만, 잡지는 못한 것을 끝내 아쉬워하며 그는 백두산을 내려온다. 그가 만난 사냥꾼들의 말에 의하면 이때 이미 호랑이는 멸종된 것 같다는 것이었다.

우리는 일제시대나 당시에 빚어진 민족적 비극을 원료나 노동력의 수탈 또는 민족적 자존심의 훼손 정도로 치부하는 경향이 있다. 그러나 이 책에서 우리가 얻을 수 있는 교훈은 이미 그 당시에 엄청난 생태계의 파괴가 이

뤄지고 있었다는 점이다. 다만 그것이 그 당시로서는 가시적이지 않았을 뿐이다. 지금의 시점에서 본다면 그것이 얼마나 끔찍스럽고 치명적인 착취였던가를 새삼 느끼지 않을 수 없다.

필자인 베리만(Sten Bergman)은 스웨덴의 탐구(조사)여행인이자 동물학자로서 1895년 10월 20일에 베름란드 주(Värmland)의 란새테르(Ransäter)에서 태어났는데 2명의 형제가 있었다고 한다. 그는 1914년 스톡홀름에서 고등학교를 졸업하고 스톡홀름 대학에서 1917년 학사를 받았으며, 1925년에는 우리나라의 석사와 박사 사이의 학위를 받았다. 일찍부터 자연과학적 야외 연구에 관심을 가졌던 그는 1920~1923년에 식물학자인 훌튼(E. Hulten)과 곤충학자인 말라이세(R. Malaise)와 함께 캄차카(Kamchatka)로 탐사 여행을 떠났다. 그리고 『캄차카에서의 3년간에 걸친 탐사 여행기』(1923)와 『캄차카를 가로지르는 개 썰매를 타고서』(1924)를 썼다. 이 두 책은 내용 전체 혹은 부분적으로 13개국어로 번역되었다.

그 뒤에도 베르만은 『극동 지역의 수천 개의 섬』(1931)에서 1929~1930년에 떠났던 쿠릴열도(Kuril)로의 탐사 여행을 묘사했고, 1935~36년에 한국을 여행한 후에 이 책을 썼다. 그는 1952년에 명예 철학박사의 학위를 받았다. 베리만은 활발하고 흥미진진한 묘사 방법과 인간적인 겸손함을 지닌 사람이었다고 한다.

영어와 독어로 번역된 그의 여러 작품들, 그중에서도 특히 『쿠릴열도의 새』(*New Birds from the Kuril Islands*, 1931), 『캄차카에로의 다람쥐의 이동』(*On the Immigration of the Squirrel into Kamchatka*, 1931)과 『동북아세아의 조류에 대한 연구 : 쿠릴열도의 조류의 생태·체계·분포』(*Zur Kenntnis nordostasiatischer Vögel : Ein Beitrag zur Biologie, Systematik und Verbreitung der Vögel Kamtchatkas und der Kurilen*, 1935)에서 베리만은 자신의 탐사 여행에서의 과학적인 결론들을 보여주었다. 그는 자신

이 집으로 가져온 괄목할 만한 동물학적인 수집품을 국립박물관에 기증했고, 민속학적 수집품은 민속학 박물관에 기증했다.

베리만은 때때로 국립박물관에서 일했고, 광범위하고 인기 있는 과학 강의를 했다. 특히 1926년 이후로는 라디오에서 강의를 했고, 라디오 강연 내용을 『유명한 탐험 여행』(1939, 1941)이라는 제목으로 책으로 묶어 냈다. 자신의 여행 기억을 토대로 한 몇 권의 청소년 도서 외에도 『멀리 떨어진 나라들로부터』(1934)라는 지리학 책도 썼다. 그 후 1948~1950년, 1952~1953년, 1956~1959년에 세 차례에 걸쳐 뉴기니아를 여행한 다음 『비록 나의 아버지가 식인종일지라도』(1959)를 썼다. 그는 여러 외국 학회를 이끌었으며, 린네(Linne) 메달을 받았다. 1920년에 린드(Dagny Lindhe)와 결혼했으며 1975년에 세상을 떠났다.[1)]

젊었을 적, 내 손으로 한말 외국인의 한국 관계 자료들을 주석하겠다고 다짐한 지 벌써 30년의 세월이 흘렀으니 세월의 무상함과 더불어 만감이 교차한다. 번역을 마친 후에 그 동안 활판에서 컴퓨터로 바뀌는 인쇄 혁명과 출판계의 불황 등으로 중도에서 포기했던 『한말 외국인 기록』을 이제 집문당 임경환(林京煥) 사장님의 호의로 번역과 주석 작업을 재개하게 된 것이 한없이 기쁘고 감사하다.

이 책은 그 동안 『한말 외국인 기록』의 번역과 출판 작업을 도와주면서 미국 유학을 준비 중에 있는 나의 조교 변영욱(邊泳旭) 군이 초역(草譯)한 것이다. 그는 본시 영어 실력이 탁월하던 터에 나의 작업을 도와주는 동안 나름대로 한말 외국인의 기록에 대한 지식을 쌓아 이 책을 초역했으며, 나는 윤문과 대조, 그리고 주석을 맡았다. 이 책이 나오기까지에는 나의 헌신

---

1) 필자 베리만의 약전(略傳)은 『스웨덴 인물 백과 사전』(*Svenska Man och Kvinnor : Biografisk Uppslagsbok, Albert Bonniers Förlag*, Stockholm, 1942), p. 263; *Nationalencyklopedin*, Bokförlaget Bra Böcker AB, Högnas, 1990에 의함.

적인 조교 박성진(朴城進) 군의 고생이 많았다. 그가 학부 학생이 아니었더라면 나는 그의 이름을 공역자(共譯者)로 넣어 주었어야 옳았다. 남달리 수줍음이 많은 그는 마음이 넉넉지 못한 나의 방에서 마음 고생이 많았으리라고 생각되며, 주석을 찾으려 도서관과 각국의 대사관, 문화원을 찾아다니면서 싫은 내색 한 번 하지 않았다.

끝으로 나는 시도 때도 없는 부탁에 늘 마음써준 오랜 친구 다키자와 마코도(滝沢誠) 선생으로부터 많은 도움을 받았으며, 한국의 동물에 대한 문외한이 내가 문의할 때마다 친절하게 가르쳐 주신 서울대공원 연구실장 권순호(權純鎬) 선생님과, 일본어로 표기된 한국의 지명을 찾아 준 건국대학교 박사 과정의 최영묵(崔永黙) 학제(學弟)와, 스웨덴어로 된 필자의 이력서를 번역해 주었을 뿐만 아니라 몇 가지의 주석과 표기를 도와준 외국어대학교 스칸디나비아어과의 조교 이지영(李知泳) 선생에게 깊이 감사하며, 편집 교정과 출판 과정에서 고생하신 집문당의 우진주(禹軫柱) 상무님과 편집부 직원 여러분, 그리고 신세진 모든 분들에게 깊이 감사한다.

앞의 여러 분들의 도움에도 불구하고 일본어로 발음하여 영문으로 표기된 북부 지방 오지의 지명(地名)을 확인할 수 없는 곳이 몇 군데 있었던 점과 전공이 아닌 사람이 동식물의 학명(學名)을 기록하는 과정에서 있을 법한 오류에 대해 독자들의 질정(質正)을 바란다. 이러한 도움에도 불구하고 이 글에 오역이나 불충분한 번역이 있다면 그것은 전적으로 나의 책임일 뿐이다.

1999년 6월 20일

역주자 신복룡 씀

원저자 서문

나의 이번 탐험의 목적은 한국의 북쪽 지역에서 조류의 생태와 분포에 대해 조사하고 이 주제와 관련된 다른 문제들을 연구하여 이를 동북아시아 지역에 대한 내 과거의 탐사 연구와 결부시키는 것이었다. 그밖에 중요한 일은 스웨덴의 자연사 박물관을 위해 새와 동물을 수집하는 것이었다. 더 나아가서 나는 스웨덴민속박물관(Swedish Ethnographical Museum)을 위해 자료를 수집해야 했다.

나의 여행의 과학적 성과는 후일 다른 책으로 출판될 것이다. 이 계획을 수행하기 위해 나는 박제사인 훼크비스트(Harald Sjöqvist) 씨와 박제 보조와 요리를 위해 일본 사람인 후지모토 겐지(藤本源治) 씨를 고용했다. 그 두 사람은 1929~30년에 쿠릴열도의 탐험에도 동행했었다. 그들은 자신의 일을 현명하고 정열적으로 수행했다.

나는 탐험이 가능하도록 도와준 수많은 사람들과 단체의 친절한 지원에 감사드리며 스웨덴의 왕세자 전하께 특히 감사드린다. 그 분은 나에게 추천서를 써주시는 친절을 베푸셨다. 나는 또한 일본 당국에 정중히 고마움을 표하는 바이다. 그들은 내가 스웨덴 국립 박물관을 위해 여행하면서 표본을 수집할 수 있도록 허가해 주었다.

일본 당국과 연락을 취하는 데 도움을 주신 스웨덴 주재 전 일본 공사였던 시라토리 도시오(白鳥敏夫)[1] 씨와 스톡홀름에 온 일본 사절단의 일원이었던 후지이(藤井) 씨에게 감사드린다. 그 밖에 조선총독의 비서인 오다 야

1) 시라토리 도시오(白鳥敏夫 : 1887~1949) : 도쿄(東京)제대 경제학부를 졸업하고, 봉천(奉天)영사관(1914), 주미 대사관, 외무성 사무관을 거쳐 스웨덴 공사(1933), 이탈리아 대사(1938)를 지냈으며, 중의원 의원(1942)으로 당선. 종전 이후에 1급 전범으로 처벌을 받음.

스마(Oda Yasuma)[2] 씨와 경성(京城)제국대학 교수인 모리(森) 박사, 경성 동식물원 원장인 시모코리야마 세이이치(下郡山誠一)[3] 씨, 경성의 치안 책임자인 경무국장 안도(安藤) 씨, 그리고 국립 영화 제작소장인 쓰무라(津村) 씨에게도 큰 신세를 졌다.

나의 계획을 수행하기 위해서 나는 스웨덴 왕립 과학원, 지리학회, 그리고 여러 과학 단체로부터 재정 지원을 받았다. 나의 여행은 또한 개인 후원자들의 관대한 도움으로 가능했다. 나는 여러 모로 친절하게 지원해 준 도쿄 주재 스웨덴 공사관에 대해서도 감사드리고 싶다. 내가 고국으로 가져온 모든 동물 수집품들을 스웨덴 자연사 박물관에 기증했다.

1938년 4월, 스톡홀름에서
슈텐 베리만

---

2) 오다 야스마(Oda Yasuma : 1871~1953) : 이 사람은 일본 패망 이후에도 한국에 남아 하지장군(John R. Hodge)의 자문관으로 활약했다.

3) 시모코리야마 세이이치(下郡山誠一 : 1883~?) : 일본의 조류학자. 도쿄(東京)제국대학 부속 특수 교원 양성소에서 생물학을 공부한 다음(1904) 1908년에 내한하여 이왕직(李王職) 어원(御苑) 사무총국 촉탁으로 부임하여 창경원(昌慶苑) 공사에 참여했으며, 한국의 조류를 연구하여 1918년에 355종이 수록된 『조선 조류(鳥類) 목록』을 발표하여 세계 조류 학계의 격찬을 받았으며, 동물원이 독립 부서가 되자 초대 원장으로 부임(1936)하여 활동하다가 패전과 더불어 귀국하여 치바현(千葉縣)에서 여생을 마쳤다.

차 례

해동청

제 1 장 시베리아를 거쳐 조선으로

스웨덴에서 조선으로 가려면 미국을 경유하는 코스, 수에즈운하를 경유하는 코스, 혹은 시베리아를 경유하는 세 가지 경로가 있다. 그중 시베리아를 횡단해서 가는 길이 가장 빠르다. 그 길은 세계에서 가장 길고 지루한 철도 여행이기는 하지만 불과 13일밖에 걸리지 않는다. 대부분의 사람들은 쉬지 않고 13일 동안 지속되는 기차 여행을 참을 수 없을 것이라고 상상한다. 그리고 시베리아를 횡단해서 여행할 것이라고 말하면, 그러한 여행이 안전한지, 혹은 기차 사고나 산적을 만날 위험은 없는지를 묻곤 한다. 내가 그러한 여행을 한다고 처음 얘기했을 때 기차는 어떤지, 먹을 것은 있는지, 외국인들을 불쾌하게 여기지 않을지 등의 질문에 대답해야만 했다.

박제사인 훼크비스트(H. Sjöqvist) 씨와 나는 1935년 2월 7일 오후 7시에 핀란드 보트를 타고 아보를 향해 스톡홀름을 떠났다. 우리는 다음 날 밤, 헬싱포르스에서 비보르행 야간 열차를 타고 레닌그라드까지 직행했다. 러시아 국경의 벨루수트로브 역에서 우리는 여권을 제시하고, 세관에서 짐도 조사를 받았다. 러시아 세관원들은 우리의 다섯 개의 짐을 매우 주의 깊게 살펴보았다.

과학 도구들은 사전에 수에즈까지 보냈다. 짐 가운데 러시아 영토를 통과하는 동안 필요치 않은 것들은 밀봉했다. 우리가 두 대의 사진 장비를 갖고 있다는 것이 차표에 기록되었다. 우리는 몸에 지니고 있던 현금과 신용장 같은 것들을 제시해야만 했고 질문 서류에 적힌 내용이 모두 사실임을 인정하는 서명을 해야 했다. 러시아를 떠날 때 그 서류를 보여야 한다고 들었다. 그렇지 않으면 우리는 돈을 러시아 밖으로 갖고 나가는 것이 허가되지 않았다.

이러한 절차가 모두 끝나자마자 기차는 레닌그라드를 향해 떠났다. 우리가 러시아 국영 관광국을 통해 표를 샀기 때문에 도착 시간에 맞춰 두 명의 직원이 나와 우리가 기차에서 내리기도 전에 환영해 주었다. 두 명 다 매우 매력적인 여성들이었고, 그중 한 명은 특히 그랬다. 두 명 다 영어가 유창했다. 그들의 일은 우리 짐을 봐주는 것과 우리가 앞으로의 여행을 위한 표를 구입할 곳인 호텔 유럽으로 우리를 안내하고 매일 우리가 편안한지 배려해 주는 것이었다. 이러한 서비스에 대해 러시아 관광국은 외화로 고정 요금을 지불하도록 한다.

우리는 한 스웨덴 여행자가 이 아름다운 숙녀에게 빠져 그를 데리고 택시를 타는 것을 보았다. 그 사이 훼크비스트 씨와 나는 두 번째 여성과 함께 짐을 꾸려 택시를 탔다. 몇 분 뒤에 우리는 레닌그라드에서 가장 큰 호텔인 유럽 호텔에 도착했다. 우리는 그날 밤에 여행을 계속해야 했다. 차표를 끊고, 잠깐 산보를 나갔다가 저녁 식사를 한 후 우리는 곧 모스크바행 특급 열차에 올랐다. 그 곳에서 우리는 시베리아 특급 열차로 갈아타야 했다.

훌륭한 2등 침대 칸에서 하룻밤을 보낸 뒤, 우리는 2월 10일 일요일 오전 11시에 모스크바에 도착했다. 눈이 내리고 있었으며, 기온은 영하 2°였다. 거리의 통행이 엄청나게 많았다. 자동차, 버스, 전차, 짐마차, 썰매 등이 돌아다니고, 엄청난 수의 사람들이 걸어 다녔다. 잘 알려졌듯이, 러시아는 현재 일요일에도 일하고 대신에 한 주의 여섯 번째 날 쉰다.

시베리아 횡단 열차는 1주일에 두 번씩 동아시아로 운행된다. 폴란드와 러시아의 국경에 있는 스톨프세에서 출발하여 매주 일요일과 수요일에 모스크바를 통과하는데, 거기에서 오후 5시 45분까지 머무른다. 그런 까닭에 우리는 시간이 남아 관광으로 시간을 보냈다. 그리고 나서 관광국 직원인 남자와 함께 역으로 돌아왔다. 역에 도달할 즈음에 우리는 엄청난 눈보라를 만나 아시아인 여행자들이 많이 모여 있는 대기실로 가야 했다.

아내와 자식들을 데리고 있는 매우 기품 있는 복장의 몽골 사람들이 눈에 띄었다. 또 거기에는 적군의 군인들도 몇 명 있었다. 눈보라로 인해 출발이 1시간 이상 지연되었다. 우리가 기다리는 동안 또 다른 장거리 기차가 도착하더니 승객들이 쏟아져 나왔다. "블라디보스토크로부터" 오는 것이라고 우리의 러시아 안내원이 설명했다. 승객들이 다소 피곤해 보이는 것도 놀랄 일이 아니었다.

마침내 시베리아 횡단 열차가 조용히 들어왔다. 우리는 서둘러 승강장을 빠져나가 우리 앞에 서 있는, 거대한 엔진과 손질이 잘 된 열 칸의 객차가 달린 기차를 바라보았다. 이들 각각에 인상적인 필체로 "스톨프세-모스크바-만주"라는 이름이 적혀 있었다. 우리는 예약된 2인용 객실에 자리를 잡았다. 대부분의 2등 객실은 4인용이었기 때문에, 2인용 객실을 쓰게 된 것은 기쁜 일이었다.

기차가 역을 떠나 출발하는 순간에도 열차 승객들의 친구와 친척들이 그들의 이름을 부르며 배웅하고 있었다. 우리의 객실을 주의 깊게 살펴보니, 말끔하고 깨끗하기는 했지만 스웨덴의 2등 칸만큼 좋지는 않다는 것을 알았다. 창문 앞 탁자 위에는 탁상용 램프가 있었고, 천장에도 두 개의 램프와 함께 환풍기가 설치되어 있었다. 다른 모든 침대차와 마찬가지로 물동이와 꼭지가 있었으나 불편하게도 그 안에 물이 없었다. 결국 우리는 객차 끝 부분에 위치한 두 군데의 세면장에서 씻어야 했으며, 따라서 많은 사람들이 줄을 서서 기다렸다.

현재는 승객의 도움을 능숙하게 처리하고자 모스크바의 관광국 직원 한 명이 항상 시베리아 횡단 기차에 타고 있다. 우리 열차에 타고 있던 사람은 객실 가까이에 있었다. 그는 영어를 특출 나게 잘 했으며 매우 친절했다. 그가 정말로 우리에게 도움이 되고 싶어 했던 것은 확실하다. 열차는 거의 만원이었다. 시베리아 횡단 열차는 독립된 침대 칸으로 구성되는데, 승객들은 대개 엄청난 거리를 여행하고자 하는 사람들이어서, 이웃 도시로 여행하는 사람들에게는 적합하지 않다.

내가 말했듯이, 모든 객실이 만원이었지만 외국인은 단지 다섯 명뿐이었으며 나머지 사람들은 러시아 국민들이었다. 고국으로 돌아가고 있던 일본인 과학자, 봉천에 전도 여행하는 스코틀랜드 사람, 도쿄로 가던 독일 신문 기자가 우리 이외의 외국인들이었다. 많은 러시아인은 모스크바에서 있었던 제7회 러시아 의회에 참석한 후 극동의 고향으로 돌아가고 있는 대의원들이었다. 그들 중 일부는 레닌 훈장을 차고 있는 것으로 보아 정부 고관임이 확실했다. 적기를 가진 사람들도 있었고, 소비에트 러시아에 공헌해 상을 받은 고관들도 있었다. 이러한 의상은 매일 반복되었다. 기차 안에는 또한 동아시아의 근무지로 가고 있는 러시아 조종사가 두 명 있었다.

나는 식당 칸이 어떤지 궁금해서 그곳을 일찌거니 찾아갔다. 식탁보는 훌륭하고 깨끗했으며, 식탁마다 시클라멘이 꽂혀 있는 꽃병이 놓여 있었다. 어느 식탁에는 사과가 그릇에 담겨 있었고, 또 다른 식탁에는 만주 오렌지가 담겨 있었다. 웨이터들은 흰색 셔츠와 재킷을 입고 있었다. 메뉴는 호사스러웠다. 식당차에서 기대할 수 있는 거의 모든 음식이 있었다. 우리는 외국인들이 자기 나라의 화폐로 돈을 지불할 수 있다고 들었다. 모든 화폐의 통용이 가능했다. 우리는 스웨덴 돈으로 값을 지불할 수 있었다.

외국인 여행자들은 식당 칸에서 사전에 2루블에 해당하는 하루 세 끼의 식사를 정해 놓을 수 있었고, 4루블로는 좀 더 나은 음식을 먹을 수 있었다. 러시아 사람들은 조금 다른 가격으로 러시아 화폐로 지불했다. 레몬 한 조각을 띄운 차 한 잔이 65코펙[1]이었고, 커피 한 잔이 1루블, 초콜릿 차 한 잔이 2.5루블이었다. 생선이나 육류는 3루블에서 8루블 정도의 가격이었다. 우리는 레몬을 띄운 차 한 잔에 스웨덴 돈으로 약 35외레(약 4펜스)를 지불했다. 식당차는 아침 9시부터 오후 11시까지 운영되었다. 우리가 객실로 돌아왔을 때, 침대가 내려져 있었다. 우리는 자리에 들어 이내 잠들었다.

다음 날 아침 커튼을 젖혔을 때, 태양이 눈부시게 빛나고 있었다. 하늘에는 구름 한 점 없었고, 서리 덮인 나무의 모습과 함께 아름다운 겨울 풍경이 기찻길 양 앞으로 광활하게 펼쳐 있었다. 자작나무 숲이 확 트인 평야에 번갈아 나타났으며 희뿌옇게 보이는 마을들이 점점이 있었다. 우리가 지나친 큰 역들의 건물은 모두 붉은 깃발이나 구호가 새겨진 천과 리본으로 화려하게 장식되어 있었다.

역 건물은 또한 레닌과 스탈린의 초상화로 꾸며져 있기도 했다. 깃발에 쓰인 글들은 소련 의회의 대의원들에 대한 찬사로 이루어졌다. 이러한 장식은 레닌그라드와 모스크바에서부터 시작되었는데, 특히 비아트카에 이르러 많아졌다. 비아트카는 우리가 모스크바를 떠난 지 약 24시간이 지난 후 도달했던 곳으로, 지금은 얼마 전 살해당한 소련 고관의 이름을 기려 키로프라 불린다. 이 새로운 이름이 기차역 벽 위에 커다랗게 그려져 있다.

한편 그 벽에는 레닌과 스탈린의 초상화와 함께 키로프[2)]의 거대한 초상화도 있었다. 세 초상화 모두가 어두워지면 켜지는 전등갓으로 둘러싸여 있다. 매우 작은 역을 제외하고, 러시아의 모든 역에는 항상 공짜 차를 위한 물이 끓고 있다. 따라서 열차가 정차하는 때는 거의 모든 3등 칸 승객들이 찻주전자를 들고 뛰어내렸다. 차를 마시는 것은 러시아 열차 내에서 거의 끊임없이 이어진다.

모스크바를 떠난 지 거의 40시간 후에 우리는 지난날의 예카테린부르크

---

1) 1코펙(kopek)=1/100루블(ruble)

2) 키로프(Sergei M. Kirov: 1888~1934) : 러시아 혁명의 지도자. 볼셰비키 혁명(1917) 이후의 많은 반혁명을 진압했으며, 아제르바이잔 공산당 서기장(1923~1926), 정치국원(1930), 스탈린의 정치 고문, 최고 회의 의원(1930~1934)으로 재직 중에 스탈린을 제거하려는 음모를 꾸몄다는 죄목으로 연루자 119명과 함께 처형됨.

였던 스베르들롭스크에 도착했다. 그 곳은 제정러시아 황제와 그의 가족이 살해당한 곳이다. 일부 변두리 지역에는 진흙 초가로 이루어진 작은 마을이 보였고, 또 다른 방향으로는 현대 스타일의 커다란 건물들이 서 있는 것이 보였다. 거리마다 인산인해를 이루었다. 우리는 20분을 멈춰 섰다가 계속 갔다. 오늘 아침에도 밝은 햇살과 맑은 하늘이 계속되었고, 서리 맞은 나무들이 반짝이고 있어서 마치 동화 속의 나라를 지나는 것 같았다. 이따금씩 우리는 눈 덮인 평야를 미끄러져 가는 썰매를 보았다. 그 외에는 역과 역 사이에 인간의 흔적이라고는 거의 없었다.

그날 밤, 우리는 볼가강 지류 가운데 가장 큰 카마강 강변에 있는 페름이라는 마을을 통과했는데 그곳에서 우리는 굉장한 다리를 건넜다. 다음 날 아침, 기차는 시베리아로 접어들었다. 시간이 나는 듯이 흘렀고, 우리가 미처 생각해 보기도 전에 옴스크에 다다랐다. 15만 인구의 옴스크는 농업의 중심지로서 중요한 곳이다.

대부분의 시베리아 도시들처럼 옴스크에도 통나무집들이 많았고, 그것들은 종종 네모반듯한 모습이었다. 창문에는 보통 여러 무늬와 조각으로 구성된 셔터가 있다. 우리의 식사와 가끔의 차 시간은 시간이 매우 빠르게 흘러가도록 도와주었다. 계속해서 황폐한 대평원과 조밀한 숲을 통과해서 나아갔다. 때때로 철도 신호원들의 오두막을 지나쳤다. 그들 가운데는 소, 양, 개를 기르는 사람도 있었고, 지붕 위에는 라디오 전선도 보였다. 이런 야생 상태에서 라디오는 매우 귀중할 것이다.

넷째 날 저녁에 우리는 예니세이강의 크라스노야르스크에 도착했다. 기온이 영하 36°로 매우 추웠고, 그곳에 도착했을 때에는 밤하늘의 별들이 빛나고 있었다. 크라스노야르스크의 인구는 8만 명이다. 역에는 기차가 들어오는 것을 보려고 모여든 사람들이 많이 있었다. 모두가 모피 장화를 신고 있었는데, 이는 이 나라 어디에서나 볼 수 있는 풍습이다. 이제 우리는 세계에서 가장 유명한 시베리아 타이가[3]에 이르렀는데, 이곳은 처녀림이 사방으로 몇천 마일씩 펼쳐져 있는 지역이다. 나는 여러 종류의 야생 동물들이 살고 있는 이 광대한 숲을 바라보는 데 전혀 싫증나지 않았다.

여섯 번째 날에 우리는 이르쿠츠크에 도착했다. 레닌과 스탈린과 그 밖의 초상화가 웅장한 역 건물에 치장되어 있었다. 기온은 영하 32°였다. 역은 사람들로 붐볐고, 그들 중 군인이 많았다. 밖에는 썰매와 자동차들이 서 있었는데, 마을에서 역까지 2마일 이상 되기 때문이다. 만약 사람들이 가장 추운 곳인 베르호얀스크나 북극해로 가고자 하면 이르쿠츠크를 거쳐야 한다. 1901년에 북동 시베리아의 콜리마강으로부터 한 썰매꾼에 의해 유명한 냉동 매머드가 운송된 곳이 이르쿠츠크였다. 이 매머드는 이르쿠츠크에서부터 열차의 냉동 칸에 실려서 성 페테르부르크까지 운반되어 여전히 좋은 상태로 전시되고 있다.

이르쿠츠크는 바이칼호와 상당히 가까운 곳에 위치해 있다. 2시간 정도 후 우리는 거대한 산들로 둘러싸인 아름다운 호수의 가장자리를 따라 질주하고 있었다. 호수는 얼어붙어 있었다. 우리는 그곳을 야간에 통과했다. 호수 표면에 보름달이 반사되고 있었지만, 그 유명한 경치를 많이 볼 수는 없었다. 기차는 가끔 터널을 통과했다. 이 지역에 철도를 놓는 작업이 얼마나 어려웠을지 상상이 간다.

다음 날 아침, 우리는 트랜스-바이칼리아에 도착했다. 이 드넓은 지역에서 가장 이상한 점은 전 지역에 실질적으로 겨울 내내 눈이 내리지 않는다는 사실이다. 눈이 너무 조금 내려 사람들은 썰매가 필요 없다. 맨 땅과 썰매 대신 자동차를 다시 보게 되었다는 점이 신기했다. 말과 소떼가 빈약한 목초지에서 풀을 뜯고 있었다.

우리는 부랴트-몽골 공화국의 수도인 베르흐뉴딘스크에서 20분간 정차했

---

3) 타이가(taiga) 지대 : 북부 유럽, 시베리아, 그리고 북미 지방의 북부에 있는 아한대 지방의 침엽수림대를 의미함.

다. 역에는 몽골계의 사람들이 많이 있었다. 자동차들이 고비사막을 거쳐 이 마을과 칼간 사이를 왕래한다. 이곳의 풍경은 눈 덮인 언덕과 계곡이 압권이다. 철길이 급격하게 굽이치고 있었다. 때때로 가파른 오르막을 천천히 덜컹거리며 올라서 순식간에 질주해 내려왔다. 경치가 매우 아름다웠다.

다음 날 밤중에 우리는 치타라는 마을과 철길이 두 갈래로 나누어지는 카림스카야 역을 통과했다. 이곳에서 하바롭스크나 블라디보스토크로 가고자 하는 러시아 승객들은 모두 내렸다. 반면에 훼크비스트와 나는 계속해서 만주로 향했는데, 만주는 시베리아와 만주국 사이의 국경 역이다. 우리는 그곳에 모스크바를 떠난 지 7일 만에, 6시간 늦게 도착했다. 만주 역에서 우리는 처음에는 러시아를 출국하면서, 나중에는 만주국으로 입국하면서 여권을 보이고, 세관을 통과해야 했다.

우리는 거기에서 기차를 갈아탔는데, 그 목적지는 하얼빈이었다. 이제 우리 여행의 가장 흥미로운 부분이 시작되었는데, 이는 흔히 마적들이 열차를 습격한다는 만주국을 통과하는 것이었다. 우리의 새 기차는 손질이 매우 잘되어 있었다. 몇 시간 동안 아무것도 먹지 못했기 때문에 우리는 기차가 출발한 뒤 즉시 서둘러 식당차로 갔다. 거기에는 러시아와 중국 웨이터들이 있었다. 우리는 이제 만주국의 화폐인 웬(元)과 휀(分)으로 환전해야 했는데, 이는 다소간 일본의 엔(元)과 센(錢)의 가치에 상응하는 것이었다.

산적의 위협은 기차 내에서 일반적인 얘깃거리였다. 우리가 그 얘기를 하고 있는데, 내가 보았던 가장 거친 모습의 중국인 2명이 식당차로 들어와 앉았다. 그중 1명은 변발을 하고 있었고, 둘 다 검게 탄 피부였다. 그들이 앉아 차를 마시고 있으니 주의를 끌기에 충분했다. 그들은 바로 마적의 모습 그대로였다. 차를 다 마시자마자 그들은 곧 사라져 버렸다. 우리는 그들이 기차가 습격할 만한 가치가 있는지 염탐하러 기차에 오른 산적 스파이들일지도 모른다고 걱정했다. 산적들의 일반적인 방법은 철로를 느슨하게 풀어 기차를 전복시키는 것이다. 그리고 나서 무장한 도적들이 부상당한 승객들을 습격해 약탈하고, 생존자들을 산으로 끌고 가서 높은 몸값으로 그들이 풀려날 때까지 포로로 잡아 둔다. 몸값을 지불하지 못하면 그들은 살해당한다.

마적의 위협은 하얼빈에서부터 봉천까지 이어진다. 아무도 밤에 여행하는 위험을 감수하려 하지 않기 때문에 야간열차는 운행되지 않는다. 따라서 모든 승객들은 하얼빈에서 쉬면서 밤을 보내고 다음 날 아침에 여행을 계속한다. 따라서 하얼빈에 도착해 우리는 그곳 호텔에서 밤을 보내고 다음 날 신경이전의 장춘)으로 여행을 계속했다. 신경은 만주국의 새 수도로 부의[4] 황제가 있는 곳이다.

하얼빈에서 만주국까지의 시골은 매우 비옥해 보였다. 어느 곳에서나 농경지가 보였다. 역마다 중국인들이 많이 있었다. 들판에는 털이 긴 검정 돼지들이 부주하게 땅을 헤집고 있었다. 대부분의 농부들은 토담집에서 산다. 더 큰 집들은 산적에 대비해서 울타리로 둘러싸여 있었다. 거의 모든 기차역이 마치 요새 같았다. 길게 이어진 가시 철사가 역을 둘러싸고 있고, 모래주머니들이 수비벽으로 쌓여 있다. 한 역에서 우리는 돈 보따리를 나르는 우편 열차를 보았다. 그 열차는 무장 군인들을 가득 태운 몇몇 웨이곤의 경호를 받고 있었다. 그렇지 않으면 결코 다니지 못할 것이다.

우리 열차에는 파견된 일본 경관들이 있었고, 군인들이 밤낮으로 순찰하고 있었다. 일본 사람들은 산적들로부터 자신들을 지키려고 최선을 다하고 있고, 머지않아 그들이 제거되리라 여기고 있다. 앞서 언급했던 스코틀랜드 전도사는 이곳에서 36년을 지냈다고 하는데, 그의 말에 따르면, 도적들은 자기들이 약탈하려고 계획한 열차의 3등 칸에 흔히 손님으로 위장하여 여행

---

4) 부의(傅儀: 1906~1970) : 중국 청조의 황제인 선통제(재위 1908~1912)를 의미함. 3세에 즉위하여 6세에 퇴위한 이 비운의 황제는 그 후 일본이 세운 만주국의 꼭두각시 황제(재위: 1931~1945)로 재위했으며, 제2차 세계 대전의 종식과 더불어 소련군에게 체포되어 전범재판소의 검찰 측 증인으로 만주국이 일본의 괴뢰 정부였음을 증언했다. 그 후 북경으로 돌아가 여생을 마쳤다.

한다고 했다. 기차가 가파른 언덕을 오르느라 속도가 떨어질 때와 같은 적당한 때 그들은 권총을 꺼내 들고 다른 여행자들을 약탈한다. 그들은 기차가 여전히 느리게 운행되는 그때 밖으로 뛰어내려 옥수수 밭으로 사라진다. 옥수수가 다 자라서 훌륭한 피신처가 되는 가을에 이들이 가장 무섭다.

하얼빈을 떠난 지 13시간이 지나, 우리는 밤늦게 봉천에 도착해 기차를 갈아타고, 다음 날 새벽 5시에 만주국과 한국의 국경에 이르렀다. 동틀 녘에 창문 커튼을 젖혔을 때, 기차는 압록강을 건너고 있었는데, 그 지점이 국경이었다. 나는 이내 그림같이 아름다운 한국의 토담집들이 여기저기 있는 것을 볼 수 있었다. 이른 새벽인데도 각 집에서 연기가 피어오르고 있었다. 곧이어 하얀 형체가 하나둘 보였다. 잘 알려졌듯이 한국 사람들은 거의 항상 하얀 옷을 입는다. 흐릿한 안개 속에서 그들은 유령같이 움직였다. 해가 뜨니 주위는 장관이었다. 멋진 산과 환한 계곡, 그 안에 초가집들이 옹기종기 보였다.

등에 많은 보따리를 지고 있는 한국 사람들의 긴 행렬이 줄지어 있었다. 등에 아이를 업고 머리에 거대한 광주리나 물동이를 이고 있는 여성들도 많이 있었다. 강둑에는 여자들이 빨래하느라고 바빴다. 아이들, 개, 돼지들이 마을 여기저기를 뛰어다녔다. 우리가 모스크바를 출발한 이래로 계속 그랬듯이, 구름 한 점 없는 하늘에서 태양이 강하게 내리쬐고 있었다.

오후 3시 조금 못 미처, 우리는 한국의 수도인 서울, 혹은 현재 명칭인 경성에 도착했다. 스톡홀름부터의 여행은 계획대로 진행되어, 단지 13일 걸렸다. 우리는 역에서 일본 관리들에게 환대를 받았다. 그리고 나서 즉시 숙소로 향했다. 커다란 광고판 위에 그레타 가르보[5]의 초상화가 전시된 것이 창문을 통해 보였다. 그곳에서는 영화 「크리스티나 여왕」이 상영되고 있었다. 우리 여행의 첫 단계를 끝마친 것이 기뻤다.

---

5) 그레타 가르보(Greta Garbo : 1906~1990) : 스웨덴 출신의 미국의 영화배우로서 1930년대의 우상이었다. 『육체와 악마』(1927), 『안나 크리스티』(1930), 『춘희』(1937) 등의 작품을 남김.

제 2 장 한국의 과거와 현재

우리가 현재 머물고 있는 이 나라는 극동에서 가장 오래된 문명국가의 하나임을 자랑스러워한다. 과거의 오랜 기간 동안, 한국은 번영하는 왕조였다. 그들의 역사는 기원 전 3세기부터 알려져 있는데, 원주민들 사이에 오랜 싸움이 있었다. 심지어 기원전에도 이 나라의 여러 지역이 중국의 통치하에 있었다. 그 뒤에 작은 왕국들이 생겼고 그들 사이에 일련의 전쟁이 일어났다. 기원 후 7세기 말엽에 한국은 신라 왕조에 의해 다시 통일되었다. 이후에 중국의 문명이 천천히 이 나라에 침투했다. 서기 935년에 신라의 마지막 왕인 경순왕은 전국적인 반란으로 인해 퇴위하고, 새로운 왕국이 건설되어 1392년까지 지속되었다.

그 뒤 조선이라는 새로운 왕국이 건국하여 서울에 수도를 정했다. 이 나라는 자신이 중국의 봉신국임을 시인했다. 약 2세기가 지나 일본이 계속 침략해 왔으나, 한국 사람들이 용기 있게 저항하여 일본은 후퇴할 수밖에 없었다. 그 뒤 한국은, 일본이 1876년에 일부 지역과 항구들을 외국에 개방할 것을 요구하는 협정을 체결할 때까지 중국을 제외한 모든 외국에 문호를 닫고 있었다. 한국에 대한 중국의 영향력을 오랫동안 못마땅하게 여겨 온 일본은 마침내 1894년 중국과 전쟁을 시작했다. 이 전쟁에서 일본이 승리했고, 1895년 시모노세키 조약[1)]에 따라 중국은 한국에서의 모든 이권을 포기했고, 한국은 독립국임이 보장되었다.

이후 러시아가 이 지역에 등장했고, 한국에 관심을 가지면서 점점 더 영향력을 획득해 나가 군대를 주둔시키고, 전략적 항구를 장악했으며, 한국군을 훈련시킬 수 있는 권리를 획득했다. 동시에 러시아는 천진항과 대련항을 소유하게 되었고 만주를 점령하기 시작했다. 러시아가 만주와 한국을 전부 차지하려 했다는 점은 확실하다. 일본은 러시아에 대해 자신이 위협받는다는 것을 알고 1904년 러시아가 만주에서 철수해야 한다고 요구했다. 러시아가 이를 거절해 일본은 군대를 파견했다. 무엇보다 중요한 것은 일본의 승리의 댓가는 러시아가 한국에서 모든 이권을 포기하고 일본에게 그곳에서의 자유행동을 보장했다는 점이다.

일본은 우선 한국을 보호국으로 전환했고, 한국을 통치하면서 한국 황제와 협조하도록 통감으로 이토 히로부미[2] 공작을 임명했다. 1909년 이토는 하얼빈에서 유럽으로 가는 기차를 타려다가 살해당했다. 이 사건과 다른 심각한 일들로 일본은 즉시 한국을 합병할 것을 결정했고, 황제는 1910년에 강제로 퇴위했다. 한국은 일본의 통치하에 놓이게 되었고, 예로부터 전해 내려오던 이름인 조선이 되었다. 한국의 황실은 이제 일본 황실에 속한 것 같은 지위에 놓였다. 왕위 계승자는 이 공이라는 칭호를 받았다. 그가 죽자, 그의 동생이 직함을 계승했는데, 그는 일본에서 살면서 일본의 공주와 혼인해 계속 일본에서 지냈다.[3] 합병 후, 고위 권력은 일본 정부로 넘어갔고, 현재 한국을 다스리는 것도 일본이다. 이것이 간략한 한국 역사이다.

---

1) 시모노세키(下關) 조약 : 청일전쟁에서 중국이 패하고 일본과 맺은 강화 조약.

2) 이토 히로부미(伊藤博文 1841~1909) : 일본 메이지시대의 정치가. 공작. 대륙론자 요시다 쇼인의 쇼카의숙에서 공부함. 메이지유신과 더불어 효고현 지사로 정계에 진출한 후 구미 시찰을 거쳐 초대~4대 내각 총리대신(1885~1901)을 지냄. 초대 조선 통감되어 만주 시찰 중 한국인 안중근에게 피격 · 절명함.

3) 왕위 계승자라 함은 순종의 동생은 영친왕 이은을 의미함.

한국은 8만 5,228 평방 마일 정도로, 스웨덴의 절반만한 반도이다. 북위 33°에서 43° 사이에 위치해 있으므로, 스페인 중부에서 남부까지 정도의 위치이다. 한국은 동아시아 평원의 일부분이고, 주로 화강암, 편마암, 수정 점판암, 기타 화산암의 요소들로 구성되어 있다. 동서남쪽으로는 일본해(동해), 한국해, 황해에 닿아 있다. 한국은 압록강과 두만강에 의해 만주국으로부터 나뉘어 있고 북동쪽으로는 러시아와 연접해 있다.

한국은 산이 대단히 많다. 동쪽 해안 전체를 따라 하나의 산맥이 뻗어 있고, 그 지맥이 무수히 많다. 가장 높은 봉우리는 북쪽의 백두산으로, 8,918피트이다. 거의 나라 전체가 산과 계곡으로 구성되어 있지만, 특히 남부와 서부에는 여기저기 비옥하고 넓은 평야가 많다. 한국에서 가장 중요한 임야는 북부 시역에 있는데, 거기에 원시림이 있다. 그러나 이전 거주자들이 대부분의 나무를 써버렸기 때문에 이제는 풍족하지 않다. 현재 일본인들이 1934년 한 해에 1억 5천만 그루의 나무를 심는 등 식수 문제에 전력을 다하고 있다.

한국의 주요 산업은 농업인데, 여기에 전체 인구의 80%가 종사하고 있다. 연 수확량은 10억 엔 이상에 이른다. 쌀은 한국의 가장 중요한 곡물이고, 대량으로 수출된다. 콩, 기장, 옥수수, 밀, 귀리 등도 주요 작물이다. 목화 재배 역시 매우 중요하며 해마다 증가하고 있다. 담배와 "기적의 약초"라 불리는 인삼도 대규모로 재배된다. 어업은 또 다른 중요 산업이어서 1935년의 총 어획고는 1억 3,300만 엔이었다.

비단(명주) 산업도 중요해 1935년에 82만 1,000가구에게 일자리를 제공했다. 광업은 매년 점점 더 중요하게 인식되고 있다. 금, 은, 구리, 철, 아연, 흑연, 운모, 석탄이 많이 난다. 특히 금 생산은 1935년 3,800만 엔의 가치에 이르는 등 최근에 증가하고 있다. 한국 광업의 총 가치는 대체로 8,800만 엔에 이르렀다. 1935년 말 현재 한국의 인구는 2,189만 1,000명이었다. 그 가운데 2,124만 8,000명은 한국 사람이고, 58만 3,000명은 일본 사람, 그리고 그 나머지는 중국인과 기타 외국인들이다.

여름에 땀이 배지 않도록 입는 대나무 조끼

한국의 인종적 기원에 대해서는 아직 알려지지 않았다. 그들은 몽골족에 속하고, 검은 머리, 검은 눈동자, 황갈색 피부이지만 대체로 일본인이나 중국인과는 쉽게 구별된다. 그들은 대체로 표정에 가벼운 놀라움이 담긴 온화한 얼굴을 가지고 있다. 일본인보다 키가 크고 북부 중국인들보다 덩치도 좋다. 한국인은 자신들이 일본인이나 중국인으로 여겨지는 것을 수치로 생각한다. 중국인과 일본인 역시 한국인으로 오해받는 것을 싫어한다.

성격 면에서 한국인들은 일본인들과 매우 다르다. 한국인들은 일본인들이 가진 정력과 힘, 투쟁 정신, 그리고 집단행동 능력을 결여하고 있다. 일본인들에게는 공공의 이익이 우선이고 개인은 아무 것도 아닌 것에 견주어,

서울 외곽의 주거지

한국에서 개인은 공동체보다 중요하다. 이런 면에서 한국인은 중국인과 더 비슷하다. 중국인이나 한국인은 모두 개인주의자이다.

한국인들은 자기 나라의 유구한 문화에 자긍심을 갖고 있고, 이에 집착한다. 그들은 힘든 일을 하려 하지 않는다. 피할 수 있다면 피한다. 그들은 앉아서 긴 파이프 담배를 피우며 담소하는 것을 더 좋아한다. 한국은 그들만의 문자와 언어를 가지고 있는데, 이는 일본이나 중국과는 완전히 다르다. 일본과 마찬가지로 한국어는 다음절어이고, 문법이 일본말과 닮았다. 그러나 그 외에는 공통되는 면이 아무것도 없다.

한국인들은 일본의 통치를 달가워하지 않는다. 그러나 그들은 모든 일이 잘되어 가고 있음을 알고 있고, 일본이 한국의 번영을 위해 대단한 일들을 성취했고 더 큰 가능성을 창조해 냈음을 인정할 준비가 되어 있다. 만약 일

갓 수선공

본이 한국을 병합하지 않았다면, 이 나라는 혼란한 상태가 되어 돌볼 수 없는 상황이었으므로 러시아나 중국이 합병했을 것이다. 개화된 한국인들은, 비록 여러 면에서 조선이 너무 멀리 사라졌다고 느낄지 모르겠으나, 일본과의 합병은 한국의 복지를 위한 유일한 수단이었다는 생각을 가지고 있다.

한국의 대다수 대중들은 불교를 믿고 있는데, 이곳의 전설에 따르면 불교가 서기 370년경에 한국에 소개되었다고 한다. 상류층 사람들 다수가 유교 윤리에 집착한다. 기독교 사상 역시 나라 전체에 퍼져 있다. 천주교는 1784년 소개되었는데, 유럽과 미국 선교사들이 열성적으로 전파한 것은 지난 50년 동안이었다. 선교사들 가운데 몇 명이 나에게 들려준 바에 따르면, 한국 사람들은 기독교의 가르침에 매우 잘 감응한다.

야생 동물들에 관한 한, 한국은 원시 북극에 속하고, 이렇게 구분하자면 한국은 만주의 종속 지역이다. 아시아 대륙과 일본열도 사이의 연계 지역으로서의 한국 상황에 감사하면서, 우리는 과도기로서의 이 나라의 특징을 반영하는 야생 동물들의 생활 모습을 보게 되었다. 북부의 산림 지역의 야생 동물들은 시베리아나 만주의 야생 생태와 매우 흡사하고, 중남부의 모습은 뚜렷이 차이가 난다. 한국의 북부 지방은 덜 알려져 있기 때문에, 나는 주로 그 지역을 탐험하는 데 치중하리라고 결심했다.

제 3 장 한국의 수도 경성에서

수도조선 호텔에 짐을 풀고 휴식을 취한 후 우리가 행한 첫 번째 일은 여기저기 돌아다니며 작업을 할 때 필요한 여러 증서와 문서를 확보하는 것이었다. 나는 이미 스톡홀름에서 친절한 일본 관리를 통해, 탐험에 필요한 서류를 확보했다. 우리가 처음 방문한 사람은 조선 총독인 우가키 가즈시게[1] 장군이었다. 그는 지난날 육군대신을 지낸 인물로서 우리를 성심껏 맞이했다. 그 다음으로 경찰과 세관장, 기타 많은 관련 관리들을 방문했고, 선박 운송 회사와 상점의 감독관들을 만나 보았다. 이들과의 사업 논의는 종종 사교적 목적의 점심이나 저녁 식사 초대 약속을 취소하게 만들었다.

한국의 대외 관계를 관장하고 있는 외사국장 다나카 씨는 조선 호텔에서 우리에게 호사스런 점심을 대접했다. 그는 우리 일과 관련된 대부분의 정부 관리들을 초대했는데, 그 덕분에 많은 계획의 수립이 수월해졌다. 독특한 성격을 갖고 있는 그 모임은 일본 사람이 영어로 "국제 우호 단체"라는 이름을 붙였는데, 한국에서 매우 강력한 위치에 있음이 분명했다. 이 모임은 그

1) 우가키 가즈시게(宇垣一成 : 1868~1956) : 오카야마현 출신의 군인. 육군대학을 졸업한 후 독일대사관 무관으로 출발하여 육군대신(1924~1931)을 지낸 뒤 조선 총독(1931~1938), 외무대신(1938)과 척식대신을 거쳐 참의원이 됨(1953).

목적이 그 이름에서 드러나듯이, 우리에게 저녁 식사를 대접함으로써 경성에서 수많은 저명한 인물들을 접촉하게 해주었다.

우리에게 대단한 흥미를 준 또 다른 행사는 "과학 진흥을 위한 한국인 단체"가 우리를 환영하는 연회였다. 이는 경성에 있는 일류 한국 음식점인 만월이라는 곳에 있었는데, 우리는 처음으로 온돌 바닥에 앉아 매우 이상하고 강렬한 맛의 한국 음식들을 먹을 수 있는 기회를 가졌다. 거기에서 나는 스톡홀름의 자연사박물관을 대표해 500종류의 한국 나비 표본을 선물로 받았다. 많은 이들이 1926년에 스웨덴의 왕세자와 세자빈이 한국을 방문했던 일을 내게 이야기했는데, 그 일은 그들의 기억 속에 소중히 간직되어 있었다.[2)]

경성에 머무르는 동안 우리는 한국에 있는 작은 스웨덴 모임을 보게 되어 즐거웠다. 이는 모두 경성에 살고 있는 5명으로 구성되었다. 일본 사람들 가운데 총독 고문인 오나 야스마 씨는 우리의 특별한 친구였고, 우리의 모든 지방 당국과의 일을 적극적으로 도와주었다. 한국을 여행하는 2명의 스웨덴 귀족과 동행했다는 것이 그에게는 자랑스러운 기억이 될 것 같았다. 또 다른 소중한 일본인 친구들은 창경원장인 시모코리야마 세이이치 씨와 경성 대학 교수인 모리 씨였다. 한국에 대해 빼어난 지식을 가진 이 두 신사는 우리에게 많은 정보와 조언을 줌으로써 도움이 되었다.

우리가 경성을 본거지로 삼아 머무는 동안, 나는 도쿄에 가서 스웨덴 공사관을 방문하고, 일본 과학자들을 만났다. 스웨덴 대사인 훌트만(J. E. Hultman) 박사는 자리에 없었지만, 대리 공사 업무를 보던 바게(Ragnvald Bagge) 서기관과 영사인 비덴펠트(John Widenfelt) 씨는 나의 오랜 학교 동창인 구스톤(Guston) 영사와 함께 그들이 할 수 있는 모든 도움을 주었

---

2) 1926년 10월에 고고학자이며 스웨덴의 왕자인 구스타브 부부(지금의 스웨덴 왕의 부왕)가 한국의 고고학에 관심을 가지고 내한하여 경주의 고분을 발굴하고 그를 기념하여 이 무덤을 서봉총이라 명명한 사실을 의미함.

다. 나는 또한 다카츠카사[3] 공작, 야마시나 후작, 구로다 박사, 타고 교수 등 저명한 일본 학자들과 함께 유익한 시간을 보냈다.

내가 도쿄를 방문한 목적 가운데 하나는 이전 내 고용인이었던 후지모토 겐지를 다시 만나 보는 것이었는데, 그는 내가 쿠릴 열도를 탐험할 당시 동행했었다. 나는 그의 주소를 잃어버려, 6백만 도쿄 거주자 사이에서 어떻게 그를 다시 찾을 수 있을지 확실치 않았다. 그러나 나는 그의 자취를 좇아 마침내 그가 일하고 있는 식당이 있는 교외에 이르렀다. 나는 그에게 전갈을 보내 호텔로 나를 만나러 와 달라고 부탁했다.

후지모토는 정확하게 시간을 맞춰서 찾아왔다. 그는 매우 깔끔하게 옷을 입고 있었고, 한 손에는 백합과 카네이션 한 다발을 들고 있었다. 모르는 사람이 보면 마치 구혼하러 가는 사람인 줄 알았을 것이다. 쿠릴 열도에 대한 내 책을 읽은 독자들은 후지모토가 호협한 인물이라고 기억할 것이다. 그는 정중한 인사와 함께 꽃을 내게 주고, 내가 가는 곳 어디든지 동행할 준비가 되어 있다는 듯 미소를 지었다. 그리고 나서 그는 거의 4년 전에 우리가 도쿄에서 헤어진 이후의 일들을 얘기하기 시작했다. 내가 물었다.

"쿠릴 열도에서 만난 그 아가씨와 결혼했습니까?"

그가 대답했다. "아뇨. 그러나 전 약혼했습니다."

"그 아가씨와?"

"아뇨, 다른 여자와."

"당신이 나와 함께 1년 반 동안 한국에 간다고 말한다면 당신 약혼녀가 뭐라고 할까요?"

"그 여자가 뭐라 하든 상관없습니다."

"현재 하는 일은 무엇입니까?"

---

3) 일본의 가마쿠라 막부 시대의 후지와라를 선조로 하는 고셋케의 한 후손으로서 일본의 명문가이나 여기에서는 그들 중 누구를 의미하는지 알 수 없다.

경복궁

“전 식당에 있습니다. 150여 종류의 유럽 · 일본 · 중국 요리를 할 줄 압니다.”

“정말로 당신 약혼녀와 하던 일을 내버려두고 떠날 수 있겠습니까?”

“그럼요, 도쿄를 벗어나는 게 좋을 것 같은데요.”

“그럼 이 문제는 합의 본 겁니다?”

“좋습니다.”

후지모토가 영어로 대답했다. 우리가 그 계약의 재정적 문제를 조정하자마자, 후지모토는 유명한 긴자에 있는 한 요릿집에서 내게 점심을 사주었다. 그에게 1주일 뒤 경성으로 오라고 한 후 우리는 헤어졌다. 그리고 나는 그 다음날의 비행기 표를 끊으러 갔다. 그러나 다음날 아침 내가 비행기를 타러 갔을 때, 엄청난 태풍이 와서 어떤 비행기도 출발할 수 없었다. 그래서

나무 장수

나는 기차를 탔다. 이틀 후에 나는 경성에 도착하여 나를 기다리고 있던 휘크비스트를 만났다. 우리는 이제 모든 준비를 끝마쳤다.

우리가 경성에 머무르는 동안 경성을 둘러보는 것은 매우 흥미로웠다. 새로운 것과 정말로 오래된 것들이 혼재되어 있다는 점이 희한해 보였다. 많은 동양식 건물들이 그렇게 아름답게 자리 잡은 것은 흔하지 않다. 경성은 골짜기와 협곡으로 이루어진 가파른 산들로 둘러싸여 있다. 산 사이로 맑은 시내가 끝없이 흘러가고, 빽빽하게 우거진 나무들과 푸른 논 사이로 작은 마을들이 흩어져 있다.

경성의 남서쪽으로 1.5마일 정도의 거리에, 유명한 금강산부터 황해까지 이어진 한강이 흐르고 있다. 그림 같은 한국의 범선이 이에 생기를 더해 주고 있고, 일본의 현대식 기선과 묘한 대조를 이루고 있다. 앞서 말했듯이, 경성은 1392년부터 한국의 수도였고, 부분적으로 주변 산을 따라 오르내리

서울의 전경

남대문

서울 근교의 모습

는 성곽으로 에워싸여 있다. 성곽의 일부 포탑과 총구는 잘 보존되어 있다. 그러나 경성은 점점 커지고 있고, 건물을 지을 공간을 마련하고자 일부 성곽을 부수어야 했다. 원래는 성곽에 많은 성문이 있었는데, 밤이면 문들을 닫았다. 수도의 크기가 점점 커지면서, 현재 일부 성문은 단지 지난날의 추억이 되어 경성 내부에 위치해 있다. 이 성문들은 경성만의 개성이다. 길을 찾고 있는 외국인에게 성문은 유용한 좌표가 된다.

1910년에 한국과 일본이 합병될 때까지 경성(그때까지는 서울이라고 불렸고, 여전히 한국인들은 이렇게 부른다)은 대수롭지 않은 중국과 일본 숙소를 제외하면 순전히 한국인 도시였다. 그 이래로 일본인들에 의해 경성의 외관이 많이 바뀌었다. 현재는 인구 40만의 현대도시이다. 넓은 포장도로와 큰 상점들, 은행, 병원, 박물관, 학교, 대학이 있다. 자동차, 버스, 전차가 돌아다니고, 한국과 일본 및 한국과 만주국을 잇는 잘 조직된 항공기가 운행

경회루

된다. 이러한 근대적 개혁과 더불어 유서 깊은 인력거와 우마차들이 시대 변화와 상관없이 존재한다.

경성 안의 일본인 지역은 일본 도시의 모습과 완전히 똑같고, 모든 거리에는 일본식 이름이 붙어 있다. 일본 상점들은 혼마치라 불리는 번화가에 모여 있는데, 거기서 거의 모든 것을 구입할 수 있다. 이 거리는 1마일 이상 이어진다. 거리 양쪽 옆으로 줄지어 있는 상점들은 대부분 물건들을 상점 바깥이나 문간에 진열해 놓기 때문에 품목들을 다 볼 수 있다. 길이 좁아지는 곳에서는 양쪽 상점들의 물건을 다 잘 볼 수 있다는 점에서 마치 큰 백화점을 흉내 낸듯하다.

저녁이면 가장 멋진 방식으로 불이 켜지고, 언제나 사람들로 붐빈다. 혼마치로부터 뻗어 나오는 무수한 길이 일본인 거주지까지 이어진다. 그중 가장 좋은 길이 인근 산의 가장 낮은 경사면에 놓여 있다. 총독의 거처도 이

소반 장수

부근에 있다. 혼마치를 끝까지 따라가면 일본식 카페, 음식점, 찻집으로 가득 찬 유흥가에 이른다.

그러나 경성 대부분 지역에는 한국 사람들이 살고 있다. 이 점에서 시간이 다소 멈춘 듯하며, 그들 사이의 유대감도 여전히 크다. 주요 한국인 거리는 종로라 불리는데, 종로는 시가지의 중앙에서 동대문까지 1마일 이상 이어지고, 외곽의 시골 쪽으로 계속해서 똑바로 뻗어 있다. 이는 한국을 이끄는 세 가지 주요 동맥 중 하나이다. 나머지 둘은 한강 너머까지 이어지는 남쪽 길과 북경로라 불리는 서북로이다.

북경로는 한국이 중국의 지배하에 있을 당시 중국 황제의 선물을 가져오는 사신들이 항상 그 길로 왔기 때문에 그렇게 불린다. 종로는 길 양쪽 가장자리로 상점들이 늘어서 있는 것이 혼마치와 비슷하지만, 규모는 혼마치의 몇 배 크고, 모두 한국 상점이다. 종로는 아침부터 밤까지, 모두 흰옷을 입은 한국 사람들이 끊임없이 물결을 이루고 있다.

저녁이 되면 장사가 절정에 이르는데, 특히 상점 앞의 대로변에서 그렇다. 일부 열성 행상인들은 계속해서 이동해 다니고, 어떤 상인들은 길가에 노점을 편다. 밤늦게 사람들이 많아지면, 그 속을 뚫고 지나가기도 힘들다. 혼마치처럼 여기에서도 거의 모든 것을 살 수 있지만, 종로의 가격이 더 싸고, 거의 한국 서민들의 필요에 따른 물건들이 있다. 어디를 둘러보아도 모든 종류의 가정용품이 전시되어 있다. 광주리, 금속 세공품, 다양한 색상의 의복, 장난감, 책, 탁자, 모든 계절의 과일, 모자, 신발 등이 줄지어 있다.

상인들은 무척 열심이기 때문에 얼굴에는 땀이 흐르고 있다. 이쪽에서 한 가구 상인이 10여 개의 한국식 저녁 소반을 등에 짊어지고, 소반 하나를 자세히 보여주기 위해 한 손에 든 채 사람들 사이를 뚫고 나아가고 있다. 저쪽에서는 망으로 짠 이상하게 생긴 내복을 팔고 있는데 그것은 대나무를 잘게 쪼개 조끼처럼 만든 것이다. 그것은 날씨가 너무 더울 때 땀이 배는 것을 막기 위해 내복 안에 입는다. 같은 재료로 만든 벙어리장갑도 함께 팔고 있다.

경성의 가장 인상적인 건물은 정부 청사인 총독부이다. 이는 웅장한 건축물로 조선에 대한 강렬한 인상을 심어 준다. 건물은 화강암으로 지어졌고, 중앙 홀에는 한국산 대리석으로 된 바닥과 기둥이 있다. 총독부 건물은 광대한 공원이 조성된 한국 황제의 궁전 맞은편에 위치해 있다. 이 특이한 궁궐은 중국식으로 지어졌는데, 연꽃이 자라는 연못과 굽이치는 수로, 고목들로 꾸며진 매우 아름다운 곳이다. 궁궐 대부분은 절처럼 보인다. 그들 가운데 근사한 왕궁과 물위의 경회루(하궁), 그리고 알현실은 하나의 방과 같다. 이를 모두 통틀어 북궁이라고 불렀다.

과거 한국의 황실은 동궁이라고 불리는 곳도 소유하고 있었다. 이 궁은 경성의 동쪽 부근의 매우 넓고 아름다운 공원 내부에 위치해 있다. 이곳은 현재 동식물원이다. 이곳의 멋진 고목, 수로, 다리, 제방 사이로 이전에 동궁이었던 다양한 크기의 수많은 건물과 정자를 볼 수 있다. 동식물원은 관람할 가치가 매우 높고 잘 조성되어 있다. 그중에서도 가장 매혹적인 것은 4월 말에 피는 벚꽃인데, 그 풍경을 보러 몇 만 명의 사람들이 모여든다.

경성의 일반적인 모습을 정말로 잘 보려면 인근 산에 오르거나, 남산의 비탈 위에 일본 사람들이 지어 놓은 신사에 가는 것이다. 공적 업무로 경성에 오는 일본 사람들은 모두 일본 황제 조상들의 영혼에 대한 존경의 표시로서 이 사원을 방문한다. 경성의 근대적 건물들 중에는 조선호텔을 높이 평가할 수 있다. 이는 한국에서 가장 큰 최고의 유럽식 호텔이다. 이 건물은 한국의 국철에 속해 있는데, 이례적으로 세련되고 매혹적이며, 모든 현대적 편의를 갖추고 있다. 우리는 경성에 머무르는 내내 이 호텔을 거점으로 삼았는데, 나는 내가 호텔에 머무르고 있다는 생각을 한 적이 없다.

경성 시내 한복판에는 거리 모퉁이에 거대한 동종이 걸려 있는데, 현재는 그 둘레에 울타리가 쳐져 있다. 한일합병 이전에는 경성의 성문이 닫힐 때 거대한 나무 타봉으로 종을 치는 것이 관습이었다. 내가 들은 바에 따르면 매일 밤 9시에 종을 쳤다고 한다. 이는 경성의 모든 남자들이 이제 집으로 돌아가야 함을 알리고, 그때부터 여성들이 밖으로 나와도 좋다는 신호였다. 남성과 여성이 동시에 바깥에 있는 것은 엄격하게 금지되어 있었다. 만약 저녁 9시 이후 거리에서 남자가 돌아다니면 그 사람은 경찰에게 구류되었다.

제 4 장 첫 번째 사냥

시베리아 국경에서 약 90마일 떨어진 한국 북동쪽 부근에 주을 온천이라는 작은 마을이 있다. 거기에는 많은 온천이 있고, 일본 사람들이 목욕할 때 이를 이용한다. 높은 산들이 마을을 둘러싸고 있고, 수을강이 10마일 정도 동해로 흐르고 있다. 우리는 한국의 북동 지역에 머무르는 동안 이 마을을 거점으로 삼기로 결정했다. 경성에서 모든 준비를 마치자마자 3월 23일에 그곳으로 출발했다.

우선 우리는 주을로부터 약 25마일 떨어진 나남 지역의 중심 마을을 방문했다. 함경북도 지방의 도지사가 여기에 살고 있다. 우리는 그와 이 지역 경찰서장에게 연락을 취하라고 권고 받았었다. 그들은 모두 우리를 기쁘게 맞아 주었고, 다방면으로 도와주겠다고 약속했다. 곧이어 우리는 청진으로 향하여 거기에서 일단 일본식 여관에서 묵었다.

그 다음으로 할 일은 적당한 거처를 찾는 일이었다. 이 문제는 멋지게 해결되었다. 얀콥스키(G. Jankowski : 그에 대해서는 뒤에서 할 말이 많다)라는 이름의 러시아 이주민이 좋은 위치의 움막을 우리에게 제공했는데, 그것은 우리가 원했던 바로 그런 종류의 집이었다. 그 집은 강 유역 근처 전망 좋은 곳에 위치하고 있었다. 집수리를 조금 해야 했지만, 2주일 안에 완료할 수 있었다.

얀콥스키가 세운 노비나 마을

이제 우리는 야생 지역으로 나가 탐험과 채집을 시작하고 싶었다. 우리는 우선 진짜 수림을 탐험하기를 원했고, 따라서 계곡을 따라 일본까지 운반되는 통나무들의 두께가 엄청나다는 사실을 알고 무척 기뻤다. 이 부근에서는 일본 회사가 목재 산업을 맡고 있었는데, 그 감독자는 우리가 묵어 갈 수 있는 몇몇 사무실을 이용하도록 친절하게 배려해 주었고, 또한 우리의 짐을 운반하는 데 통나무 운반차를 쓰도록 해주었다.

우리는 통나무 운반차에 장비를 싣고, 그 차를 타고 첫 번째 탐험을 계속했다. 소형 엔진이 출발 신호를 내면서 우리는 강이 흘러오는 방향으로 그 마을을 떠났다. 지역 일꾼들의 우두머리는 일본 사람이었지만, 그와 후지모토 겐지를 제외하면 나머지는 짐봇따리를 들고, 나이와 몸집이 가지가지인 아이들을 동반한 한국 사람들이었다. 그들은 "양귀"와 낯선 물건들에 대해 호기심과 놀라움의 시선으로 바라보았다.

주을의 숙소

우리는 이내 마을을 벗어나 거친 계곡으로 들어섰다. 거센 계곡 물의 양쪽 옆으로는 깎아지른 듯한 절벽이 나타났다. 우리 차의 엔진 배기음에 깜짝 놀란 검정 논병아리들이 여기저기 날아다녔다. 가끔씩 차바퀴가 헛돌면서 차가 멈춰 섰다. 그럴 때면 우리는 차에서 내리고 한국 사람들이 길 위에 흙을 뿌렸다. 주위는 점점 더 야생의 풍경으로 바뀌어 갔다. 어떤 절벽은 현기증이 날 정도로 수직으로 높이 솟아 있었고, 거대한 바위 덩어리가 금방 우리 머리 위로 굴러 떨어질 것 같았다. 거대한 돌무더기들을 보건대 이 근처 어디든지 섬뜩한 산사태가 있었을 것이다.

우리가 탄 차는 다른 길이 없을 경우에 종종 강 위에 놓인 나무 다리를 건너야 했으며 일부 지역에서는 산으로 가로막힌 곳을 뚫어서 통행이 가능하게 만들어 놓은 곳도 있었다. 여기저기에 계곡이 넓어졌고, 어떤 곳에서는 한두 채의 토속 가옥을 볼 수 있었다. 그것들은 볏짚을 얹은 원시적인 흙집이었는데, 집밖에는 대부분 밝은 색상의 옷을 입은 아이들이 나와 놀고 있었다. 소 한 마리가 집 앞에 조용히 있는 것이 보였으며, 긴 털 흑돼지 한두 마리는 먹을 것을 찾는 듯 킁킁거리며 돌아다녔다. 그들의 태도로 봐서는

농가

먹을 만한 것을 찾지 못한 것 같았다. 집주인은 대개 우리가 지나칠 때 문간에 서서 우리를 바라보았다. 바로 3주 전에 표범이 나타났는데, 이 마을에도 돼지를 잃은 사람이 한 명 있다고 안내자가 말해 주었다. 표범은 여기서 250 야드 떨어진 곳으로 돼지를 물고 가서 먹어 치운 다음 산 속으로 사라졌다고 한다.

30분을 더 가서 우리는 철길 옆에 있는 초가에 도착했는데, 어떤 한국 사람이 밖으로 나와 깃발을 열심히 흔들고 있었다. 그 사람은 역장임이 분명했다. 산에서 내려오는 통나무 운반 열차가 역으로 들어오는 중이었고, 철로가 하나였으므로 우리는 잠시 기다려야 했다. 그래서 우리는 발을 쉬어 갈 시간을 가졌으며 한국의 온돌 방식으로 되어 있는 그 역을 둘러볼 수 있었다.

통나무 운반 열차는 이내 조용히 지나갔는데, 작은 기관차에 10개의 거대한 화물칸이 달려 있었다. 내리막길을 갈 때 기관차의 주된 역할은 브레이

한국의 아낙네

주을에서 만난 남매

크이다. 앞부분의 두 화물칸 위에는 할 수 있는 한 브레이크의 역할을 돕는 한국 사람 두 명이 앉아 있었다. 그 역장이 다시 깃발을 흔드는 것을 보고 우리는 산 위쪽을 향해 다시 나아갔다. 경치는 시시각각으로 변했으며, 묘사할 수 없을 정도로 험해졌다. 모든 봉우리에 눈이 덮여 있었고, 올라갈수록 수목이 빽빽이 늘어서 있었다. 자작나무, 포플러, 소나무, 낙엽송, 가문비나무가 대부분이었다.

그 날이 3월 29일이어서 봄이 곧 우리 곁에 다가올 때였지만 산 위쪽의 냇물은 여전히 모두 얼어붙어 있었다. 산을 오를수록 추위도 당연히 심해졌다. 마침내 우리가 목표 지점인 해발 4천 피트에 도착했을 때는 약간의 눈보라가 흩날리고 있었다. 휴식처는 매우 조밀한 숲에 둘러싸여 있었으며, 양쪽 옆으로는 엄청난 절벽이 있었다. 앞으로의 전망은 좋아 보였다. 따뜻한 방바닥에 앉아 뜨거운 차를 마시면서 우리는 이튿날 시작할 탐험에 대해 몹시 기대했다.

다음 날, 땅 위에는 새로 내린 눈이 쌓여 있었다. 밝은 태양이 야생 풍경 위로 내리쬐고 있었으며, 우리는 눈을 보호할 때 항상 사용해야 하는 특수 안경을 곧 착용했다. 우선 우리는 하천의 바닥 위로 조금 올라가다가 여기저기서 내려오는 한국 사람들을 만났다. 대부분의 경우 여자들은 머리에 보따리를 이고 어린 아이를 등에 단단히 메고 있었으며 몇몇 남자들은 소를 끌고 있었다.

우리가 계속 올라가는데 까막딱따구리 한 마리가 날아올라 근처 나무 위에 앉았다. 그 새는 한국에서 우리의 첫 번째 기념이 되는 것이었다. 이내 수많은 딱따구리들이 있는 곳에 도달하자 사방에서 딱딱거리는 소리가 들려 왔다. 우리는 등이 흰 종류와 그 밖의 다른 종류의 딱따구리도 모두 보았다. 늘 연습해 온 대로 곧 세 명씩 짝을 나누었다. 우리는 시간이 얼마 흐르지 않아 한국의 박새, 쇠박새, 오목눈이를 알게 되었다. 곧이어 시냇물을 따라서 굴뚝새가 아름답게 노래하기 시작했다. 우리는 얼지 않은 강가에서 많은 물총새를 보았다. 얼음같이 차가운 물속으로 자맥질하고 헤엄쳐 다니는 물총새를 바라보는 것은 즐거운 일이었다.

이 지역 조류의 생태는 특징상 뚜렷하게 북쪽에 속했다. 우리는 동고비, 나무발바리, 진박새, 상모솔새를 보았다. 또한 수많은 동아시아 조류들도 있었다. 활동적이고 아름다운 긴꼬리홍양지니와 멧새의 동아시아 종들도 보였다. 계곡의 훨씬 아래쪽에서 우리는 근사한 물까치를 처음으로 보았다. 이 새는 특이한 분포를 보인다. 이 새는 극동을 제외하면 스페인의 산림에서만 산다.

탐험 두 번째 날에 우리는 들꿩을 보았는데, 이후 우리는 거의 매일 이 새를 볼 수 있었고, 우리가 계곡 아래쪽에서 사냥했던 꿩들이 그랬듯이, 이 새들도 우리의 좋은 음식이 되었다. 한국에 매우 많은 까치와 까마귀 이외에 우리는 한두 마리의 어치와 염주비둘기, 그리고 양비둘기를 만났다. 우연히 독수리들이 언덕 꼭대기로 날아오르는 것이 시야에 들어왔고, 새매들과 황조롱이들이 작은 새들을 사냥하러 가는 모습이 보였다. 솔부엉이의 둥지가 우리 거처에서 약 2마일 떨어진 오솔길에 있었다.

우리는 이 숲에서 야생 멧돼지의 흔적을 보았으나, 흔히 볼 수 있는 노루들에게 적합한 이 근처 토질이 그들에게는 맞지 않는 듯, 그 숫자가 많지는 않았다. 동면하고 있던 작고 귀여운 땅다람쥐들이 금방 잠에서 깨어난 듯했는데, 이 아름답고 활동적인 작은 동물들을 우리는 거의 매일 나무 줄기와 바위틈에서 볼 수 있었다.

이 다람쥐들은 나무 위보다는 땅 위가 더 안전하다고 느끼는 것이 확실했다. 왜냐하면 그들은 나무 위에 있다가 놀라게 되면 일반적인 다람쥐들처럼 나무 위에 남아 있는 것이 아니라 줄기를 타고 내려와 땅 위의 구멍으로 안진하게 숨기 때문이나. 토끼와 보통 박쥐도 볼 수 있었는데, 박쥐들은 눈부신 햇살에 잠이 깨어 나무 사이로 날아다녔다. 거의 매일 밤 서리가 내릴 정도로 추웠기 때문에 밤에는 박쥐들이 날아다니지 못했다.

이 지역에 거주하는 한국 사람들은 거의 모두 개발 책임을 맡은 일본 회사에 소속되어 있다. 감독자 역할을 하는 소수의 일본 사람들이 있었고, 그들을 위한 조그마한 사당이 절벽 위에 세워져 있었다. 그들은 설날에 여기에서 황제의 조상들에 대해 참배하곤 했다. 우리는 이 강가 계곡에서 몇 주를 보냈고, 동물 수집을 훌륭히 시작했다.

그러나 우리는 거의 가파른 절벽과 깊은 계곡으로 이루어진 한국의 이런 종류의 지역 내를 돌아다니는 일이 상당히 힘들다는 것을 깨닫게 되었다. 바람에 의해 꺾어진 거대한 고사목들이 숲 속의 길 위에 떨어져 길을 막고 있었고, 나무 사이로 불쾌한 가시덤불이 매우 많았다. 아직 새잎이 돋아나지는 않았지만, 북쪽 능선이 여전히 깊은 눈 속에 파묻혀 있는 동안에 수줍어하는 듯한 첫 봄꽃인 아네모네 몇 송이가 남쪽 능선에서 보이기 시작했다.

또 다른 봄소식은 일부 냇물과 물줄기로부터 들리기 시작한 개구리들의 생기 넘치는 연주 소리였다. 도마뱀 한두 마리가 바깥으로 기어 나와 햇볕을 쬐었고, 여러 가지 유충의 모습이 보였다. 다음으로 우리는 온갖 철새와 할미새, 찌르레기, 유리딱새 등이 처음으로 이주해 오는 것을 보았다. 이 새들은 모두 우리가 여전히 첫 탐험 중일 때 찾아왔다. 얼마 후 우리는 주을 온천으로 돌아왔다. 그 동안 우리의 집은 수리가 끝나 있었다.

제 5 장 시베리아 국경의 호수로

한국의 북동쪽 끝에는 시베리아에서 한국을 구분 짓는 두만강이 흐른다. 두만강은 소비에트 러시아와 한국의 국경이 되고 있다. 이곳에는 바다와 근접하여 서반포와 동빈포라는 두 개의 호수가 있나. 이 호수들의 인근 지역은 넓은 평지이지만 그 주변은 소나무 숲이 있는 산과 언덕으로 둘러싸여 있다. 호수의 사방으로 평야에는 경작지가 있고 여기저기에 작은 규모의 한국식 가옥들이 있다. 바닷가에는 가파른 절벽과 넓은 모래사장이 번갈아 나타난다. 우리가 주을의 계곡을 떠나 4월 말엽에 이동한 지역이 이곳이었다.

나는 이 호수들이 동북아시아의 여름 체류지로 이동해 가는 수많은 철새들의 좋은 쉼터일 것 같다는 생각이 들었다. 우리가 따라온 주을로부터의 거리는 약 100마일이었다. 다소 평탄하지는 않았지만 비교적 좋은 길이 동해안을 따라 나 있다. 이 길은 자동차가 통행할 수 있는 길이어서 우리는 쉐보레를 타고 여행했다. 우리는 22개의 언덕을 넘어야 했고, 차에는 사람들이 가득 타고 있었기 때문에 구불구불한 길을 뚫고 나아가는 것이 때때로 매우 어려웠다.

날씨는 으스스 추웠으며 높은 지역으로 올라가면서 가끔씩 우리는 낮게 드리운 구름 속으로 들어가게 되었다. 계곡 아래에 사는 몇몇 한국 사람들을 제외하면 사람이 거의 거주하지 않는 지역을 여행하고 있다는 사실을 깨달았다. 이따금씩 무거운 짐을 지고 가는 사람들과 마주쳤고 매우 많은 소달구지를 지나쳤다. 그중 하나는 우리 차의 옆을 지나쳤는데, 우리 운전사가 제때 차를 세우기는 했지만 바퀴의 흙받이가 손상되었다. 그는 곧 뛰어내려 우마차를 끌던 사람에게로 가서 한국말로 가장 심한 욕설을 내뱉으면서 그의 머리를 계속해서 쥐어박았다. 이것으로 문제가 해결된 것 같아 우리는 계속 길을 갔다.

계속 뻗어 있는 바닷가를 따라서 비교적 작은 세 마을이 있었는데 그중 하나가 나진이다. 일본 사람들은 만주국 생산품의 막대한 부분을 처리하고 콩을 수출하면서 블라디보스토크의 주요 경쟁자가 될 거대한 항구로 나진을 확장할 계획이었다. 그 마을에서는 점점 더 많은 일이 벌어지기 시작했다. 수많은 새 가옥이 들어섰다. 거대한 기중기와 준설기가 항구에서 요란스럽게 작업 중이었다.

자동차 여행으로 거의 하루를 보낸 우리는 마침내 저녁 무렵 호수에 도착했다. 우리는 묵기로 되어 있던 대향동[1]의 한옥 안마당으로 들어섰다. 그 집에 있던 한국인 가족은 우리를 진심으로 반기면서 묵을 방으로 안내했다. 지붕 위로 빗방울이 떨어지기 시작했다.

긴 여행으로 뼛속까지 추위를 느꼈던 우리는 그 집의 온돌방에 감사했다. 일본 사람들과 마찬가지로 한국 사람들도 집안에 가구를 두지 않고 언제나 방바닥에 앉는다. 일본 사람들이 방을 데우기 위해 숯 화로를 이용하는 것과 달리 한국 사람들은 연기를 집안 모든 방바닥으로 퍼뜨리는 부엌에 위치한 아궁이에 의존한다. 연기가 빨려 올라가는 연도는 대개 집에서 조금 떨어진 곳에 있는 굴뚝으로 이어져 있다.

집안의 아궁이에서 굴뚝까지 연기가 빠져나가는 동안 수많은 구불구불한

1) 본문에는 Taigando라고 되어 있으나 여러 가지 정황으로 미루어 볼 때 경성군 주을 동쪽 15km 지점에 있는 대향동을 의미하는 것으로 보임.

후지모토 겐지

훼크비스트

배기관을 따라 나가기 때문에 굴뚝에서 불꽃이 일어날 위험은 없다. 따라서 굴뚝은 보통 나무로 만들어져 있다. 굴뚝은 4개의 두꺼운 판자를 엮어 놓았는데, 대개 가마니로 판자를 쌓아놓곤 했다. 한 번은 자작나무 껍질로 만들어진 굴뚝도 보았다. 따뜻한 방바닥에 앉아 있는 것이 너무나 좋았고, 스웨덴제의 프리머스 램프의 불빛 아래서 우리의 저녁 식사로 쌀밥과 바닷게를 배불리 먹는 데 부족함이 전혀 없었다. 우리는 도중에 게를 가져왔었다.

새로운 열망으로 가득 찬 우리는 다음 날 아침 탐험 길에 올랐다. 우리가 호수에서 오리 떼를 볼 수 있다는 가능성이 이내 명백해졌다. 두 호수 가운데 작은 쪽에서만 몇 천 마리의 오리가 있다는 것을 곧 확인했다. 우리가 처음 본 것은 홍머리오리, 댕기흰죽지, 발구지, 쇠오리, 청둥오리, 고방오리, 넓적부리, 그리고 희귀한 종류로 적은 수의 원앙이었다. 회색과 흰색의 왜가리들이 얕은 물과 늪지 근처를 걷고 있었다. 다양한 종류의 도요새들이

한국의 여인

나들이 옷차림

독장수

한국의 여인들

강둑 위를 경쾌하게 걷고 있었다.

가장 눈에 띄는 것은 아름답고 거무스름한 붉은발도요였다. 여러 종류의 삑삑도요와 기타 새들도 볼 수 있었는데, 그것들은 좀 더 북쪽의 시베리아 황무지로 이동하기에 앞서 날씨가 좋아지기를 기다리고 있었다. 호수에 연접한 늪지대 바깥 지역에서 우리는 작고 귀여운 메추라기 떼와 마주쳤다. 이 지역에서 이 새들은 번식기를 맞은 것 같았고, 대부분이 짝을 지은 듯 보였다. 날씨가 좋을 때 그들의 특이한 울음소리는 벌판의 사방에서 들려 와 15년 전에 내가 이집트의 삼각주를 탐험했던 때를 떠올리게 만들었다. 한국에는 꿩이 굉장히 많아 호수 근처에서 매일 볼 수 있었다.

우리가 이 지역에서 목격한 조류 세계에서 가장 주목할 만한 새로운 종은 검정색과 흰색의 아름다운 개구리매였다. 그 새는 들쥐들을 찾으며 늪지대

연지방아

집짓기

이리저리로, 땅에서 4야드 정도의 높이로 낮게 날곤 했다. 개구리매가 가끔 들쥐를 낚아채면서 먹이를 찾아 날아다니는 모습을 보는 것은 커다란 즐거움이었다. 거의 매일 보았던 다른 육식조는 물수리, 솔개, 새매였다.

할미새, 밭종다리, 참새 등과 다른 작은 새들이 많이 존재했기 때문에 육식조들은 항상 잘 지냈다. 종다리는 하루 종일 노래했다. 절벽에서 우리는 밤마다 특이하게 울던 수리부엉이를 찾았다. 도처에 토끼가 서식하고 있었으므로 수리부엉이 역시 먹이를 찾는 데 어려움이 없음이 분명했다. 땅다람쥐도 많았다. 호수를 둘러싸고 있는 산에서 우리는 노루는 매우 많이 보았지만, 멧돼지는 보지 못했다. 멧돼지들은 수목이 없는 지역에서는 잘 번식하지를 못한다. 그러나 표범들은 몇 마일 내륙의 산에 출몰했다.

붉은 자줏빛의 진달래꽃이 만개한 산등성이에서 우리는 이 지방 전체를 조망했다. 두만강의 굽이치는 물결이 은빛으로 반짝였고, 작은 나무들이 뒤덮고 있는 듯한 시베리아 산맥을 멀리서 볼 수 있었다. 우리는 일부 러시아 마을을 망원경으로 식별할 수 있었다. 국경을 사이로 양쪽의 풍경은 끝없이 언덕이 이어져 있다는 점에서 매우 비슷했다. 그러나 양쪽 지역의 거주자들은 그들의 성격이나 삶의 방식에서 굉장히 다르다는 점을 알 수 있다. 남쪽을 바라보면 한국 사람들이 소를 끌며 쟁기질하는 것을 볼 수 있었다. 봄 경작물은 지금이 수확기였으므로 주민들은 모든 밭에서 매우 바빴다.

그날의 탐험과 수집을 마치고 마을로 돌아오면 어둠 속에서 이방인들을 경계하며 늘 성나 짖어 대는 개들의 소리를 듣곤 했다. 그와 달리 긴털 검정 돼지들은 우리가 접근해도 거의 두려워하지 않았다. 그들은 항상 느긋했으며 자기 먹이를 스스로 찾아야 했기 때문에 뚱뚱하고 느린 대신에 개들만큼 재빨랐다. 새끼들은 쏜살같이 달아나면서 매우 우스운 모습을 보였다.

돼지를 몰고 가야 할 때 한국 사람들은 돼지 뒷다리에 줄을 묶고, 자신은 줄 끝을 잡고서 간다. 나는 도로를 운전하면서 가끔씩 한 떼의 돼지들을 이런 식으로 몰고 가는 한국 사람을 보았다. 돼지와 개는 한국 어디에서나 어린아이들의 놀이 친구들이다. 집집마다 많은 아이들이 있는데 아마도 그 이유는 한국에 황새가 많기 때문인 것 같다![2] 나는 가끔 30~40마리의 황새 무리를 보았다. 이 황새들은 대부분 한국을 거쳐 일본으로 가는데, 가능하다면 그곳에서 더 많은 교배를 갖게 된다.

우리가 밖에서 만나는 거의 모든 여성은 아기를 등에 업고 있다. 공깃돌은 스웨덴 아이들에게 그렇듯이 한국에서도 최고의 장난감이다. 어린 소녀들은 빨강, 노랑, 초록의 밝은 색상의 옷을 차려 입고 있는데, 이는 매우 그림 같은 모습이다. 한국 사람들은 목욕하는 것은 대단히 마음 내켜 하지 않고, 집안에는 해충들이 득실거린다. 그런 불쾌한 마음이 들 것 같은 한국의 초가집에서 밤을 보내야 할 때면, 우리는 밤사이에 벌레들이 기어오르는 것을 막기 위해 건초 더미나 풀을 바닥에 깔곤 했다. 그렇게 함으로써 아침에 해 뜰 때까지 해충이 옮는 것을 막았다.

2) 서양 사람들은 황새가 찾아오면 그 집안의 아내가 잉태한다는 속설을 믿고 있다.

제 6 장 혼례의 풍습

대향동이라는 마을에 머무르고 있을 때, 나는 우리 옆집에서 결혼식이 있다는 얘기를 우연히 들었다. 23세의 젊은 총각이 18세의 처녀와 결혼하는 것이었다. 신랑은 그 나이에 홀아비였고, 여성이 그의 재취가 되는 것이었다. 그는 마을에서 그리 멀지 않은 큰 마을에서 작은 장사를 하고 있었는데, 현대적으로 개화된 한국 사람이었다.

전통 혼인식과 같이 공들여 하는 유서 깊은 의식들이 이러한 상황 때문에 눈에 띄게 간소화되었다. 결혼식은 사방에서 마을로 몰려든 손님들의 물결로 시작되었다. 많은 사람들이 여러 집으로 흩어져 들어갔고, 그들의 왁자지껄한 소리가 점점 커지는 것으로 보아 먼저 간단한 다과를 들면서 식이 시작되는 것이 확실했다.

오후 4시쯤 자동차 소리가 들리더니 곧이어 우리 집 근처 오막살이 마당에 차가 나타났다. 종이 화환으로 화려하게 장식한 포드 자동차였다. 신부와 들러리가 차에서 내려 재빨리 집안으로 사라졌다. 잠시 뒤에는 우마차가 마당에 도착했다. 이는 신부의 친정에서 온 것으로서 혼수 옷가지와 놋 장식이 달린 두 개의 나무 장이 실려 있었다. 이것들을 그의 시댁으로 옮겼다. 짐을 다 내렸을 때 소는 마차에서 풀려나서 다시 자동차에 밧줄로 묶였다. 그 소는 즉시 앉아서 그 주변에서 일어나고 있는 모든 일에 대해 완전히 무심하게 생각에 잠긴 듯 했다.

나는 혼인하는 두 사람의 사진을 찍어야 했는데, 이 일이 주변에 즐거움을 주었다. 한편 신랑은 모든 결혼 음식과 기타 좋은 물건들이 전부 사진에 나와야 한다는 자기 바람을 표현했다. 그래서 그것들을 전부 집밖으로 날라 마당의 작은 상 위에 차려 놓았다. 많은 떡과 과자, 과일, 그리고 구운 통닭이 있었다.

신랑은 검은 옷에 흰 장갑을 끼고 있었고, 신부는 약간은 한국식, 약간은 유럽식으로 옷을 입었다. 신랑은 매우 느긋해 보였지만, 신부는 몹시 불편해 보였다. 한국의 아내들은 결혼을 하면 매우 힘든 시간을 갖는다! 그를 그렇게 우울한 상태로 만드는 것은 결혼 후의 고생이 어떠하리라는 것을 잘 알고 있기 때문이다.

실질적인 결혼 의식은 신랑과 신부가 친척들에게 둘러싸여 작은 사발로 곡주를 함께 다 마시고, 먼저 신부에게 권유받은 양가 부모가 그것을 마시는 것으로 이루어진다. 저녁 시간은 내내 많은 음식과 술을 들면서 축제 분위기로 보냈다. 결혼식 잔치 음식의 또 다른 희생양은 그 집에서 가장 큰 돼지였다. 혼례를 치르기 이틀 전 그 돼지는 질 좋은 고기를 대접하기 위해 죽음을 언도받았다.

앞서 내가 말했듯이 젊은 신랑은 결혼식에서 한국식 전통을 모두 따르지는 않았는데, 그 이유는 그가 부분적으로 현대식 인물이었기 때문이고, 또 이번이 그의 두 번째 결혼이었기 때문이었다. 또 실제로 부모가 그를 대신해 신붓감을 골랐지만 그가 혼례 전에 신부 얼굴을 보았다는 얘기도 있었다. 신부의 부모 역시 매파를 만나 혼담이 오고갔을 것이다. 신부는 혼례식을 할 때 눈가리개를 하지 않았는데, 일부 나이 많은 사람들은 이를 생략한 것이 전통에 통탄할 만한 위반이라고 생각했다.

대개 한국의 젊은이들은 미래의 아내에 대한 선택권이 없다. 그가 거의 장가갈 나이가 되면 그의 부모가 아들에게 적합한 색싯감을 찾기 시작한다.

그들은 신붓감과 접촉할 수 있게 해주는 중매쟁이에게 돈을 주고 고용한다. 그러한 중매쟁이들은 매우 많은 사람들을 알고 지낸다. 그는 지역 모든 가족의 경제 상태에 대해 전부 알아내는 것을 일삼고 있다. 어떤 집안 문제도 그를 피해 갈 수 없다. 그는 귀에 들어오는 모든 얘깃거리를 의도적으로 간직해 둔다.

갑작스러운 중매 요구에 대비해서 그는 항상 적합한 신랑 · 신부 후보들을 많이 알고 지낸다. 이러한 중매쟁이들은 가끔 여성일 수도 있다. 중매쟁이는 당사자의 집을 방문해 부모에게 어떤 집에 혼례를 할 아들이 있음을 알리고, 딸의 혼례를 성사시킬 생각이 있는지를 물어 봄으로써 실질적인 교섭을 시작한다. 그 젊은 남자와 그의 가족은 전적으로 그런 수단으로 혼사를 맺었고 점술가에게 젊은 배필의 이름과 생일이 바르게 조화될지 확인해 줄 것을 의뢰한다.

여자 쪽의 부모가 결혼 제안을 받아들인다면 신랑 측에서는 혼수로 면과 비단, 잘 만든 신발과 그 밖의 여러 가지 물품을 일꾼들에게 들려 신부 쪽에 보낸다. 만약 신랑의 부모가 가난하다면 많은 물건들을 빌려야 하는 일이 생기고, 불쌍한 신부는 혼인 뒤 새 집으로 이사할 때 물건들을 되돌려 보내야 한다. 동양을 통틀어 가장 중요한 점은 체면이 유지되어야 한다는 것이다! 신랑의 부모에 대한 보답으로 신부 가족은 그에게 의복을 보내는데, 대개 두 벌의 완성된 정장이다. 한편 혼인을 하는 당사자들은 상대방을 볼 수 없다.

점쟁이의 도움으로 적당한 결혼 날짜를 잡는다. 혼례 당일에 신랑은 신부를 데려오고자 화려한 행렬과 함께 신부의 집으로 나아간다. 신랑은 밝은 색상의 혼례복을 입고 치장한 말을 타고 수많은 남성 친구들과 동행한다. 그 곁에는 온갖 진미들이 함께 운반되는데, 구운 기러기 혹은 그것이 여의치 않을 때는 나무로 만든 기러기가 포함된다. 기러기는 결혼 후의 정절을 상징하는데, 이는 단지 여성들에게만 요구된다.

신랑이 신부의 집에 도착하면 신부가 신랑을 만나려고 마중을 나간다. 그 전에는 결코 볼 수 없고, 그때에도 눈이 가려져 있으므로 신랑을 볼 수 없다. 신부의 얼굴은 분을 발라 매우 하얗다. 신부가 아니라 신랑이 가져온 혼례 음식을 먹은 뒤 그들은 신랑의 집으로 향한다.

신랑은 신부를 가마에 태운다. 신부는 많은 질 좋은 물건과 금품들을 갖춘 나무 궤 안에 자신의 옷가지를 모두 가지고 간다. 이 궤는 밝은 색상의 천으로 싸여 있다. 신부의 부모는 혼례가 치러지는 신랑의 집까지 동행한다. 신부는 이제 자기 가족에게는 죽은 것과 다름없이 여겨지며 신랑의 가족에 속하게 된다. 신부는 신랑의 집에 도착할 때까지도 여전히 눈가리개를 하고 있다. 이제 두 여성이 신부를 가마에서 내려 바닥에 깔아 놓은 방석 위로 안내하며, 그는 혼례를 위한 상이 다 차려질 때까지 거기에 앉아 있어야 한다.

새로운 가정에 대한 신부의 첫 번째 의무는 곡주가 든 잔을 신랑의 부모에게 건네고 다음으로 신랑에게 건네는 것이다. 그리고 나서 신부는 바닥에 무릎 꿇어 시부모에게 큰절을 하고 이어서 남편에게 큰절을 한다. 이제 신부가 신랑에게서 곡주 잔을 받을 차례이고, 신부는 곡주를 받아 마신다. 이제 둘은 혼인을 한 것이다.

신부는 혼례가 있는 날에 하루 종일 한 마디도 말을 해서는 안 되며, 심지어 혼례 며칠 전에도 말을 해서는 안 된다. 침묵을 유지하는 시간이 길수록 그는 더 높은 평가를 받는다. 하루 종일 신부의 눈을 가리던 풍습은 늘 지켜지지는 않는다. 그러나 대개 신부는 혼례 잔치가 벌어지는 내내 눈을 가리고 있다. 훌륭한 신랑을 맞고 싶어 하는 한국의 어린 소녀들은 시간제로 눈을 감고 앉아 있는 연습을 한다. 이는 올바르게 교육받으며 자랐다는 의미로 여겨진다.

신랑과 신부가 예식 전에는 서로 결코 만날 수 없기 때문에 그들은 드물게 혼례 날에 유쾌하지 못한 감정으로 놀라기도 한다. 이런 일은 중매쟁이

그네 대회

가 장님이나 사팔뜨기, 귀머거리 혹은 정말로 못생긴 여성을 시집보내기 위해 고용되었을 경우 가끔 생긴다. 그런 경우 중매쟁이는 돈을 좀 더 많이 받는데, 그것이 쉽지는 않겠지만 그는 좀처럼 "그런 일을 해치우는 데" 실패하지 않는다. 그러나 가끔 신랑의 실망이 너무 심하면, 그는 신부를 보는 즉시 되돌려 보낸다. 이럴 경우 혼례 비용을 신부 측에서 신랑 측에게 변상해야 한다. 나는 신랑이 신부 얼굴을 보고 광분했던 경우를 알고 있다! 그러한 불운이 여러 번 생긴다면 그 중매쟁이는 불신의 대상이 되어 나쁜 평판을 얻고, 물론 더 이상 성공할 수도 없다.

혼례를 치르고 난 뒤의 신부에게 가장 중요한 일은 시어머니와 좋은 관계를 유지하는 것이다. 한국 어디에서나 두려움의 대상인 시어머니는 가능한 많은 일을 며느리에게 넘겨주는데, 며느리는 아침부터 밤늦게까지 그의 비위를 맞추어야 한다. 아들의 젊은 아내는 많은 의무를 가지지만 권한은 거의 아무것도 없다.

밭갈이

젊었을 때 얼마나 고생했는지 회상하는 시어머니들이 며느리를 성가시게 함으로써 자신의 고생스러웠던 과거를 보상받고자 함은 특이한 일이 아니다. 확실히 훌륭한 시어머니들이 있기는 하지만, 한국에는 너무나 많은 못된 시어머니 부류가 있다. 때로는 이러한 일들로 젊은 새댁이 강물에 몸을 던지거나, 어느 집에나 있는 양잿물을 한 대야 마심으로써 자살에 이르는 수도 있다. 양잿물을 마시면 내장이 지독하게 타 버리고 끔찍한 고통 속에서 죽게 된다.

요즘에는 많은 한국 사람들이 기독교인이어서 결혼할 때 의식은 기독교 교리에 따라 대개 교회에서 치러진다. 읍내에서는 신랑 신부가 늘 혼례를 위해 빌려 온 유럽 복장을 입고 나타난다. 신랑은 되도록이면 외국의 군복 같은 제복을 입기를 더 선호한다. 나는 일부 개화된 상점에서 그런 제복을 빌릴 수 있다고 들었다.

혼례를 치른 몇 주 뒤 새댁은 친정을 방문할 수 있다. 몇 주를 머무르며

초등 학교 운동회

황소 타기

친정 식구들에게 그동안 자신에게 있었던 이야기들을 해준다. 때로 모진 시어머니는 친정 방문이 있을 때까지는 자신을 억제해 며느리가 친정에서 불평을 늘어놓는 것을 피한 뒤, 며느리가 돌아오면 시집살이를 모질게 시킨다. 아내가 마음에 들지 않으면 남편은 즉시 소박을 놓을 수 있다. 그러한 상황의 책임은 아내 측에 있다. 만약 소박맞은 집에 둘째 딸이 있다면 그를 시집보내기가 더욱 어려워진다.

한국 가정의 가장 큰 소망은 가문을 빛내고 조상에게 제사를 드릴 수 있는 아들을 얻는 것이다. 따라서 혼례에 생길 수 있는 가장 큰 불행은 아이를 못 가진다거나 계속해서 딸만 낳는 경우이다. 딸들을 혼례시킬 때까지 돈이 많이 들고, 일단 시집을 가고 나면 딸을 잃게 된다. 지방의 속담에 따르면 아들 없이 딸만 다섯인 집은 너무 가난해서 도둑이 들어와도 훔쳐 갈 것이 없다고 한다. 아들이 없는 경우, 남편은 다른 아내를 맞을 수 있다. 그는 새 아내를 선택하는 데 자유롭고, 종종 소위 기생을 고르기도 한다.

일본의 게이샤처럼 이 무희들은 매우 어여쁘다. 첫 번째 부인은 남편이 둘째 부인을 맞아 한 지붕 아래 다 같이 사는 것을 막을 수 없다. 그러나 만약 두 명의 부인이 한 집에서 사는 것이 문제가 있다는 사실을 알게 되면, 여유가 있을 경우 둘째 부인에게 새 집을 마련해 주기도 한다. 둘째 부인이 아들을 낳게 되면 대개 첫째 부인의 아들로 입적되는데, 그렇게 하는 것이 더 좋게 보이기 때문이다.

부인이 아이를 가지지 못하면 이는 죄에 대한 벌로 인식된다. 그러나 둘째 부인을 상냥하게 대하고, 둘째 부인의 아이들에게 한층 더 잘 해줌으로써 이를 보상할 수 있다. 따라서 첫 번째 부인이 둘째 부인의 자식들을 마치 친자식인 양 정성껏 보살피는 광경을 볼 수도 있다. 언젠가 나는 첫째 부인에게 자식이 없고 둘째 부인은 아이 다섯을 낳은 집에 머물렀던 적이 있다. 첫째 부인은 하루 종일 아이들을 돌보느라 바빴다. 그 두 명의 부인은 매우 화목한 것 같았다.

흰줄박이오리

법에 따르면 혼인할 수 있는 나이가 소녀는 15세, 소년은 17세였다. 그러나 실제로 한국 사람들은 종종 훨씬 일찍 결혼한다. 그런 경우에 그들은 그 나이가 될 때까지 혼인 신고를 하지 않는다. 아들이 있지만 너무 가난하여 모든 혼수를 장만하여 전통 혼례를 치를 수 없는 집은 종종 매우 어린 딸들을 가진 또 다른 가난한 집으로 보내 그 집의 딸 가운데 한 명을 선택해 나이가 찰 때까지 함께 산다. 그리하여 그가 성장하면 아들과 혼인을 하고 결과적으로 혼수의 필요성을 없애고 간단한 혼례 잔치만 여는 것이다.

가끔 매우 가난한 집의 어린 소녀가 중매쟁이에게 맡겨져 결혼할 나이가 되기 훨씬 이전에 다른 지방에 있는 남자의 아내로 팔려 가는 수도 있다. 그 가격은 약 60~70엔에 달하고 다른 경우처럼 계산서가 청구된다. 내가 경성에서 알게 된 한국 하인 한 명도 자기 아들을 장가보내려 여자 중매인에게

70엔에 젊은 부인을 샀다. 이렇게 데려온 부인은 절대적으로 구매인에게 속하게 되고 다시 팔려 갈 수도 있다.

한국에서 부인이 사망하면 남편들은 대개 바로 새로운 아내를 얻으려고 한다. 한 선교사가 내게 말하기를, 어떤 한국 남자가 부인의 장례식에서 돌아오는 길에, 새 아내를 얻는 데 도움을 줄 수 있겠느냐고 질문 받은 적이 있다고 했다. 또 선교사는 자신은 다시는 아내의 죽음에 대해 남편에게 위로 편지를 쓰지 않는다고 했는데, 그 이유는 편지가 그에게 도착할 즈음 대부분이 재혼을 준비하기 때문이라고 했다.

제 7 장 은강과 신점으로

호수에서 돌아와서 우리는 곧 다음 여행을 준비해 5월 22일에 출발했다. 우리의 다음 목적지는 은강이라 불리는 곳이었는데, 함경북도 내륙의 거의 1천 피트 높이에 위치하고 있있다. 우리는 우선 동해안을 따라 남쪽으로 철도를 이용해 여행했는데, 주로 벼를 재배하는 농경 지역을 통과했다. 우리는 길주 역에서 기차를 갈아타고 북서쪽의 내륙에 위치한 산들을 향해 갔다. 철로는 계곡 깊숙한 곳에서 급류가 흐르고 있는 절벽을 따라 나 있었다. 계곡의 양쪽 옆으로는 깎아지른 절벽이 솟아 있고 빽빽한 수림과 덤불이 무성하게 자라 있었다. 모든 것이 봄의 신록이었다.

느릿느릿하게 기차는 더 높은 경사를 어렵사리 오르기 시작했다. 우리는 한국 사람들이 밭을 일구는 모습을 바라볼 시간이 많았다. 논보다는 귀리, 밀, 완두콩, 강낭콩, 감자 밭이 많았다. 심지어 우리가 탄 기차에서 보기에 거의 수직인 듯한 가파른 경사에서도 한국 사람들이 작은 밭을 일구고 있었다. 흰 옷을 입은 사람들의 움직이는 모습이 마치 유령 같았다. 나로서는 그들이 늘 위험에 빠져 있고, 어느 때라도 그들 중 한 명이 미끄러져 산 아래로 굴러 떨어질 것 같이 보였다.

더 높이 올라갈수록 계곡은 점점 좁아졌고, 사람이 사는 흔적도 적어졌다. 철로는 계속해서 구불구불한 길을 따라 나아가며 많은 터널을 통과했다. 때때로 기차는 가파른 절벽의 가장자리 위를 달렸다. 마침내 우리는 나무를 전부 베어낸 지역에 도달했다. 그곳은 불모지로 보였지만 좁은 경작지와 한국식 가옥이 있었다. 기차는 계속해서 힘들게 위쪽으로 올라갔다. 우리는 이렇게 거친 산을 통과하는 철로를 지은 일본 기술자들에 대해 감복하지 않을 수 없었다.

어두워지기 바로 직전에 우리는 종착역인 하관 역에 도착했다. 우리는 여기에서 밤을 보내야 했고, 다음날 협궤를 따라 가기로 했다. 역에서는 세 여관에서 나온 사환들이 우리에게 몰려들었다. 그들은 모두 자기네 여관의 특이한 시설에 대해 자랑을 늘어놓았는데, 어느 곳이 역에서 가장 가까운지를 묻자 서로 자기네 여관이라고 주장했다. 우리는 가장 믿음이 가는 모습을 한 사환을 따라 가기로 결정했고, 그는 그런 곳에 위치한 것치고는 결코 나쁘지 않은 일본식 여관으로 우리를 안내했다.

다음날 아침 5,200피트의 높이에 이르는 협궤 열차로 여행을 계속했다. 거기서부터 다시 우리는 내려가기 시작했는데 숲은 산불로 거의 폐허가 된 낙엽송들로 이루어져 있었다. 몇 마일을 더 가는 동안 우리는 죽은 낙엽송들 외에는 아무것도 보지 못했다. 계곡 깊숙한 곳에서 포플러 나무와 버드나무 등 우거진 나무들이 보이기는 했다. 죽은 낙엽송들은 우울한 장관이었다. 우리는 산불이 몇 달 동안 계속되어 광대한 지역을 황폐하게 만들었다는 얘기를 들었다.

두 시간의 여행 후 우리는 종착지인 산여대라는 작은 역에 도착했다. 이 지점부터 우리가 머물려고 계획한 은강의 마을까지는 약 12마일이었다. 짐을 말 위에 꾸린 뒤, 오후에 은강에 도착하려고 서둘러 걷기 시작했다. 토착민들 말에 따르면 그전에는 유럽 사람이 그 지역을 방문했던 적이 한 번도 없다고 한다. 당연히 그들은 우리의 모습을 자세히 보려고 했다.

우리는 근처의 숲과 계곡을 돌아다니면서 2주를 은강에서 보냈다. 짧은 기간 동안에 새로운 동물들을 많이 보게 되었다. 우리가 머물던 곳에서 멀지 않은 곳에 새앙토끼의 서식지가 있었다. 그것들은 땅굴에 사는 꼬리 없는 작은 설치류로서 집단으로 서식한다. 그들은 곰처럼 자기 굴 안에서 동면하며, 여름에는 모두 더 생기 넘치게 활동한다. 그들은 풀과 모든 종류의 작물을 먹으며 대체로 적들이 따라올 수 없는 바위 더미로 숨어 다니는데, 커다란 귀와 눈을 가졌다. 그들은 거의 밤에 활동한다.

대개 새앙토끼들이 내는 맑은 휘파람 같은 것을 듣고 어디에 숨어 있는지 발견할 수 있다. 새앙토끼들이 사는 굴 근처에 자리를 잡고 앉아 있으면 대개 그들 중 하나가 나타날 때까지 오래 기다릴 필요도 없다. 내가 앉아서 기다렸을 때, 때로는 바로 옆의 굴에서 토끼가 잎사귀를 조금씩 먹으며 나왔는데, 마치 누군가가 칼로 찌는 것처럼 끽끽 소리를 내면서 머리를 숙이고 있다가 느닷없이 굴 안으로 다시 사라졌다. 포유류 가운데 역시 노루와 땅다람쥐가 있었나. 우리는 산책길에서 땅다람쥐를 많이 보았는데, 노루는 많이 보지 못했다.

우리는 계곡 아래로 거품을 일으키며 거세게 흐르는 강에서 환상적으로 아름다운 원앙이 물살이 약해지는 가까운 유역에서 헤엄치고 있는 것을 볼 수 있었다. 원앙의 둥지는 때때로 강에서 1마일 혹은 그 이상 떨어진 나무 구멍에 있었다. 아름다운 흰줄박이오리도 근처에 살고 있었다. 강가를 따라서 잡목과 수풀이 자라는 곳에서 우리는 가끔 청까치를 보았고 셀 수 없이 많은 작은 새들의 노랫소리를 하루 종일 들을 수 있었다. 뻐꾸기 울음소리도 아침부터 밤늦게까지 들려 왔으며, 한국 어디에나 수많은 꿩이 있었다. 매일 밤 쏙독새 소리도 들렸다.

한국에는 무수히 많은 독사들이 있는데, 우리는 탐험 중에 종종 그들을 보았다. 나는 뱀을 담아 놓을 용구가 없을 경우에는 양말을 벗어서 총통을 통해서 뱀이 양말로 들어가도록 했다. 뱀이 총통 밖으로 나와 양말 안으로 들어가면 나는 이것을 손수건이나 끈 조각으로 묶어 가방 안에 꾸러미를 찔러 놓았다. 이런 방식으로 뱀을 술통 안에 계속 보존하면 손상되지 않고 집까지 운반하기에 쉽다. 그러나 뱀이 너무 커서 총통을 통과하지 못하는 수도 가끔 있었다.

이 지역에 머무르는 동안 한국식 축제가 있었는데, 이는 3일간 지속되었다. 첫째 날 한국 사람들은 언덕의 경사에 위치한 묘소로 올라가 죽은 선조들을 기리며 수많은 의식을 진행했다. 그들은 수많은 작은 상을 들고 갔는데, 그 위에 온갖 음식과 술을 올려 놓았다. 그 음식들은 죽은 사람들을 위한 듯 했지만 상주들이 망자의 영혼과 교감하기 이전까지는 제사상을 차리지 않았다.

둘째 날은 6월 6일이었는데, 마을 안에 성대한 운동회가 열려 남자, 여자, 아이 모두가 잔치 복장을 하고 사방에서 몰려들었는데 모두 합해 최소 1천 명은 되어 보였다. 남자들은 씨름을 했고, 여자들은 그네를 탔다. 거의 하루 종일 비가 몹시 내렸지만 오후에 2시간 정도 해가 나자 즐거움은 그때부터 시작되었다. 학생들은 줄을 맞추어 함께 있었지만, 그 외의 사람들은 모두 새끼줄로 둘러쳐진 운동장 외곽으로 가고 싶은 곳 어디든지 자유롭게 돌아다녔다. 한 무더기의 톱밥을 씨름판이 벌어진 쪽에 쏟아 부었다. 가장 작은 학생들이 씨름을 시작했는데, 예닐곱 명의 학생들이 구획 안으로 걸어 나와서 우레와 같은 환호 속에서 한 명이 다른 이들을 모두 쓰러뜨릴 때까지 씨름을 했다. 그리고 나서 나이가 좀 더 많은 학생들의 차례가 되었는데, 그들 중 한 명이 몇 명의 상대를 연속적으로 물리쳐서 우승하면 환호성을 받으며 앞에 나가 상을 받았다. 상품은 대개 연필, 필기 용지 한 묶음, 실패 등 유용한 물건들이었다. 그 다음으로 한층 더 큰 씨름꾼들이 나왔다. 마침내 건장한 어른들의 차례가 되었다. 씨름판에서는 구경꾼들이 소리 지르고 고함치면서 더 흥미진진했는데, 이는 충분히 그럴 만한 가치가 있었다.

씨름 다음은 그네뛰기였다. 커다란 그네가 설치되었다. 가장 높이 그네를 타는 사람이 상을 탔다. 높이 매달아 놓은 끈을 건드림으로써 도달한 높이가 표시되었다. 한국 여성에게 그네는 가장 즐거운 오락인 듯 했다. 나는 한국의 수많은 마을에서 이런 종류의 거대한 그네를 보았는데, 항상 여성들만 이 이용했다. 그럴 때 여성들은 모두 멋진 민속 복장을 입었다. 그네 타기 경쟁이 시작되자 여성 구경꾼들은 그네와 상당히 가까이에 자리를 잡았는데, 경기가 진행되는 동안 더욱 가까이 모여들었다.

결혼할 나이가 된 여성들은 그네 시합에 나갈 수 없는 것 같았다. 나는 그들이 앉은 자세로 그네를 타기를 기대했지만 모두 서서 탔다. 첫 번째 참가자는 매우 기품 있는 여성이었는데, 은강 여성들의 용모를 우리는 차례차례로 모두 볼 수 있었다. 일부 참가자들은 정말로 놀라운 높이까지 올라가서 준비된 상뿐만 아니라 많은 갈채를 받았다. 치마가 얼굴 위로 날리는 것을 막기 위해 모두 적당한 때 무릎을 흔드는 동작을 했다. 이를 바라보는 여자 가운데 많은 수가 등에 아기를 업고 있었는데, 그들은 아기들을 축제 도중에도 때맞춰 먹였다. 다시 한 번 비가 내리기 시작했을 때도 여전히 수많은 참가자들이 순서를 기다리고 있었다. 비가 오자 밝은 색상의 옷을 입고 즐거워하던 군중들은 모두 흩어졌다.

어느 날 내가 숲길을 걷고 있을 때, 조그마한 땅을 열심히 개간하고 있는 두 명의 한국 사람을 보게 되었다. 나는 그들에게 다가가서 일하는 모습을 보고 말을 걸었다. 이내 그중 한 사람이 내가 어느 나라 출신인지를 물었다. 그 사람은 스웨덴이 어딘지 알지 못했다. 그래서 나는 스웨덴은 유럽에 있다고 말해 주었다. 그것이 그에게 무엇인가를 전한 것 같았다. 왜냐하면 그는 곧 동료에게 유럽은 미국 어딘가에 있다고 설명했기 때문이다.

은강에서 일을 끝마치자마자 우리는 전과 같이 말 위에 장비를 싣고 만주의 국경을 향해 이동했다. 우리는 우거진 낙엽송 숲을 지나 멀리 산너머로 멋진 경치가 보이는 높은 곳으로 점점 올라갔다. 우리의 아래쪽으로 깊이 급류가 가파르게 흘러내리고 있었는데 최근에 내린 비로 홍수가 나서 물이 불어 있었다.

우리가 밤을 지냈던 한국 여관의 요금표를 보니 아침 식사, 저녁 식사, 투숙은 65전, 말은 35전, 소는 40전, 1인 1일 투숙에 5전이었다. 나는 이보다 싼 요금을 본 적이 없다. 그러나 숙박 시설은 매우 낡았고, 방은 모조리 흙바닥이었다. 만약 혼자서 묵는다 할지라도 친구가 없는 것은 아니다. 왜냐하면 항상 너무 많은 벌레들이 있기 때문이다. 한국에 있는 숙박업소는 어디나 마찬가지였다.

다음 날 우리는 빗물로 불어난 시내를 건너야 했다. 카누처럼 생긴 배에 말을 싣고 건너게 해주겠다고 어떤 한국 사람이 제안했다. 나는 다소 불안한 마음이 들었다. 그 쪽배는 포플러 나무 줄기로 만든 것이었고 배의 균형을 잡으려고 양 가장자리에 판자가 고정되어 있었다. 먼저 그는 우리의 짐을 먼저 강 건너로 날랐고 그리고 나서 말 한 마리를 배에 태운 뒤 천 조각으로 말의 눈을 가려 무슨 일이 닥쳐오고 있는지 알 수 없도록 했다. 그런데 그 말은 눈가리개를 한 채로 배에 오르는 것을 거부할 정도로 눈치가 빨라 눈을 가린 천이 벗겨진 채 좁은 뗏목 쪽으로 조심스럽게 발을 내디뎠다. 한국사람 한 명이 말의 고삐를 잡았고 다른 사람이 꼬리를 움켜잡은 채 배가 출발했다. 그 말은 똑바로 서 있었는데, 이상한 이야기지만 매우 성공적으로 강을 건너갔다. 다른 말도 이와 같은 방법으로 강을 건넜다.

우리의 목적지는 만주 국경 근처의 신점이라는 마을이었다. 한국에서 가장 훌륭하게 노래하는 새인 꾀꼬리를 우리는 이곳에서 처음으로 보았다. 이는 철새인데, 우리가 앞서 방문했던 지역에서는 남쪽으로부터 아직 돌아오지 않았었다. 맑은 피리 소리 같은 꾀꼬리의 노래가 포플러 숲에서 들려 왔는데, 그곳은 찌르레기와 갈가마귀가 집단으로 서식하는 곳이었다. 강에서 우리는 자그맣고 푸른 물총새와 기타 수많은 종류의 흥미로운 새를 보았다.

겨우 2주 전 작고 한가로운 마을에 비극이 발생했다. 15~20명의 도적 떼가 마을을 습격하여 주민 2명을 숲 속으로 잡아간 것이다. 70명의 경찰 병력이 그들을 추적했다. 도적 중 두 명이 경찰의 총에 맞았고 한 명은 달아나면서 총을 버려야 했다. 도적들은 도주가 여의치 않자 인질 중 한 명을 총으

낚시꾼

로 쏘아 버렸다. 다른 한 명은 16살 소년이었는데 간신히 달아났다. 일주일 내내 마을의 어느 누구도 밤에 잠들 수 없었다고 나는 확신한다. 경계하고 있다는 것을 보여주고자 주민들은 모두 밤에 집밖에 나와 횃불을 밝혔다. 지금은 다시 모든 것이 조용해졌고, 대부분의 도적이 만주 국경까지 쫓겨났다고 경찰은 발표했다.

나룻배

우리가 신천에서 묵었던 여관의 주인은 두 명의 아내가 있었다. 첫 번째 부인은 아이가 없었고, 두 번째 부인은 다섯 명의 아이가 있었다. 두 부인은 확실히 좋은 친구였다. 왜냐하면 첫째 부인이 아이들을 보살피고 둘째 부인의 막내를 안고 있는 것을 항상 볼 수 있었기 때문이다. 첫째 부인은 사실상 마치 자신의 아이들처럼 모두를 잘 보살폈다.

신천부터는 바닷가를 따라 있는 철로와 연결된 협궤 철도가 있어 기차를 타고 우리의 거점으로 돌아올 수 있었다. 그곳으로 돌아와서 한 달 동안의 우편물이 우리를 기다리는 것을 보고 무척 만족스러웠으며, 일본식의 온천 목욕의 안락함은 말할 필요도 없었다.

밧줄 재료를 모으고 있는 산사람

제 8 장 어린 스라소니

주을로 돌아온 지 며칠이 지나지 않았을 때 한 한국 사람이 방문을 두드리더니 살아 있는 호랑이 새끼를 살 의향이 있는지를 물었다. 호랑이 새끼를 잡은 사람을 그가 알고 있다고 했다.

"그것이 표범 새끼가 아니라 호랑이 새끼인 것이 확실합니까?"

"절대로 확실합니다." 그가 계속 말했다.

"문제의 그 사람은 주을에서 8~9마일 떨어진 곳에 삽니다."

나는 그와 함께 그 장소로 향했다. 한국 사람들은 매우 풍부한 상상력을 가지고 있으므로, 호랑이 새끼라고 단언하던 동물이 스라소니 새끼였음을 알았을 때도 나는 별로 놀라지 않았다. 그것은 작은 고양이만한 크기였고 대단히 매력적인 짐승이었다. 동물의 임자가 60엔을 요구했다. 그는 그렇게 많이 받으려는 생각은 결코 없었겠지만 일단 그 가격으로 시작했다. 나는 35엔을 지불했다. 만약 내가 가격 협상으로 하루 전부를 보낼 수 있었다면 15~20엔 이상은 지불하지 않았을 거라고 말할 수 있다. 그가 어떻게 스라소니 새끼를 손에 넣었는지 물어 보았다. 그는 이렇게 대답했다.

> "저는 주을에서 20마일 정도 떨어진 숲 속을 돌아다니고 있었습니다. 갑자기 암컷 스라소니와 새끼 두 마리가 제 앞에 있는 것을 보았습니다. 스라

소니가 저를 발견했을 때 그 녀석은 겁을 먹고 도망치기 시작했고 새끼들도 그 뒤를 따라 갔습니다. 하지만 새끼들은 너무 작아서 어미를 따라가지 못했고, 전 전력을 다해 뒤쫓아가서 간신히 이 녀석 한 마리를 잡았습니다. 그리고 나서 나머지 한 마리도 잡으려고 했는데, 그때 어미가 멈춰 서서 마치 제게 덤벼들 것처럼 쳐다보았습니다. 어미가 너무 사납게 노려보아서 저는 겁을 집어먹고 이 녀석만을 안은 채 전속력으로 도망쳤습니다."

이렇게 해서 나는 이 귀여운 동물의 주인이 되었고, 그 녀석을 집에 데리고 왔다. 우리는 그를 넣어 둘 커다란 상자를 마련하여 한쪽 면에는 철망을 두르고 바닥에는 짚을 깔아 주었다. 상자 안에 넣은 뒤 고기를 가득 담은 접시와 물 한 사발을 앞에 놓아주었다. 그 작은 녀석은 고기 앞으로 가서 게걸스럽게 먹어 치우고 물을 마셨다. 그를 우선 작은 상자에 가두었는데 이 새로운 거처를 좋아하는 것 같았다. 새끼 고양이와 똑같이 그는 그 안의 모든 것을 굴리면서 발로 지푸라기와 접시와 사발을 갖고 놀았다.

다음 날 방안에서 자유롭게 돌아다니도록 풀어 주었더니 굉장히 좋아했다. 가장 나쁜 점은 그가 모든 것을 물어뜯으려 했으며 고정되어 있지 않은 모든 것을 갖고 놀려고 했다는 점이다. 그에게 공을 주었더니 약 한 시간 동안 공을 굴리고 놀았다. 공이 멀리 굴러가면 그는 처음에는 살금살금 기면서 그것을 눈으로 뒤쫓고, 마치 그것이 생쥐인 양 덤벼들었다. 놀다가 지치면 그는 우리 중 한 사람의 무릎 위로 뛰어올라 거기서 자고 싶어 했다. 며칠 후 그는 완전히 애완용 고양이 대용이 되었고, 비록 우리의 손이 그 녀석의 이빨과 발톱으로 상했지만 우리 셋은 모두 그를 좋아했다.

우리는 다음 탐험에 그 녀석을 데려가기로 결정했다. 열차와 자동차로 장거리를 여행하고 호텔에서 묵고 온갖 종류의 음식을 맛보면서 그는 새로운 경험을 하게 되었다. 함경남도의 하월리라는 마을에 있는 여관에 묵었을 때 그 집에는 좋은 친구가 될 만한 개 한 마리가 있었다. 그들은 마당에서 함께

새끼 스라소니(위)와 강아지와 함께 노는 새끼 스라소니(아래)

뛰어 놀면서 정말 즐겁게 보냈다. 마을의 모든 아이들이 몰려와서 그를 구경한 것은 당연했으며, 우리 마당은 그들에게 포위당했다. 아이들뿐만 아니라 하월리의 주민 전체가 몰려온 것 같았다.

그렇다! 우리 셋은 어린 스라소니에 진심으로 애정을 가지고 있었고, 기꺼이 그를 계속 키울 것이다. 그러나 주을로 돌아와서 다음 여행에 그를 데리고 가는 것은 모두에게 골치 아픈 일이 될 것이므로, 우리는 그를 데려가지 않기로 결정했다. 우리의 다음 목적지는 만주와의 국경 근처에 위치한 한국에서 가장 높은 백두산이었다. 그래서 나는 경성의 동물원에 있는 친구 시모코리야마 세이이치에게 전보를 보내 그가 동물원에서 스라소니를 돌볼 수 있는지 물어 보았다. 그가 괜찮다고 대답해 왔기에 나는 그 작은 동물을 그에게 보냈다.

7월 초 우리는 다시 한 번 주을을 떠났다. 우리의 목적지는 우선 함경남도 내륙에 위치한 하월리라는 마을이었다. 우리는 기차를 타고 남쪽을 향해 함흥으로 여행했다. 함흥은 그 지방 중심지였는데, 그곳에서 경찰서장을 만나고 일부 물건들을 사면서 하루를 보냈다. 우리는 일본식 호텔에서 묵었다. 나에게는 물총새 한 마리가 있었는데, 태어난 지 겨우 이틀이 되었을 때 얻게 된 아름다운 새로서 푸른 빛깔이었다. 이제는 거의 다 자라서 살아 있는 물고기를 먹여야 했다.

이 마을에서는 살아 있는 물고기를 얻는다는 것이 어려워 보였다. 그러나 호텔 마당에는 금붕어 연못이 있었기 때문에 나는 호텔 주인에게 물총새 먹이로 금붕어를 살 수 있는지 물어 보았다. 내가 이 일을 하는 데 다른 장애는 없었으므로 어린 물총새는 매 시간 작은 고기 한 마리로 자신의 욕구를 만족시켰다. 한국에서는 금붕어가 흔치 않다는 점에서 본다면 터무니없이 비싼 것은 아니었다.

다음 날 우리는 다시 철로를 따라 갔다. 여행 내내 언덕 위로 걸었는데 매우 가파른 곳의 기슭에서는 케이블카를 타고 올라갔다. 한 쪽에 거대한 발

두만강의 뗏목배

전소가 거의 완성 단계에 있었다. 여기에는 1억 2천의 비용이 들었으며 만주국까지 전력을 공급한다고 한다. 우리는 오후에 하월리에 도착해 한국식 여관에 숙소를 잡았다. 빈대에 관한 한 이전의 모든 기록을 다 깼다는 점에서 나는 그 여관을 결코 잊을 수 없다. 한국의 여관에서 벽에 6마리의 빈대가 기어 다니는 모습은 흔한 광경이고 특별히 주의를 끌지도 않는다. 그러나 하월리에서 우리 옆방에 있었던 후지모토는 첫날 밤 15마리, 둘째 날 밤 22마리, 셋째 날 밤 47마리의 빈대를 잡아야 했다.

내가 앞서 언급했던 것 같지만, 한국 사람들은 빈대를 잡아 죽이지 않는다. 몇 번인가 한국 사람과 앉아서 얘기를 나눈 적이 있는데, 그 사람은 파이프 담배를 물고서 벽에 빈대가 오르내리는 것을 죽이려고 하지 않고 그저 흥미롭게 바라보고 있었다. 때로는 벽이 흰 종이로 도배되어 있어서 빈대가 매우 잘 눈에 띈다. 어떤 집에서는 늘 벽지 위에서 벌레들을 죽이기 때문에 핏자국이 흉측하게 남아 있다. 몇 번은 내가 방에 들어섰을 때 흰 벽이 온통 그런 빈대 자국들로 뒤덮여 있는 것을 보고 처음에는 벽지의 무늬가 그런 줄로 알았다! 해발 3,200피트 이상의 높이에 위치한 하월리는 2천 명 이상이 거주하고 있는 거대한 마을이다. 그곳에는 수많은 중국 사람들이 사업에 종사하고 있었다.

경치는 훤히 트여 있고, 낙엽송 숲이 여기저기에 널려 있었으며 수많은 거대한 포플러 나무도 있다. 특히 두드러진 풍경은 붓꽃이 수천 송이 자라고 있는 광대한 목초지였다. 그 지역은 우리의 목적에 적합한 곳으로 판명되었다. 개구리매가 늪지 위를 날고 있었다. 꾀꼬리들이 포플러 나무 숲에서 서식하고 있었고, 청까치와 되새류가 강 근처에서 보였다. 동아시아에서 가장 두드러진 우는 새의 하나인 붉은가슴울새와, 캄차카를 여행할 때 가장 좋아한 매일 밤 멋진 소리를 들려주던 진홍가슴이 여기에서 서식하고 있었다. 따라서 우리는 관찰과 수집으로 매일 바쁘게 보냈다.

어느 날 영어를 할 줄 아는 한국 사람이 나를 방문했다. 그는 미국에 있었다면서 그 마을에서 몇 마일 떨어진 곳에 커다란 축제가 있어 경성에서 왔다고 했다. 호수만큼 거대한 저수지를 위해서는 땅이 필요했기 때문에 자신의 재산을 팔고 다른 지역으로 강제로 이주된 한국 사람들에게 전력소를 건설하는 회사가 환송식을 준비한 것이었다.

저수지에 물은 아직 차지 않았지만 한국 농민들이 몇 세대 동안 살고 있던 광활한 땅은 얼마 지나 호수로 바뀔 것이었다. 나는 몇 백 명의 한국 사람들이 초대된 이 행사에 참석했다. 행사는 야외에서 개최되었고 일본 사람과 한국 사람의 수많은 연설로 시작되었다. 그 다음으로 엄청난 양의 곡주의 물결로 실질적인 축제가 이어졌다.

식사를 하는 동안 한국의 풍물놀이가 있었다. 그리고 나서 한국의 수많은 기생들이 한국과 일본의 춤 공연을 선보였다. 두 명의 남자가 여자 역할을 하는 한국 희극도 있었다. 모두 땅 위에 짚단을 깔고 앉아 있던 사람들의 폭소를 자아내는 것으로 보아 대성공이었다. 행사에서 돌아와 내가 좋아하는 일본인 친구로부터 전보가 와 있었다. 군대의 호위를 받으며 일본의 백두산 정상 탐험이 7월 26일에 만주 국경의 무산(Mozan ?)이라는 곳에서 시작된다고 했다. 나는 허가만 받는다면 이 탐사에 참가하리라 마음먹고 있던 터에 허가를 받았으므로 우리는 주을을 거쳐 무산으로 서둘러 길을 떠났다.

제 9 장 한국의 성지 백두산

한국과 만주국의 국경에 "신성한 산" 백두산이 8,918피트 높이로 솟아 있다. 백두산은 한국에서 가장 높은 산이고, 몇 세기 동안 한국 사람들과 중국 사람들이 산의 정기를 숭상해 왔다. 백두산은 사화산이고 엄청난 분화구 안에 "천지호"가 있어 역시 신성시된다. 백두산을 처음 오른 유럽 사람은 제임스, 영허즈번드, 그리고 풀포드였는데, 그들은 1886년에 만주 쪽에서 올라갔다. 그 이후로 몇몇 유럽 사람들은 한국 쪽에서 산에 올랐다.

현재는 산을 둘러싼 거대한 숲이 중국과 한국의 중무장한 도적들의 소굴이 된 상황이어서 등반이 어려워졌다. 만약 이 도적 떼의 손안에 떨어질 위험을 원치 않는다면 군대의 도움 없이 백두산을 방문하는 것은 이제 불가능하다. 만주국의 새로운 탄생 이후에 전보다 더 괴로운 대접을 받은 수없이 많은 만주 도적들이 이제는 한국의 국경을 넘어 들어와 백두산 지역을 행복한 사냥터로 삼았다. 그들의 행동은 다양한데, 때로는 목표를 총으로 쏘아 죽은 희생양을 바로 약탈하고, 때로는 사람들을 산속 깊이 끌고 가 인질로 삼았다. 그들은 이러한 일을 처리하는 방식에서 엄청난 기술을 발휘했다.

애초에 나의 한국 여행 계획에는 백두산 방문이 포함되어 있었는데, 정상에 올라 근처 숲에서 야생 동물을 연구하며 지내는 것이었다. 나는 하월리에서 받은 전보에 대해 말했다. 그 전보에는 50명의 중무장한 일본 병사, 10명의 장교, 경찰들로 호위 군대가 구성될 것이라고 했다. 7월 26일 오전 9시에 협궤 철도의 종착지인 무산에서 출발하도록 되어 있었다.

우리는 25일 오후 무산에 도착하여 탐험대의 일부 구성원들과 만났는데 그들 가운데 몇 명은 경성에서 알았던 사람들이었다. 군대나 경찰과는 별도로 탐험대에는 50명 이상의 한국 사람과 일본인이 포함되어 있었다. 우리는 매우 다양한 사람들의 모임이었다. 일본 과학자들과 등반가, 의사, 20명 정도의 학생들이 일행을 이루고 있었는데, 모두가 도적 떼의 위협 없이 신성한 산을 방문할 기회를 가지게 된 것에 기뻐했다.

무산에서 7대의 트럭에 나눠 타고 멋진 도로를 따라 농지동이라는 마을까지 약 30마일 정도를 갔다. 길의 대부분을 따라 가는 우리의 진로는 한국과 만주국의 경계를 형성하고 있는 두만강 강둑과 나란히 있었다. 길은 수목으로 우거진 산 위로 이어졌고 가끔 크게 벌어진 구렁 가장자리를 지났다. 한국의 야생 지역에는 도로에 어떤 종류의 방벽도 없기 때문에 운전사가 도로 가장자리로 차를 몰다가 절벽 아래로 떨어져 차는 고물이 되고 자신은 황천으로 간다 할지라도 이는 순전히 여행자 자신의 문제이다.

두만강을 따라 가면서 아래쪽으로 멀리 커다란 통나무 뗏목을 볼 수 있었다. 어떤 사람이 단 하나의 노를 젓고 있는데 앞쪽이 뒤쪽보다 폭이 좁은 이상한 모양의 뗏목이었다. 보통은 두 사람이 각각 일을 맡아서 급류나 강의 굴곡과 만곡부를 빠져나가는 일을 분담한다. 그것은 정말 그림 같은 풍경이었다. 우리는 순조롭게 농지동에 도착했다.

그곳에는 가시철사 줄이 복잡하게 쳐져 있고 총안이 뚫린 벽으로 둘러싸여 강력하게 구축된 경찰서가 있었다. 이전에 도적들이 경찰서를 급습하여 스스로 무기를 충당하려 시도했다. 농지동으로 가는 길에 동료 여행자 한 명이 어느 칠흑 같은 밤에 도적들이 점령하여 그들의 모든 무기와 탄약을 빼앗긴 적이 있는 경찰서를 가리켜 주었다. 그 도적들은 곧 만주국으로 사라졌다.

다음날 아침 7시에 우리는 농지동을 출발했다. 이번 탐험에는 약 50마리의 말을 몰고 갔는데, 15마리 정도는 사람이 탔고, 나머지는 짐을 나르는 데 이용했다. 짐말은 모두 한국인 주인이 동행했는데, 그들은 모두 마을과 관련 있는 사람들이었다. 트럼펫의 화려한 연주와 함께 출발을 보려고 남자, 여자, 아이 모두가 농지동의 누추하고 좁은 거처에서 나와 물결을 이루었다. 아침에 비가 온 뒤 날은 눈부시게 화창했고 몹시 더웠다. 비는 지난 24시간 동안 끊임없이 내렸다고 한다.

우리가 가는 도로는 여기저기에 진창이 파여 있어 대부분의 동료들이 불편을 겪었으나 나는 고무장화를 신고 있어서 다행이었다. 비록 불편할 정도로 더워졌지만 말이다. 광야로 몇 마일 나아간 뒤 우리는 원존동이라는 조그마한 한국 마을에 이르렀는데, 그곳에서 울창한 수림 지역이 시작되었다.

우리의 동물학적 수집을 위해 훼크비스트와 후지모토 겐지는 여기서 잠시 머물러야 했다. 그들과는 나중에 합류하기로 하고 나는 백두산 등반을 계속했다. 등반 속도로 인해 실질적으로 우리가 중요한 수집에 매달리면서 산을 오르는 것은 불가능했다. 그래서 나는 동료 2명이 마을에 짐을 푸는 것을 보고 등반을 계속했다.

탐험 원정군은 어깨에 총을 맨 일부 일본 군인들을 선봉으로 삼았다. 긴 칼과 권총으로 무장한 장교들은 대개 병사들과 함께 말을 타고 갔는데 때로는 전체 여행단의 행렬을 따라 앞뒤로 돌아다녔다. 선봉대 뒤에는 여러 그룹으로 나누어 일반인들이 따라갔다. 각 무리는 자신들의 천막에서 밤을 보냈으며 식량을 스스로 공급했다. 제일 뒤에 짐말과 그 주인이 따랐다. 나는 그 전체 일행 가운데 유일한 유럽 사람이었다.

위쪽을 향한 길은 곧 낙엽송 숲으로 이어졌고, 휑하게 뚫린 목초지와 습지가 번갈아 나타났다. 그렇게 경이로울 정도로 많은 꽃이 피어 있는 목초지를 나는 결코 본 적이 없었다. 목초지는 몇 마일이고 계속 펼쳐져 있었다. 셀 수 없을 정도로 많은 키 큰 매화가 다른 꽃 위로 자라 황금색 양탄자같이

백두산 호위병

백두산 평원

백두산 천시

빛나고 있었다. 거의 매화만큼 키 큰 청보라 색의 누운 개불알풀도 있었다. 여기저기에 분홍색, 벽돌색, 보라색의 백합꽃 사이로 불타는 듯이 빨간 선옹초 꽃을 볼 수 있었다. 다른 모든 꽃 사이로 흰 안젤리카가 눈에 띄게 서 있었다. 그곳은 잊을 수 없는 경치였다.

일행은 점점 더 울창한 숲속으로 들어갔다. 숲이 너무 울창해 때로는 바로 앞 몇 야드밖에 볼 수 없었다. 한 시간에 한 번씩 트럼펫 부는 사람이 15분간의 휴식을 알렸고, 휴식이 끝나면 다시 신호를 했다. 우리는 작은 늪을 가끔 볼 수 있었는데, 깊은 진흙 속에 빠지지 않으려고 건너뛰어서 나아가야 했다. 매우 멋진 종류의 개구리매가 들쥐를 찾는 듯 여기저기로 날아다니는 것을 볼 수 있었다. 이런 늪지대를 말이 건너는 것은 항상 쉽지 않았다. 한번은 짐말이 늪 속에 반쯤 빠져 가라앉아 병사들이 끌어내야 했다.

숲에는 들장미 종류가 많았다. 월귤나무가 익어 가고 있었고, 산딸기도 많았다. 또한 우리는 수많은 종류의 달걀 모양 블루베리가 작은 괴불나무

덤불 속에서 자라는 것을 보았다. 이것들은 지난날 캄차카에서 보았던 것이어서 낯익은 것들이었다. 나는 캄차카에서 그 좋은 맛을 흠뻑 음미했었고 그것들을 파운드 단위로 먹곤 했다. 숲속을 가는 도중 열매가 많이 달린 가지를 통째로 꺾어 오기도 했다.

점심시간에 우리는 거대한 낙엽송 사이로 흐르는 시냇가에서 휴식을 취했다. 생선과 밥이 우리의 식사였는데 매우 맛있었다. 우르릉거리는 천둥소리가 들리더니 폭풍이 몰려오고 있었기 때문에 우리는 서둘러야 했다. 우리가 또 다른 습지를 가르며 나아갈 때 삽시간에 비가 세차게 퍼부었고 뒤이어 천둥을 동반한 폭풍이 몰아쳤다. 우리들 대부분은 짐말 위의 짐 속에 넣어 두었던 비옷을 꺼내 입기도 전에 비에 흠뻑 젖어 버렸다.

저녁이 되어 우리가 또 다른 작은 냇가에 야영을 칠 때까지 비는 하루 종일 다소 세차게 내렸다. 우리가 야영을 치는 과정은 매우 활기찬 일이었다. 거대한 천막이 서고, 큰 모닥불을 지폈다. 커다란 마른나무를 많이 베어야 했는데, 낙엽송들은 굉장한 소리를 내며 쓰러졌다. 모든 천막에서 음식을 각자 준비해야 했고, 각 사람들에게는 스웨덴 군대에서 사용하는 것과 같은 종류의 군용 식기가 제공되었다.

매일 저녁마다 그 다음 24시간을 위한 정량의 음식이 모두에게 나누어졌다. 이는 쌀, 고기 통조림 하나, 작은 생선이었는데 때로는 일본산 귤이나 대만 산 파인애플 같은 과일 통조림도 있었다. 밤에는 기온이 쌀쌀해져 많은 사람들이 추위로 인해 잠을 이루지 못했다. 그러나 첫째 날 밤에 비를 피한 것은 행운이었다.

경성에서 우리와 함께 동행한 군대 사진사가 그날 저녁과 다음날 아침 천막 생활에 대한 활동 사진을 촬영했다. 그 사람은 몇 해 전 스웨덴의 구스타브 왕세자와 왕세자빈이 한국을 방문했을 당시의 사진을 갖고 있다는 사실을 매우 자랑스러워한다는 점을 그와의 대화에서 알 수 있었다.

다음날 아침 7시에 우리가 출발하기 직전에 무산으로 세 마리의 전서구를 급송했다. 그들은 하늘로 날아올라 우리가 지나온 방향으로 즉시 시야에서 사라졌다. 수비대에 전갈을 보내거나 특별히 강력한 산적 떼와 마주쳤을 때 지원 요청을 위한 목적으로 전서구들을 가져온 것이었다. 짐말 중 하나가 살아 있는 정보 수단을 운반했다. 그 새들은 편평한 바구니에 담겨 있었다.

다음날 하루 종일 우리는 오래 전에 산불로 폐허가 된 숲을 지났다. 전과 마찬가지로 숲과 늪이 번갈아 나타났다. 1시에 비가 오기 시작하더니 하루 종일 쉬지 않고 지속되었다. 때로 비가 더욱 강하게 몰아쳐서 저녁쯤에 우리는 모두 물에 빠진 생쥐 꼴이 되었다. 6시에는 작은 연못에 도착했다. 이는 약 4천 피트 높이에 있는 것이었다.

우리는 여기에서 밤을 보내야 했으므로 무자비한 폭우 속에서 천막을 쳤다. 나에게는 전날 밤에는 사용하지 않았던 2인용 천막이 있었는데, 천막을 치고 좋은 일본 친구인 인천 출신의 고타니 씨를 불러 천막을 함께 사용했다. 음식을 준비하고 저녁 식사를 마친 뒤 축축한 땅에 누워 잠을 청했을 때도 폭우는 여전히 계속되었다. 비는 밤새도록 텐트 위에 퍼부었고, 결국 다음날 아침 우리 모두는 정상적인 몸 상태가 아니었다.

7시에 트럼펫 신호가 울려 퍼지자 우리는 행진을 계속했다. 이른 아침의 행로에서 낙엽송 숲과 더불어 가문비나무와 분비나무가 있는 숲이 번갈아 나타났다. 이는 광활한 처녀림이었다. 린네 풀이 특히 많이 자라고 있는 그 땅은 부드러운 이끼로 뒤덮여 있었다. 시선이 미치는 곳은 어디나 꽃이 피고 있는 듯 했다. 그것은 스웨덴 숲의 인사장 같았다.

우리가 가는 길은 수많은 함정으로 가득했고 그에 빠지지 않기 위해서 발걸음을 매우 조심해야 했다. 그것들은 이 지역에서 볼 수 있는 다양한 종류의 사슴을 잡기 위해 한국의 사냥꾼들이 만든 것이었다. 중국 사람들은 사슴뿔을 약으로 쓰고 엄청난 가격으로 취급하기 때문에 수요가 많다.

우리가 지금 여행하고 있는 이 모든 처녀림에는 사슴 말고도 호랑이, 표범, 스라소니, 곰, 멧돼지가 있다. 그러나 물론 우리는 많은 숫자로 행진하면서 동물들을 볼 수 있으리라고 기대하지 않았다. 짐말을 끌고 시내와 늪지를 건널 때 한국 사람들이 내는 고함 소리와 나뭇가지 떨어지는 소리는 모든 야생 동물들이 달아나도록 하기 충분했다. 빠르게 달아나지 못했던 어린 멧돼지의 모습이 우리가 본 전부였다. 큰 새 가운데 멧닭과 들꿩이 이곳에 서식했고, 우리가 지나온 낮은 경사면에는 꿩이 있었다.

하루 종일 빗속에서 보낸 뒤 우리는 6시에 두만강의 수원은 아니라고 판단되는 시냇가에 도착했다. 물론 우리는 몸속까지 젖어 있었고, 다소 지쳐 있었다. 우리가 아침부터 약 18마일밖에 오지 못했던 점은 사실이지만, 길은 줄곧 경사였고 땅도 걷기 힘든 상태였다. 여기에서 야영해야 했으며 간절히 바라던 대로 비가 한 시간 동안 멎었다. 그 사이 우리는 천막을 쳤다. 그러고 나서 비는 다시 한 번 쏟아지기 시작해 엄청난 빗줄기가 밤새도록 그치지 않았다. 지난번 비에 젖지 않았던 것들도 이번에 모두 젖어 버렸다. 나의 침낭은 물에 젖은 걸레 같았다.

다음날 아침 등반의 마지막 단계의 시작임을 보여야 했으나 여전히 비가 오고 있었고 바람도 세차게 불어 등반이 불가능할 것 같았다. 우리는 이동하기에 앞서 몇 시간 정도 기다려 보기로 결정했다. 비는 중간에 한 시간 정도 그쳤을 때를 포함해서 48시간 동안 내린 후에야 한낮이 되어 그쳤다. 등반을 생각하기에는 너무 늦은 때였다. 저녁에 날이 조금 개이자 날씨가 충분히 괜찮다면 새벽 3시에 다음 등반을 계속하기로 결정했다. 우리는 젖은 물건들을 모닥불에 조금 말릴 수 있었다. 우리는 최상의 상태를 꿈꾸며 제때 잠자리에 들었다.

새벽 2시 15분, 원시적 정황의 어둠을 뚫고 귀에 거슬리는 트럼펫 소리에 탐험대가 잠에서 깨어났다. 밖을 내다보았을 때 하늘에 별이 빛나는 것을 볼 수 있었다. 모든 것이 고요했다. 더 바랄 수 없을 만큼 날씨가 좋았다. 침낭에서 기어 나와서 장화를 신는 데 1분도 걸리지 않았다. 얼음같이 차가운 냇물로 세수를 하자마자 몸이 개운함을 느끼면서 아침으로 밥과 고기를 먼저 먹을 수 있었다. 그리고 나서 가져갈 필요가 있는 물건들을 챙겼다.

한 시간 뒤 출발을 알리는 신호가 울렸다. 숲 속은 완전히 어두워서 전등을 받지 못한 많은 이들이 즉석에서 횃불을 만들어야 했다. 나는 스웨덴제 페트릭스 등을 가지고 갔는데, 항상 그렇듯이 우리 앞의 길을 훌륭하게 비추어 주었다. 낙엽송 숲이 곧 끝나자 우리는 평야로 나왔다. 동쪽에서 멀리 붉은 빛이 연하게 나타나며 태양이 떠오를 때 우리는 첫 번째 휴식을 취했다. 지평선 위로 해가 떠오르자 "만세" 소리로 이를 환영했다. 주위가 밝아지면서 주변의 수많은 고산식물을 식별할 수 있었다. 사방에서 노란색 양귀비꽃을 볼 수 있었고 수많은 만병초 꽃이 피어 있었다.

행진은 계속되었다. 눈이 여기저기에 쌓여있었다. 흘러흘러 두만강이 되는 시냇물을 이루는 좁은 도랑들은 마침내 바위틈으로 사라질 때까지 점점 더 가늘어졌다. 두만강이 동해로 흘러가는 것과 그 유역 전체의 모습을 서서 바라보면서 두만강의 근원을 볼 수 있었다는 것이 나로서는 매우 흥미있는 일이었다.

두만강의 근원지 근처에 또 다른 큰 강인 압록강의 근원이 시작되는데, 이 강은 정확하게 반대 방향으로 흘러서 황해로 향하고 있다. 이제 등반길은 점점 더 가파르게 변해 갔다. 모래와 화산암 층이 대지를 뒤덮고 있는 한편 주변의 황량한 풍경 속에 고산화들이 근사하게 피어 있었다. 경치는 한층 더 거칠어졌으며 숲과 산, 그리고 멀리 보이는 한국과 만주국의 푸른 산맥들이 연이어 장관을 이루고 있었다.

마지막 힘을 다해 우리는 분화구의 벽에 도착했다. 거기서 내려다본 풍경을 나는 결코 잊을 수 없을 것이다. 그 유명한 천지가 거기 있었는데, 믿어지지 않을 정도의 푸른 물결이 거칠고 불규칙한 분화구의 벽으로 둘러싸여 넘실대고 있었다. 호수의 한쪽 끝에는 작은 사원이 있었다. 짙은 안개가 피어올라 호수의 일부분이 보이지 않았지만 안개가 걷히자 우리는 다시 호수 전체의 모습을 볼 수 있었다. 수많은 칼새가 화구벽의 갈라진 틈에서 서식하고 있었는데, 그들이 공중으로 날아오르는 모습을 많이 볼 수 있었다.

세찬 바람이 불어 날씨는 몹시 차가웠다. 모래 바람도 계속 몰려왔다. 결과적으로 내가 원했던 촬영은 몹시 힘들었다. 이제 산 정상 바로 옆의 평평한 고원에서 어떤 의식이 거행되었다. 트럼펫 소리에 맞춰 모두 묵념했고, 병사들은 일본이 있는 쪽을 향해 완벽한 모습으로 정렬했다. 탐험대의 다른 사람들도 무리를 지어 정렬했다. 총검을 고정하고 칼을 들어 올린 채, 그들은 정열적으로 소리쳤다. "천황 폐하 만세! 천황 폐하 만세!" 몹시 사나워진 태풍을 뚫고 메아리가 되어 돌아올 정도로 그들은 만세 삼창을 외쳤다. 편지를 담은 금속 통을 발에 매단 여섯 마리의 전서구가 하늘로 날아올랐다.

분화구 근처의 바위 표면은 모두 만발한 양귀비꽃으로 노란빛이었다. 만병초의 노란 꽃도 쓸쓸한 풍경에 생기를 불어넣고 있었다. 바위투성이의 폐허에서 나는 이제 막 날아오를 준비가 된 어린 새 한 마리를 보았다. 화산 절벽 틈에서 추위도, 안개도, 태풍도 두려워하지 않는 것 같았다. 그 새는 바위종다리라는 종이었는데, 우리의 바위종다리와 비슷했다. 백두산 정상과 분화구의 벽을 따라 두 시간 정도를 보내는 동안 그곳에서 가능한 동식물을 수집했다. 그리고 우리는 호수 기슭으로 내려가 보기로 했다.

그러나 이내 짙은 안개 속으로 빠져들어 겨우 몇 야드 앞도 내다볼 수 없었다. 우리는 한 시간을 기다렸지만 안개는 점점 더 짙어지기만 했다. 탐험대의 지휘자는 그런 상황에서 분화구의 비탈을 내려가는 것이 매우 위험한 일이라고 생각했는지, 간단한 군사 회의를 가진 후 갑자기 안개 속에서 울려 퍼지는 소리로 "돌아가자!" 하고 외쳤다.

산의 경사지에서 한국 사람의 시체 한 구가 발견되었다. 산적에게 살해당했는지, 사고로 죽은 것인지 시체가 매우 부패해 있어서 확인할 수 없었고, 아무도 조사하려 하지도 않았다. 돌아오는 길은 화창한 날씨였다. 우리는 밤마다 모닥불 앞에서 즐겁게 시간을 보냈다. 신성한 산과 천지를 보았다는 것은 정말 굉장한 경험이었다.

제 10 장 원존동의 숲에서

백두산 등반 후에 나는 훼크비스트와 후지모토 겐지가 있는 원존동이라는 마을에서 잠시 휴식을 취했다. 원존동 원시림과 확 트인 평야의 중간에 위치해 있다. 우리는 매우 친절한 한국 가족과 함께 한국식 가옥에서 지냈고 매일 근처의 산과 숲으로 탐험을 나섰다. 어딜 가나 야생 멧돼지의 흔적을 볼 수 있었는데, 나무 뿌리를 찾느라 땅을 파헤쳐 놓은 것이었다. 멧돼지들은 야간에 돌아다녔는데, 감자밭과 옥수수밭을 망쳐 놓곤 했다. 한국 사람들은 항상 밤에 작은 초가에 남아 빈 냄비로 커다란 소음을 내어 멧돼지들이 겁을 먹고 달아나도록 만들었다.

대개는 이러한 요란한 소리로 목적을 달성했지만 많은 멧돼지들은 대담하게도 그대로 남아 있었고 이러한 한국 음악에 장단을 맞춰 감자와 옥수수를 게걸스럽게 먹어 치웠다. 어느 날은 한 한국 사람이 우리에게 가쁘게 달려와서 한낮인데도 멧돼지 두 마리가 감자밭을 파헤치고 있다고 소리쳤다. 그는 그 광경을 보았을 때 멧돼지들이 숲속으로 달아났다고 하면서 우리에게 멧돼지를 잡아 달라고 부탁했다. 우리는 즉시 사냥대를 구성했지만 멧돼지를 잡기에는 몰이꾼이 너무 적어서 결국 빈손으로 돌아왔다.

주변에는 또한 많은 노루가 있었고, 평야 지역에서는 꿩과 메추라기를 볼 수 있었으며 숲에는 들꿩이 있었다. 밤이면 쏙독새의 신비한 울음소리를 들

파랑새

파랑새 집을 찾아서

을 수 있었다. 우리는 파랑새로 알려진 매우 아름다운 청록색 새와 가깝게 지내게 되었다. 그 새는 파랑새 종류이고 한국에는 매우 드문 새이다. 매우 수줍어하며, 만약 근처로 가까이 다가가려 하면 매우 높이 날아오른다. 파랑새(Eurystomus)라는 이름은 이 새가 입을 매우 크게 벌리기 때문에 붙여진 것이다. 이는 먹이를 확보하는 데 큰 득이 된다.

먹이는 비행 중에 잡는 벌레들이다. 그러한 날개 달린 벌레를 잡을 때면 이 새는 나뭇가지 위에 높이 앉아 있다가 먹이를 발견하는 그 순간 달려들어 잡은 다음 곧바로 같은 가지로 되돌아와서 꼼짝하지 않고 다음 먹이를 기다린다. 이 새는 연파랑의 작은 반점이 있는 거대한 날개를 가지고 있는데, 그 반점은 그들이 날 때 선명하게 보인다.

붉은 부리와 붉은 발을 가진 이 홍미로운 새는 매일 하늘 높이 환상적으

타작

로 날아다니는 것을 즐겼다. 그럴 때는 나무 위로 높이 날면서 마치 비행기 조종사가 곡예 비행을 뽐내듯이 움직인다. 때로는 곧장 돌진하여 내려오고, 때로는 수직으로 솟아오르고, 때로는 빙글빙글 돌다가 날개를 움직이지 않고 떠다닌다. 단지 재미로 하는 듯도 하고, 아니면 수컷이 암컷을 매혹시키려고 하는 듯한 이상한 곡예비행을 나는 종종 보았다. 나는 이따금씩 똑같은 새가 그렇게 나는 것을 여러 번 보았다. 그러나 물론 그 공중 곡예는 나중에는 암컷의 선택을 바라고 과시하려 그랬을 것이다.

야생 조류에 대한 지식을 얻는 가장 탁월한 방법은 그것을 새끼 때부터 키워 보는 것이다. 그러나 그 일은 힘들고 손이 많이 가는 일이므로 성공하려면 매우 세심하게 주의해야만 한다. 나는 파랑새가 새끼일 때부터 성숙하여 둥지를 떠날 때까지 성장하는 것을 연구하는 데 몰두했다. 8월초의 어느

초등학교 학생들

날, 내가 원존동 지역의 낙엽송 숲을 지나가고 있을 때 한 쌍의 파랑새가 보였는데, 그 움직임이 근처에 둥지가 있음을 보여주는 것 같았다.

나는 그들을 계속 관찰했으며 몇 시간 뒤에 둥지를 발견했다. 땅에서 약 52피트 정도 높이의 나무 구멍에 그들의 둥지가 있었다. 어미가 먹이를 물고 돌아왔을 때 둥지 안에서는 새끼들이 큰 소리로 지저귀고 있었다. 나무의 밑동이 무척 두꺼웠고 나무 아래쪽에는 곁가지가 없었기 때문에 내가 나무를 기어오르는 것은 불가능했다. 그래서 나는 다음날 훼크비스트와 후지모토를 데리고 함께 오기로 결심했다.

우리는 그곳을 다시 찾아가 길고 가느다란 나무줄기를 나무 밑에 기대어 놓았다. 그러나 그 지점보다 더 위로 올라갈 수 없었다. 어떠한 나무 위로도 올라갈 수 있다고 했던 한국 사람이 그때 자신이 시도해 보겠다고 제안했다. 시도는 좋았지만 그 역시 포기해야 했다. 만약 새끼 새들을 원한다면 나무를 베어 버리는 일이 필수적인 것이다.

지방 당국으로부터 필요한 허가를 받자마자 나는 그렇게 하기로 결심했다. 우선 어미 새들을 총으로 쏘아 수집품에 포함시킨 뒤에 우리는 두꺼운 나무를 베었다. 나무는 엄청난 소리를 내며 쓰러졌고 그 둥지와 새끼들이 무사한지 알아보기 위해 나는 바로 달려갔다. 다행히도 아무런 상처도 없었다. 모두 세 마리가 있었다. 짙은 녹색의 깃털과 작은 꽁지를 가지고 있었고 매우 좋은 상태인 것 같았다. 그것들은 키우기 시작하기에 아주 적기에 있었다. 우리는 소중한 전리품을 바구니에 담아 들고 원존동으로 돌아왔다.

두 시간 뒤 어린 새들은 우리가 준 먹이를 처음 받아먹었고 다음 날에는 전력을 다해 입을 벌렸다. 우리는 그들에게 잠자리와 메뚜기 같은 벌레를 주었다. 나는 먹이로 줄 벌레를 잡아오도록 몇몇 어린아이들을 고용했는데, 새들의 식욕이 곧 굉장히 왕성해졌고, 이를 만족시켜 주고자 아이들을 더 많이 고용할 수밖에 없었다.

새끼 새들은 결코 충분히 먹은 것 같아 보이는 법이 없었다. 사람의 그림자가 얼씬만 하면 먹이를 달라고 울기 시작했다. 마치 모터로 작동하는 것처럼 그들의 아랫부리가 빠르고 규칙적으로 위아래로 움직였다! 나는 새들을 주을로 가져가 그곳에서 적당한 크기의 새장을 마련했다. 그들은 급속도로 커서 완전히 다 자랐다. 그들의 청록색 깃털은 매우 예뻤는데, 어미의 것에 비하면 그저 하찮은 것이었다.

육식조와 같이 그들은 먹이 중 소화할 수 없는 것, 예를 들어 벌레의 딱딱한 껍질 같은 것을 조금 토해 냈다. 세 마리 새에게는 끈끈한 가족적 유대감은 없는 듯이 그들은 가끔 싸웠다. 내가 그들에게 먹이를 주었을 때 한 마리가 먹이를 먹지 못하도록 다른 녀석의 목을 쪼거나 먹이로부터 떨어져 있게 하고 심지어는 몹시 괴롭히는 일이 자주 벌어졌다. 그 결과 세 번째 녀석이 먹이를 전부 먹으면 그러한 비행은 당연히 응징되었다. 세 마리의 새를 연구하는 것은 몹시 흥미로웠다. 심지어 다 자랐을 때도 그들은 하루 종일 부리를 움직여 댔다. 그들이 잠시 조용히 있을 때 그들의 부리가 다시 움직이도록 하려면 누군가 이야기하는 것을 들을 필요가 있었다.

제 11 장 일본인 사냥꾼 요시무라

원존동 마을에서 우리가 머물던 집에 요시무라라는 일본인 사냥꾼이 살고 있었다. 그와 우리는 많은 공통적인 관심사를 가지고 있었기 때문에 곧 좋은 친구가 되었으며 서녁 무렵이 되면 함께 앉아서 우리의 다양한 경험과 모험에 이야기를 나누곤 했다. 점차 우리는 그가 독특하고 다양한 생활 방식을 가진 매우 유명한 인물이라는 것을 알게 되었다. 그는 지난 25년 동안 조선에서 사냥하는 데 몰두하면서 오로지 사냥에서 얻은 것들로 살아왔다. 그의 모험은 17살 소년이던 홍콩에서 시작되었다. 그곳에서 한 일본인 친구가 중국에서 비싼 값에 팔리는 상어를 잡고자 서인도제도로 여행을 함께 가자고 그를 부추겼다.

그들은 먼저 첫 목적지로 필리핀군도에 닿아 있는 태평양을 항해했지만 어느 어두운 날 밤에 그들의 소형 기선은 암초에 부딪쳐 침몰하고 말았다. 요시무라를 제외한 배 안에 있던 모든 것들이 가라앉아 버렸다. 그는 발 디딜 어떤 곳도 발견하지 못한 채 이틀 낮, 이틀 밤을 헤엄쳤다고 말했다. 적도 지역의 바닷물은 차갑지 않았기 때문에 그는 단지 그가 떠 있을 정도로만 수영을 하면서 체력을 비축했다. 그는 지나가는 몇 척의 배의 구원을 받고자 했다. 둘째 날 그는 한 척의 원주민 카누를 발견했다. 그 원주민도 그를 발견했지만 그는 너무나 놀라서 할 수 있는 한 재빨리 카누를 돌려 버렸다.

요시무라 씨

아기 보기

그날 밤에 요시무라를 발견한 좀 더 큰 원주민의 배에서도 똑같은 일이 벌어졌다. 그는 그 배의 선원들을 불렀지만 그들은 자신이 본 것이 유령이나 그들이 즉시 방향을 다른 곳으로 돌려 떠나야만 하는 의심스러운 물건으로 생각했음이 틀림없었다. 그가 마침내 또 다른 원주민의 배를 발견하고 바다의 어떤 괴물이 아니라 긴급한 도움이 필요한 사람이라는 것을 이해시켰을 때까지 48시간 이상을 바다에 떠 있었다.

그 원주민은 요시무라를 카누 안으로 끌어올리고 한때 주위를 지나쳤던 다른 원주민들의 무리들이 있는 해안으로 그를 데려왔다. 그는 원주민 모두에게 매우 극진한 대접을 받았다. 그는 너무 지쳐 있었기 때문에 움직일 수조차 없는 탈진 상태에 있었다. 그는 곧 바나나를 비롯한 여러 과일들을 받아먹었다. 두세 시간이 지나자 허리에 녹슨 칼을 찬 건장한 호위병들을 동반한 족장이 해안에 말을 타고 와서 바다에서 나온 낯선 인물을 살펴보았다. 그 족장은 이 낯선 인물을 그의 집으로 초대했고 그 곳에서 요시무라는 2개월 동안 머물며 극진한 대접을 받았다.

시간이 흘러 생활이 따분함을 느끼게 되자 그는 그곳을 떠나기로 마음먹었다. 5일 동안 그는 풍부한 야생 열매를 먹으며 홀로 돌아다녔다. 그때 한 중국인을 만났다. 둘은 함께 이야기를 나누지는 못했지만 일본인과 중국인들은 같은 종류의 문자를 사용했기 때문에 모래에 문자를 써서 상호 의사소통을 할 수 있었다. 그 중국인은 요시무라가 배를 얻도록 도와주었고 배를 타고 그곳에서 가장 가까운 도시에 갈 수 있었다. 그는 몇몇 일본인 친구들이 있는 싱가포르로 소형 기선을 타고 갈 수 있었다.

일본인 친구 중 한 명은 요시무라에게 꿈의 대륙인 미국으로 갈 수 있는 충분한 돈을 빌려주었다. 그가 뉴욕에 도착했을 때, 처음에 어떻게 살아야 할지 막막했다. 문득 그는 자신이 일본에서 유도를 완전히 터득했었다는 것을 기억해 냈고 이 기술을 이용하리라 결심했다. 그는 유도를 가르친 경험이 있다고 선전했고 이내 상당히 많은 미국인 학생들을 모집할 수 있었다. 그는 이런 방식으로 충분한 돈을 모으자, 일본의 민속품을 판매하는 상점을 열었다. 그는 유도를 가르치는 일을 계속하면서 뉴욕에서 10년간을 살았다.

그때 극동에 대한 향수가 강해지면서 요시무라는 돌아가기로 결심했다. 그의 아버지는 줄곧 그에게 집으로 돌아오라고 부탁하는 편지를 보내 왔다. 그는 돌아오자마자 결혼해 당시 일본에 합병된 한국으로 건너왔다. 결혼한 지 3년 만에 부인이 죽자 그는 어린 아들과 함께 외롭게 한국에 남았다. 그의 어머니가 아이의 양육을 맡았고 요시무라는 어린 시절 이래로 열렬하게 동경해 왔던 전문적인 사냥꾼이 되기로 결심했다.

한국에서 보낸 25년 동안에 요시무라는 매년 적어도 1,500마리씩, 모두 합쳐 4~5만 마리가량의 꿩을 사냥했다. 그는 15~20마리 정도 표범과 약 25마리의 곰, 그리고 약 200마리의 멧돼지를 사냥했다. 그가 사냥한 대부분의 표범은 사냥개들이 나무 위나 굴로 표범들을 몰아넣고 잡은 것이다. 그의 가장 위험스러웠던 표범 사냥은 몇 해 전 여름철에 있었다. 그는 갑자기 수풀의 한쪽 면에서 표범의 얼룩을 발견했다. 표범은 먹이를 게걸스럽게 먹고 있었다. 요시무라는 오직 단 한 자루의 총만을 가지고 있었다. 그가 총을 발사하자 표범은 단지 상처만을 입은 채 그에게 달려들었다. 그러나 4야드보다 가까운 거리에서 쏜 두 번째 총탄은 표범을 즉사시켰다.

2년 전 어느 때인가 원시림 속에서 길을 잃어 한국인과 그의 말이 기다리는 야영지로 돌아가지 못했다. 그는 음식과 심지어는 물조차도 없이 약 일주일 동안을 헤맸다. 그의 입은 바싹 말랐다. 그가 얻을 수 있는 유일한 액체는 아침 이슬을 그의 손수건에 적셔서 그것을 짜내는 것이었다. 마지막 7일째 그는 한 야영지의 모닥불을 발견했다.

모두 중국식 복장을 입은 다섯 사람이 모닥불 주위에 둘러앉아 있었다. 그는 그들이 중국인 도적이 틀림없다고 생각했지만 갈증과 배고픔으로 거의 죽을 지경이었기 때문에 그들에게로 다가갔다. 다섯 명은 그의 갑작스런 출현에 무척 놀라면서 그의 총을 보고 그가 도적일 것이라고 생각하고 도망가기 시작했다. 그들을 안심시키고자 손짓 하자 그제야 그들은 돌아왔다. 그들은 소금 밀수업자들이었다. 그들은 그에게 음식을 주었지만 처음에 그는 먹은 모든 것을 토해 버렸다.

다음날 그는 노루를 사냥했고 차츰 체력은 회복되었으며 현재 함께 우리가 머물고 있는 곳인 원존동으로 가는 길을 발견했다. 요시무라의 동료인 한국인은 그를 야영지에서 4일 동안 기다리다가 근처에서 큰 마을로 가는 길을 발견했다. 그 마을에서 요시무라가 실종되었으며 아마도 도적에 의해 살해된 것 같다는 내용을 경찰에 신고했다.

경찰은 당시 서울에서 교사를 하고 있는 그의 아들에게 아버지가 실종되었다는 것을 알려주려고 전보를 쳤다. 그래서 요시무라가 원존동에 도착하자마자 한 일은 아들을 안심시키는 전보를 치는 일이었다. 요시무라는 우리에게 자신이 아주 오랫동안 사냥꾼의 삶에 집착했던 유일한 일본인 사냥꾼이라고 말했다. 그는 사냥에 관한 책을 썼으며 일본 스포츠 계에서도 잘 알려져 있다.

몇 년 전 한 일본인 대부호가 한국에 사냥하려고 왔을 때, 그는 요시무라를 이번 여행의 길잡이로 고용한 후 일본에 와서 그의 집에 살도록 그를 초청했다. 그 부유한 일본인은 요시무라를 사냥꾼으로써 뿐만 아니라 유도의 댓가로 평가했고 일종의 경호원으로서 함께 있기를 원했다. 요시무라는 두 번 그를 방문하여 몇 달 동안 그의 집에서 머물렀다. 그러나 그는 세련된 옷을 입고 매우 많은 음식과 술로 차려진 호화로운 저녁 식사를 하는 것을 좋아하지 않았다. 그는 다시 황야를 그리워했다.

그는 원존동에 있는 것이 너무나 즐거운 듯 보였다. 그는 매일 자신의 식사를 준비해서 사냥개와 함께 나누어 먹었다. 그의 소유물은 그의 총과 말, 그의 사냥개 그리고 두 개로 묶여 있는 많은 잡동사니들이었다. 이들의 짐을 꾸리자 그는 마음대로 움직일 수 있었다. 우리가 헤어졌을 당시 그는 곰들을 쫓아 숲으로 돌아가려는 참이었다. 왜냐하면 월귤나무의 열매들이 한참 여물어 있었고 곰들은 그것들을 매우 좋아하기 때문이었다.

나는 그에게 행운이 있기를 기원했다. 우리는 다시는 만나지 못했다. 그러나 6개월 뒤 품위 있게 생긴 한 젊은 일본인이 주을에서 우리의 방문에 노크를 했다. 그는 자신을 요시무라의 아들이라고 소개하며 그의 아버지의 안부 편지를 전해 주었다.

제 12 장 장례의 풍습

원촌동에 머무르고 있던 어느 날 우리는 집 근처에서 들려오는 가슴을 찢는 듯한 긴 통곡 소리를 들었다. 그 집 여자가 그 날 아침에 죽었다는 것을 우리는 짐작할 수 있었다. 마을 전체에 기별이 가자마자 일가친척과 친구 모두가 조의를 표하고자 그 집으로 몰려오기 시작했다. 이들 모두 조문 내내 끊임없이 울부짖었다. 어떤 경우, 그들이 오는 중에는 일상적인 대화를 조용히 나누지만 슬픔에 잠긴 그 집에 도착하면 느닷없이 진심에서 우러나오는 통곡을 터뜨린다는 것을 깨달았다.

이러한 통곡은 며칠간 계속된다. 우리는 밤중에도 이어지는 곡소리를 들을 수 있었다. 그 집 마당 밖에서 홀아비가 친구들의 도움을 받아 관을 묶고 있는 것이 보였다. 관은 매우 두꺼운 목판으로 만들어진 직사각형의 상자 모양이었다. 그때 보이는 굉장한 열성에도 불구하고 장례는 5일이 지나도록 치러지지 않았다. 나는 그 마을에 그렇게 오래 머무를 수 없었으므로 장례에 참석하지는 못했다.

한국에서 장례는 돈이 많이 드는 의식이다. 자신의 아버지와 어머니에게 정말로 훌륭한 장례를 치러 드리고자 자식은 때로 일생 동안의 빚을 지기도 한다. 한국의 대부분의 지역에 나무가 부족하기 때문에 종종 관을 짜는 것이 어렵고, 그래서 때로는 관 없이 묻기도 한다. 그러한 경우에 시신은 기름

외출하는 상주 복장

상주의 복장

종이로 싼 널빤지 위에 놓고 시신을 새끼줄로 잘 동여매었다. 그러나 가능하다면 한국 사람들은 관을 쓰는 것을 더 선호했다. 지난날 교통 통신이 더 나빴을 때 사려 깊고 선견지명이 있는 한국 사람들은 굉장히 큰 통나무를 집밖에 세워 놓곤 했다. 이는 필요할 때 관을 짜기 위한 것이었다.

한국 사람이 사망했을 때, 그에게 줄 수 있는 가장 큰 기쁨은 그의 아들이 관을 준비하는 소리를 들려주는 것이다. 관이 준비되면 종종 죽은 사람이 누워 있는 방안으로 들여가는데 아들은 이를 바라보면서 행복하게 여길 것이다. 친척과 친구는 그 때 관에 대해 찬미하며 그것이 매우 잘 만들어졌고, 매우 훌륭한 관이라는 기쁨을 표현한다.

한국 사람이 마지막 숨을 몰아쉬었을 때 그와 가장 지극한 사이였던 사람이 고인의 옷 조각을 집의 지붕 위로 던지거나 그것을 들고 지붕 위로 올라

간다. 지붕 위로 올라가는 경우 옷을 세 번에 걸쳐 흔들면서 그의 이름을 부르며 고인의 영혼을 배웅하고 그 옷을 가져가라고 간절히 바라는 것이다. 이는 다음 세상으로 가는 여행길에 혼백이 그 옷을 입으리라는 생각에서 취해지는 행동이다. 지붕 위에 뿌리는 쌀 또한 혼백의 여행을 위한 것이다. 통곡이 시작되는 것도 이 중대한 때이다. 이제 "아이고, 아이고"[1] 하는 긴 울음소리만이 남는다.

시신을 관에 눕히기에 앞서 가장 좋은 의복을 입히는데, 이 수의는 존경받는 위치에 있는 나이 지긋한 한국 사람들이 몇 해 전 준비해 놓은 것일 수 있다. 매우 중요한 문제는 시신이 묻힐 장소를 고르는 것이다. 이를 목적으로 식구는 적합한 장소를 찾고자 나침반과 다른 도구들을 가지고 있는 전문가를 고용한다. 시신이 올바른 장소에 묻히는지는 몹시 중요하다. 그렇지 않으면 그는 살아 있는 사람들에게 불행을 줄 것이고, 결과적으로 시신이 다른 장소로 이장될 때까지 그 가족에게 불행은 계속될 것인데, 이는 아버지나 할아버지가 잘못된 장소에 묻혔기 때문이다.

매우 부유한 사람이 묻힐 경우 장례 행렬에서 두 개의 관이 운반된다. 첫 번째 관은 비어 있는데, 시신을 손상시키는 악귀가 그 관에 시신이 있는 줄로 속아서 두 번째 관에는 관심을 두지 않게 하려는 소망을 담고 있다. 악귀를 훨씬 더 혼란스럽게 만들려고 가끔 한 사람이 첫 번째 관 앞에 서서 가짜 종이돈을 땅 위에 뿌린다. 인간만큼 탐욕스럽다고 여겨지는 악귀가 종이돈을 줍는 데 열중하는 사이 시신을 실은 두 번째 관에서 손상됨이 없이 안전하게 땅에 묻힐 수 있다.

죽은 사람의 이름이 새겨 있는 작은 상자의 신주단지가 묘소까지 운반된다. 죽은 이의 이름을 외치는 동안 무덤 위에 상자를 열어 둔다. 그의 혼백

1) (원저자 주) 그런 상황에서 일반적으로 슬픔을 표현하는 울음소리.

이 상자 안으로 들어가고, 마치 작은 관처럼 그 안에서 보존된다고 한국 사람들은 믿는다. 그 상자는 묘소에서 집으로 공손히 가져오고 그 앞에 하얀 천을 묶어 집안에 보관한다.

커다란 통곡과 함께 애도 의식은 다음 3년 동안 상자 앞에서 주기적으로 행해진다. 일정 기간 동안 상자 앞에는 매일 음식이 차려진다. 조문객은 또한 무덤가에 가서 소리 내어 곡하는데, 이때 죽은 이가 먹을 음식과 음료를 가지고 간다. 그러나 묘소에서 잠시 기다린 후 그들은 그 음식과 음료를 자신들이 먹는다. 3년이 지나면 1년에 한번만 묘소를 찾아가는데, 이때에도 음식과 마실 것을 여전히 가져가 조객들이 이를 먹는다.

한국의 수의는 거친 삼베로 만든 옷이다. 같은 재질의 원추형 모자를 장례 행렬에서 쓴다. 특별히 고용된 조객들이 큰 소리로 통곡하며 관을 메고 간다. 한국 사람은 아버지가 돌아가신 뒤 3년 동안 상주임을 의미하는 커다란 삿갓을 쓴다. 어머니가 돌아가시면 2년 동안 쓴다.

"아내가 사망하면 쓰지 않습니까?"라고 내가 한국 사람에게 물었더니 그가 대답했다.

"아니오! 처를 새로 얻는 것은 쉬운 일이요. 그러나 새로운 부모를 얻을 수는 없습니다."

제 13 장 일상생활과 명절

백두산과 원존동에서 돌아온 후 우리는 다시 다음 탐험을 준비하면서 얼마 동안을 주을에서 지냈다. 봄철에 시베리아 국경 근처의 호수 부근이 조류의 이동을 연구하기에 이상적이라는 것을 깨달았다. 그래서 철새들이 가을철에 도착할 시기에 그곳으로 돌아가리라고 나는 마음을 정했다.

주을로부터 8시간 동안 기차 여행을 한 뒤 9월 16일에 호수 근처의 구려조 역에 도착했다. 거기서부터 우리가 머물고자 하는 대향동까지는 걸어서 1시간 반 정도의 거리였다. 짐을 나르고자 우리는 우마차를 구했고, 후지모토 겐지는 우리가 가는 것을 준비하려고 자전거로 먼저 갔다. 그 가족은 우리를 매우 친절히 맞아 주었고 우리를 낯익은 방으로 안내했다.

바닷가나 다른 호수에서와 마찬가지로 그 호수에는 매우 많은 오리가 헤엄치고 있었고, 왜가리들이 호숫가를 거닐고 있었으며, 도요새와 삑삑 도요가 사방에서 보였다. 개구리매가 늪지 위에 떠 있었으며 꿩들이 소란스럽게 공중으로 날아오르곤 했다. 어느 곳이나 활기 넘치는 모습이어서 우리는 할 일이 무척 많았고 매일 밤 새벽 한두 시까지 수집품을 보존하는 작업을 해야 했다. 가을이 다가오면서 철새들의 수가 점점 증가했다.

수천 마리의 오리가 찾아왔고, 검둥오리 떼, 기러기, 고니, 두루미가 뒤이어 나타났으며, 10월 중순에는 육식조 군단이 뒤따랐다. 어느 날 두 시간 동

다람쥐

염주비둘기

돛단배

새우잡이

안 나는 약 스물마리의 새매, 작은 송골매, 참매 두 마리, 그리고 말똥가리 몇 마리가 오는 것을 보았다. 그들은 모두 시베리아로부터 해안을 따라 남쪽으로 날아가는 것이었다. 작은 새들의 엄청난 무리도 10월에 도착했다. 상모솔새와 수많은 종류의 새들이 머무르는 지역도 있었다. 여러 종류의 올빼미도 보였다. 매일 우리는 새로운 새를 볼 수 있었고, 그 모든 것이 정말로 흥미롭고 신나는 일이었다.

해안의 모래사장을 따라가면 한국 여성들과 여자아이들이 물속에서 작은 갑각류를 잡는 것을 끊임없이 볼 수 있었다. 그들이 조개잡이를 하는 모습을 보니, 여자는 옷을 입은 채로 물속으로 약간 잠수했다가 치맛자락을 앞쪽으로 잡아서 파도가 밀려오면 물이 고이도록 했다. 그리고 나서 체에서 물이 빠져나가도록 했는데, 항상 많은 모래와 함께 갑각류가 남았다. 그리고 이번에는 진짜 체를 가지고 이를 거르는데 특히 모래만 흘러 내려가고 갑각류만 남도록 하는 데 적합했다.

여인들은 바다와 매우 가까운 호수에서 새우를 잡았다. 10월 중순 어느 날, 나는 그들이 일하는 모습을 바라보았다. 내가 쏘아 맞춘 논병아리를 줍고자 물에 들어갔을 때 나는 물이 너무 차가워서 얼어붙는 줄 알았다. 그러나 옷을 다 입고 물에 젖어서 몇 시간이고 열심히 일하는 한국 여인들에게 이 추위는 아무 것도 아니었다. 그들은 기다란 막대기가 달린 그물로 호수 바닥을 훑으면서 새우를 잡았다.

그들이 그물을 걷어 올리면 그물 안에는 새우와 함께 수초들이 가득 있었다. 그들은 수초를 걷어내고, 줄에 매어 수면 위에 떠 있는 커다란 나무통에 새우를 담았다. 나는 잠시 그들을 바라보면서 사진을 몇 장 찍어도 괜찮겠는지 물었다. 그들은 처음에는 거절했지만 내가 농담을 조금 건네자 이를 허락하기에 나는 원하는 만큼 사진을 찍었다.

며칠 동안 우리는 해안에서 조금 떨어진 난도라는 섬에서 지냈다. 이는 해안에서 약 10마일 정도 떨어져 있지만 우리가 타고 갔던 한국식 범선으로

6시간이 걸렸다. 우리 쪽으로 강한 바람이 불어 내내 모든 것을 고정시켜야 했다. 섬에 일본식 등대가 설치되어 있었는데, 우리가 머무르는 동안 등대지기들이 특별히 친절하게 대해 주었다. 우리가 그곳을 방문한 목적은 섬의 조류를 연구하고자 함이었다.

등대에는 스웨덴제 아가 등이 설치되어 있었는데, 대부분의 일본식 등대가 그럴 것이라고 나는 생각한다. 섬을 둘러싼 절벽에는 수천 마리의 가마우지가 서식하고 있었고, 다채로운 빛깔의 오리들이 무수히 헤엄치고 있었다. 많은 새 떼가 섬 위로 남쪽을 향해 날아갔다. 그들 가운데 우리가 잡은 것으로 보통 새매보다 훨씬 작고 더 어린 조롱이도 있었다.

어느 날 대향동에서 한국 경찰이 우리에게 이야기해준 바에 따르면 이웃 마을에 어떤 남자의 환갑잔치가 성대하게 있을 것이라 했다. 한국에서는 사람들이 50번째나 60번째, 혹은 70번째의 생일은 축하하지 않지만, 어떤 사람이 61번째 생일을 맞는다면 굉장한 축연을 베풀었다. 한국에서는 그것이 정년기를 맞은 것이라 여긴다. 그 나이가 되기까지 그는 너무 많은 유혹의 희생자였다. 그 시점부터 앞으로의 삶은 평화롭고 행복한 것이 된다. 소위 그는 인생의 새로운 장으로 진입하는 것이다.

61번째 해가 그렇게 중요하게 여겨지는 이유는 한국 사람들이 처음 60년을 "인생의 주기"로 보기 때문이다. 60년은 매해에 그에 따르는 동물의 이름을 가지고 있다. 그들은 용띠, 토끼띠, 호랑이띠, 원숭이띠 등과 같이 부른다. 모든 60년의 동물 해를 지나면 인생의 주기가 끝난다. 그리고 나서 다시 처음부터 시작되고 이전과 같은 순서로 60년의 또 다른 주기가 계속된다. 따라서 사람의 61번째 생일은 삶의 가장 중요한 기간의 정리인 셈이다.

나는 이 잔치에 참석하기로 결심했고 그 마을로 갔다. 예순 한 살 된 남자의 집은 도로변에서 상당히 가까웠다. 길에서 불어오는 먼지를 막고자 하얀 천막이 마당 사방에 둘러쳐져 있었다. 손님을 위해 두 줄로 상이 차려져 있고 두 줄 사이에는 그 날의 주인공과 그의 부인을 위한 자리가 마련되어 있었다. 수많은 작은 상 위에는 헤아릴 수 없이 다양한 색상의 떡이 접시 위에 보기 좋게 차려 있었고 많은 것들이 굉장히 맛있어 보였다. 과일도 또한 잘 차려 놓았다.

연회를 시작하기에는 많은 하객들이 아직 자리에 앉지 않았지만, 상당수는 상 옆에 멍석을 깔고 자리를 잡고 있었다. 대부분은 갓을 쓰고 있었다. 주인은 계속 돌아다니면서 새로 도착한 손님들을 맞이했다. 그의 부인과 딸은 새로운 떡을 계속 내온 다음에야 상 차리는 일을 끝마쳤다. 수많은 구경꾼들, 특히 어린 아이들이 줄지어 마당으로 들어왔다. 주변은 온통 하얀 천이 매달려 있었는데 축하의 글이 한자로 쓰여 있었다. 정오가 되어 마침내 모든 것이 준비되자 손님들은 모두 자리에 앉았다. 음식이 가득 담긴 커다란 도자기 그릇이 모든 손님들 앞에 놓여 있었고, 주인 부부는 그들의 자리에 앉았다.

이제 모든 아이들이 쌍쌍이 그들 앞으로 나아가 축하하며 무릎 꿇고 절을 했다. 그들의 아버지와 어머니는 매번 작은 사발로 곡주를 조금씩 마셨다. 그리고 나서 하객 중 한 명이 일어나 연설을 했다. 환갑을 맞아 이제 그 앞에 행복한 시간이 온 것에 대해 집주인을 축하했다. 또한 잔치를 열어 이 모든 좋은 자리를 마련한 것도 감사의 마음을 전했다. 잔치의 주인은 대답하기를, 모두 참석해 주셔서 감사하고, 자신이 준비한 조촐한 음식에 대해 너그러이 보아 달라고 했다.

그런 다음 모든 손님들이 낮은 목소리로 이야기를 주고받으면서 커다란 도자기 그릇에 담긴 음식들을 먹을 차례가 되었다. 얼마 동안 아무도 떡에 손을 대는 사람이 없었다. 사실 그것들은 잔치에서 호화롭게 보이기 위해 차려진 것이었다! 이것은 한국의 관습이다. 그 떡은 잔치에서 잔치로 돌아다니는데, 실제로 이는 너무 딱딱해서 베어 먹기도 힘들다. 봄에 내가 참석했던 결혼식에서 보았던 그 특이한 색상을 나는 그 떡 중에서 알아보았다.

잔치가 끝나면 그 떡은 돌려보낸다. 이를 마련하는 가격은 그리 비싸지 않다. 잔치는 하루 종일 계속되었다. 한국의 기생 몇 명이 춤과 노래를 선보였다. 곡주가 흘러 넘쳤는데, 이제 공식적으로 모든 "욕망이 가라앉은" 나이를 맞이한 잔치 주인이 어쨌든 아직 그의 목마름을 해소하지 못했다는 것이 인상적이었다.

대향동에 머무르는 동안 나는 마흔 살 생일을 맞았다. 이 일을 기려 우리는 휴일을 갖기로 결정했다. 새벽 2시까지 우리는 수집품의 보존 작업을 계속하면서 몇 주 동안 휴일을 보낼 수 없었기 때문에 우리는 아마도 정말 휴일을 원했던 것 같다. 우리는 밖에 나가서 저녁거리로 꿩을 사냥하는 것 외에는 아무 것도 하지 않기로 약속했다. 특별히 우리는 꿩이 있는 곳을 확실히 알았기 때문에 대개 오래 걸리지도 않는 단순한 일이었다. 그러나 마치 꿩들이 공기 중으로 홀연히 사라져 버린 것만 같았다.

훼크비스트와 나는 각기 다른 방향으로 여러 시간을 걸어 다녔지만 끝내는 각자 상대방이 새를 잡아왔기를 기대하면서 집으로 돌아왔다. 둘 다 빈손으로 돌아와서 우리는 점심 간식 후에 다시 나갔다. 우리는 항상 꿩이 많이 날아다니는 들판을 두루 돌아다녔는데, 이번에도 나는 단 한 마리도 볼 수 없었다. 땅거미가 내리고 있었고, 이는 우리의 생일 만찬이 힘들 것이라는 생각이 들게 했다.

다시 한 번 다른 길로 간 훼크비스트가 성공하기를 다시 한 번 바랄 수밖에 없었다. 마침내 마을로 돌아오기 직전 나는 저녁 하늘을 날고 있는 오리 세 마리를 보았다. 그들은 내 쪽으로 오고 있었다. 매우 높이 날고 있었지만 그들만이 나의 유일한 희망이었다. 나는 총을 쏘았다. 한 마리가 땅으로 떨어졌다. 우리의 저녁거리를 얻은 것이다.

얼마 후에 훼크비스트도 돌아왔다. 그는 꿩이 아니라 수리부엉이를 가지고 왔다! 수리부엉이를 먹지 않아도 되는 것에 기뻐하면서 오리 앞에 앉았다. 우리는 대개 바닥에 앉아서 저녁을 먹었고, 식사 시간이면 항상 들고 오는 작은 상 위에 음식을 놓았다. 한국식 가옥에 묵을 때면 항상 이렇게 했다. 그와 달리 주을에 있는 집에서는 유럽식으로 완전히 차려 놓고 먹었다. 대향동에서 머무르는 동안 나는 매일 정어리 낚시를 나가는 한국 어선을 보았다. 나는 그들과 함께 바다로 나가 정어리 낚시가 어떠한지 알아보기로 결심했다.

제 14 장 바다의 고기잡이

10월 28일 아침, 내가 대향동에서 바닷가로 나갔을 때 호수처럼 잔잔한 바다 위에는 구름 한 점 없는 하늘로부터 햇볕이 밝게 내리쬐고 있었다. 최소한 천 년은 되어 보이는 거대한 범선 네 척이 닻을 내리고 있었다. 배 위에서는 출발을 위한 마지막 준비를 하고 있었다. 그물을 제자리에 싣고, 돛을 점검했다. 한국 여인들이 맑은 물을 담은 커다란 항아리를 머리에 이고 와 내려놓고 있었다.

물이 얕아 무릎까지밖에 오지 않지만 얼음같이 차가운 바닷물을 그들은 걸어서 갔다. 나는 범선 중 한 척에 올라타 환하게 웃는 일곱 명의 선원들에게 인사하면서 그들만의 낯선 언어에 파묻혔다. 나의 한국어 실력은 인사말 정도여서 통역으로 일본말을 할 줄 아는 젊은 한국 사람을 데려갔다. 그래서 배 위에는 이제 아홉 명이 있었다.

그들은 나를 기다리고 있는 것이 분명했다. 내가 승선하자마자 그들은 닻을 감아 올리기 시작했다. 여전히 바람이 없었기 때문에 여섯 명이 노를 젓기 시작했다. 우리는 소위 "고요한 아침의 나라"에 온 것이 아니었던가? 왜 이 나라를 그렇게 부를까? 한국의 아침은 늘 고요하다. 그러나 하루가 지나가면서 나중에 조금씩 바람이 불어온다. 아름다운 가을날이었다. 한 해가 저물어 가는 시기였음에도 불구하고 햇볕이 꽤 따가웠다. 갈매기들이 여기

나무꾼

상투

저기 보였고, 여러 마을로부터 배들이 줄지어 바다로 출발하고 있었다. 우리는 좀 더 나아가서 두 개의 거대한 돛을 올렸다. 가벼운 바람이 불어오는 것이 느껴지자 노를 젓고 있던 사람들은 노를 놓고 담배를 피워 물었으며 배는 천천히 바다로 나아갔다.

두 사람을 제외하고 선원들은 모두 젊었다. 나이 많은 사람 가운데 한 명은 줄곧 키를 잡고 있었다. 그는 다리를 꼰 채 방향타 옆에 앉아 내내 미소를 머금고 있었다. 그가 이 배의 주인이었으며 그는 이 세상에 대해 매우 만족해하는 듯이 보였다. 그는 덥수룩한 턱수염을 기르고 있었고, 계속 바다 위를 이쪽저쪽으로 친근하게 바라보았다. 그의 피부에는 수많은 풍상의 흔적이 남아 있었다. 나이가 많은 다른 한 명은 좀 더 엄격해 보였다.

그러나 모두 화창한 날씨에 대해 재미나게 농담했다. 때때로 그들은 노래를 조금 부르고 마음껏 웃었고, 다른 어선이 말을 주고받을 수 있을 정도로 가까이 지나치면 양쪽 모두 웃음을 터뜨리는 익살맞은 농담을 하곤 했다.

고기잡이 배

어부들

나의 일본 통역에 의하면, 무엇보다도 그들은 우리 배에 외국 괴물이 타고 있다고 소리쳤다고 한다. 물론 나는 그들이 뭐라 하든 상관없었고, 그들에게 악의가 없다는 것도 알고 있었다. 지난날 백인이 함께 승선했던 적이 없었다고 그들은 말했다. 배에는 작은 선실이 두 개 있었는데 몇 날이 될는지는 모르겠지만 선미에는 밤을 보낼 수 있는 구석방이 있었다.

약 한 시간 반 뒤에 바람이 강해지기 시작하자 많은 대나무로 받쳐진 거대한 돛으로 즐겁게 항해할 수 있었다. 그러나 바람이 앞쪽에서 불어왔으므로 우리는 지그재그로 나아갔다. 어디를 보아도 모두 우리처럼 항해하며 나아가는 배들을 볼 수 있었다. 정오가 되어 젊은 사람 한 명이 스스로 식사 당번을 맡았다. 불행히도 그는 지저분한 사람 중 하나였고, 맨발에 발과 손은 거의 씻지 않는 듯이 보여 그가 음식 준비를 시작했을 때부터 나의 식욕은 사라지기 시작했다.

음식은 큰솥에 쌀죽을 끓이는 것이어서 요리하는 데 큰 어려움이 있는 것은 아니었다. 밥이 거의 지어졌을 때 뒤쪽에 위치한 두 개의 물동이에 밥을 쏟아 부었다. 그리고 요리사는 더러운 손가락으로 커다란 항아리에서 채소를 꺼냈는데, 이는 불결해 보이는 액체 속에 보관된 것이었다. 그가 몇 가지 것을 밥 안에 넣고 젓가락과 쇠숟가락을 준비하자, 우리 모두는 갑판 위에 양반 다리로 둘러앉아서 그것을 먹기 시작했다.

나는 항해 중에는 그들의 음식을 같이 먹기로 결심했다. 비록 불행히도 이 음식이 어떻게 준비되었는지를 보았지만, 나는 내 몫을 먹기 시작했다. 밥은 항상 맛이 괜찮은 편이었지만, 야채는 견디기 어려웠다. 때로 나는 한 묶음의 스웨덴 과자와 두 조각의 스웨덴 초콜릿을 꺼내 그들에게 후식으로 주었더니 그들은 매우 고마워했다. 그리고 나면 선원들은 담배에 불을 붙였는데, 이는 기다란 대나무에 대통이 달린 것이었다.

우리는 모두 둘러앉아 잠시 동안 담배를 피웠다. 바람이 더 강해지자 배는 물 위에서 요동치기 시작했다. 하늘에는 여전히 구름이 없었다. 한국의 동해안을 따라 있는 산들이 아련하게 보였다. 산맥이 계속 이어지는 먼 풍경은 거친 느낌이 든다. 그 일반적인 색조는 갈색이다. 한국의 동쪽 산들은 숲이 거의 없고 산을 덮고 있는 마른풀로 인해서 갈색을 띠게 되는 것이다.

우리는 이제 바다로 멀리 나왔기 때문에 더 이상 해변의 어촌이 보이지 않았다. 여기저기에 자맥질하는 새가 보였고 때때로 기러기와 고니 떼가 남쪽으로 긴 여행을 떠나는 것이 보였다. 모두 시베리아로부터 오는 것이었다. 5시까지 우리는 꽤 멀리 나왔다. 이제 바람이 고요해지기 시작했다. 선원들은 그물을 준비하기로 했다. 돛 하나를 내리고 다른 돛으로 배가 천천히 나아가는 동안 조심스럽게 그물을 바다로 던졌다. 그물은 바다 속으로 50피트 정도 가라앉았는데, 그 위쪽 끝은 50피트 길이의 밧줄에 매여 기다란 나무판에 고정되어 있었다.

그물 자체는 30피트 정도로 펼쳐졌는데, 반마일 이상의 길이였다. 그물의 길이는 고기 잡는 배에 따라 다양했다. 매우 긴 그물은 작은 그물을 여러 개 이어서 만들었다. 그물 전체가 쳐지자마자 끝을 매우 질긴 밧줄로 배에 묶었다. 이제 두 번째 돛도 내리고 방향키가 갑판에 놓이자 그물이 배의 닻 역할을 하기 시작했다. 우리는 닻을 내리지 않고 그렇게 밤을 보내고 있었다.

이제 저녁 식사 시간이 되자 점심 식사 때와 정확하게 똑같이 되풀이되었다. 5시 15분에 서쪽 산 뒤로 해가 떨어졌으니 오래지 않아 어두워질 것이다. 해가 진 뒤 뒤쪽의 하늘이 붉은 빛으로 아름답게 물들었고 우리는 별이 빛나는 밤을 맞았다. 어스름한 가운데 이곳저곳에서 사람이 사는 불빛을 볼 수 있었다. 작은 유기항이 향수를 불러일으키듯 정다운 불빛을 반짝였다.

약 7마일 밖에서 우리는 1분에 두 번 불빛을 볼 수 있었는데, 그것은 내 가슴에 특별한 느낌을 주었다. 그것은 난도에 있던 일본 등대의 아가 등의 불빛이 생각나게 만들었다. 나에게는 이것이 스웨덴으로부터의 작은 인사 같았다. 또한 몇 주 전에 우리가 거기에 머무르는 동안 일본 사람들이 베푼 친절이 떠올라 기분이 매우 좋았다.

이내 추위가 시작되어 우리는 작은 선실로 들어갔다. 그 안에서 아홉 명이 있기란 쉬운 일이 아니었다. 그러나 그 속에서도 농담이 끊이지 않았고, 옅은 등불의 도움으로 마치 통조림 안의 정어리같이 바싹 붙어서 누울 수 있었다. 나는 침낭 속으로 기어 들어갔는데, 이것이 선원들의 꾸밈없는 경탄을 자아냈다.

배 위에서 생활해 본 경험이 없는 사람에게 이러한 경우에 침낭은 부수적인 장점을 가지고 있었다. 캄캄한 밤 동안 우리는 파도에 따라 조금씩 굴러다녔다. 바람은 거의 완전히 멎었다. 우리는 그물로 정박한 것이었으므로 단순히 조류에 따라 떠돌았다. 배에는 등불을 켜지 않았다. 모든 어선이 그랬다. 따라서 가끔씩은 배가 어둠 속에서 부딪혀 가라앉는 경우도 있었다.

그러나 동양에는 몇 백만의 사람들이 살고 있었고 항해를 하다가 배 한 두 척이 사라지는 것은 아무런 문제도 아니었다. 폭풍이 몰아치면 수많은 배가 바다에서 실종되었다. 그렇게 몇 세기를 살아왔다. 가끔은 폭풍에 밀려 한국 어선이 멀리 표류하여 일본 해안 어딘가로 흘러가는 일도 생긴다.

선원들이 배 안에 살아있을 수도 있고 없을 수도 있다. 생존자들은 때로 그들의 일가가 그를 잃어버린 것으로 포기했을 만큼 아주 오랜 기간이 지나서 고향으로 돌아온다. 그러나 모든 숙련된 어부들처럼 한국 사람들도 나쁜 기후를 극복하는 데 어떤 자질을 가지고 있고, 폭풍우를 만나 집으로 돌아갈 수 없을 경우에는 대체로 제때 근처의 섬에 안전하게 정박할 장소를 찾는 데 주저하지 않는다.

새벽빛이 들어오자 선원들이 하나 둘씩 선실 지붕을 열고 갑판으로 나갔다. 나도 그들을 따라 무슨 일이 일어날지 보기 위해 밖으로 나갔다. 여전히 별이 반짝이고 있었지만 그들은 기름때를 뒤집어 쓴 채 곧 그물을 감아올리려고 했다. 두 사람이 움직이는 단순한 나무 윈치의 도움으로 그물이 올라왔다. 다른 두 사람은 그물을 끌어서 윈치에 바르게 감기도록 했고, 또 두 사람은 그것을 선창에 놓았다. 모두 두 손을 다 사용했다. 추위에도 불구하

정어리잡이

고 두 사람은 맨발이었다.

그물을 배 위로 완전히 감아올리는 데 한 시간이 걸렸다. 어획은 완전히 실패였다. 거의 3,000피트 길이와 30피트 넓이의 그물에 고작 50마리의 고기라니! 그러나 그들은 실패에 지극히 냉정했고, 좀 더 먼 바다로 나가서 다시 시도하기로 결정했다. 방향타가 제자리에 놓이고 돛이 다시 올라갔다. 부드러운 아침 바람이 수면 위로 불어오면서 다소 우리의 항해를 도왔다.

선원들은 노를 다시 잡았다. 다른 어선들도 이제 다시 여러 곳에서 보였고 그 선원들도 그물을 감아올리느라 바쁜 것을 나는 망원경으로 볼 수 있었다. 그들 위로 갈매기가 날아 다녔다. 그들의 어획은 괜찮은 편이었음이 분명했다. 7시 직전에 태양이 강렬한 빛과 함께 떠올랐다. 얼마나 장엄한 광경이던가!

쌀밥과 새로 삶은 성어리로 아침을 먹은 뒤 우리는 강해진 바람의 도움으로 순탄하게 나아가기 시작했다. 이제 주변에는 1백 척 이상의 어선이 보였으며 그중에는 발동선도 있었다. 우리는 3시간 동안 계속 나아가 11시까지 다른 배들로부터 완전히 멀어졌다. 이제 다시 그물을 치기로 했다. 모든 것이 완료되었을 때 나는 굉장한 거리로 나무판이 떠 있는 것을 볼 수 있었다. 그 거리가 매우 길어서 가장 먼 쪽은 망원경이 없이는 보이지 않을 정도였다.

20분이 지나자 선원 중 한 명이 무어라 소리를 치자 모두들 그물 쪽을 쳐다보기 시작했다. 그 커다란 나무판들이 거의 모두 사라져 있었다! 가장 가까운 것들만 보였다. 배 위에는 대단한 흥분과 환호성이 일었다! 나무판이 가라앉은 것은 그물 안에 엄청난 수의 고기가 들어가서 그물이 그 무게로 물 속 깊이 가라앉았다는 것을 의미했다.

이제 모두가 다시 한 번 달려들어 2분 뒤에 그물을 감아올리기 시작했다. 그것은 충분히 볼만한 가치가 있는 광경이었다. 그물은 가득 차서 넘쳐흘렀다. 작은 청어 크기의 정어리가 몇 천 몇 만 마리나 펄떡거리며 몸부림치고 있었다. 햇살에 고기가 은빛으로 반짝였다. 그것을 배 위로 올리는 것도 대단히 힘든 일이었다. 꽉 찬 그물이 너무 무거워 윈치가 제 역할을 하지 못하자 그것을 끌어올리느라 모두 힘을 합쳐 당겨야 했다. 그 힘에 그물 한 쪽이 찢어지면서 고기들이 도로 물속으로 떨어졌다가 이내 수면으로 떠올랐다. 갈매기들이 이를 물고 갔다. 몇백 마리가 배 주변에 모여들어 날카로운 소리를 내며 물속으로 자맥질하여 고기를 낚아 갔다.

선원들은 어마어마한 어획을 걷어 들이면서 이마에 맺힌 땀을 닦았다. 물론 그물을 끌어 올리고나면 고기를 그물 밖으로 꺼내는 것은 아무 문제가 없었다. 그것은 얼마 동안 내버려두어야 했다. 문제는 그물 전체를 배 위에 올리는 일이었다. 우리 배 근처의 갈매기 떼가 다른 배의 새들도 우리 쪽으로 오게 만들었다. 그 사이 그들은 그물을 꺼냈다.

잡은 고기를 전부 배 위로 걷어 들이는 데 두 시간이 걸렸다. 이제 최대한 빨리 집으로 돌아가는 일만 남아서 즉시 돛을 올렸다. 동시에 선미의 대나무 장대 위로 흰색과 붉은 색의 기다란 두 깃발이 올라갔다. 이는 어획이 크게 성공했음을 알리는 신호였다.

이제 한국 사람들의 농담은 최고조에 이르렀다. 그들은 둘러앉아서 파이프 담배를 피웠으며, 어떤 사람은 신문지 조각으로 담배를 말아 피우기도 했다. 그들 전부가 노래하며 웃었다. 또다시 다른 어선이 지척으로 다가올 때마다 그들은 즐겁게 소리를 질렀다. 다신 한 번 그들은 배에 외국 괴물이 타고 있다고 전처럼 농담을 반복했다. 두 번째 어획이 첫 번째 만큼 실패하지 않은 것이 나로서는 행운이었다. 실패했다면 그들은 그것을 외국 괴물 탓으로 여겼을 것이다!

우리는 바람을 등에 업고 빠른 속력으로 세 시간 만에 항구로 돌아왔다. 우리가 항구에 도착했을 때 마을 여인들이 모두 해변으로 쏟아져 나와 고기를 그물 밖으로 꺼냈다. 우리는 출발한 지 정확히 30시간 뒤에 행운과 좋은 날씨로 인한 유쾌한 심정으로 돌아왔다.

제 15 장 매사냥

방대한 지역에 걸쳐 아시아의 토착 사냥꾼들은 여전히 훈련된 매나 송골매, 심지어는 독수리를 데리고 사냥을 나간다. 선사시대까지 거슬러 가는 이러한 오래된 관습은 일부 유럽 국가에서도 최근에 다시 부활했다. 길들여진 매나 송골매를 높은 가격에 판다는 광고를 우리는 유럽의 사냥 잡지에서 꽤 자주 볼 수 있다. 한국에서 토착민들은 사냥에 참매를 이용한다.

사냥법은 상당히 넓은 지역에서 이루어지는데, 특히 북쪽 지방에서 그렇다. 우리가 주요 거점으로 자리 잡고 있는 함경북도 지방에서만 해도 거의 150마리의 훈련된 매가 있다고 한다. 모든 매사냥꾼은 사냥을 위해 허가증을 받아야 하며 이를 위해 7엔을 내야 한다. 그렇게 해서 사냥하는 것은 보통 산토끼 아니면 거의 꿩이다. 한국에서 매로 꿩을 잡는 것은 11월부터 다음 해 4월까지 허용된다.

나는 사냥에 몹시 참가하고 싶었고, 따라서 여름 동안 수많은 한국인 사냥꾼들과 친분을 쌓으려 했다. 우리 집의 이웃에도 네 명의 사냥꾼이 있었다. 그들 가운데 한 사람은 훌륭한 상태의 특별히 좋은 매를 기르고 있었다. 그 매는 3년 된 암컷이었고 참매종이었다. 이는 한국에서는 야생이며 스웨덴 참매보다는 몸집이 약간 작다.

대부분의 길들여진 매와 마찬가지로 그 새도 주인집 뒷마당의 처마 밑에

쉼터를 갖고 있었다. 그 매는 땅에서 2야드 높이에 고정된 나뭇가지 횃대 위에 앉아 있었고 두 발은 가죽 끈으로 묶여 있었다. 매 주인은 아무런 성가신 일 없이 매를 자신이 원하는 대로 다룰 수 있었지만 그 매의 눈은 무척 사나워 보였고 나로서는 길들여지지 않은 매 같아 보였다. 그 매로 한 철에 300마리의 꿩을 잡아왔다고 그 주인은 말했다. 다음 사냥철이 시작되면 우리는 함께 사냥을 나가기로 약속했다.

11월 초순에 나는 시베리아 국경의 호수로부터 주을로 돌아왔고, 어느 날 다시 그를 보려고 찾아갔다. 그러나 그는 매를 데리고 사냥을 나가고 없었다. 그의 아들이 말하기를, 아버지는 사냥철이 시작되자마자 매일 사냥을 나간다고 했다. 그 날은 11월 7일이었다. 그는 지난 1주일 동안 27마리의 꿩을 잡았다. 나는 다음 날 사냥에 함께 가기로 약속했다. 우리는 9시 반에 출발하기로 했다.

11월 8일은 맑은 날씨로 아침이 밝았다. 아침 기온이 영하 2°였고 바람도 없었다. 하늘에는 구름 한 점 없었으며, 이내 햇살이 따스하게 내리쬐었다. 그 사람의 집은 우리 집에서 3마일 정도 떨어져 있었다. 훼크비스트와 동행하여 나는 거기에 시간 맞춰 도착했다. 매 주인과 몇몇 젊은 동료들이 출발 준비를 하고 있었다.

매는 모든 것을 바라보면서 횃대에 앉아 있었다. 우리에게 집으로 들어오라고 해서 우리는 두 개의 작은 방 중 한 곳에 들어가 앉았다. 벽에는 깃털로 된 먼지털이가 아름다운 장식으로 매달려 있었다. 그것은 모두 합쳐 대략 30개의 꿩의 꽁지깃으로 만든 것이었다. 방 안에는 비쩍 마른 개가 한 마리 있었는데, 외관상으로 포인터 종류인듯 했다. 그 개는 우리와 같이 사냥을 나가서 꿩을 몰 것이었고, 그러면 매가 날아가서 잡을 것이었다.

한국 사람들은 한 시간 동안 사냥을 준비했다. 그들은 매 주인과 그의 다 큰아들, 그리고 대략 16살과 14살로 보이는 소년들로 구성되어 있었다. 두 명 가운데 나이 많은 소년이 매를 맡았고 매는 그의 손 위에 앉아 있었다.

매사냥

손에 두꺼운 가죽 장갑을 끼고 있었다. 짧은 가죽 끈이 매의 양발에 매어 있었고, 끈의 끝은 하나로 묶여 소년이 단단히 잡고 있었다. 매의 등에는 꽁지깃이 시작되는 부분에 종을 달아 매가 움직일 때마다 소리가 나도록 했다. 종 안쪽에는 가늘고 긴 쪽지[시치미]가 붙어 있는데, 거기에는 매 주인의 이름과 주소가 적혀 있었다.

한국인 선봉장은 몇 마일 떨어진 어떤 언덕을 오르자고 제안했다. 그 언덕은 계곡으로 이어졌는데, 그곳에서 꿩을 찾기로 했다. 물론 우리는 동의하고 수많은 논을 지나 곧 그곳을 향해 나아갔다. 벼는 이미 수확된 뒤였다. 우리는 나무판으로 만든 다리로 주을강을 건너 언덕을 오르기 시작했다. 여기저기에 작은 규모의 경작지가 보였다. 그중 한 토착민이 소 두 마리로 땅을 갈고 있었다. 일행 가운데 유일하게 일본어를 할 줄 아는 길잡이의 큰아

매사냥

매 사냥꾼

라디오 청취

들이 우리를 보고 설명하기를, 그 지역은 이미 매를 데리고 완전히 훑은 지역이라고 했다.

햇볕이 따스하게 내리쬐고 있었지만 음지 쪽은 무척 추웠다. 가파른 비탈을 오르는 것은 우리에게 땀나는 일이어서 몇 번인가 바위에 앉아서 쉬었다. 매는 모든 것이 익숙한 모양이었다. 그것은 항상 날카로운 시선을 유지했고, 우리가 정상에 도착하여 몇 분을 쉴 때 남쪽으로 날아가는 야생 오리 떼를 빈틈없이 바라보고 있었다. 불안이나 흥분은 전혀 없는 것 같았다. 그 때 그 매는 한쪽 발을 깃털 속에 움츠린 채 고개를 약간 들어 전체적인 풍경을 천천히 조망하고 있었다. 우리 일행과 마찬가지로 그 매는 화창한 바깥 날씨를 즐기고 있는 것처럼 생각되었다.

언덕 위에서 보는 경치는 대단히 아름다웠다. 한 시간 전 떠나왔던 강둑의 조그마한 한국식 집이 이제는 매우 작은 점으로 보였다. 멀리 눈 덮인 정상과 깊은 골짜기가 보이는 산들이 계속 이어진 광경이 펼쳐졌고 동쪽으로

매사냥(필자)

매사냥 몰이꾼

는 고요히 안개에 싸인 동해의 푸른 물결이 보였다.

휴식을 취한 다음 우리는 강가 계곡으로 내려가기 시작했다. 모든 골짜기에 얼어붙은 작은 시내가 수없이 많았다. 계곡으로 내려가는 데는 30분도 걸리지 않았는데, 거기서는 어느 곳에서나 경작지를 볼 수 있었다. 꿩은 먹이를 찾아 이런 밭 사이를 돌아다니는 습관이 있는데, 한 해 농사가 끝나 모든 곡식이 추수된 때였기 때문에 그 날은 하루 종일 꿩이 나타나지 않았고, 관목과 수풀이 무성하게 자란 언덕 쪽에 숨어 있었다. 우리는 이제 언덕의 경사면을 따라 나아가야 했다.

사냥은 세 개의 평행한 행렬로 역할을 분담하여 진행하도록 계획되었다. 매를 데리고 있는 젊은이는 계곡 아래서부터 약 200야드를 앞질러 감으로써 그는 모든 것을 내려다보면서 날아오르는 꿩을 찾을 수 있었다. 그 뒤를 따라 그 가족의 가장이 개를 데리고 나아갔다. 그는 막대기를 들고 가면서 덤불 사이를 치고 다녔고 계속 개를 부르면서 꿩을 쫓도록 독려했다. 나머지 젊은이들과 우리는 계곡의 아래에 있으면서 언덕 위에서 벌어지는 모든 일들을 잘 볼 수 있었다.

꿩들은 숨어 있는 곳에서 좀처럼 움직이려 하지 않았다. 별로 도움이 되는 것 같지 않은 그 개의 움직임으로 보아 상당히 많은 수의 새가 있는 것이 확실했지만 거의 30분이 지나서야 꿩 한 마리가 날아올랐다. 모든 이들이 즉시 소리를 지르기 시작했고 매가 풀려났다. 그러나 꿩은 매를 피해 숨을 수 있는 작은 언덕 뒤로 날아가더니 곧 근처의 골짜기로 사라졌다. 그러자 매는 계곡 전체를 잘 조망할 수 있는 나무 위로 날아가서 꿩이 다시 날아오르는지를 보면서 기다렸다.

나이 많은 이가 이내 꿩이 시야에서 사라진 지점에 도착했고 그들은 무성하게 자란 덤불 사이로 꿩을 뒤쫓기 시작했다. 5분 이내에 펄럭이는 날갯짓 소리가 들렸고 이어서 다시 그들이 소리 지르는 것이 들렸다. 도망치는 꿩을 쫓아 매는 마치 회색 그림자 같이 돌진했는데, 꿩은 처음에는 약 100야드를 달아났지만 이내 속도가 처졌다. 두 새가 약 200야드를 날았을 때 나는 두 새를 모두 볼 수 있었다. 그러고 나서 두 새는 골짜기의 반대편으로 사라졌다. 꿩은 여전히 앞쪽으로 잘 가고 있어서 나는 골짜기 아래의 나무 사이로 숨으면 살 수 있을 것이라고 생각했다.

우리는 매가 어찌 되었는지 보려고 계곡으로 서둘러 갔다. 매가 너무 먼 거리를 날면 이를 다시 찾는 데 어려움을 겪기 때문에 항상 매를 시야에 두는 것이 중요하다. 더구나 매가 꿩을 잡았을 때 가능한 한 빨리 그 지점으로 서둘러 가서 매에게서 꿩을 빼앗아야 하는데, 그 이유는 당연히 매가 자신의 노획물을 먹기 시작하고 만약 배가 부르도록 먹는다면 그 날은 더 이상 사냥을 하려들지 않기 때문이다.

그 계곡에 내가 들어섰을 때 나는 매의 방울이 딸랑거리는 소리를 들었다. 어린 한국 소년 가운데 한 명이 앞쪽으로 달려가더니 곧 손에 매를 데리고 소나무 숲에서 나왔다. 그리고 같은 손에 꿩이 매달려 있었는데 매의 부리가 닿는 범위에 꿩의 머리 부분이 있었다. 매는 계속해서 그것을 게걸스럽게 쪼았다. 나는 이제 그 날개 달린 사냥꾼에 대해 경탄을 금할 길이 없음을 고백한다.

그러나 매에게는 많이 먹도록 허용되지 않았으며 우리가 사냥을 계속하는 동안 꿩은 소년의 사냥 가방 속에 보관되었다. 우리가 있는 계곡에는 새가 전혀 없었으며 수많은 나무가 전망을 어둡게 만들고 있어서 곧 다른 계곡으로 이동했다. 그 때는 나이가 제일 많은 소년이 매를 맡고 있었는데, 그는 곧 다시 한 번 1,000피트 높이의 언덕 꼭대기로 올라갔다. 손 위에 매를 든 그의 형체가 11월의 맑은 하늘을 배경으로 내가 서 있는 계곡 아래에서 뚜렷하게 보였다. 뒤따라서 그의 아버지가 개를 데리고 덤불을 뒤적이며 언덕 중간쯤에 가고 있었다. 그러나 날아오르는 꿩이 없어 우리는 훨씬 더 멀리 이동해야만 했다.

근처 계곡의 초입에서 갑자기 세 마리의 꿩이 날갯짓을 하더니 그 뒤쪽의 계곡으로 사라졌다. 소년이 매를 데리고 서 있던 곳에서는 그 꿩들이 보이지 않았다. 우리 모두는 바로 꿩이 날아올랐던 계곡으로 향했다. 밭을 일구고 있던 한 토착민이 꿩이 사라진 방향을 알려주었다. 아래로 내려와 우리와 합류한 그 소년은 매를 데리고 새로운 계곡의 600피트 높이의 지점으로 올라갔다.

그의 아버지는 개를 데리고 다시 한 번 가운데에서 뒤따랐으며 나머지 우리들은 그들을 잘 볼 수 있는 먼 지점으로 움직였다. 꿩들은 거의 30분 동안 나타나지를 않았지만 마침내 한 마리가 날아올랐을 때 한국 사람들은 다시 또 소리 지르기 시작했다. 당장에 매가 위쪽에서 날아들어 행동을 바꾸더니 계곡을 가로질러 추격하는 것이 보였다.

꿩은 우리로부터 먼 쪽인 낮은 산등성이로 향했다. 매가 거의 잡은 것처럼 보였을 때 꿩은 안전한 나무 사이로 사라져버렸다. 이 경기에 능숙한 그 매는 날개가 쉽게 걸리는 덤불 사이로 꿩을 뒤쫓으려 하는 것보다 더 나은 방법을 알고 있었다. 매는 나무 위에 앉아서 한국 사람들과 개가 오기를 기다렸는데 매는 그들이 곧 그 지점으로 오리라는 것을 알고 있었다. 확실히 그들은 매우 빠른 모습을 보였다. 매가 언덕 꼭대기에 도달하는 시간에 그들이 그곳에 도착하는 것이 중요했는데 꿩이 다시 달아나려 할 때 날아가는 방향을 확인할 수 있어야 하기 때문이다.

한국 소년 가운데 하나가 제때 매가 있는 지점에 도착할 수 있었다. 꿩은 긴 계곡 아래 강으로 날아갔다. 오랜 도주였지만 매는 재빨리 이를 따라갔고 강 위의 800야드 정도의 거리에서 사냥감을 붙잡았다. 자이스[2)]제 망원경으로 나는 매를 찾아 땅 위에서 꿩을 먹기 시작하는 모습을 볼 수 있었다. 의심할 바 없이 그것은 동료 사냥꾼들과 떨어져 자축하고 있는 것이었으며

2) 자이스(Carl Zeiss : 1816~1888) : 독일의 실업가로서 1846년에 예나에 근대적 광학 기계 공장을 설립함.

평화롭고 편안하게 향연을 즐길 수 있었다. 젊은이 하나가 최대한 빨리 그 지점으로 달려가더니 매와 사냥감을 가져왔다. 그가 돌아왔을 때 그는 땀으로 흠뻑 젖어 있었다. 매에게는 꿩 머리를 몇 입 더 먹도록 허락했다.

우리가 있던 곳에 다른 꿩들이 더 있다는 사실을 알았기 때문에 우리는 다시 사냥을 계속했다. 곧 다른 꿩이 날아오르자 매가 돌진하여 이를 잡았다. 늘 그렇듯이 꿩은 확실히 안전하고 낮은 산등성이를 향해 계곡 반대편으로 날아갔지만 매가 무척 빨라 추격은 금세 끝났다. 지난번처럼 매가 꿩을 잡은 지점으로 젊은이가 달려갔다. 나 자신은 항상 매를 데리고 다니는 일을 맡고 있는 소년과 동시에 거기에 도착했다. 매가 그 아름다운 색조의 노획물을 먹기 시작하는 모습을 보는 것은 확실히 기억에 남는 경험이었다.

우리가 상당히 가까이 다가갔을 때 매는 꿩을 우리에게서 떨어진 곳으로 몇 피트 정도 끌고 갔는데, 분명 자신의 전리품에 대해 권리를 가지고 있음을 느끼는 것 같았다. 그러나 젊은이가 집어 들었을 때는 저항하지 않았고 조용히 자기 자리로 돌아갔다. 마찬가지로 꿩 머리를 약간 더 먹도록 허락했다.

시간이 빠르게 지나가 이제 해가 지고 있었다. 집으로 돌아가는 데 한 시간 반은 걸릴 것이었기 때문에 우리는 사냥을 마치고 우선 근처의 냇가에서 조금 쉬기로 결정했다. 그들은 쌀밥을 조금 지어 젓가락으로 급히 먹었다. 훼크비스트와 나는 초콜릿과 과자를 먹으면서 시냇물로 갈증을 풀었다. 그리고 나서 우리는 집을 향해 지친 발걸음으로 산을 내려와 한국 가족과 그들의 집 앞에서 헤어졌다. 우리는 주을 온천으로 곧장 가서 뜨거운 온천수로 기분 좋게 목욕을 한 뒤, 좋은 경험으로 더 충만해 보이는 달빛을 받으며 집으로 돌아왔다.

제 16 장 얀콥스키

유럽인들 가운데 얀콥스키(George Jankovski)처럼 북쪽 지역의 한국인들에게 잘 알려진 사람은 없다. 얀콥스키는 주을 마을에 이주해 온 러시아 짐꾼의 이름이다. 그들의 고향을 떠나 만나게 되는 대부분의 러시아인과 마찬가지로 그도 굴곡 많은 삶을 살았다. 오래 전에 죽은 그의 아버지는 젊은 시절에 폴란드로부터 이주해 와서 일본해에 인접한 시베리아 연안 지방의 개척자가 되었다. 개척자로서의 그의 위대한 활동들은 그렇다 손치더라도, 그는 동부 시베리아 지역에서 동물 세계에 대한 조사에 지대하게 공헌했다.

레닌그라드와 바르샤바를 비롯한 여타 많은 도시의 박물관에 가면 얀콥스키가 동부 시베리아 지역에서 수집한, 이전에 학계에는 잘 알려지지 않은 많은 생소한 동물 종류의 표본들을 볼 수 있다. 현재 58세인 그의 아들 게오르그는 러시아 혁명 전에 블라디보스토크와 한국 국경 사이에 위치한, 아버지가 이주해 왔던 시데미에 많은 땅을 소유하고 있었다. 그 당시 그는 말을 사육하는 데 온 힘을 기울이고 있었다. 그는 600마리 이상의 말을 사육하고 있었는데 그중에는 훌륭한 경주마도 많이 있었다.

무엇보다도 그의 재산 가운데 가장 유명한 것은 아마도 그가 키우는 사슴일 것이다. 그는 300마리나 되는 사슴 농장을 가지고 있었다. 그는 단지 사슴의 뿔을 위해 사슴을 사육한다. 사슴의 부드러운 피부에서 자라는 뿔은 매우 값비싼 약재를 만드는 데 쓰이며 이는 매우 인기가 있다. 사슴뿔은 특히 중국인들 사이에서 회춘할 수 있는 방법으로 매우 높이 평가되고 있다. 다 자란 크기의 사슴뿔 한 조각은 50파운드 이상을 받을 수 있고 어린 사슴뿔도 매년 값이 오른다.

러시아 혁명의 물결이 이 지역에도 확산되어 이곳도 내전의 위험에 처하게 되었을 때, 얀콥스키는 중요한 역할을 수행했다. 그는 백군을 조직해서 적군에 맞서 오랫동안 싸웠지만 그는 우월한 군사력 앞에 굴복하여 가족들과 함께 모터보트를 타고 한국으로 피신해서 청진에 도착했다. 그는 또한 국경을 넘어 한국으로 말떼들을 몰고 오도록 그의 부하 몇몇을 준비해 두었다. 그러나 그는 모든 것을 포기해야 했다. 만약 그가 적군의 손에 떨어졌다면, 그의 운명은 끝났을 것이다. 왜냐하면 그는 적군이 해안 지방을 침공하는 동안 그들에게 너무나 많은 피해를 주었기 때문이다.

얀콥스키는 청진에 잠시 동안 머물면서 무엇을 할지 찾아보았다. 먼저 그는 말들을 팔았다. 그리고 나서 청진 근처의 해안을 따라 청어 낚시를 즐겼다. 겨울 동안 그는 표범, 멧돼지, 노루 그리고 꿩을 사냥했다. 그의 넘치는 정력과 지략 때문에 그는 곧 다시 성공했다. 청진에서 32마일 떨어진 주을의 강변 마을에서 얀콥스키는 아름답고 매혹적인 약간의 땅을 발견했다. 그곳에서 그는 땅을 사서 자신의 집을 짓고 노비나라는 이름을 붙였다.

그곳에서 말과 소를 장만하고 원예와 양봉을 시작했다. 현지 주민들의 도움으로 전에 키우던 것과 같은 종류의 노루들을 키울 수 있는 한국 북쪽 지역의 숲을 가까스로 얻을 수 있었고 주민들과 함께 새로운 사슴 농장의 기초를 닦았다.

어느 날 그는 문득 여름 휴양객들을 묵게 하면 어떨까 하는 생각이 떠올랐다. 그는 몇 채의 여름 별장을 지어 자신의 식사를 제공하는 안면이 있는 사람에게 세를 놓았다. 이 투자는 성공적이었다. 그는 새로운 여름 별장들을 차례차례 지어 갔으며 내가 1935년 봄에 주을에 도착했을 때, 그의 사업

얀콥스키의 표범 사냥

얀콥스키의 멧돼지 사냥

은 여전히 확장 일로에 있었다. 그는 또한 마을에서 자동차로 30분 거리의 훌륭한 모래 해변을 가진 긴 해안을 사들였으며 휴양객들은 그곳에서 목욕을 즐겼다. 여름 동안 그의 작은 휴양 시설은 상해와 하얼빈에서 온 러시아 망명객들과 일본, 중국, 만주에서 온 유럽인들로 붐볐다. 그의 사슴 농장은 순조롭게 운영되었다. 그는 이미 거의 50마리의 사슴을 사육하고 있었다.

겨울 동안 얀콥스키는 세 아들과 사냥을 하며 보냈는데 그들 모두 사냥에 능숙했다. 그의 첫째 아들인 발레리는 한국에서도 최고의 사냥꾼으로 인정받고 있었다. 나는 그와 밖에서 몇 시간을 보내며 그의 사냥감을 뒤쫓는 능률성과 특별한 능력에 놀랐다. 동생인 아르세니 또한 일류 사냥꾼이다.

얀콥스키의 위로 두 명의 형이 있는데 그 가운데 한 명이 주을에 살고 있다. 그는 곤충 수집가로서 해외에 한국산 나비의 판매를 전문으로 하고 있다. 또 다른 형제는 상해에서 프랑스 공사관의 조사관으로 일하고 있으며 주말은 노비나에서 보낸다. 따라서 주변에 아주 작은 러시아 마을들이 생겨났다.

"당신은 호랑이를 사냥해 본 적이 있습니까?"

나는 어느 날 얀콥스키가 나를 방문했을 때 물었다.

"그렇습니다. 몇 마리를 사냥했는데 첫 번째 사냥은 내가 17살 때였습니다. 나의 형 알렉산더와 나는 겨울철에 타이가 지대를 말을 타고 가던 중이었습니다. 우리가 가파른 비탈길을 따라 올라가고 있었는데 그때 갑자기 말들이 불안해했습니다. 잠시 뒤에 우람한 호랑이가 성큼성큼 우리 앞으로 뛰어왔습니다. 우리는 호랑이가 너무 가까이 오기 전에 뛰어내렸고 호랑이는 말들 앞에 튀어나왔습니다. 호랑이와 말은 비탈 아래로 굴러 떨어졌습니다. 형과 나는 호랑이에게 총을 발사했고 그 호랑이는 내가 사냥한 마지막 호랑이었습니다. 긴 털의 겨울용 외피를 가진 동부 시베리아 호랑이는 무척 아름답습니다. 30년 전에는, 블라디보스토크 지역에서 매년 겨울에 15~16마리의 호랑이를 잡았지만 오늘날에는 호랑이들이 거의 멸종했습니다. 30년 전 당시에 시베리아 삼림 지대에는 풍부한 사냥감이 있었습니다. 호랑이를 제외하더라도 야생 들새, 야생 기러기, 오리, 꿩 그리고 여타 많은 종류의 동물들뿐만 아니라 늑대와 곰, 표범, 산양, 그리고 노루 등을 나는 사냥하곤 했습니다. 그러나 한국에서 이 지역에 13년 동안 사는 동안 나는 한 마리의 호랑이도 사냥할 기회를 갖지 못했습니다. 단지 몇 마리의 호랑이를 목격했고 2마리의 호랑이 새끼만을 잡았을 뿐입니다. 호랑이는 이곳에서 거의 사라졌습니다."

"이 지역에는 많은 도적들이 있습니까?"

"그렇습니다. 도적들은 우리에게 많은 고통을 주고 있습니다. 그들은 시도 때도 없이 약탈하고 사람들을 살해했습니다. 우리는 무리를 이루어 그들을 여러 번 뒤쫓았습니다."

"당신도 그 마적 떼를 사냥한 적이 있습니까?"

"몇 번 있습니다. 그렇지 않았더라면 나는 여기에 있지 못했을 것입니다.

여러 번 그들의 총알이 내 옆을 스치고 지나갔습니다. 그러나 이곳에서 우리는 그들을 걱정하지 않습니다. 왜냐하면 그들은 그들을 제거하기가 불가능해 보이는 백두산과 만주 지역에서만 문제를 일으키기 때문입니다."[1]

---

1) 큰아들 발레리는 1902년 생으로 2006년까지 모스코바 근교 블라디미르에서 행복한 여생을 즐겼다. 이들은 할아버지 때부터 블라디보스토크에 정착해 말과 사슴목장으로 큰돈을 벌었으나 러시아혁명과 함께 자본가로 낙인 찍혀 청진으로 이주하여 사냥을 하며 살았다. 그들 3부자의 사냥 실력은 너무도 유명해 관동군에서는 그들에게 김일성의 "사냥"을 부탁한 적도 있다. 해방과 더불어 발레리는 평양에서 소련군 25군의 통역관으로 활약했다. 정병선, 〈러시아의 전설적인 사냥꾼 얀코프스키〉, 《조선일보》 2006년 8월 24일자.

제 17 장 멧돼지 사냥

12월 중순에 나는 한국 북쪽의 매우 거친 지역에 있었다. 그곳은 모든 방향에서 깊은 계곡과 수많은 골짜기가 번갈아 나타나는 산악 지대였다. 산은 엄청나게 높고 가팔랐으며 어느 곳이나 눈이 쌓여 있었다. 그곳은 만주 국경에서 멀지 않았고, 가장 높은 산봉우리에 올라가 마을을 볼 수 있었다. 산맥의 남쪽 능선은 눈이 없는 벌거숭이였다. 지역 전체가 우거진 숲으로 덮여 있었는데 특히 참나무가 눈에 띄었고 여기저기에 소나무와 전나무도 있었다. 강이 흐르는 계곡에는 수많은 종류의 나무들이 무성하게 자랐다.

이 지역에서는 노루나 작은 동물들뿐만 아니라 호랑이, 표범, 스라소니, 곰, 멧돼지를 볼 수 있었다. 내가 찾는 것은 무엇보다도 멧돼지였다. 특별히 나는 스웨덴 자연사박물관에 전시할 매우 큰 종류의 멧돼지를 잡고 싶었는데, 이는 그 부근에서 찾을 수 있을 것이었다. 한국에 분포하는 멧돼지 수는 해마다 크게 변화한다. 산악 지방의 멧돼지들은 먹이를 주로 도토리에 의존하므로 도토리는 여기에서 그들의 가장 좋아하는 먹이인 것 같다.

여름에는 주로 뿌리나 식물, 그리고 한국 농장에서 얻을 수 있는 감자나 옥수수 같은 것으로 살아가면서 보다 고르게 퍼져 서식하는데, 겨울에는 주로 도토리가 많은 장소로 이동한다. 여기에서 눈 속에서 도토리를 찾고 있는 15~20마리의 멧돼지 떼를 종종 볼 수 있다.

나는 이 지방을 방문하는 동안 깊은 계곡에 있는 허름하고 작은 가옥에서 머물렀다. 거기에서 얀콥스키의 두 아들인 발레리와 아르세니와 함께 지냈는데 그들 역시 멧돼지를 쫓고 있었다. 훼크비스트는 당분간 다른 일을 해야 했다.

그 집에는 다섯 식구의 한국 가족 이외에 황소, 젖소, 송아지, 개, 고양이, 그리고 다섯 마리의 닭이 살았다. 그 가족과 모든 동물은 부엌에서 살았는데, 부엌은 칸막이가 있었고 외양간을 따라 있었다. 이는 호랑이가 너무 많아 소를 바깥에 두는 것이 위험하던 시기의 관습이었다. 황소와 젖소를 위해 분리된 칸막이로부터 그들은 부엌의 다른 곳으로 머리를 내밀 수 있었다.

언젠가 젊은 얀콥스키의 아들 가운데 한 명이 낮은 칸막이 근처에 등을 돌리고 서서 순무를 우적우적 먹고 있었는데 갑자기 황소가 거대한 머리를 내밀어 길고 거친 혀로 순무를 가로채가는 바람에 러시아인은 무척이나 놀랐다. 우리가 아침에 늦잠을 잘 걱정은 없었다. 왜냐하면 부엌의 수탉이 동트기 훨씬 전부터 울기 시작하기 때문이었다. 우리는 부엌의 바로 옆방에서 지냈기 때문에 이 신뢰할 만한 자명종 시계와 우리 사이는 불과 몇 야드 떨어진 거리였다. 이 시계는 켜거나 끄지 않아도 되는 장점이 있었다.

12월 12일 아침에 일어났을 때 온도계가 영하 7°를 가리키고 있었다. 차가운 북풍이 엄청난 기세로 불고 있었다. 하늘에 구름은 없었다. 그 위는 바람이 한층 더 강할 것이었기 때문에 산 정상을 오르는 여행하기 적당한 날씨는 아니었다. 그러나 노루 고기와 쌀을 준비하고 두 잔의 뜨거운 차를 마시자마자 우리는 그날의 계획을 실행하기로 결정했다.

나는 계획에 많은 것을 기대하지는 않았다. 우리는 우선 계곡 가장자리로 향했다. 여기에서는 전날 지나간 멧돼지 떼와 만날 기회가 있었다. 아르세니는 혼자 한쪽 길로 갔고, 발레리와 내가 다른 길로 갔다. 그날 밤에 돌아오지 못하는 경우를 대비해서 우리는 음식을 조금 담은 가방을 나르는 한국 사람을 한 명 데리고 갔다.

필자와 발레리 얀콥스키의 멧돼지 사냥

한만국경의 멧돼지 서식지

약 1.5마일을 걸었을 때 발레리와 나는 멧돼지들이 전날 떠나버린 장소를 발견했다. 눈 속의 발자국들이 깊게 파여 있었는데, 약 20마리의 떼가 있었음을 말해주는 흔적은 거의 바람으로 지워져 있었다. 발레리는 지난날 그 멧돼지 떼를 본 적이 있는데 거의 20마리 가까이 되었다고 장담했다. 그는 2마리를 총으로 잡았다고 했다. 일단 그 흔적은 가파른 경사지로 이어졌다. 그리고 나서 나무가 우거진 산 위아래로 돌아다녔다. 발레리가 멧돼지 떼와 만났던 곳에서 몇 마일 떨어진 곳에 곧 도착했다.

우리가 두 시간 정도를 더 갔을 때 멧돼지 떼 전체를 보여주던 흔적은 완전히 흩어져버렸다. 멧돼지들이 흩어진 것이 분명했다. 하나였던 흔적이 여러 개로 나뉘었다. 여기저기에 눈을 발로 파서 마른 나뭇잎 속에서 도토리를 찾은 흔적이 있었지만, 단지 몇 마리만이 만족스럽게 먹었다. 그들이 더 멀리 가버린 것이 확실했다.

어디에나 오래된 흔적이 많았고, 새로운 흔적은 바람의 영향을 많이 받아 멧돼지 떼를 좇는 것이 불가능했다. 두 번 정도 그들을 완전히 놓쳤지만 인근 지역을 모두 뒤져서 그들을 다시 찾았다. 우리는 마침내 작은 참나무 숲에 도착했는데, 넓은 땅이 파헤쳐진 것으로 보아 멧돼지들이 정기적으로 쉬어 가는 곳임이 확실했다. 오래지 않아 우리는 동물들이 밤을 보냈던 지점에 도착했다. 멧돼지는 아무 곳이나 앉아서 쉬지 않는다. 그들은 잠자리를 고르는 데 신중하다.

우선 그들은 눈을 파헤쳐서 그들의 몸집에 적합하게 땅에 직사각형 모양의 구덩이를 만든다. 그들은 뛰어나게 강한 피부를 갖고 있을 뿐 아니라 지방이 많기 때문에 추위를 타지 않는다. 사실 그들은 정말로 낮은 기온에서 새끼를 낳는다. 가끔은 한겨울에도 멧돼지들은 더위를 느끼는 것 같다. 멧돼지를 좇으면서 나는 종종 그 흔적이 시냇가로 이어지는 것을 보았는데, 그곳의 얼음같이 차가운 물에서 멧돼지는 목욕을 했다. 멧돼지가 물에 들어가려면 얼음을 깨야 했다!

한번은 멧돼지가 얕은 물에 앉아 있다가 진흙탕에서 뒹굴고 난 뒤 몇 번인가 몸을 털어서 근처의 눈 위를 온통 진흙투성이로 만든 흔적을 볼 수 있었다. 멧돼지들이 이러한 북쪽의 기후 조건으로 어려움을 겪을 것에 대해 우리는 걱정할 필요가 없다는 것은 분명하다. 발레리와 나는 최선을 다해 계속 흔적을 따라갔으나 멧돼지들은 좀 더 기운차 보였다. 멧돼지 떼는 반복적으로 참나무 숲에서 흩어져 그 속에서 먹이를 찾아 돌아다녔다.

그들은 때로 상당히 넓은 지역을 방황했고, 이번에는 너무 많이 흩어져서 뒤쫓기가 무척 어려웠다. 그럴 때면 우리들도 그들을 찾으면서 무척 방황해야 했다. 어떤 시냇물에서 멧돼지들은 물을 마시기 위해 얼음에 구멍을 뚫었는데, 그들은 거기에서 목욕하고자 하는 유혹을 견뎌냈음이 분명했다. 아마도 그들은 영하 40°의 기온과 매서운 북풍이 목욕에 적당한 날씨가 아님을 깨달은 것 같았다.

그러나 일반적으로 말해, 적어도 이 지역 멧돼지들은 겨울 목욕을 꽤 자주 해서 어떤 계곡은 사냥꾼들에게 멧돼지 목욕탕으로 알려져 있었다. 멧돼지들은 목욕을 목적으로 상당히 자주 나타났다. 멧돼지의 흔적은 우리를 매우 울창한 산림 지역으로 이끌었는데 겨우 몇 야드 앞도 보이지 않았다. 오후 2시 반, 우리는 멧돼지 떼가 근처에 꽤 가까이 있다는 것을 느꼈다. 우리는 불필요한 소음을 내지 않으려고 한국 사람에게 가만히 있으라고 말했다. 우리가 움직이려고 할 때 나뭇가지 밟는 소리를 내지 않는다는 것은 불가능했지만, 매서운 북풍이 주위의 가지들을 흔들면서 이를 다소 완화시켰다.

우리는 계속 선 채로 보고 듣고 있었다. 갑자기 우리는 약 50~60야드 거리에서 검은 물체가 움직이는 것을 보았는데 멧돼지인 것 같았다. 우리가 더 가까이 다가갈 수는 없었기 때문에, 나는 이제 멧돼지임을 확신하면서 총을 쏘기로 결심했다. 내 총성이 울렸을 때 숲 전체가 갑자기 살아나는 것 같았다. 사방에서 나뭇가지 꺾이는 소리가 엄청나게 들려왔다. 내가 쏜 총알은 작은 나뭇가지를 통해 목표에 맞았다. 상처 입은 멧돼지는 우리 쪽으로 돌진해 왔고 두 번째 총에 맞았다. 나의 동료는 질주하던 다른 멧돼지 한 마리를 잡았다. 그러나 나머지 멧돼지는 관목과 덤불 사이로 달아났기 때문에 시야에서 사라졌다. 그곳은 나무가 너무 울창해서 아무 것도 보이지 않았다.

그러나 두 마리의 거대한 놈을 잡았다는 것이 우리로서는 상당히 만족스러웠다. 우리가 두 멧돼지를 살펴보니 피부는 거의 검정색이었다. 우리는 내장을 제거했다. 한국의 멧돼지 사냥꾼들은 쓸개주머니를 매우 중요하게 여기는데, 이를 말려서 약재로 만들었다. 그것을 가루로 만들어서 분말을 술이나 다른 독한 알코올류에 섞는다. 한국 여성들은 아이를 출산한 직후에 이를 마신다. 이는 여성들의 회복을 돕고 합병증을 막는다고 그들은 믿고 있다. 대체로 한국에서 멧돼지의 쓸개주머니는 5~6실링 정도의 가격이다.

우리 뒤에 남겨 두었던 시중드는 일꾼이 다시 합류했고, 그가 불을 지피는 동안 우리는 멧돼지의 몸통을 처리하기 바빴다. 두 짐승 다 크기는 했지만 가장 큰 종류는 아니어서 나는 그것들을 박물관을 위한 목적으로 이용하지 않기로 결정했다. 우리는 차를 끓이고 고기를 마음껏 먹었다. 아침에 출발한 이래 몇 분 이상 쉬었던 적이 없고 그때가 벌써 3시였기 때문에 불가에 앉아 쉴 수 있다는 것이 무척 기뻤다.

다음 사냥을 어디서부터 시작해야 하는지를 알아보려고 발레리는 멧돼지 떼의 흔적을 조금 더 따라가기로 했다. 나는 한국 사람과 함께 두 사체를 밧줄로 묶어 가장 가까운 골짜기로 끌고 가서 눈으로 덮고 그 위에 나뭇가지들을 놓았다. 그것들을 운반하고자 다음 날 우리는 소 썰매를 보내기로 했다. 우리가 일을 끝마쳤을 때 이미 어두움이 깔리고 있었는데, 운 좋게 오솔길을 찾을 수 있어서 깜깜해지기 전에 계곡으로 내려갔다.

우리는 최대한 빠른 걸음으로 집으로 향했다. 하늘에는 별이 반짝이고 있고, 차가운 바람은 한층 더 매서워졌다. 나는 다시 지붕 아래에 있게 된 것이 기뻤다. 비록 추운 바깥바람으로부터 방을 차단할 수 있는 것은 종이로 만든 문이 전부였지만 궁전이라도 그 허름한 초가보다 편안한 휴식처가 아닐 것 같았다. 한국 사람들은 곧 부엌에서 불을 지피느라 바빴으며 열기가 모든 방바닥으로 퍼졌을 때 곧 따뜻하게 몸을 녹일 수 있었다. 추위는 밤새도록 계속되었다. 정말로 그 주에는 추위가 너무 심해서 며칠 동안 그 계곡에서만 네 명의 한국 사람들이 사망했다.

이틀 뒤에 나는 다시 멧돼지를 찾아 나섰는데, 또다시 발레리와 그 한국 짐꾼과 동행했다. 우리는 굉장히 멀리 떨어진 계곡으로 가기로 결정했기 때문에, 동트기 1시간 전 닭이 우리를 깨우기 훨씬 전에 출발했다. 날씨는 그 전날과 똑같았다. 하늘은 맑았다. 기온은 영하 27°였다. 처음 약 3.5마일 정도의 계곡을 통과한 다음 산의 정상에 올라 어느 멧돼지라도 보이는지 망원경으로 골짜기와 계곡을 살펴보았다.

눈이 조금 쌓여 있거나 때로 맨땅이 드러나 있는 남쪽 능선에서 멧돼지를 찾을 수 있을 것 같았으나 아무런 발자취도 볼 수 없었다. 우리는 깊은 계곡을 연이어 지나면서 무수한 흔적을 발견했지만 전부 오래된 흔적이었다. 참나무 숲에서 그들은 넓은 지역에 걸쳐 눈을 파헤쳐 놓았다. 많은 무리가 오래 전에 그곳에서 머물렀음이 분명했다.

1시에 우리는 거의 1마일 앞에 있는 거대한 멧돼지 한 마리를 보았다. 그것은 우리가 방금 전에 지나쳐왔던 길을 따라 움직이고 있었다. 몇 개의 깊은 계곡이 그와 우리 사이에 있었다. 그는 거의 검정색으로 보였고 몸집이 거의 곰 정도였다. 나는 즐겁게 그를 망원경으로 바라보았다. 그는 우리에게 등을 보인 채 움직이고 있었고 그쪽으로 바람이 불고 있었기 때문에 뒤쫓는 것이 어려운 일이 아니었다.

그는 눈을 파헤치면서 잠깐 서 있다가 달리기 시작했다. 그때가 멧돼지의 짝짓기 철인 12월이었는데, 이 기간에 수컷은 다른 무리 사이를 어슬렁거린다. 1년 가운데 이 시기에 그들은 매우 변덕스러워서 조용히 도토리를 찾아먹고 있다가 갑자기 이쪽저쪽으로 돌진해 다니는 경향이 있다. 아마도 그 지방에서 만나 그의 심장을 뛰게 만들었던 젊은 암컷에 대한 생각이 갑자기 떠올랐을 것이다.

다른 수컷과 마주치면 굉장한 싸움이 벌어지는데, 그들의 엄니가 무서운 무기이기 때문에 그 결과는 피비린내 나는 것이 되곤 한다. 발레리는 몇 번인가 그런 싸움을 목격했다고 하는데, 그것은 끝장을 보는 싸움이라고 한다. 그는 종종 굉장한 흉터가 있는 멧돼지를 잡았다. 이처럼 커다란 수컷은 두려움이 없다. 상처 입은 멧돼지는 주저 없이 사람을 공격하는데, 해마다 수많은 한국 사냥꾼이 그들에게 죽임을 당했다. 거대한 엄니로 그들은 적의 복부를 물어뜯었다. 심지어는 호랑이조차도 큰 멧돼지를 피해 간다고 한다.

사냥감을 뒤쫓는 것이 실수인지도 모르겠다고 생각하면서 우리는 새로운 계곡으로 돌아 내려가다가 거기에서 다시 오르막길로 올라갔다. 한 시간 뒤에 우리는 망원경으로 새로운 녀석을 하나 발견했다. 그는 우리와 1천 야드 정도 떨어져 우리가 가고 있는 방향의 가파른 사면에 있었다. 그도 또한 도토리를 찾아 땅을 헤집고 있었다. 그쪽으로 바람이 불고 있어서 안성맞춤이었다.

그와 우리 사이의 벼랑은 정말로 깊고 험해서 그에게 다가가기 전에 잠깐 기다리기로 결정했다. 우리는 출발한 이래로 쉰 적이 없었으며, 그때가 2시였다. 우리는 차를 끓이고 식사를 했다. 원기를 다시 회복한 뒤 첫 번째 계곡으로 내려갔다. 내려가는 길이 너무 가팔라 불가능해 보였지만 여기저기에 붙잡을 수 있는 잡목이 있었다. 우리는 그럭저럭 잘 내려가다가 앞쪽의 산등성이를 오르기 시작했다.

우리가 정상에 도달했을 때 그 멧돼지가 여전히 똑같은 자리에 있는 것이 보였다. 이제 허비할 시간이 없어 우리는 두 번째 계곡으로 내려갔는데, 이쪽으로 건너가기가 훨씬 쉬웠다. 이제 우리는 멧돼지와 불과 600야드 거리에 있었다. 그는 그때 매우 우거진 숲으로 이동하고 있었고 때로 잡목에 가려 잘 보이지 않았다. 그는 산 정상에서 90야드 정도 떨어진 곳에 있었는데,

그곳은 우리가 그의 반대 방향에서 오르려 했던 곳이었다. 만약 그가 있던 장소에 남아 있다면 우리는 그를 손에 잡힐 듯한 거리에서 볼 수 있기를 바랐다.

우리는 즉시 행동을 개시했다. 그러나 우리가 10분도 이동하지 않았을 때 바로 아래에서 나뭇가지가 꺾이고 부러지는 소리가 들리기 시작했다. 땅이 평탄하지가 않아 처음에는 아무 것도 볼 수 없어서 조금 더 내려갔다. 우리의 친구가 움직이더니 아래쪽을 향하고 있었다. 발레리가 먼저 총을 쏴서 맞추었지만 멧돼지는 가던 길을 계속 갔다. 그래서 둘이 같이 총을 쏘았더니, 그제야 멧돼지가 쓰러졌다. 세 발을 맞춰 잡은 것이다. 그는 중간 크기의 수컷이었는데 80~100kg 정도는 나가는 것 같았다. 따라서 나의 박물관 목적에 적합한 놈은 아니었다. 늘 하던 식으로 사체를 살펴본 뒤 그것을 계곡 아래로 끌고 내려가 그곳에서 다음날 소 썰매로 이를 운반하기로 했다.

이제 4시가 되어 어두워지기까지 겨우 1시간 정도밖에 남지 않았다. 어두워지는 때 그런 힘든 길을 갈 수는 없었으므로 우리가 왔던 길을 되돌아가야 하는 데는 의문의 여지가 없었다. 운 좋게도 우리가 있던 곳으로부터 1시간 반 정도를 걸어 봉우리를 넘으면 갈 수 있는 지름길을 발레리가 알고 있었다. 자신이 잘 알고 있는 그 길을 어둠 속에서도 찾을 수 있다고 그는 장담하기에 이를 따르기로 했다.

우리는 근방에 가옥이 있는지를 알 수 없었고 침낭도 없이 영하 27°의 날씨에 밖에서 지새고 싶지는 않았다. 또한 집에서 우리를 기다리고 있을 뜨거운 수프에 대한 즐거운 생각이 발걸음을 가볍게 해주었다. 마침내 문제의 그 길로 들어섰을 때 굉장한 속도로 걷기 시작했고 3시간 만에 우리의 아늑한 집에 도착하여 따뜻한 방바닥에 쭈그리고 앉을 수 있었다.

다음날 발레리와 나는 따로 나갔는데, 그는 운 좋게 내가 원했던 굉장히 큰 멧돼지를 잡아왔다. 그것은 정말로 훌륭한 것이었고 내장을 제거한 몸무게가 145kg이나 나갔으며 뛰어난 엄니를 갖고 있었다. 나는 그에게 그것을 샀는데 그 멧돼지는 지금 스톡홀름의 자연사 박물관에 있다. 그 다음날 나는 온갖 크기의 멧돼지 17마리가 도토리를 찾아 먹고 있는 모습을 볼 수 있는 대단한 즐거움을 누렸다. 처음 우리가 1.5마일 밖에서 망원경으로 그들을 보았을 때 발레리가 소리쳤다.

"저것들 중에서 성탄절용 돼지를 잡아야지!"

나는 성탄절 만찬에 적합한 작은 돼지를 잡는 것이 좋겠다고 그에게 말했다. 결과적으로 멧돼지 떼를 우리가 어두워질 때까지 뒤쫓아 다니면 유일하게 잡은 것이 성탄절용 작은 돼지였다. 그때 집으로 돌아가기에는 너무 늦었기 때문에 우리는 협곡 아래에 있는 토착민의 집으로 들어가 거기서 밤을 보낼 수 있어 무척 기뻤다.

우리는 휴식을 취할 수 있어 다행이었다. 우리는 음식을 요리해 배부르게 먹고 차를 계속 마셨다. 나이 들고 정다운 집주인이 자신의 이야기로 우리를 즐겁게 해주었다. 우리 방과 부엌 사이의 뚫린 공간에는 대부분 아이들인 여섯 명의 다른 식구가 모여 앉아 꾸밈없는 호기심어린 눈으로 우리를 바라보고 있었다. 아이들 중 몇 명은 백인을 본 적이 없었다.

집주인이 우리에게 말하기를, 그가 젊었을 때 시베리아에 있는 얀콥스키를 방문했던 적이 있어서 그를 잘 안다고 했다. 그는 발레리의 할아버지였는데 그 당시 그는 거기에 살고 있었다. 여전히 나이 많은 한국 사람들 기억 속에는 할아버지 얀콥스키가 남아 있는데, 이전에 한국 사람들이 종종 이러시아 사람에게서 일을 얻으려고 국경 지방을 유랑했기 때문이었다. 얀콥스키 할아버지는 한국 사람들에게 여전히 "네눈박이"로 불리는데, 이는 그가 중국 도적을 총으로 쏘아 잡는 데 매우 탁월해서 그들이 그의 머리 뒤쪽에 눈이 두 개 더 있을 거라고 믿었기 때문에 얻은 별명이었다.

발레리가 말하기를, 한번은 그의 할아버지가 블라디보스토크를 방문하고 집으로 돌아왔는데, 그 집의 하인들과 아내, 아이들이 모두 도적 떼에게 살해당했던 적이 있다고 했다. 그 뒤로 중국 도적에 대한 그의 증오는 결코 사그러들지 않았고, 그들의 가장 두려운 적으로 남게 되었다. 우리는 내가 본 가장 조그마한 불빛 아래에서 밤이 깊도록 얘기를 계속했다. 그것은 약 2인치 높이의 잉크병으로 만든 것이었는데 파라핀이 채워져 있었고 심지를 박은 것이었다. 겨울 내내 불을 밝히기 위해 파라핀이 얼마나 드느냐고 내가 집주인에게 물었더니, 대개 한 병으로 충분하다고 그는 대답했다.

마침내 우리는 따뜻한 온돌 바닥에 편안하게 누워 잠들었다. 다음날 아침 그 나이든 한국 사람과 헤어져 눈보라를 뚫고 저녁이 되어 우리 집으로 돌아왔다. 우리는 여기에서 이전에는 영국 군인이었고 지금은 상해의 실업가인 바튼 대위(Captain Barton)를 만났는데, 그는 얀콥스키의 손님으로 멧돼지를 사냥하느라 머물고 있었다. 우리는 매우 유쾌한 저녁 모임을 가졌다.

인도와 말레이반도에서 매우 오래 머물렀던 바튼 대위는 여러 가지 흥미로운 탁발승의 묘기와 그가 보았던 멋진 일들을 이야기 해주었다. 그는 탁발승이 불타는 숯 위를 맨발로 걸어가는 것과 발바닥에 상처를 입지 않고 뾰족한 못들이 박혀 있는 판 위를 걷는 것을 자신의 눈으로 보았다고 말했다.

그는 또한 종교적인 축제에서 두 명의 인도 사람이 철로 만든 갈고리를 등에 고정해 피를 흘리지 않고 수레를 끄는 모습을 보았다고 했다. 부엌에서 소가 울어서 우리의 대화는 두 번 끊어졌다. 마치 이야기가 너무 터무니없어 항의하는 것처럼 들렸다. 성탄절이 이제 가까웠으므로 우리는 다음날 주을로 돌아갔다.

제 18 장 주을에서의 성탄절

크리스마스이브 이틀 전 나는 크리스마스트리를 얻기 위해 한국사람 한 명을 데리고 산에 올라갔다. 그 지방에는 전나무가 드물었는데, 그것이 어디 있는지 잘 아는 그 한국 사람은 다음날 매우 훌륭한 나무를 가져왔다. 우리는 이를 적당히 세워 고정시키고 반짝이와 솜과 사과, 양초로 장식한 뒤 꼭대기에는 작은 스웨덴 깃발을 꽂았다. 크리스마스이브 전날 청진으로 나가 크리스마스를 위한 많은 물건들을 사왔다.

크리스마스이브는 날씨도 매우 좋았고 주위가 온통 눈으로 덮여 있었다. 이틀 전에 미리 손에 넣어야 했던 크리스마스 돼지는 도중에 늦어져서 아직 도착하지 않았지만, 우리에게는 만찬을 위한 스웨덴제 송아지 고기 통조림이 조금 있었기 때문에 기분이 상하지는 않았다. 후지모토가 만찬을 위해 성심껏 최선을 다했다.

크리스마스트리의 작은 촛불 아래에서 우리는 만찬 음식 앞에 둘러앉았다. 길들인 부엉이가 호기심 어린 붉은 눈으로 바라보고 있었다. 우리는 라디오로 도쿄와 상해의 크리스마스 음악을 들으면서 밤늦도록 이야기를 나누었다. 나는 아시아에서 다섯 번째 맞는 크리스마스였기에 이전 크리스마스를 회상한 것이 당연했다. 그러나 스웨덴에 있는 아내와 아이들에 대한 생각이 한층 더 간절했다.

수많은 영국 독자들은 알겠지만 스웨덴 사람들은 주로 크리스마스이브에 축하 인사를 한다. 크리스마스 당일에는 훼크비스트와 나는 주로 편지를 쓰거나 독서를 하고, 마을에 있는 친구를 방문하거나 쉬면서 지냈다. 그러나 이번에 우리는 박물관을 위한 멧돼지 두 마리를 손질하고자 일터로 돌아갔다. 또한 나는 두 마리의 표범을 구입했는데, 이는 주의 깊은 손질이 필요했다.

크리스마스가 지나자 우리는 동물 수집의 문제에서만 아니라 내가 추구해야 했던 민속학적 연구에서도 일상적인 절차를 계속했다. 민속학 분야에 관해 알고 지내는 한국 사람과 자주 만났다. 그는 여러 종류의 한국 도구들과 나의 흥미를 끌만한 것을 가지고 찾아왔다. 그러나 그는 교활한 작자였다.

그는 일정한 직업이 없었으며 자기 생각에 내가 가지고 싶을 것 같은 물건을 손에 넣으면 그것을 한꺼번에 가져오지 않고 하루에 한두 가지씩만 가져왔다. 그는 항상 점심시간에 나타나곤 했다. 그는 후지모토가 차를 권한다는 것을 알고 있었고, 그의 집이 5마일 정도 떨어져 있었지만 돌아가서 문제의 물건들은 가지고 와 차를 마시고 스웨덴 과자를 조금 먹는 것이 중요하다고 생각했다. 우리가 집에 머무르고 있을 때면 그는 새벽 1시에도 부엌에 있음이 분명했다.

한번은 그가 작은 불운을 겪었다. 그는 나와 함께 거실에 앉아 나에게 한국 남자의 의복을 팔고 돈을 받은 뒤 부엌에서 후지모토에게 차를 대접받고 있었다. 그때 갑자기 우리는 집 반대편에서 누군가가 부르는 소리를 들었다. 한 나이든 여인이 거기 서서 여전히 우리 쪽을 향해 소리치는 것을 보았다. 그가 나의 한국 친구와 얘기하고 싶어 하는 사람이라고 추측했지만 그는 여인의 말을 들으려 하지 않았다.

나는 그에게 그 여자에 대해 말했지만 그가 여자와 얘기하게 만드는 것은 쉽지 않은 일이었다. 그 여인은 그의 어머니였다! 여인은 그를 호되게 꾸짖었으며 얼마 뒤 그는 매우 불편한 표정으로 내게 왔다. 그가 나에게 팔았던 한국 남성 의복은 그의 아버지 것이었다! 그의 어머니는 그가 무엇인가를

멧돼지가 지나간 흔적

목재를 운반하는 소

싸들고 나가는 것을 보고 우리 집까지 뒤따라와서 그것을 파는 것을 막았던 것이었다. 그는 교환을 취소하며 용서를 구하기에 물론 그에 동의했다. 그러나 우리 앞에서 어머니에게 그런 일을 당했다는 것이 그에게는 굉장한 모욕이었음에 틀림없었다. 특히 자신이 몇 아이들을 키우는 30살은 된 남자이기에 더욱 그렇다.

어느 날 오타니라는 이름의 에스페란토어를 아는 일본 사람이 나를 찾아왔다. 대개 에스페란토어 사용자들은 자기네 언어에 매우 열정적인데, 나는 그와 같은 사람을 이전에 결코 본 적이 없었다. 그는 에스페란토가 자신의 종교라고 말했는데, 나는 그의 얘기를 듣고 난 뒤에 이를 확신했다. 나는 주을에 살고 있을 때 그를 일본 신문에서 보았다. 그가 그곳에서 왔을 때 스톡홀름에서 출판된 나의 캄차카 책의 에스페란토어 판의 복사본을 가져왔다.

그의 의도는 내 서명을 얻는 것이었다. 그 요구는 들어주기 쉬운 것이었다. 그러나 그에 더하여 그 책의 에스페란토어 판을 소유하고 있는 일본과 한국의 30명의 친구들에게 그는 에스페란토어로 30장의 엽서에 안부를 전했다. 그들의 책에 내 친필을 붙일 수 있다면 기뻐할 것이라 여겨 엽서에는 내가 서명할 공간이 따로 마련되어 있었다. 그의 간절한 부탁에, 나는 결과에 대해 생각해보지도 않고 엽서에 모두 서명해 주었다.

결과는 끔찍했다! 1주일도 지나지 않아 나는 30명의 에스페란토어 사용자들로부터 30통의 편지를 받았는데, 그들 모두 서신을 교환하고 싶어 하는 것이었다. 나는 자포자기해서 오타니에게 내가 에스페란토 사용자가 아니라는 실망스러운 소식을 적은 엽서 30장을 가져와 달라고 부탁했다. 그러나 이 일에 대한 그의 열정은 훨씬 더 강했다.

내가 그 언어를 익혀 자기나 다른 30명의 에스페란토어 사용자들과 계속 서신 왕래하기 바라면서 스웨덴-에스페란토 입문서를 구하고자 스웨덴으로 편지를 보냈고, 이를 에스페란토어-영어 사전과 함께 나에게 보내왔다. 그런 열정적인 인물을 안다는 것이 정말 감동적이었다!

정장한 아이들

오타니는 당연히 에스페란토어를 사용하는 사람들이 입는 녹색 별무늬의 옷을 입고 있었지만 그것으로 만족하지 않았다. 에스페란토어 사용자들은 그들만의 상징으로서 초록빛을 취하는데, 그 역시 녹색 옷을 입고 녹색 넥타이를 매고, 만년필에 녹색 잉크만을 사용했다. 그는 전 세계에 에스페란토어로 서신 왕래를 하고 있었으며, 스웨덴의 에스페란토어 사용자들로부터 수많은 편지와 엽서를 받았다. 나는 청진에 있는 그의 집을 방문했던 적이 있는데, 그곳은 에스페란토 기념품으로 가득 차있었다. 벽에는 그 언어를 발명한 자멘호프[1]의 거대한 초상화도 몇 점 있었다. 또한 무엇보다도 베링의 『사가』[2]의 에스페란토어 책과 안드레[3]의 북극 비행에 대해 잘 알려진 책도 있었다.

선달 그믐날 밤 일본의 모든 유명하고 오래된 사당에서 새해를 맞는 순간 종을 치는 소리를 우리는 라디오로 들었다. 새해 첫날 후지모토는 나남에 있는 큰 신사에 가서 일본 천황의 조상에 참배를 드리고 오겠다고 했다. 우리는 얀콥스키와 함께 러시아의 크리스마스를 축하했다. 옛 러시아 달력에 따르면 그들의 크리스마스는 우리보다 13일이 늦었다. 크리스마스트리와 많은 음식과 선물이 있었고, 그날 밤은 러시아의 크리스마스 노래와 흥겨움 속에서 행복하게 지나갔다.

1월 중순 우리는 사냥 허가증을 갱신하고자 며칠 동안 경성에 다녀왔다. 돌아오는 길에 가내 마을을 지나갔는데, 거기에서 약 15마일 떨어진 곳에 그 지역의 동물 생태를 연구하고자 한국식 집에 머물렀다. 여기에서 우리는 두 번인가 매를 이용한 꿩 사냥을 나갔고, 그러한 흥미로운 사냥 방법에 대

---

1) 자멘호프(Lazarus L. Zamenhof : 1859~1917) : 러시아의 언어학자로서 에스페란토어를 창시함.
2) 『사가』(Gösta Berling's Saga) : 스웨덴의 저명한 여류작가인 라겔로프(Selma Lagelof : 1858~1940)의 소설 제목임. 여성 최초의 노벨문학수상작가임.
3) 안드레(Salomon A. Andree : 1854~1897) : 스웨덴의 탐험가로서 북극 탐험 중에 실종됨.

해 좀 더 배웠다. 나는 그에 매료되어 사냥용 매를 구입했다. 그는 매우 길이 잘 들어 있었고 훈련이 잘 되어 있어서 방안에서 그를 기르는 데 별 문제가 없었다.

그 뒤에 우리는 만주 국경 근처의 산악 지역에 가서 멧돼지와 노루를 사냥하면서 그곳에서 러시아와 한국의 사냥꾼 무리와 흥미진진한 나날을 보냈다. 두만강 근처의 산 위에는 산양이 살고 있다. 다음 장에서 나는 그들과 사냥하면서 보낸 날들에 대해 이야기할 것이다.

제 19 장 산양 사냥

1936년 2월 23일, 매우 일찍 일어나서 따뜻한 방바닥을 디디고 선 나는 종이 문으로 아침이 매우 화창하다는 것을 알 수 있었다. 머리를 내밀고 바라보니 하늘에는 구름 한 점 없었으며 엄청나게 추운 날이었다. 해가 곧 떴다. 나는 만주국 국경의 두만강에서 반나절 정도 거리에 있는 계곡으로 갔다. 나는 멀지 않은 언덕에서 보았던 산양을 사냥하면서 하루를 보내기로 마음먹고 있었다. 차 몇 잔과 멧돼지 고기로 훌륭한 아침 식사를 하고 난 뒤 나는 한국 사냥꾼을 데리고 8시 30분에 집을 나섰다. 우리는 네 마리의 개를 데려갔다.

사냥을 시작하기로 한 지역에 도착하기까지 우리는 거의 4마일을 걸어야 했다. 우리는 얼어붙어 있는 계곡의 물 위를 걷고 강둑을 따라 소 썰매를 위해 나 있는 길을 따라 계곡을 지나갔다. 우리의 양쪽으로 엄청난 절벽이 서 있었는데 일부는 몹시 가팔랐고, 일부는 나무가 뒤덮인 비탈이었다. 북쪽에는 눈이 깊게 쌓여 있었지만 남쪽으로는 오솔길이 뚫려 있었다.

멧돼지들이 주변의 거대한 숲 속에 수없이 있었으며 이틀 전에는 이 지역에서 표범이 총에 맞았다. 한 시간 반 동안 가옥이 조금 보이는 계곡을 걸어간 뒤에 우리는 황폐해 보이는 어느 집으로 갔다. 밖에서 개들이 짖고 있었다. 그곳에 계속 머무는 것은 금지되어 있었지만 그때는 세 명의 한국인 멧

필자와 몰이꾼

산양

돼지 사냥꾼이 머물고 있었다. 앞방에는 그들이 이 전날 잡은 멧돼지 세 마리가 놓여 있었다. 우리가 들어서며 사냥꾼들에게 인사했다. 그들은 나무로 된 커다란 여물통에 둘러앉아 수수와 멧돼지 내장을 섞은 듯한 죽을 먹으면서 우리에게 조금 들겠느냐고 물어보았다. 그들은 밝게 웃으며 정중하게 권했고 나의 동료는 그것을 나누어 먹었지만 나는 아침 식사를 잘 먹어 더 이상 먹을 수가 없다는 이유로 양해를 구했다. 나는 일생 동안 더 끔찍한 식사도 같이 해봤지만, 정말로 그 밥맛 떨어지는 혼합물을 먹을 만큼 배가 고프지는 않았다. 그들은 그 죽을 숟가락으로 마음껏 먹었다! 우리는 근처의 산으로 올라갔다.

한국에서 산양을 사냥하는 방법은 대체로 다음과 같다. 한 사람이 개를 데리고 여기저기 돌을 발로 차서 굴러 떨어뜨리며 비탈을 걷는데 이때 대개 산양이 놀라서 달려가는 정상으로 사냥꾼들이 향한다. 따라서 내가 정상에 기어오르는 동안 개를 데리고 우리의 첫 번째 언덕을 우회하라고 한국 동료에게 말했다. 그것은 가파르고 험한 길이어서 정상에 오르는 데 거의 45분이 걸렸다. 계곡 아래를 내려다보니 멀리 어느 사람이 바늘 머리보다 작게 보였다. 그는 아직 비탈을 오르려 하지 않고 있었다.

햇살이 따스하게 내리쬐었고 때때로 바람이 약하게 불었다. 정상에 올랐을 때 땀에 젖어 있었다. 나는 커다란 바위 위에 앉아 망원경으로 주변의 봉우리를 살펴보기 시작했다. 대단히 인상적인 풍경이었다. 눈앞에 만주국까지 이어진 뛰어난 정경이 펼쳐졌다. 산악 지역에는 참나무같이 잎이 무성한 나무가 많이 자랐고, 정상 부근에는 소나무가, 가장 높은 봉우리에는 전나무가 자랐다. 망원경 덕택에 나는 멀리 나무 사이로 야생 동물의 발자취를 식별할 수 있었다. 예외 없이 그것은 멧돼지의 자국이었다.

산양을 볼 수 있을 거라고 기대했던 장소 근처의 모든 산등성이를 자세히 살펴본 뒤, 내가 살펴보던 곳의 정확히 반대쪽 지역으로 망원경을 돌렸다. 나는 갑작스럽게 5~6백 야드 떨어진 곳에 하늘을 등지고 서있는 동물의 검은 그림자를 볼 수 있었다. 의심할 바 없이 그것은 산양이었다. 나는 산양을 뚫어지게 잘 볼 수 있었다. 산양은 절벽 꼭대기에 서 있어 그것이 때로 고개를 돌리는 것을 볼 수 있었다.

나는 잠시 기다려도 내가 서있는 곳의 사격 범위 내로 다가오는 산양이 없다는 것에 만족하며, 내가 본 산양의 곁으로 다가가기로 결심했다. 나는 우회해야 했다. 그 산양이 있는 산등성이를 돌아가는 데 두 시간이 걸렸는데, 내가 처음에는 계곡 아래로 내려가야 했고 그 다음에는 내 무릎까지 눈이 쌓인 언덕을 올라야 했기 때문이었다. 게다가 매우 가파른 오르막이어서 나는 젖 먹던 힘까지 다해야 했다. 마침내 나는 문제의 산등성이에 이르렀는데, 그 지점은 산양이 있는 곳보다 상당히 위쪽이었다. 우리 사이에는 참나무와 함께 소나무가 줄지어 있었고, 그가 만약 제자리에 머물러 있다면 내가 좀 더 가까운 거리까지 다가갈 수 있을 것이라고 생각했다. 그때는 산양이 내 시야에서 가려져 있었기 때문에 나는 이를 확신할 수 없었다.

산등성이 자체는 기복이 심한 모습이어서 내가 더 높은 지점으로 올라갈 때마다 모든 방향을 살펴보아야 했다. 그러나 아직 산양은 보이지 않았다. 산 위에는 눈발이 흩날리고 있어 소리 없이 앞으로 나아간다는 것은 어려운 일이었다. 결국 나는 산양이 영영 사라졌다고 생각하기 시작했다. 이제 내가 그것을 처음 본 지 몇 시간이 흘렀다.

나는 한 곳만 제외하고 산등성이의 모든 쪽을 내려다볼 수 있었다. 크게 기대하지도 않은 채 작은 봉우리를 하나 더 올라서서 바위틈을 내려다보았다. 갑자기 70야드 정도 거리에 크고 훌륭한 산양이 꼼짝 않고 서서 내 쪽을 바라보고 있는 것을 보았다. 나는 서서히 총을 들어 재빨리 조준하여 방아쇠를 당겼다. 산양은 깜짝 놀랐다. 그러나 놀랍게도 그냥 서 있었다. 나는 내가 그를 맞추었다고 생각했다. 순간, 산양이 펄쩍 뛰어오르더니 근처의 바위 절벽 사이로 사라져버렸다.

나는 주저 없이 그 지점으로 달려갔지만 처음에는 그의 흔적을 찾을 수 없었다. 내 근처 바위 위에는 눈도 쌓여 있지 않아 어떤 종류의 자국도 없었다. 그러나 찬찬히 살펴본 뒤 12야드 아래쪽에서 핏자국이 있고 더 가서 다른 핏자국이 이어 있는 것을 보았다. 이제 나는 그가 달아난 방향을 확신할 수 있었다. 마침내 60~70야드 아래의 바위 사이에 누워 있는 검은 물체를 망원경으로 발견했다. 확실히 그것은 내가 쏜 산양이었다. 내려가서 살펴보니 그 산양은 멋진 뿔과 검정색 두꺼운 가죽을 가졌으며 뛰어나게 훌륭한 것이었다.

나는 잠깐 쉬었다. 이제 나는 노획물을 계곡 아래로 가져가야 했다. 땅이 바위투성이고 매우 가팔라 산양을 나르는 것은 대단히 힘들었다. 산양은 내가 간신히 나를 만한 무게였다. 흔들거리는 바위 때문에 끌고 갈 수가 없어 그것을 들고 가려 했는데, 쉬운 일이 아니었다. 두 번 정도 발아래의 모래와

다리미질

돌에 미끄러졌으며 그때마다 산양을 떨어뜨렸고 산양이 나무에 걸려 멈출 때까지 12야드 이상 굴러 내려갔다. 나도 나뭇가지에 걸려 멈출 때까지 미끄러져 내려갔다.

산양을 메고 눈 덮인 산을 내려가는 데 한 시간 이상이 걸렸다. 계곡의 눈을 뚫고 그것을 계속 운반하기에는 너무 늦은 시각이어서 나는 산양을 눈으로 덮고 한국 사냥꾼을 찾으러 갔다. 나는 끝내 무너져 가는 초가에서 그를 찾았다. 그는 산을 다 살펴본 뒤에 돌아가는 길이었다. 그는 산양은 보지 못하고 단지 그 흔적만 보았다. 우리는 가져온 음식을 먹고 차를 끓였다. 그리고 나서 우리는 내가 산양을 두고 온 곳에서부터 다음 계곡의 우리 집까지 그가 내내 산양을 들쳐 매고 운반했다. 밤늦게 그는 내장을 끄집어내었는데, 그 집의 나머지 한국 사람들이 둘러앉아 이를 보고 있었다.

간은 잘라서 사발에 놓았다. 한국 사람들이 이를 날 것으로 전부 먹었다. 그들은 콩팥 또한 날로 먹었다. 심장과 쓸개주머니는 약재로 이용되기 때문

한국의 농부

촌장

에 매우 조심스럽게 다루었다. 그것들은 멧돼지와 마찬가지로, 말려서 가루로 만들어 아이를 낳은 여성들이 술에 타 먹을 것이다. 그 한국 사냥꾼은 심장과 쓸개주머니를 내가 팔 것이라고 생각했는지 따로따로 묶어 나에게 건네주었다. 그러나 나는 나중에 필요할 테니 아내에게 갖다 주라고 그에게 선물했다. 그는 고마움의 표시로 깊게 허리 숙여 인사했다. 그렇게 날은 저물었고, 만주국 국경 근처의 계곡에 위치한 한국 초가에 밤이 찾아들었다.

제 20 장 다시 백두산의 숲으로

스웨덴 숲의 엽조 중에 멧닭과 들꿩은 한국에서도 볼 수 있었다. 들꿩은 한국의 북부와 중부에 서식하고, 멧닭은 만주국과의 국경 근처의 제한된 지역에만 있다. 멧닭은 특히 백두산 주변의 원시림에 모여 있다. 한국 사람들은 멧닭을 가장 진귀한 새 가운데 하나로 여긴다.

지난해 1935년의 늦은 여름, 백두산 화산 근처의 숲을 처음 방문하는 동안에 나는 단 한 마리의 멧닭도 보지 못했다. 그러나 한국의 멧닭이 사실상 스웨덴의 종과 다르고 거의 알려져 있지 않았기 때문에 그들을 스웨덴의 자연사박물관에 많이 가져가고 싶었다. 그러나 멧닭을 손에 넣는 데 가장 큰 어려움은 그들이 가장 많이 서식하고 있는 숲이 중국과 한국의 마적들이 세력을 떨치고 있는 지역 안에 주로 있다는 점이었다. 내가 최근 도적들의 행동에 대해 알아보았더니 그들이 비활동적이었다는 소식을 들었다. 상당히 망설인 끝에 나는 그곳으로 여행하기로 결심하고, 3월 12일에 우리는 여전히 거점으로 삼고 있는 주을을 출발했다.

우리는 6시간 동안 기차를 타고 만주국 국경에 있는 협궤 철도의 종착지인 무산에 도착했다. 우리는 자동차를 타고 조금 더 가려고 했지만 그 날은 불가능했다. 다음날 아침, 눈보라 속에서 트럭을 타고 다음 목적지인 농지동까지 30마일을 갔다. 우리는 짐을 위해 우마차를 빌렸고 걸어서 원존동까

백두산 가는 길의 야영(1)

백두산 가는 길의 야영(2)

백두산 평원

지 가서 우선 그곳에서 머물기로 했다.

그곳에 도착했을 때 우리는 새로운 좋지 못한 상황에 직면했다. 60명 정도의 한국인 도적떼가 마을에 나타나 잠시 머물면서 마을을 약탈해 거의 모든 집이 불타버린 것이었다. 따라서 남아 있는 집집마다 사람들이 가득했다. 그러나 우리의 이전 집주인은 자신의 집에 16명의 사람이 있는데도 우리에게 방을 내줄 정도로 친절했다. 다음날, 당국은 집을 잃은 유랑민들을 모두 다른 지역으로 이주시켰다. 도적들의 이러한 행동에 대한 소식은 우리에게는 나쁜 조짐이었다.

다음날 아침에 훼크비스트와 나는 등반을 떠났다. 세 시간 동안 우리는 화산 쪽으로 난 길을 따라서 가다가 멧닭을 잡기를 바라면서 그곳에서 서로 다른 길로 헤어졌다. 그곳의 숲은 드문드문 있는 자작나무와 함께 주로 낙엽송으로 이루어져 있었으며 가파른 비탈에는 참나무도 있었다. 낙엽송 숲에는 여러 크기의 습지가 있었다.

이 지역에서 하루를 돌아다녔지만 한 마리의 멧닭도 볼 수 없었다. 대신에 나는 두 마리의 노루, 들꿩, 물까치 떼, 크고 작은 여러 종류의 딱따구리, 오목눈이를 보았다. 훼크비스트가 잡아온 긴점박이올빼미, 세가락딱따구리, 까막딱따구리와 함께 나는 그 새들 중 일부를 수집품에 포함시켰다. 긴점박이올빼미와 세 발가락 딱따구리는 우리가 처음 본 것이었다.

다음날 우리는 아주 다른 방향으로 갔다. 수많은 토착 가옥이 있는 계곡에서 나는 몇몇 한국 사람에게 멧닭을 본 적이 있느냐고 물었다. 그들은 멧닭을 그렇게 불렀다. 그러나 그들 중 한 명이 새를 어디에서 찾을 수 있는지 안다고 대답했다. 나는 그에게 우리와 동행하여 그 장소로 안내해준다면 보답을 하겠다고 약속했다. 그는 기꺼이 그러겠다고 하기에 함께 출발했다. 습지와 낙엽송 숲을 지나 두 시간을 헤맨 끝에 멧닭(암수탉)이 약 90야드 거리에서 날아오르는 것을 보았다. 그 새는 30야드 정도 더 멀리 있는 나무에 가 앉았다.

나는 나무쪽으로 조심스럽게 나아갔지만 내가 총을 쏘기에 충분히 가까이 다가가기 전에 그 새는 날아올라 완전히 사라졌다. 그날 우리는 다른 멧닭은 보지 못했다. 그 새를 잡고자 다음날, 우리는 내가 그 새를 보았던 지점에서 가장 가까운 계곡에서 보았던 몇몇 가옥 가운데 한 곳으로 이동하기로 결정했다. 우리는 매우 안락한 집을 찾아 짐을 풀고 다시 나갔다. 이번에는 훼크비스트와 내가 둘 다 멧닭을 보았는데, 그는 수컷을 쏘았다. 그때 나는 30~40마리의 떼를 보았다. 나는 수컷을 향해 총을 쏘았지만 너무 먼 거리였다. 그렇지만 이제 전망은 밝아 보였다.

다음날 아침에 우리는 해가 뜰 때 어제의 지점에 도달하고자 동트기 전에 집을 나섰다. 그러나 거의 하루 종일 눈태풍이 몰아쳤다. 우리는 한 마리의 멧닭도 보지 못한 채 지치고 눈에 파묻혀서 집으로 돌아왔다. 다음날은 밝은 햇살과 맑은 하늘로 하루가 시작되었다. 우리는 아침식사를 마친 후에 즉시 출발하여 30분 동안 같이 가다가 다른 길로 헤어졌다.

그때 세 마리의 멧닭이 3/4마일 밖에서 내 쪽으로 날아오는 것을 나는 망원경으로 보았다. 그들은 거의 반마일 떨어진 나무 위에 앉았다. 나는 그 쪽으로 나아갔고 나무 위에 그들이 떼로 앉아 있는 것을 발견했다. 암컷과 수컷이 모두 있었다. 불운하게도 오래지 않아 그들은 나를 보고 하나 둘씩 날아오르기 시작했다. 나는 최선을 다해 몇 시간을 그들을 뒤쫓았지만 허사였다. 두 마리의 노루와 여새 떼가 내가 본 전부였다.

이제 나는 내가 암컷을 보았던 정확한 지점으로 되돌아가기로 결심했다. 그곳으로 가는 길에 나는 수컷이 눈 속에서 날아오르는 것을 보았다. 그때 나는 사격 범위 내에 있던 여새 몇 마리에 몰두해 있었기 때문에 작은 새를 위한 총알이 장전되어 있었다. 이를 가지고는 아무 것도 할 수 없었지만 운 좋게도 멧닭은 멀지 않은 나무 위에 가 앉았다. 나는 간신히 다가가서 총을 쏘았다. 그것은 매우 훌륭한 표본임이 입증되었다. 조심스럽게 그곳으로 다가간 나는 낙엽송 숲의 양쪽으로 있는 습지대를 따라 계속 갔다. 이내 나는 두 마리의 수컷 멧닭이 낙엽송의 가장 높은 가지 위에 앉아 있는 것을 보았다. 그들은 1년 중 이 시기의 주요 먹이인 낙엽송의 새순을 먹기에 바빴다.

나는 멀찍이 돌아서 다른 나무 그늘 뒤로 그들에게 좀 더 가까이 다가가려고 했지만 내가 사정거리 내로 들어가기 전에 날아가 버렸다. 한편 나는 멧닭 떼가 그날 아침 땅에 내려앉았던 자국을 발견할 수 있었다. 그 전날 어스름해질 때까지 눈이 내렸으므로 내가 본 흔적은 아침에 해가 뜬 이후에 남아 있음이 틀림없었다. 그 흔적으로 보아, 말라서 좋은 상태가 아니겠지만 3월에도 여전히 남아있는 열매를 찾아 새들이 전부 눈이 덮여 있는 월귤나무 숲으로 간 것이 확실했다.

나는 그들이 쉬려고 눈 속에 파놓은 구덩이를 발견했다. 나는 멧닭이 간 방향으로 향해 가다가 곧 두 마리의 수컷이 다른 낙엽송 위에 있는 것을 보았다. 가능한 한 최대로 주의하며 나는 사정거리까지 다가가서 한 마리를 잡았다. 나의 총 소리에 다른 두 마리의 멧닭은 가까운 나무 위로 날아갔는

논의 정지 작업

데, 그들 가운데 하나는 수컷이었다. 나는 내가 쏜 암컷을 줍기 위해 앞으로 움직이면서 총은 어깨에 맸다.

눈 속에 깊이 떨어진 그 새를 줍고자 내가 몸을 구부렸을 때 눈 덮인 땅의 세 곳으로부터 세 마리의 암컷이 더 날아올랐다. 그들은 내가 총을 쏠 준비를 하기 전에 사정거리 밖으로 달아났다. 그러나 1분도 지나지 않아 방금 전과 똑같은 일이 벌어졌고 두 마리가 더 날아올랐다. 나는 준비가 되어 있었으므로 두 마리를 다 잡았다. 같은 지점에서 두 마리가 날아올랐을 때 총을 재장전하고 있었다. 그들 가운데 나는 한 마리만을 잡았다. 그 뒤에는 더 보지 못했다.

멧닭은 눈 속에서 아침잠을 자고 있었던 것 같다. 그 구덩이는 1피트 깊이였다. 새들이 스스로 판 것이었다. 그 구덩이는 밤에 잠을 자기 위한 것과 같은 종류의 것이었다. 나는 이후에도 이를 몇 번 더 보고 멧닭이 낮잠 자는 습관이 있다는 것을 알았다. 나는 다섯 마리의 새를 집어 들고, 아직 한낮이었기 때문에 쉬면서 점심을 먹었다. 오후에 다섯 마리의 노루를 보았지만 멧닭은 더 이상 보지 못했다. 우리는 식량이 필요했기 때문에 노루를 잡으려 했는데, 훼크비스트가 이미 한 마리를 잡았으므로 우리가 본 것들은 평화롭게 내버려두었다. 한편 훼크비스트는 늑대 떼가 남긴 꽤 뚜렷한 흔적을 발견했다.

다음날 나는 매우 근사한 수컷 멧닭과 암컷을 한 마리 잡았다. 훼크비스트는 암컷을 잡아왔다. 저녁에 그는 밤을 보내려고 낙엽송 사이로 내려와 앉은 36마리의 멧닭 떼를 보았다. 이 지역에서 멧닭이 어떻게 밤을 지내는지 보고 싶었기 때문에 나는 그에게 그런 시각에 멧닭 떼를 보게 되면 그들을 방해하지 말라고 부탁했다. 그들은 어두워질 무렵에 앉아있던 나무와 가까운 곳의 눈 속에서 밤을 보낼 것이라고 나는 추측했다.

우리는 이를 보고자 밤에 그곳으로 갔다. 불행하게도 단지 암컷 한 마리가 그곳에 내려앉아 있었다. 다른 새는 확실히 어두워지기 전에 다른 곳으로 날아가 자리 잡았을 것이다. 그 암컷은 눈구덩이 속에 있다가 내가 전등을 들고 3야드 내로 다가갔을 때 날아올랐다. 새들이 밤에 나무 사이에서 쉬다가 방해를 받으면 대부분 그렇듯이 그 새도 곧장 어둠 속으로 날아가 버렸다.

다음날은 눈태풍이 몰아쳤는데 거의 하루 종일 끊이지 않았고 우리는 멧닭을 한 마리도 볼 수 없었다. 그러나 그 다음날 우리는 한 번 더 밝은 햇살이 내리쬐는 날을 맞았다. 여러 날 동안 불운했던 훼크비스트는 매우 운 좋게도 세 마리의 늙은 수컷과 몇 마리의 암컷을 잡았다. 나는 한 방으로 잡은 두 마리의 암컷에 만족해야 했다.

우리는 이미 박물관용을 충분히 수집했기 때문에 그 이후로는 더 이상 사냥하지 않았다. 그날 저녁 집으로 돌아오는 길에 나는 매우 유쾌한 선물을 받을 수 있었다. 한 한국 사람이 살아 있는 하늘다람쥐를 상자에 담아 나를 기다리며 집에 앉아 있었다. 그런 견본의 보답으로 10엔(약 12실링)을 약속

가래질

하자 수많은 마을 사람들이 하늘다람쥐를 잡아오려고 찾아 나섰다. 하늘다람쥐는 매우 좋은 상태였다. 전날 붙잡힌 녀석의 부드러운 털과 크고 까만 눈이 매우 귀여워 보였다. 새를 조사해본 결과, 우리가 잡은 멧닭의 주요 먹이는 낙엽송의 새싹과 작은 낙엽송의 새가지였다. 그 다음이 월귤나무 열매였다. 그들 대부분은 찔레꽃 열매도 먹었고 적은 양이지만 일부는 자작나무 싹을 먹었다.

우리의 수집품에 수많은 다른 새도 첨가한 뒤에 우리는 원존동으로 돌아왔는데, 그곳에는 두 번째로 살아 있는 하늘다람쥐가 나를 기다리고 있었다. 그리고 나서 우리는 살아 있기도 하고 죽어 있기도 한 표본들을 싣고 주을의 거점으로 돌아와 거기에서 다람쥐들을 잘 보살필 수 있었다. 우리가 나가서 획득한 것을 전부 안전하게 가져오고, 도적 떼를 만나지 않고 돌아왔다는 것에 우리는 대단히 만족했다.

집으로 돌아오는 길에 농지동의 마을에서 우리는 주을에서 알게 된 레스

압록강 연안 마을

냔스키라는 러시아 사냥꾼을 만났는데, 그는 겨울 내내 한국과 만주의 국경을 넘나들며 멧돼지와 곰을 사냥하러 다녔다. 그는 다섯 마리의 곰을 잡았는데, 이를 냉동한 상태로 원존동에 있는 저장 창고로 보냈다. 그가 이를 가져오려고 거기에 갔을 때, 도둑들이 문을 부수고 들어가 쓸개를 전부 훔쳐 간 것을 알았다. 쓸개는 곰의 가장 가치 있는 부위로서 하나에 100엔에 이르므로 그는 자신의 엄청난 손실에 대해 정말 유감스러워 했다.

이번 탐험 이후에 우리는 주을에 있는 우리 거점을 한국의 서부 지역으로 옮기기로 결정했다. 우리의 다음 목적지는 압록강 입구가 될 것이었다. 그래서 이제 우리는 우리의 수집품과 물건을 전부 꾸려야 했는데 이는 큰일이었다. 모든 새와 포유류와 곤충들은 금속 상자에 담아서 여름에 열대를 통과해서 고국으로 운반되는 동안 열기에 손상되지 않도록 했다. 한국 목수가 우리를 위해 상자를 만들었고, 이후 우리는 매일 짐을 꾸렸다.

짐을 꾸리는 엄청난 작업이 끝나자마자 우리는 친구들과 동료들에게 작

압록강 연안의 주택

별을 고하고, 4월 15일에 야간열차를 타고 경성을 향해 출발했다. 우리는 경성에 우리의 수집품을 보관하고, 계속해서 압록강에 있는 신의주라는 마을로 갔다. 그곳에서 우리는 발동기선을 타고 용암포라는 마을로 향했는데, 이는 황해의 압록강 어귀에 위치해 있다.

제 21 장 압록강의 조류

압록강 어귀의 양쪽에는 광활한 평원이 펼쳐져 있다. 우리가 1936년 4월 21일에 도착한 용암포라는 마을은 강어귀의 한국 쪽에 위치해 있다. 이 지역에서 조류의 생태를 연구하는 데 전념할 두 달 동안 이 마을을 우리의 거점으로 삼기로 결정했다. 우리는 이 마을의 일본식 집에 거처를 잡고, 다음 날 답사를 시작할 수 있었다.

용암포는 매우 분산된 마을이었는데, 주로 한국 사람들이 살았지만 일본 사람들과 중국 사람들도 많이 있었다. 이곳은 이 지역에서 거대한 규모로 재배되고 있는 벼의 중요한 수출지이다. 러일전쟁 이전에 용암포는 러시아의 주둔군과 더불어 한국에 있는 러시아의 주요 본거지 중 하나였다. 돌로 지어진 러시아 병영이 당시 기념물로 남아 있다. 마을의 언덕 위에는 이곳에서 러시아 사람들을 정복하는 데 엄청난 희생과 고초를 겪었다는 기록이 있는 일본의 기념비가 서 있다.

마을의 언덕 꼭대기에 올라서서 주변을 내려다보면 그 일대가 거대한 강에 도시의 중요도가 좌우되고 있다는 것을 알 수 있는데, 강을 돌아다니는 수많은 종류의 배를 보면 수송로로서의 강의 중요성을 짐작할 수 있다. 무엇보다도 많은 것은 대나무로 만든 거대한 돛이 걸려 있는 한국과 중국의 범선이다. 발동선과 거대한 기선도 많이 있다.

기선은 그 지방의 중심지인 신의주까지 상류로 10마일 정도를 갈 수 있는데, 신의주는 만주국의 안동이라는 마을과 높은 철교로 연결되었다. 철로 옆을 따라 두 기차역 개찰구에는 두 나라에서 나오는 사람들의 물결로 항상 붐볐다. 다른 방향을 바라보면 여기저기에 소나무로 덮인 봉우리와 언덕이 있는 방대한 평원을 볼 수 있다. 관개를 위해 정방형으로 나누어진 논이 많이 있다. 옥수수, 기장, 콩도 대규모로 재배된다.

어디를 보아도 산과 숲 지역에는 한국식 토담집이 옹기종기 모여 있었다. 아무리 작은 땅이라도 경작될 수 있는 땅은 모두 개간되었으므로 결과적으로 그곳은 진짜 농촌 풍경이었다. 숲 사이에는 한국식 무덤이 바싹 붙어서 늘어서 있다. 인간의 손길이 닿지 않은 숲을 보려면 그 마을에서 12~15마일 떨어진 곳으로 나가야 한다. 처음 보았을 때 이러한 풍경이 우리의 계획에 적합할 것 같아 보이지는 않았으며 모든 것이 너무 밀집되어 있었다.

봄과 초여름 동안 우리의 연구 현장으로 용암포와 그 주변을 선택한 이유는 그 지역이 철새가 지나가는 굉장한 장소였기 때문이다. 철새가 중국 해안을 따라 시베리아의 번식 지역까지 이동할 때 그들은 이 길을 지나쳐야 한다. 한국에서 금년 봄은 평년보다 조금 늦게 왔다. 모든 것이 약 2주 정도 늦어졌다. 우리가 용암포에 머무르기 시작했을 무렵에는 할 일이 거의 없었다. 그러나 몇 주 뒤 모든 것이 바뀌었다. 매일 남쪽에서 새로운 새들이 도착했고 우리는 새롭고 흥미로운 다양한 새를 만날 수 있었으며 이들을 우리의 수집품에 첨가했다.

새 가운데 이 지역에서만 특이하고 이전의 어떠한 범주에도 속하지 않는 새는 거의 항상 논에서만 볼 수 있는 회백색 왜가리였다. 수로와 개천을 따라 아름다운 파란 물총새가 날아다녔다. 때때로 그들이 물속으로 자맥질하여 펄떡거리는 고기를 낚는 모습을 볼 수 있었다. 그들은 모래사장과 자갈 채취장에 보금자리를 마련했다. 또한 이 부근의 매우 특이한 새는 술이 달린 후투티였는데, 그들은 소나무 숲의 속이 빈 나무에 둥지를 텄고 "업-업-

갓 장수

고물 신발 장수

훼크비스트와 후지모토와 필자

업" 하는 특이한 울음소리를 끊임없이 내고 있었다.

우리가 머무르던 초기에 또한 우리는 매일 기러기 떼를 보았는데 한 번은 강어귀의 섬을 탐험했을 때 엄청난 무리를 보았다. 그들은 거의 유일하게 중국의 종이었다. 그러나 그들의 주요 무리는 이미 시베리아의 번식 지역으로 먼 길을 떠난 후였다. 수많은 마도요와 여러 종류의 도요새도 있었다.

5월 초순에 파란색, 노란색, 갈색, 회색의 딱새가 왔고 뒤이어 꼬리가 왔다. 수많은 종류의 멧새도 벌써 도착했다. 매력적인 술이 달린 소쩍새도 잠깐 동안 만났다가 지나쳤다. 뻐꾸기가 많이 있었는데, 일부는 동아시아를 대표하는 종이었고 그들 가운데 일부는 여섯 음절의 매우 이상한 울음소리를 내는 훨씬 더 작은 종이었다.

나무나 땅 위에서 모두 볼 수 있는 매우 흥미로운 알락해오라기가 어느 날 남쪽에서 날아왔다. 그에게 가까이 다가갈 때마다 그 새는 머리를 똑바로 들고 자신을 가능한 한 홀쭉하게 만들었다. 늪지대와 논의 외곽에서 우

모내기

리는 흰눈썹뜸부기와 물닭을 보았으며 밤이면 쏙독새의 묘한 울음소리를 들었다.

우리의 체류가 끝나 갈 무렵에 우리는 한국의 가장 아름다운 새인 삼광조를 보았다. 그것은 밝은 색상으로 열대 우림의 새와 같은 모습이었다. 그 부리와 눈가는 밝은 파란색이고 머리는 반짝이는 짙은 청색이며 흰색 복부와 빛바랜 갈색의 등을 가지고 있다. 나이든 수컷에게는 매우 긴 갈색 꽁지깃이 있는데 이로 인해 그들의 외관이 무척 환상적이다. 뱀, 도마뱀, 개구리도 무척 많았다. 일부 뱀은 독을 가지고 있어서 다루기에 어려웠다. 몇만 마리의 개구리가 사는 논에서 그들은 매일 밤 섬뜩한 합창에 몰두했다. 평원에는 포유동물이 드물었다. 토끼와 박쥐가 우리가 본 유일한 종류였다.

마을 주민들의 삶은 매우 생기 있고 다양했다. 5일마다 장이 섰고 시장 중

장보러 가는 여인들

앙에는 엄청난 인파가 몰려들었다. 모든 상인들이 큰 거리에서 가능한 한 널리 자신의 상품을 펼쳐 놓았지만 대다수는 길 위의 자기 자리를 지켰다. 대체로 그들은 비나 햇볕으로부터 상품을 보호하고자 덮개를 씌워 놓는다. 한쪽 거리에서는 옥수수, 쌀, 기장, 콩, 삼 같은 곡류 이외에는 거의 아무 것도 살 것이 없었다. 이 모든 것들은 테두리가 말린 광주리에 담겨 펼쳐져 있었다. 손님들은 짚이나 나무로 만들어진 작은 삽으로 이를 떠서 맛을 보았다.

사는 사람이나 파는 사람이나 서두르는 법이 없었다. 양측이 모두 웅크리고 앉아서 상품의 질과 가격에 대해 흥정했다. 다른 거리에서는 다양한 모양과 크기의 멍석만을 팔았다. 또 수많은 종류의 광주리, 도끼, 가래 같은 도구를 팔았다. 모양과 사용 방법이 매우 이상한 가래도 볼 수 있었다. 일반적인 유럽의 가래처럼 생겼지만 날의 구석마다 철로 된 고리가 달려 있었고 새끼줄로 고정되어 있었다. 세 사람이 함께 가래를 사용한다. 한 사람이 땅 속으로 가래를 밀어 넣으면 다른 두 사람이 새끼줄로 그것을 끌어당겼다.

나는 세 사람이 하나의 가래를 가지고 일하는 모습을 처음으로 바라보면서도 얼굴이 진지하지는 않았다. 그러나 용암포 지역에서는 여섯 사람용 가래가 훨씬 일반적이라는 것을 알았다. 여섯 명의 한국 사람이 단지 하나의 가래를 가지고 하루 종일 열심히 일하는 모습을 스웨덴 농부들도 볼 수 있었으면 좋겠다는 생각이 들었다. 한국의 상황을 살펴보면 여기에서는 한 집에서 여섯 명의 성인 남자를 찾기 힘든 일이었기 때문에 매번 동료 일꾼을 모으는 데 어려움이 있었다. 엄밀히 얘기하자면 여섯 사람용 가래는 두 개의 가래를 합친 것이었지만 그것이 일반적인 가래보다 크지는 않았다. 두 사람이 가래를 땅 속으로 밀어 넣고 양쪽에서 밧줄로 가래를 끌어당기는 두 사람이 있었다. 그 사진은 가래가 사용될 때의 모습이 어떠한지를 보여준다. 그것은 실업을 막는 매우 효과적인 수단임에는 틀림없다.

장이 서는 날에 어떤 한국 사람은 길 위에 자신의 주변에 온갖 철물점을 열 것이고, 어떤 사람은 구두장이 도구와 용품을 차릴 것이며, 또 어떤 사람은 수백 켤레의 긴 양말 옆에 앉아 있고, 또 다른 사람은 셀 수 없이 많은 내복 상점을 차린다. 내가 지나칠 때 내의 장수는 경탄하고 있는 군중들 앞에서 바지 한 벌을 들고 그것이 세상에서 가장 질긴 최고의 바지라고 과장되게 소리치고 있었다. 의복 장사의 주변에는 한 떼의 여성들이 쭈그리고 앉아 판매되고 있는 밝은 색상의 다양한 옷가지들을 유심히 살펴보고 있었다.

그 상인은 자기 상품의 가치와 가격에 대해 너무나 열정적으로 얘기하고 있어 뺨에는 땀이 흘러내리고 있었다. 넝마를 뒤집어 쓴 늙은 사람 한 명은 여기저기를 돌아다니면서 이상한 피리를 연주하고 1파딩[1] 정도의 가장 적

---

1) 1파딩(farthing)=1/4페니.

싸전 거리

은 한국 동전을 받고 있었다. 한 사람은 모두 흰옷을 입은 사람들에게 완전히 둘러싸여 있었다. 그들 가운데로 헤치고 나아가서 나는 한 한국 사람이 앞쪽에 서 있는 것을 보았는데, 그는 4~5피트 길이의 살아 있는 뱀 두 마리를 감고 서서 이를 약재로 팔려고 했다.

한쪽에는 중국의 야채 장수가 긴 행렬로 앉아 있다. 그들은 모두 이동할 때 어깨에 짊어지는 두 개의 광주리에 자신의 물건을 담아 놓는다. 그때는 그들이 웅크리고 앉아 있는 땅 위에 광주리를 내려놓고 손님을 맞으며 빈틈없이 장사를 하고 있었다. 그들 주변에도 여성들이 많이 둘러앉아 물건이 어떤지 고르고 있었다. 가격은 놀라울 정도로 낮았다. 1/2페니로 산더미 같은 야채를 살 수 있다. 행인들의 관심을 끌기 위해 다양한 방법이 동원된다. 실제로 팔 것이 없을 때 단지나 냄비를 파는 상인은 항상 드럼처럼 냄비를 두드리면서 앉아 있다. 또 다른 상인은 가위를 들고 굉장한 소음을 낸다. 어떤 사람은 물건을 계속 위로 던지고 받고 하면서 노래를 한다.

전체 시장의 소음은 정말 엄청나다. 상인들이 내는 고함이나 소리와는 별도로, 달구지를 끌든 끌지 않든 간에 소나 당나귀가 군중 사이로 지나가야 할 때마다 지르는 고함소리도 계속 이어진다. 그 짐승을 끌고 가는 사람은 단지 군중 사이를 뚫고 나가고자 소리 질러야 한다. 거리의 한쪽 귀퉁이에는 말의 털이나 대나무로 만든 한국에서만 특이한 검정 갓을 팔기 위해 앉아 있다. 그러나 한국 사람들은 종종 작은 원형의 테 없는 모자를 쓰는데 그것도 여기에서 판매되고 있다.

이러한 두 종류의 모자 말고도 한국에는 다양한 구색과 종류의 모자가 널리 사용되고 있다. 가장 큰 것은 장례에서 남자들이 쓰는 모자이다. 그 모양은 마치 우산처럼 큰데 사진에서 보는 바와 같다. 이것은 남자들만 쓰며, 이전에 언급했듯이 부친상을 당한 지 3년 이내와 모친상을 당한지 2년 이내에 쓴다.[2] 도시나 더 큰 마을에서는 이제는 보기 힘들지만 시골에서는 여전히 이 갓이 사용된다. 그 크기와 모양은 착용자가 하늘이나 해를 보지 못하도록 하는데, 한국 사람들의 말에 따르면, 부모가 그렇게 일찍 세상을 떠나도록 만든 죄에 대한 벌로 자식이 하늘을 바라볼 수 없어 그 모자를 써야 한다고 한다.

거리의 한쪽에서는 열댓 명의 아녀자들이 둘러앉아 전을 부치고 있는데 그것은 보기에는 별로 좋지 않지만 맛은 일품이다. 여기저기 돌아다닐 때마다 아이들이 더욱 좋아할 만한 온갖 종류의 먹거리들을 만날 수 있다. 또한 방랑하면서 돌아다니며 군중 속에서 고객을 찾는 젊은이들에게 그 유서 깊은 조건이 정말로 적용된다면 시장은 수많은 기생들로 인하여 생기가 넘친다. 마치 일본이 모든 것을 바라보고 있다는 듯이 때때로 일본 경찰들이 군중 속을 누비고 다녔다. 문제가 일어나는 일은 거의 없다. 나는 어떤 심각한 사건이 터지는 것을 한 번도 보지 못했다. 한번은 시골길에서 술에 약간 취한 사람을 만났던 적이 있다. 그게 모두였다. 압록강 어귀에 우리가 머무르는 동안 나는 그 유명한 벚꽃을 보고자 이틀간 경성에 돌아갔다.

---

2) 이 부분은 필자가 오해하고 있다. 부모상은 아버지나 어머니를 가리지 않고 모두 3년 상이다.

제 22 장 창경원 벚꽃놀이

벚꽃놀이는 일본에서 가장 큰 축제의 하나이다. 나라 전체를 통틀어서 벚나무를 가꿀 수 있는 모든 도시와 마을에서 그것이 재배된다. 예를 들어 교토(京都)와 같은 일부 도시는 벚나무로 유명하며 휴일을 맞아 몇 천 몇 만의 사람들이 그 아름다운 장관을 보려고 몰려든다. 일본의 남단에서는 3월이면 이미 꽃이 피기 시작하는 것과는 달리 최북단의 홋카이도에서는 5월까지 꽃이 피지 않는다. 한국의 수도에서 우리는 일본을 능가할지도 모르는 벚꽃의 풍경을 볼 수 있다.

5월 4일 늦은 저녁에 나는 용암포로부터 경성에 도착했다. 내가 역에 내렸을 때 비가 조금씩 내리면서 젖은 아스팔트 도로에 반사되는 도시의 불빛을 가리고 있었다. 나는 현재 만발해 있는 벚꽃이 밤 동안 비 때문에 지지 않을까 매우 염려스러웠다. 그러나 비가 더 심하게 내리지 않는다면 걱정할 것이 없음을 나는 호텔에서 확인했다. 다음날 아침에 밝은 햇살 속에서, 지난날에는 한국 황실이 속해 있었고 지금은 동 · 식물원이 위치한 아름다운 공원으로 내가 발걸음을 옮겼을 때, 매우 기쁘게도 나는 절의 입구 같은 곳을 통과했으며 불안해 할 이유가 없었다.

정원의 전 구역이 벚꽃의 분홍색으로 빛나고 있었고 모든 곳이 흰옷을 입은 사람들로 붐비고 있었다. 거대한 유원지의 거의 모든 길이 한 줄 혹은 두 줄로 늘어선 벚나무로 둘러쳐 있었으며 그 아래로 휴일을 즐기러 나온 수많은 사람들이 거닐고 있었다. 그들의 대다수는 모두 흰옷을 입은 한국 사람들이었지만 드문드문 일본인 남녀도 보였다. 그들의 화려한 의복 색상은 주변 경치에 산뜻함을 더해 주었다. 여기저기 잔디밭이나 비탈에는 공원에서 제공한 돗자리에 앉아 가족들마다 음식을 먹으면서 쉬고 있었다.

팔에 안긴 아기에 이르기까지 그곳에는 모든 연령의 수많은 아이들이 있었다. 그들의 대부분은 의복의 생생한 색조로 인해 주변 경치에 매력을 더하고 있었다. 여기저기에 선생님과 함께 온 학생들도 보였다. 유럽에서 볼 수 있는 것과는 비교할 수 없는 멋진 장관에 모두들 매혹된 듯이 보였다. 일본의 벚나무가 그렇듯 대부분의 벚나무는 분홍색 꽃을 피웠지만, 한국의 야생 지역에서 가져온 매우 흰 꽃을 피우는 다른 종들도 꽤 있었다.

일본 벚나무는 열매를 맺지 않는다. 일본에는 열매를 맺는 보통의 벚나무도 있지만 이는 일본이 벚꽃 왕국이라는 이름을 얻는 데 아무런 역할도 하지 않는다. 약 두 시간 동안 나는 내가 본 가장 아름다운 동산을 한껏 즐기면서 공원을 돌아다녔다. 해마다 이러한 독특한 정경을 즐길 수 있는 사람들이 나는 부러웠다. 일본에 있는 다른 많은 유흥지 같이 정경을 훨씬 더 아름답게 만들고자 이 공원은 어두워진 뒤 매력적이고 환상적으로 조명이 비춰진다.

동·식물원의 일본인 감독자인 시모코리야마 세이이치 씨는 그들의 최고의 모습을 나에게 보여주고 싶어 하기에 우리는 시내에서 저녁을 먹자마자 공원으로 되돌아갔다. 꽤 떨어진 곳에서도 무언가 특별한 일이 있음이 확실했다. 공원 근처의 일부 거리는 차가 진입하지 못하도록 차단되어 있었고 시가지를 달리는 전차는 사람들로 꽉 차 있었다.

엄청난 인파가 공원 방향으로 이동하고 있었으며 경찰이 교통을 통제하고 있었다. 내가 정문을 통과했을 때, 이번에는 다른 세상에 발을 들여놓는 것 같았다. 색색의 등이 꽃이 핀 모든 나무마다 걸려 있었고 나무의 행렬을

창경원 벚꽃놀이

따라 전등이 끝없이 이어져 있었다. 더구나 나무들을 솜씨 좋게 숨겨진 강력한 조명으로 비춤으로써 그 효과는 환상적이었다.

어두운 하늘을 배경으로 모든 곳에 만발한 꽃이 아름답게 돋보였다. 그 광경은 확실히 낮보다 더 멋진 모습이었다. 내 일본인 친구는 여기만큼 훌륭하게 "벚꽃 야경"이 연출된 곳은 일본 전체를 통틀어도 없었다고 자랑스럽게 얘기했다. 이제 공원 안에 있는 1만 5천 명의 사람들 속에서 우리는 한 시간 반 동안 거닐었다. 5월 5일밖에 안 되었지만 그날 밤은 따뜻했다.

어느 곳에서나 돗자리에 앉아 있는 가족들을 볼 수 있었다. 일부는 즐겁게 노래를 부르고 어떤 이들은 일본의 곡주인 사케를 마시며 흥겨워했다. 그러나 군중들이 질서정연하고 매우 조용했다는 점이 놀라웠다. 공원으로 술을 가지고 들어올 수 없었지만 나를 안내해 온 사람이 그랬듯이 일부는

창경원 동물원장 시모코리야마 세이이치 씨의 가족

술을 가지고 와서 몰래 마셨다. 그러나 나는 방문객들이 술을 몰래 마실 필요가 없다는 것을 알았는데, 관리인과 경찰이 다른 곳을 보고 있음이 확실했다.

아이들을 위해 "러시아 철도"와 비슷한 그네가 설치되어 있는 특별한 놀이터가 있었다. 그들의 즐거운 고함소리와 웃는 얼굴로 보아 그곳에 있는 한국과 일본의 젊은이들은 무척 즐거워 보였다. 한쪽 방향에는 무대가 설치되어 있었고 그 앞에는 5천 명의 청중이 땅 위의 돗자리에 앉아 몰려 있었다. 우리는 약 30분 동안 공연을 보았다. 즐거워하는 청중 앞에서 요술쟁이가 묘기를 선보였다. 대부분이 한국과 일본의 무용수들의 공연이었다. 이상한 모습은 청중들 중에 수많은 어린아이들이 엄마의 등에서 편안하게 잠자고 있었다는 점이다!

여흥은 7시에 시작되어 공원이 문을 닫는 10시 30분까지 계속되었다. 밤에

창경원 벚꽃놀이

공원에 들어오려면 약 2페니에 해당하는 돈을 지불하고 낮에는 약 1.25펜스를 지불한다. 안내자의 말에 따르면, 이틀 전 일요일에 9만 6,000명의 사람들이 방문했는데, 그중 3만 명이 저녁에 왔다고 한다. 이것이 기록이었다. 특별히 건조된 무대에서 그리 멀지 않은 곳에 아름다운 연못이 있는데, 그곳에는 물줄기가 갈라지는 작은 폭포가 가짜 바위틈에서 용솟음치고 있다.

연못은 막이 쳐진 불빛으로 덮여 있어 멋진 효과를 연출하고 있었다. 한국인 입장객 중의 많은 사람들이 지방에서 왔다고 안내자가 말했다. 그들이 살고 있는 작은 흙집과 그들의 고역스러운 삶을 생각해 볼 때, 그들에게는 수도의 중심에 마법과 같이 나타난 놀라운 세상에 갑자기 오게 된 것이 얼마나 놀라운 경험인지를 상상할 수 있다.

제 23 장 천년 고찰 : 묘향산

우리는 6월 19일에 용암포를 떠났다. 이전에 어떤 지역을 방문했을 때보다 용암포 방문은 생산적이었다. 우리의 조류 수집은 380종류로 증가했는데 그들 가운데 상당수가 드물고 흥미로운 것이었다. 수백 마리의 뱀, 도미뱀, 개구리를 잡았으며, 민속학적 물품들도 몇 백 점 모았다. 따라서 나는 그곳에서의 체류에 대단히 만족했다.

우리의 다음 거점은 평안북도의 남쪽 경계에 있는 내륙 지역이 될 것이다. 6월 20일, 우리는 기차로 묘향산에 도착했고, 거기서부터는 계곡을 지나 4마일을 자동차로 갔다. 계곡은 그 옆의 가파른 절벽에 이르기까지 울창한 숲으로 덮여 있었다. 여기에서 우리는 한국식 여관에 묵으면서 주변의 산과 숲으로 탐험에 나섰다.

한국에서 가장 유명한 절인 보현사가 위치한 곳이 이 계곡이다. 내가 들은 바에 따르면, 이 절은 970년 전에 지어졌는데 그때부터 한국 사람들이 기도하는 순례 여행의 장소로 삼았다고 한다. 우리가 계곡에 머무르는 동안 나는 절의 아름다운 경관을 보고 싶었으며 한국 순례자들이 수행하는 모습을 구경하려고 자주 그 절에 올라갔다. 절은 모두 복합 건물들로 구성되어 있는데, 그 오랜 역사와 건축에서 보이는 예술성, 그리고 수많은 장식은 매우 인상적이다.

묘향산 보현사의 불당

모든 건물은 나무로 지어졌고, 처마와 대들보는 모두 화려하게 단청되어 있다. 절의 중앙에는 네 채의 건물이 마당을 둘러싸고 있다. 그 중심에는 매우 훌륭한 석탑이 서 있다. 그 건물 가운데 하나는 그 규모와 화려한 장식 면에서 다른 세 건물들보다 뛰어났으며 높은 곳에 위치해 있다. 그 건물에서 앞쪽으로 늘어서 있는 절의 현관이나 대문을 볼 수 있다. 가장 가까운 곳에는 거대한 종과 나무로 만든 커다란 북, 징, 그리고 커다란 목어와 다른 많은 것들이 매달려 있다.

어떤 길 위에는 실물보다 커다란 두 사람의 형상이 서 있다. 그들은 악귀나 흉악한 귀신의 형상이다. 다른 마당에는 700년이나 된 두 번째 석탑이 있다. 중앙 건물에는 도금한 불상이 수없이 있고 벽에는 인간과 동물의 그림으로 화려하게 장식되어 있다. 한쪽 건물에는 신성한 불교 경전의 내용을 담고 있는 듯한 3,500장의 목판이 보존되어 있다. 이 목판들은 400년에서 600년까지 그 역사가 다양하며 모두 그 절의 수도자의 손으로 완성된 것이었다. 각 면마다 몇천 자의 중국 표의문자를 새기는 것은 엄청난 인력이 드는 일이었음에 틀림없다. 오늘날에도 여전히 이 목판들로 인쇄할 수 있다.

내가 방문했던 어느 날은 한 건물 안에 수많은 한국의 수도승들이 벽을 향해 돌아선 채 마치 땅 위의 불상처럼 움직이지 않고 앉아 있었다. 그들은 모두 확실히 명상 속에 잠긴 듯 했다. 절에는 수령이 매우 오래된 듯한 나무들이 자라고 있었는데, 대부분은 소나무와 전나무였지만 은행나무와 일부 잎이 많은 나무도 있었다. 나는 나무 아래 시원한 그늘에서 수도승들이 걸어 다니며 신성한 경전을 읽는 것을 바라보았다.

절 주변으로 붉은 작약 꽃이 수없이 피어 있었다. 약간 떨어진 곳에는 선대의 고승이 묻힌 듯한 무덤 터가 있었다. 매우 이상한 모양의 부도가 그들 무덤 앞에 서 있었다. 그것들은 거대한 버섯처럼 생겼는데, 600년은 된 것이라고 했다. 현재는 그 절에 60명의 한국 수도승이 살고 있다. 거기다가 많은 젊은이들이 수도승이 되려고 공부를 하고 있었다. 그때는 그런 학생들이 18명이 있었다.

예불은 매일 새벽 3시 직후 시작되어 저녁 7시까지 계속된다. 나는 예불을 보고 싶어 어느 날 새벽 3시에 절로 올라갔다. 주위는 완전히 깜깜했다. 절 근처에 도착했을 때 징 소리가 들렸다. 나는 발걸음을 재촉하여 몇 분 이내에 그곳에 도착했다. 나는 절 마당에 서서 계속 들려오는 징 소리를 들었다.

내가 서 있는 곳에서 20야드 떨어진 곳에 징을 치고 있는 수도승의 어두운 형체를 분별할 수 있었다. 반대 방향으로 나와 비슷한 거리를 두고 다른 수도승이 종을 치기 시작했다. 둘 다 높은 가락의 이상한 목소리로 염불하고 있었다. 그들은 무심한 소리를 내었는데, 단조로운 비탄에 잠긴 소리 같았다. 최소 10분 이상 그들은 이런 식으로 부처님을 기리는 노래를 불렀고 때때로 종과 징을 치는 일을 계속했다.

어둠 속에서 세 명의 수도승이 일정한 간격을 두고 절 마당을 가로질러 걸어가는 것이 보였다. 모두 같은 법당 안으로 들어갔다. 마당 중간쯤에서

묘향산 보현사의 스님

부현사 대웅전

그들은 더 천천히 걸으면서 기도하는 듯이 손을 모으고 절을 한 뒤 계속 걸었다. 징을 치고 있던 수도승은 이제 같은 건물에 매달려 있는 거대한 종으로 다가갔다. 날이 밝아 오고 있어 그가 어떻게 엄청난 힘으로 그 오래된 종을 치는지를 볼 수 있었다. 종소리는 계곡 전체로 울려 퍼졌다.

사람이 모루채를 들고 치는 것만큼 그는 그 안에 활력을 불어넣었다. 어스름한 새벽 빛 속에서 한국의 황무지로 울려 퍼지는 종소리를 들으면서 나는 이상한 전율을 느꼈다. 똑같은 종소리가 거의 1천년 가까이 이 유서 깊은 절에서 울려 퍼지고 있다는 사실을 생각했을 때, 그러한 전율은 더욱 강렬해졌다. 몇 분 뒤에 그 수도승은 거대한 종으로부터 이미 언급한 바 있는 나무로 만든 거대한 목어 쪽으로 갔다. 그는 날랜 동작으로 북을 치기 시작했는데, 울려 나오는 소리가 양탄자를 두들기는 것 같았다. 그는 1~2분 동안 속이 빈 목어를 치는 것으로 끝을 냈으며 법당은 즉시 고요 속으로 빠졌다.

새벽 3시 30분이 되자 곧 수많은 수도승들이 한 건물로 모여 들었다. 제

장승

단 앞에 두 개의 등불이 빛나고 있었다. 수도승들은 반원으로 정렬하여 책상다리를 하고 바닥에 앉았다. 일부는 흰옷을 입었고, 일부는 검은 옷을 입었다. 그들은 이제 높은 목소리로 염불을 영창하기 시작했다. 잠시 후 모두 일어서서 부처님을 향해 합장하고 무릎을 꿇고 이마를 땅에 대면서 절을 했다. 그 다음 그들 모두 바깥으로 나가, 건물 앞쪽 끝에 있는 제단 앞에 두 줄로 자리 잡았다.

이곳에서 그들은 안에서 했던 것과 마찬가지의 의식을 거행했다. 마지막으로 그들은 건물 안으로 되돌아가서 다시 앉아 기도를 계속했다. 이제 아침이 되어 뻐꾸기 소리를 들을 수 있었다. 곧이어 쏙독새의 신비한 울음소리가 들려 왔다. 그때 나는 새를 연구하고자 돌아가야 할 시간이 되었음을 깨닫고 그곳에서 조용히 빠져나왔다. 수도승 중에 그 누구도 나의 존재를 인식하지 못했다.

제 24 장 동룡굴

묘향산 근처의 오래된 절이 있는 계곡에 머무르는 동안 우리는 거대한 종유석 동굴을 알게 되었다. 그 크기가 매우 거대하여 만약 그것이 유럽에 있었다면 이는 여행객을 매혹시키는 첫 번째 관광지로 선정되었을 것이다. 끔찍하게 무더웠던 6월 26일에 우리는 그곳을 답사했다. 남서쪽 방면으로 한 시간 정도 기차 여행을 한 후 구장역에 도착했다. 엄청난 더위에 한국 사람들은 문을 열어 놓고 밖에 나와 꾸벅꾸벅 졸거나 파이프 담배를 피우며 앉아 있었다.

구장에서 동굴까지는 걸어서 2마일 정도였다. 도로의 끝은 언덕 비탈의 꼬부랑길로 이어져 있었다. 마침내 우리는 동굴로 이어져 있는 골짜기에 도착했다. 동굴 안에 미로처럼 얽혀 있는 길을 안내하고자 두 명의 한국 사람이 우리와 동행했다. 그들은 우리의 발밑을 비춰 줄 두 개의 등불에 불을 붙였다. 그들이 우리에게 말하기를, 8세기경에 다른 이와 반목하던 한 한국인 주지가 사람들을 데리고 불상과 다른 보물들을 숨기고자 이곳에 왔을 때 동굴을 발견했다고 한다.

우리는 동굴로 이어지는 길이 있는 골짜기 아래로 들어섰다. 그것은 불과 4야드 넓이였고 2야드가 조금 넘는 높이였다. 길은 매우 가팔랐지만 자연적인 계단이 형성되어 있었다. 이내 경사가 너무 가팔라져 우리는 준비해 간

동룡굴

사다리를 이용해 아래로 내려가 벽에 멋진 종유석이 형성되어 있는 거대한 동굴로 들어섰다. 그곳에는 다른 방향으로 향한 길들이 있었는데, 안내자는 그 길의 끝까지 간 사람은 아무도 없다고 말했다.

구덩이 같은 거대한 동굴 중 한 곳에는 바위나 진흙으로 된 벽에 불을 밝힐 수 있는 장소가 몇 군데 있었다. 이는 러일전쟁 중에 한국 사람들이 숨어 있기 위해 이 동굴을 피난처로 삼았을 때 이용한 것이었다. 이 탈주자들은 많은 돈을 가져와서 수많은 미궁 속에 안전하게 숨겼다. 그들이 지핀 불의 연기가 벽을 따라 붙어 있는 아름다운 흰 종유석을 그을렸다. 그 전에는 종유석이 밝게 빛났다고 한다.

우리는 길을 따라 탐험을 계속했는데, 너무 낮아 허리를 숙인 채 약 60야드 높이의 구덩이로 내려갔다. 종유석이 점점 더 환상적으로 형성되어 있었다. 때로 그것들은 파이프 오르간 같았다. 때로 천장은 산봉우리가 축소되어 뒤집혀 이어진 듯 했다. 여기저기에 기괴한 형상의 돌기둥이 서 있었다.

일부의 형상은 명상하고 있는 부처의 모습이었고, 어떤 것은 거대한 버섯 모양이었으며, 낙타의 등을 닮은 것도 있었다. 그러나 그들의 대부분은 천장에 고드름 같이 매달려 있었다. 이는 종유석으로 알려져 있으며 주로 탄산석회암으로 구성되어 있다.

종유석은 동굴 꼭대기에서 떨어지는 물방울 속의 탄산석회암으로부터 생성된다. 물방울이 떨어질 때, 방해석의 관이 형성되어 그 굵기와 길이가 점점 더 커진다. 동굴 바닥에는 물방울이 떨어지는 곳에 석회암이 새로이 탄산석회암이 되어 종유석을 형성하는데, 이것이 위쪽으로 자라나 가끔씩은 위에서 내려오는 종유석과 맞닿는다.

이따금 우리는 협소한 길을 따라 올라가야 했는데, 한국이 일본과 같은 지진 발생 지역이 아니라는 점이 생각나서 안심이 되었다. 그렇지 않다면 주위의 거대한 암반에 깔릴 것을 걱정했을 것이다. 우리가 넓고 깊은 공간으로 빠져 나왔을 때 한국 사람들이 그곳에서 여섯 마리의 곰의 뼈가 발견되었다고 말했다. 그 곰들은 확실히 잠자리를 찾아 그곳으로 내려왔다가 미궁을 통해 돌아 나가는 길을 찾지 못해 그곳에서 고통스러운 죽음을 맞이한 것이었다.

이곳저곳에 물웅덩이가 있었고, 놀랍게도 나는 한 동굴의 바닥에 두 대의 배가 놓여 있는 것을 보았다. 한국 사람이 설명하기를, 어느 때인가 일부 통로를 통해 물이 넘쳐흘러 들어왔고 몇 야드 깊이로 물이 차서 그 당시에는 상당한 거리를 배로 이동할 수 있었다고 한다. 그들이 또 말하기를, 한 불교 수도승이 이곳 땅 밑에 내려와서 1년 반을 기도와 명상으로 보냈다고 한다.

파이프 오르간 같이 생긴 종유석의 기둥을 막대기로 칠 때마다 여러 가지의 소리가 났고, 한 암벽 위에는 등불을 들고 빛을 비추면 무수한 다이아몬드 같은 것이 반짝이고 있었다. 동굴의 총 길이는 가능한 그 곁길까지 계산한다면 1마일이 조금 넘는다. 그러나 앞서 언급했듯이 그 끝까지 도달하지 못한 무수한 미궁이 있다. 우리는 이 놀라운 지하 세계를 몇 시간 동안 돌아다녔다. 마침내 우리는 산의 반대쪽 구멍을 통해 동굴에서 나왔다. 우리가 밖으로 나왔을 때 강렬한 햇살 때문에 눈을 뜰 수가 없었고 더위는 거의 참을 수 없을 정도였다. 1년 반을 그런 어둡고 서늘한 동굴에서 보낸 그 불교 수도승에 대해 나는 연민을 느꼈다.

제 25 장 신비로운 수리부엉이

여름밤 한국의 산과 계곡에 어둠이 내리고 지저귀던 새들이 조용해졌을 때 가끔씩 높은 산 속 숲에서 이상한 울음소리가 들려온다. 기묘하게도 맑고 높은 소리는 "붑-푸-소"(Bupp-po-so) 하고 들린다. "붑 푸 소!" 시간이 갈수록 이는 마치 금속성 소리로 반복되어 들린다. 대개 3음절 전체를 들을 수 있지만, 가끔은 단지 앞의 2음절만 들려온다. 이는 밤새도록 계속된다.

"무슨 새가 저렇게 웁니까?"

나는 종종 한국 사람들에게 물어 보았다.

"일종의 밤 새인데, 무슨 새인지는 아무도 모릅니다."

대답은 그것이 전부였다.

우리는 소리가 들리는 지점을 찾으려고 노력했지만, 그 근처에 도달한 듯 할 때마다 소리가 멈추거나 다른 방향에서 소리가 들려오곤 했다. 한국의 여름밤은 극도로 어두웠고 땅도 거칠고 평탄치 않았기 때문에 그 소리에 다가가는 것이 무척 어려웠다. 이상한 소리는 늘 나의 궁금증을 가중시켰다.

어떤 능숙한 사냥꾼이 말하기를, 그 소리는 작은 회색 새가 내는 것이라고 했지만, 그러기에는 울음소리가 너무 크다고 생각했다. 이전에 언급했던 파랑새가 일본인들에게 부포소라 불리고, 많은 사람들이 그런 울음소리를 내는 새는 바로 그 새라고 얘기하는 상황에서 나의 의문은 복잡해졌다. 그

수리부엉이

러나 나는 한국의 파랑새를 계속해서 만났고 울음소리가 사뭇 다르다는 것을 알고 있었다. 더구나 내가 아는 한 이 새는 결코 밤에 활동하지 않았다.

1936년 봄에 우리가 여전히 압록강 어귀에 머무르는 동안 일본의 모든 일본 라디오 방송과 경성의 한국 라디오 방송에서 나는 그 신비한 울음소리가 방송되는 것을 들었다. 나고야와 이웃해 있는 계곡에 마이크가 설치되어 있었다. 5월 24일 밤에 우리는 용암포에서 그 새를 보고 싶은 커다란 열망을 가지고 스피커 음량을 크게 한 채 모여 있었다.

아나운서는 어떤 새가 그렇게 이상하게 우는지 아직 확실하게 알려지지 않았지만 그것은 매우 작은 부엉이로 여겨진다고 말했다. 우리는 비행기를 타고 일본의 계곡으로 떠났다. 우리는 처음에 보통보다 더 크게 울부짖는 강물 소리밖에 들을 수 없었는데, 이는 지난 며칠 동안 폭우가 내렸기 때문이었다. 그러나 곧 멀리서 들려오는 "붑-푸-소, 붑-푸-소" 하는 소리를 들었다! 소리는 조금 강해졌다가 조금 약해졌다. 의심할 여지가 없었다. 그것은 한국에서 우리가 종종 듣던 그 울음소리와 똑같았다.

시끄러운 급류 소리 때문에 처음 방송은 만족스럽지 않았지만 다음날 밤은 완전히 대성공이었다. 그 이상한 금속성 울음소리는 전 일본 제국에 분명하게 울려 퍼졌다. 울음소리가 되새류보다 조금 크고 머리에 두 개의 술이 달린 작은 황갈색 새인 한국 부엉이의 소리가 아닌가 하고 훼크비스트와 나는 오랫동안 의심해왔다. 그 새는 수리부엉이의 축소판 같았다. 우리는 네 마리의 표본을 잡아 그것들을 우리의 수집품에 포함시켰다. 그러나 우리 앞에서는 어느 새도 울음소리를 내지 않았다.

어느 날 저녁 어두워질 무렵에 부엉이 크기만 한 새가 큰 나무 위로 날아가서 "붑-푸-소" 하고 우는 것을 훼크비스트가 보았기 때문에 그 작은 부엉이가 신비한 울음소리의 주인공인지 의심하는 또 다른 이유가 되었다. 경성의 동물원 감독자인 시모코리야마 세이이치 씨는 "붑-푸-소" 하는 울음소리는 부엉이가 내는 것이 확실하다고 말했다.

어느 여름 날 그는 나에게 전갈을 보내서 한 한국 사람이 네 마리의 어린 난쟁이 부엉이를 가져왔다고 알려주었다. 그 뒤에 내가 그 새들을 볼 기회가 있을 때 그들은 이미 완전히 다 자라서 매우 예쁜 모습이었다. 그는 두 마리를 내게 선물로 주었다. 물론 나는 매우 기뻤고 산채로 스웨덴의 집으로 데려가리라 결심했다. 그러나 당분간 그들은 그 동물원에 남아 있었는데, 그곳에서 가능한 한 최상의 방식으로 돌보아주었다.

이 작은 부엉이는 많은 양의 곤충, 특히 메뚜기를 먹이로 살아가고, 아마도 쥐나 작은 새도 잡는 것 같았다. 그 네 마리의 부엉이는 처음에는 일본 사람들이 곤충을 먹이로 하는 새에게 사용하는 이상한 먹이를 주로 먹었다. 그 먹이는 주로 생선가루와 콩가루로 버물려져 있다. 이것을 물에 개어 주었는데, 새들이 무척 좋아했다. 이에 더하여 그들에게는 메뚜기와 연한 고기를 주었다.

스웨덴으로 돌아가는 길에 나는 작은 대나무 새장 속에 나의 귀여운 작은 부엉이를 넣어서 데려갔다. 또 다른 두 개의 새장에는 노래하는 새를 넣어서 가져갔다. 그것이 여행 중에 주의를 끌지 않도록 나는 각 새장 위에 덮개를 씌웠다. 어느 날 밤에 기차가 만주 평원을 달리고 있을 때 나는 침상에서 "붑-푸-소, 붑-푸-소" 하는 소리를 들었다! 그것은 울음을 연습하고 있는 수컷이었다.

그는 부드럽게 소리를 내었고, 다 자란 새처럼 맑은 소리는 아니었지만 매우 뚜렷하게 울었다. 그 울음소리의 주인공이 누구인지 내가 여전히 모르고 있었다면 마지막 의구심을 사라지게 만들었을 것이다. 불행하게도 그것이 내 작은 부엉이의 울음소리를 들은 마지막이었다. 다른 한국 새들은 시베리아와 러시아를 지나는 긴 여행에서 최상의 상태로 스웨덴에 도착했지만, 나는 두 마리의 작은 부엉이를 산채로 스웨덴에 데려가는 데 실패했다.

제 26 장 경성에서 보낸 여름

여름철이면 한국은 6월 중순이나 하순에 시작되어 5~6주 간 지속되는 장마철을 겪는다. 그 기간 동안 비는 쉬지 않고 매일 내린다. 동시에 날씨는 매우 더워 모든 것에 곰팡이가 핀다. 기온은 일반적으로 화씨 80-100° 혹은 그 이상을 유지한다. 장마철 동안 며칠간의 맑은 날이 있지만 계속된 맑은 날을 기대할 수는 없다. 다른 한편으로 봄과 가을에는 거의 매일 맑은 날이 이어진다. 한국의 겨울은 대체로 맑지만 특히 한국의 중부와 북부 지방은 기온이 섭씨 영하 40°로 내려갈 만큼 매우 춥다.

7월 초순, 우리는 훼크비스트의 귀국을 준비하고자 경성에 잠시 머물렀다. 그가 서울에서 떠나 있을 수 있는 시한은 8월 1일까지여서 그 날짜까지 돌아와야 했다. 그가 출발하기에 앞서 나는 경성에 사는 스웨덴 거류민들과 함께 조선호텔에서 저녁 식사를 하기 위해 모임을 가졌다. 거류민은 5명의 상주 직원으로 구성되어 있었다. 그들은 경성에 있는 큰 병원의 원장인 로베르츠(Elisabeth Roberts) 양과 구세군에 근무하는 올슨(Verna Olsson) 준장, 링크비스트(Ellen Lindqvist) 소령, 아케르홀름(Mathilda Akerholm) 소령 그리고 뤼덴(Tora Ryden) 비서이다.

경성에서 우리와 작년에 만났던 링크비스트 소령은 휴가차 고국에 가 있었고 대신 인도에서 20년 동안 구세군에 근무한 뒤 은퇴한 보이비에(Ebba

스웨덴 영사관 직원과 조선호텔에서

앉은 사람(왼쪽부터) : 보이비에 여사, 로베르츠 양, 올슨 양
서있는 사람(왼쪽부터) : 필자, 뤼덴 양, 아케르홀름 여사, 훼크비스트 씨

초등학교 학생들의 체조

Emilie Boivie) 부인이 잠시 머무르고 있었다. 훼크비스트와 나를 포함해 모두 7명의 스웨덴인이 모였고 서로가 너무나 다른 직업에 종사하고 있어 모임은 그리 나쁘지 않았다. 우리는 스웨덴 국기로 장식한 식탁에 둘러앉아 매우 즐거운 저녁 시간을 보냈다. 저녁 식사 후 우리는 호텔 정원에 있는 환구단을 배경으로 전원이 사진을 찍었다.

경성에 모두 자신들의 집을 가지고 있는 5명의 스웨덴 부인들은 모두 다양한 자선 사업에 종사하고 있었다. 아케르홀름 소령은 어린 소녀들을 위한 갱생원의 원장을 맡고 있다. 뤼덴 양을 제외한 그들 모두는 거의 20년 동안 한국에 살았기 때문에 조선의 생활상을 매우 잘 알고 있을 뿐만 아니라 한국어도 유창하게 한다. 그들은 우리에게 그들의 일에 대한 흥미 있는 많은 사실들을 들려주면서 경성은 20년 동안 과거와 같은 도시라고는 믿지 못할

초등학교 학생들의 조회

정도로 너무 많이 변화했다고 말했다.

경성은 모든 분야에서 발전해왔고 지난날 심각했던 가난과 궁핍도 최근에 크게 감소했다. 전에는 거리에 젊은 거지들로 가득 찼었지만 지금은 극소수의 젊거나 늙은 거지들만이 있을 뿐이라고 말했다. 한 직업적인 거지를 도시의 중심부에 있는 한 모퉁이에서 여전히 볼 수도 있다. 그러나 내가 믿을만한 소식통에게 들은 바로는 그 거지는 두 채의 집과 세 명의 부인을 거느리고 있다고 한다.

아케르홀름 소령은 전에 거지 소년들이 도시의 하수구에서 겨울 밤을 보내곤 했다고 우리에게 말했다. 그 하수도 드럼통을 차지하고 있는 늙은 거지가 아이들에게 하룻밤에 1전을 받고 하수도에서 잠잘 공간을 빌려주었다. 몇몇 아이들은 아궁이에서 나온 재들을 던져 놓은 상자 안에서 밤을 보

붓글씨 쓰기

냈다. 그곳은 다른 곳처럼 춥지는 않았지만 재들과 검댕이로부터 나온 아이들은 너무나 새까맣게 되어서 소년을 위한 구세군의 집으로 데려와 깨끗이 씻었을 때 때때로 서로를 알아보지 못했다.

많은 아이들은 이런 식으로 하수구에서 구제되었고 구세군의 집에서 자라 직업 훈련을 받았다. 나는 어느 날 구세군의 집 가운데 한 곳을 방문하고자 아케르홀름 소령이 일하는 구세군에 갔다가 한방에 7~8명의 아이들로 가득 찬 방을 발견했다. 그들은 모두 마루에 앉아 벙어리장갑을 뜨고 있었다. 다른 방에서는 소년들이 제3의 수공예인 재봉을 배우고 있었다. 하수구에서 나온 많은 소년들은 예절 바르게 행동해서 부지런한 육체 노동자가 되었지만 일부는 도망쳐 거지 일을 다시 시작했다. 대부분의 젊은 거지들은 그들의 하루 벌이를 상납해야 하는 늙은 거지의 명령을 받고 있다.

책읽기

나는 또한 어린 소녀들을 위한 구세군의 집 중 한 곳을 방문했다. 그곳은 덴마크 부인들이 책임을 맡고 있었다. 대부분의 아이들은 버려진 아이가 아니면 적어도 고아였다. 아기가 바구니에 담겨 구세군의 집 계단 위에 놓여 있는 경우가 가끔 있었다. 방안에 있는 대부분의 아이들은 매우 즐겁게 보였으며 관리 원장은 그들 가운데 가장 나이 어린 5~6세의 아이를 내 앞에서 노래하고 춤추도록 했다. 그들이 점차 나이가 들어가면 그들은 바느질을 배우거나 다른 유용한 일을 한다.

우리는 경성에서 스웨덴 부인들과 함께 몇 번의 매우 즐거운 저녁 시간을 보냈다. 어느 날 오후에 로베르츠 양은 그녀의 병원을 보여주기 위해 저녁 식사 후에 우리를 초대했다. 그곳은 산부인과 병원이었다. 방금 태어난 작은 한국인 아기들을 보는 것은 즐거운 일이었다. 아기들을 위해 특별히 격

빨래터

리된 방안에서 일렬로 된 작은 침대에 누워 있는 아기들은 매우 건강하고 귀엽게 보였다. 침대 각각에는 한자로 된 아기들의 이름표를 붙여 구별해 놓았다. 로베르츠 양이 검은 머리의 작은 아기를 가리키며 말했다.

"이 아기는 오늘 태어난 아기입니다. 그러나 우리는 아침에 우리에게 버려진 5명의 아기들 때문에 이곳에 있는 아기들을 충분히 보살피지 못했습니다. 그 아기들은 우리와 함께 일주일을 보내야 합니다."

올슨 양은 두 살배기의 두 명의 아이들을 가리키며 외쳤다.

"저 두 명의 아기들은 예쁘죠?"

나는 그들 모두가 금방 거둔 열매로 보였지만 그들의 어머니는 다른 생각을 했음이 분명했다. 그 병원은 동대문 근처의 언덕에 자리 잡고 있었다. 특히 저녁에 도시의 가로등이 켜졌을 때의 광경은 매우 아름답다. 로베르츠 양은 너무나 친절하게도 나의 수집품과 생필품들을 보관할 수 있도록 병원

안에 훌륭한 방 하나를 빌려주어 나는 그곳을 자주 방문했다.

훼크비스트가 고국으로 출발하기 전 그와 나는 일본인 친구들인 오다 야스마 씨와, 모리 박사 그리고 시모코리야마 세이이치 씨로부터 만월에서의 저녁 식사를 초대받았다. 한국인 기생들은 자정까지 춤과 노래로 우리를 즐겁게 해주었고 우리 모두는 마음껏 즐겼다.

7월 6일 훼크비스트는 마침내 떠났다. 어떠한 위험이 없다면 시베리아를 통과해 13일에 스톡홀름에 도착할 것이다. 나는 몇 달 동안 더 한국에 머물러 있을 예정이다. 경성에 있는 동안 계속해서 인종학적 관심사의 주제를 찾아 돌아다녔으며 스톡홀름에 있는 민속박물관에 전시할 수 있는 훌륭한 것들을 많이 얻었다.

어느 날 나는 일본인 친구인 쓰무라 씨가 근무하는 경성의 한국인 보통학교를 방문했다. 그 학교는 매우 현대적인 시설을 갖추고 있었고 오로지 한국인 아이들만을 대상으로 하고 있었다. 나는 거의 천여 명이 됨직한 모든 아이들을 흥미롭게 바라보았다.

그 무렵 그들을 커다란 운동장에서 스웨덴 체조를 하고 있었다. 스웨덴 체조는 일본과 한국 전역에서 가르치고 있다. 나는 또한 소리를 내어 쓰기와 읽기 수업이 진행 중이던 교실에 들어갔다. 쓰기 수업에서는 서투르고 작은 글씨들이 인디언 잉크로 그려져 있었다. 나는 그들이 어려운 일본과 중국 문자를 배우는 것을 딱하게 느끼지 않을 수 없었다. 나는 학교에서의 아이들에 대한 영화를 찍었다.

7월 15일에 큰 행사가 경성에서 벌어졌다. 그 행사는 일본의 종교 축제였는데 내가 신문에서 본 바에 따르면 10만 명 이상의 관람객들이 참석할 것으로 추측되었다. 그 축제의 목적은 고인이 된 인척들을 위해 한강에 맛있는 음식들을 떠내려 보냄으로써 그들을 기리려는 것이었다. 과일과 떡 등의 맛있는 음식들이 길이는 거의 1야드가 안되고 잘 만들기는 했지만 부서지기 쉬운 재료로 만든 매우 작은 배에 실었다. 모든 배들은 환하게 불이 켜진 종

곤장치는 모습

이 등으로 장식되었다. 몇 개의 제물들은 베 모양의 한 꾸러미에 종이 등을 얹어 놓은 것이었다.

문제의 화려하게 장식된 배와 함께 경성의 모든 곳에서부터 이어진 행렬은 느릿한 걸음걸이로 강변까지 길을 따라 몇 마일 이어지며 나아갔다. 도시의 거리들은 사람들로 가득했으며 종이 등을 든 보이 스카우트의 도움을 받으며 경찰은 교통을 통제했다. 몇 시간 동안 행렬은 이어졌다. 마침내 몇 만 명의 행렬이 제방에 일렬로 늘어서 강변에 도착했을 때 경찰이 한 집단에게 입장을 허락하자마자 끝없이 이어진 것처럼 보이던 행렬이 임시로 준비해 둔 장소로 한꺼번에 앞으로 몰려나옴으로써 그곳에서 희생자가 발생했다.

대체로 한 가족마다 배들을 가지고 왔다. 이제 가족은 강 아래로 내려가 작은 교각에 발을 디딘 채로 조심스럽게 불이 켜진 등을 실은 배를 물에 띄웠다. 모든 배의 불이 켜지고 음식들이 안전하게 배 위에 옮겨지자 배는 강물로 나아갔다. 반면에 배를 띄운 사람들은 절에서 하는 것처럼 머리를 숙이고 합장한 채로 기도를 드렸다.

강물 밖에서는 경찰 배가 순찰을 돌고 있었는데 그들의 임무는 배 안에 있는 음식들을 훔쳐 가지 못하도록 하고 배와 등이 함께 가라앉는지를 관찰하는 것이다. 차츰 그러한 일들이 일어났다. 우리가 볼 때마다 배들은 가라앉았다. 나는 밤 10서부터 자정 1시까지 그 광경을 지켜보았다.

도시에 돌아올 때 나는 강변에서 내려오는 새롭게 형성된 끝없이 이어진 군중의 행렬을 만났다. 축제가 밤새도록 지속된다는 것은 분명했다. 그 행사는 가장 아름다운 여름철 날씨의 축복을 받았다. 하늘에는 별이 빛났고, 바람 한 점 없었으며, 기온은 약 90° 정도로 적당했다. 단지 일본인들만이 음식을 제물로 바치는 행사에 참여했지만 관람객의 대부분은 한국인들이었다. 나는 10만 명 이상의 인파가 그곳에 있었다고 확신한다.

제 27 장 금강산에서

한국 중부의 동쪽에는 어느 것과도 비교할 수 없을 정도로 아름답고 거대한 산이 있다. 일본 사람들은 이를 코고산이라 부르고, 한국 사람들은 금강산이라고 하며, 외국인들에게는 The Diamond Mountains로 알려져 있다. 금강산에는 형상이 너무나 특이하고 환상적인 수천 개의 봉우리가 있어서 그것을 보면 꿈을 꾸는 것이 아닌지 의심스러울 정도이고 자신의 눈을 믿지 못할 지경이다.

이 지역의 험한 계곡에는 여기저기에 굽이굽이 급류가 흐르면서 아름다운 폭포를 만들고 있다. 멀리 떨어져 있어 인적이 드문 깊은 산속에는 암자와 사찰이 있는데, 그중 일부는 몇 세기나 된 오래된 것이고 그곳에서 수도승들과 비구니들이 부처님에 대한 헌신과 명상으로 일생을 보낸다. 아주 옛날부터 이 산악 지역은 신성하게 여겨졌고 한국 불교의 중심지가 되어 왔다.

과거에는 많은 암자의 규모가 지금보다 훨씬 컸다. 그러나 지금도 여전히 32개 이상의 수도원이 있고, 이 지역은 한국 사람들과 다른 나라로부터의 불교도들에게 순례지가 되고 있다. 해마다 몇 천 명이 이곳을 찾아온다. 또한 오늘날 금강산은 그 지역의 훌륭한 경관으로 인해 여행자의 휴양지가 되었는데, 최근에 방문객들의 편의를 위해 일본 사람들이 길, 다리, 호텔, 여관 등을 건설했다. 그들은 이 지역을 국립공원으로 조성했다.

금강산

경성에서는 기차를 타고 금강산에 가는데 6시간이 걸리고, 그 지역의 여행을 시작하는 두 지점인 장안사 마을과 온수리라는 마을에 도착하는 데는 10시간이 걸린다. 온수리는 동해와 상당히 가까운 바닷가에 위치해 있다. 내가 혼자서 금강산을 보려고 장안사에 도착했을 때는 비가 억수로 내리고 있었다. 따라서 역에서 10분을 걸어 호텔에 당도하여 뜨거운 물에 목욕을 할 수 있었던 것은 매우 큰 즐거움이었다. 마른 옷을 입고, 점심과 커피 한 잔을 든 후에 나는 날씨가 변함없음을 알았다.

그 날은 아무런 관광도 할 수 없었고, 다음날 날씨가 더 좋아지기를 바랄 뿐이었다. 그러나 비는 그날 밤에도 계속 내렸고 그 다음날과 밤에도 계속 퍼부었다. 그 다음날 아침에도 여전히 날씨가 좋아질 것 같지 않았지만 나는 한국인 짐꾼을 고용해 나의 사진기와 다른 도구들을 이 나라에서 널리 사용되는 나무 상자에 담아 등에 지고 나르도록 했다. 그 나무로 만든 고안품 자체가 상당한 무게였지만 그는 자신의 짐을 걱정하지 않는 듯 했다. 나

금강산의 어느 절

대웅전 앞의 스님

의 목적은 보덕암을 방문하는 것이었는데, 이는 한국 전역에서 가장 신비로운 절로 여겨진다.

우리는 우선 장안사를 지나면서 6세기에 지어진 이 거대한 사찰을 보았다. 그곳에는 16개 이상의 불당과 마당이 있었고 훌륭한 불상과 그림과 꽃으로 화려하게 꾸며져 있었다. 60명의 수도승이 그곳에 살고 있었다. 사찰에서 내려다보이는 주변의 산악 풍경은 매우 멋있었고 완만한 경사지에는 가문비나무가 빽빽하게 있었다. 최근 내린 비로 물이 불어나 강처럼 보이는 급류의 가장자리에는 건물이 늘어서 있었다. 우리는 강가의 오솔길을 따라서 갔는데, 정면의 돌을 깎아서 3가지 불상을 새겨 놓은 거대한 바위를 볼 수 있었다. 그 바위의 반대편은 60개 이상의 작은 불상으로 치장되어 있었다.

지방의 전설에 따르면 그것은 600년 가까이 된 것인데, 그 기원은 근처 수도원의 래오와 금도라는 수도승 사이의 불화에서 비롯되었다고 한다. 그들은 서로를 너무 증오하여 누가 더 훌륭한 불상을 조각할 수 있는지 서로 내기를 했다. 경쟁에서 진 사람은 자결을 해야만 했다. 래오는 금도에게 3개의 거대한 불상이나 60개의 작은 불상을 조각하라고 했다. 금도는 60개의 작은 불상을 조각하는 것을 선택했는데, 래오의 작품이 더 훌륭하다고 인정되어 경쟁에서 이기게 됐다. 그래서 금도는 바위에서 조금 떨어진 강으로 투신하여 자살했다.

좀 더 앞으로 나아가 우리는 강 건너에서 아름다운 수많은 절을 보았다. 이는 금강산에서 가장 큰 4개의 사찰 중 하나인 표훈사의 일부분이었다. 이는 서기 677년에 세워졌는데, 지금의 건물은 16세기에 중창한 것이며 이전 건물은 화재로 소실되었다. 40명의 수도승이 그곳에서 살고 있다. 그곳에는 불상이 많고 흥미로운 수많은 탱화와 멋진 나무 조각들로 장식되어 있다.

그 절을 떠난 뒤 우리는 만폭동이라 불리는 골짜기까지 걸었다. 이는 아름다운 경관으로 매우 유명한 곳이다. 엄청난 화강암 절벽이 계곡을 따라 있다. 때로는 한 방향으로, 때로는 다른 방향으로 수많은 물줄기가 폭포를

금강산 보덕암

이루고 있다. 계곡의 바위 절벽마다 한자가 새겨져 있다. 그것은 방문자의 이름인데, 공양에 대한 감사의 뜻으로 수도승들이 새겨 놓은 것이다. 수많은 이름이 금강산의 바위마다 새겨져 있다. 어떤 것은 거대한 문자로 되어

금강산 마애석불

금강산 명경대

있고 어떤 것은 매우 작다. 두말할 나위 없이 그 크기는 공양의 정도에 비례하고 있다. 이제는 이름을 새기는 것이 금지되어 있다.

협곡을 돌아 나가면서 나는 목적지였던 보덕암에 문득 도달하게 되었다. 앞에서도 언급했듯이 그 절은 한국에서 가장 신비로운 절이다. 부분적으로 이 절은 공중에 매달려 있다. 그것은 계곡 가장자리의 바위 위에 높이 지어졌다. 부분적으로 바위 위에 지어져 있지만 전체적으로는 청동 기둥 위에 받쳐져서 공중에 떠 있다. 계곡 아래에 서서 이 놀라운 건축물을 올려다보았을 때 나는 누군가가 그 안에서 움직이는 것을 보았다.

나는 한 고독한 수도승이 일생을 부처님에 대한 헌신으로 그곳에서 혼자 기거하고 있다는 얘기를 들었다. 나는 이 수도승이 어떤 사람인지 몹시 보고 싶어 나와 함께 간 한국 사람에게 강을 건너 그곳으로 올라가서 그 수도승에게 인사할 수 있는 방법을 아는지 물었다. 작은 사교적 만남은 수도승에게 득이 될 것 같았다. 최근 거센 물살로 원시적인 다리가 떠내려갔지만 우리는 매우 고생스럽게 그럭저럭한 지점으로 건너갈 수 있었다. 내가 그 정도로 위험하게 익사할 뻔한 적은 없었다. 우리가 강을 건넌 지점이 폭포에서 그리 멀지 않은 곳이어서 무척 위험했다.

강 반대편에 도착하자마자 우리는 오솔길을 통해 산을 올랐다. 우리가 그 곳에 올라갔을 때 나는 그 수도승이 붉은 의복을 입고 불상 앞에서 기도하고 있는 것을 볼 수 있었다. 우리는 마침내 그 절에 도착했다. 나는 여전히 기도드리고 있는 그 수도승을 방해하고 싶지 않았기 때문에 풍경을 감상하면서 만폭동과 주변 산을 바라보았다. 참으로 아름다운 광경이었다. 약 30분 후에 그 수도승이 기도하던 곳에서 울리던 종소리가 그쳤고 그는 내가 서 있는 곳으로 다가왔다. 허리를 굽히는 통상적인 인사를 서로 나눈 후 나는 그에게 내가 유럽의 스웨덴이라는 나라에서 왔고, 이 낯선 절이 너무도 보고 싶었으며, 그의 생활이 어떤지를 알고 싶었다고 말했다.

"당신은 얼마나 자주 기도를 드립니까?"

내가 물었다.

"24시간 중 세 번입니다. 아침에 한 번, 점심에 한 번, 저녁에 한 번입니다. 기도는 매번 한 시간씩 이어지고 기도하는 동안 계속 종을 친다고 했다. 계절이 바뀌고 해가 바뀌고 어두운 밤이나 추운 겨울에도 그는 불상 앞에서서 기도드립니다."

그는 매우 만족스럽고 행복해 보였으며 외로움으로 고생하는 것 같지 않았다. 그러나 겨울에 그 높은 곳은 끔찍한 곳임을 나는 상상할 수 있었기 때문에 그에 대한 동정심을 금할 수 없었다. 그는 굉장한 호의를 베풀어 나에게 자신의 초라한 거처를 보여주었다. 나는 계곡 위에 걸쳐 있는 절의 한쪽에 서 있는 불상이 있는 간소한 제단을 살펴보았다. 그가 바닥의 작은 구멍을 열어 주어 나는 그 아래를 내려다보았는데, 거의 까마득한 높이였다. 그러고 나서 나는 이 뛰어난 사람과 250년이나 된 절의 사진과 활동사진을 모

금강산 보덕암의 스님

두 찍었다.

내가 떠날 때 그는 가파른 오솔길 아래로 나를 배웅하면서, 자신과 자신의 기도에 대한 내 관심을 고마워하는 듯 기도할 때와 마찬가지로 합장해 허리 굽혀 작별을 고했다. 원래 나는 이후에 장안사로 돌아갈 계획이었으나, 날씨가 너무 맑았고 더 화창해질 것 같아 금강산의 산악 지역을 넘어 온수리에 가기로 결심했다. 나의 짐꾼은 단지 특별 답사를 위해 고용했었지만 며칠 더 여행에 기꺼이 동행하기로 했다.

나는 금강산에서 가장 높은 봉우리인 비로봉에 올라 그곳의 오두막에서 밤을 보내고 다음날 그 지역의 반대편으로 가기로 결정했다. 구불구불한 오솔길을 따라 우리는 산 위로 점점 더 높이 올라갔다. 얼마 후 우리는 7세기에 지어진 또 다른 커다란 사찰에 도착했는데, 거대한 바위에 거의 20야드 높이로 조각된 훌륭한 불상으로 인해 훨씬 더 흥미로웠다. 그것 역시 앞에서 말한 수도승인 래오가 조각한 것이었다.

몇 시간 더 산을 오르고 앞으로 나아간 뒤 우리는 저녁에 비로소 비로봉에 도착했는데, 그곳에서 우리는 금강산 전체의 전경을 볼 수 있었다. 구름의 바다 위로 봉우리들이 연속해서 솟아 있었고 멀리 동해가 어렴풋이 보이는 장관이 펼쳐졌다. 우리는 돌로 지은 오두막집에서 한국과 일본의 여행객들과 함께 밤을 지냈고, 다음날 아침 계속 길을 갔다. 밤새도록 비가 억수같이 퍼부었고, 우리가 출발할 때도 빗줄기가 가늘어질 기미가 보이지 않았다. 비는 하루 종일 1분도 그치지 않았으며 그러한 폭우 속에서 비옷도 무용지물이었으므로 나는 두 시간 만에 흠뻑 젖었다.

두 시간 동안 울창한 산 속을 걸어서 우리는 유명한 구룡폭포라는 곳에 도착했다. 그것은 절벽에서 수직으로 60야드를 떨어지는 뛰어난 폭포였고 한쪽에는 한문이 새겨져 있었다. 우리는 그 근처의 오두막에서 잠시 쉬었다. 그리고 나서 우리는 작은 폭포가 많이 있고 화강암 절벽이 환상적으로 형성되어 있는 그림 같은 곡룡동을 통해 계속 나아갔다. 계곡의 양쪽으로

상좌중

험준한 산이 솟아 있었다. 비룡대라 불리는 근사한 폭포가 엄청난 높이에서 떨어지고 있었다. 그날 중에 우리는 온수리에 도착했고, 그곳에서 젖은 옷을 벗어버리고 뜨거운 물에 목욕을 한 후 기모노를 입었을 때 나는 말할 수 없는 만족감을 느꼈다.

며칠 후에 나는 만물상이라는 금강산의 다른 지역을 방문했다. 온수리로부터의 길은 잎이 무성한 나무로 뒤덮인 깊은 계곡으로 이어졌는데 그 양쪽으로는 높은 산이 있었다. 이따금씩 우리는 산을 돌아서 계곡을 향해 다른 길로 갔고, 몇 시간 동안 바위산을 넘고 좁은 계곡을 지나 나아간 뒤에 이 지역을 나누고 있는 세 군데의 바위산 가운데 가장 높은 신만물상의 정상에 도착했다. 그곳에서 나는 하품하듯 펼쳐진 골짜기와 야생 계곡이 있는 금강산의 또 다른 엄청난 전경을 볼 수 있었다.

금강산은 여름의 엄청난 폭우와 겨울의 혹독한 추위로 야기된 침식 작용으로 특이한 표면 지형을 갖게 되었음에 틀림없다. 이 두 가지 힘은 여전히 작용하고 있는데, 모든 계곡에서 천둥치는 소리와 함께 흘러가는 급류 소리를 들으면 무엇이 침식에 영향을 미치는지 알 수 있을 것이고 수많은 돌과 자갈이 우기에 물살에 떠내려가는 것을 볼 수 있을 것이다. 어느 날 나는 해금강을 방문했는데, 그곳은 아름다운 섬과 절벽으로 유명한 곳이고 그중에 일본의 해변의 섬을 떠오르게 하는 그림 같은 경치를 제공하고 있는 한 그루의 소나무가 있다.

금강산 구룡폭포

제 28 장 하늘다람쥐

한국에서 내가 알게 된 가장 기분 좋은 동물 가운데 하나가 하늘다람쥐였다. 이는 한국의 북쪽 지방에서 발견되는데, 습성이 야행성이고 낮에는 나무 속 굴에서 잠을 자기 때문에 잡기가 매우 힘들다. 하늘다람쥐는 앞발과 뒷발을 연결하고 있는 피부가 있어 공중에 떠 있을 수 있도록 만든다. 내가 아는 한 한국에서는 일부 종류만이 포획되었다.

따라서 나는 그것을 연구하고자 한 마리를 생포하고 싶었다. 한국의 북쪽 지방을 여행하면서 나는 주민들에게 항상 하늘다람쥐에 대해 질문을 해보았으나, 하늘다람쥐를 보았거나 그런 동물에 대해 들어보기라도 한 사람을 만나는 일은 거의 없었다. 첫해 여름 동안 하늘다람쥐가 어디에 집을 짓는지에 대해 나는 전혀 알아낼 수가 없었고 연구를 겨울까지 완전히 연기해야 했다.

1935년 12월에 내가 만주와의 국경 지역을 방문했을 때, 나는 주민들에게 하늘다람쥐를 찾아볼 것을 권고했는데, 어느 화창한 날 한국 사냥꾼이 한 마리를 잡아서 나에게 가져왔다. 내가 하늘다람쥐를 그렇게 가까이 본 것은 그때가 처음이었다. 그 사냥꾼은 여러 종류의 잎이 무성한 숲 속 한 가운데의 나무 위에 그 다람쥐가 있는 것을 보았다고 했다. 그 작고 귀여운 동물의 등은 은회색이고 복부는 하얀 비단 같은 털을 갖고 있었다.

하늘다람쥐

황갈색 꼬리에는 우리의 다람쥐 같이 털이 많은 것이 아니라 넓적하고 두 줄로 다른 색의 털이 자라고 있었다. 앞다리와 뒷다리 사이에 이어져 있는 넓은 피부막은 그 외양이 이상하게 보이도록 했다. 다리 사이의 피부 막 이외에 가장 특이한 점은 그의 커다랗고 검은 눈이었다. 그것은 보통 다람쥐의 절반만한 크기에 불과했다. 겨울 동안 나는 세 마리의 하늘다람쥐를 잡았지만 모두 살아남지 못했다. 1936년 3월, 우리가 백두산 근처의 처녀림을 두 번째 방문했을 때 나는 살아 있는 하늘다람쥐를 10엔에 산다고 마을에 알렸다.

앞서 언급했듯이 훼크비스트와 내가 신비한 한국 멧닭을 찾아 하루 종일 돌아다니다가 오두막으로 돌아온 어느 늦은 저녁에 한 남자가 살아 있는 하늘다람쥐를 작은 상자에 담아 우리를 기다리며 앉아 있었다. 그는 하루 종일 하늘다람쥐를 갖고 거기에 있었다고 했다. 우리의 피로는 곧 모두 사라졌고, 나는 동경하던 그 전리품을 서둘러 살펴보았다. 앞쪽이 줄로 감긴 작은 나무 상자 안에서 그 매력적인 작은 짐승은 커다란 눈으로 우리를 바라보고 있었다. 그 하늘다람쥐는 초조해 하는 기색이 거의 없었고 그 날 동안 기장을 먹었다고 후지모토 겐지가 우리에게 말해 주었다.

“이 하늘다람쥐를 어떻게 잡았습니까?”

내가 그 한국 사람에게 물었다.

“저는 모든 속이 빈 나무를 막대기로 치면서 숲 속을 지나갔습니다. 속이 빈 낙엽송의 구멍에서 갑자기 하늘다람쥐 한 마리가 튀어나왔습니다. 저는 조심스럽게 물러서서 그를 관찰했습니다. 잠시 뒤에 그는 구멍 안으로 되돌아갔습니다. 저는 구멍이 있는 높이까지 조심스럽게 나무를 타고 올라가 손을 집어넣어 이놈을 움켜잡았는데, 그가 내 손을 너무 세게 물어 정말 거의 놓칠 뻔했습니다. 하지만 놓치지 않았습니다. 저는 가지고 간 상자 안에 그를 안전하게 넣을 때까지 그냥 저를 깨물도록 내버려두었습니다.”

나는 10엔을 꺼내어 그 남자에게 건네주었다. 그 지역에서 그만큼의 돈은 20일 동안의 남자 임금에 이르렀으므로 그는 돈을 받자 놀라움으로 아무 말도 하지 못했다. 아마도 내가 그러한 댓가를 약속했던 것을 믿지 못했던 것 같아 보였다. 얼마간 놀라움으로 멍하니 있다가 그는 가장 정중하게 고마움을 표했다. 나는 그러한 보상으로 그렇게 기뻐하는 사람은 본 적이 없었다. 나도 역시 그에게 고맙다고 말하고 하늘다람쥐를 더 찾아보라고 그를 독려했다. 그는 어둠 속으로 사라져 자기 마을로 돌아갔다.

그 지역에서 우리의 볼일은 이제 끝났고 며칠 후에 원존동으로 돌아가 다시 우리의 거점으로 이동해야 했다. 출발하기 전날 밤, 나는 또 다른 하늘다람쥐가 붙잡혔고 원존동에서 나를 기다리고 있다는 얘기를 들었다. 우리의 짐이 우마차로 운송되는 동안 나는 첫 번째 하늘다람쥐를 상자에 담아 그곳까지 걸어갔다.

원존동에 도착한 우리는 이전에 머물렀던 오두막 주인과 만났다. 그는 턱수염을 기른 정다운 한국 노인으로 귀밑까지 웃음을 머금은 채 우리를 환영했다. 그는 자랑스럽게 작은 나무 상자를 꺼내어 나에게 건네주었다. 그 안

홍수 복구 작업

숯 장수

에는 첫 번째와 마찬가지로 귀엽고 작은 은회색 하늘다람쥐가 호기심 어린 눈으로 우리를 바라보고 있었다.

나는 곧 그 녀석을 다른 한 마리와 같은 상자에 넣었는데 그들은 대단한 흥미를 보였다. 그들은 잠시 서로 냄새를 맡았다. 새로운 놈이 처음에는 약간 화를 내어 다툼이 있었는데 그것도 곧 끝났다. 새로운 녀석이 곧 자작나무와 사시나무 새싹을 먹는 것으로 보아 무척 배가 고팠던 것 같았다. 그는 또한 목이 말랐던 것 같았으며 둘 다 눈을 먹었는데, 그것은 하늘다람쥐가 이 지역에서 겨울에 갈증을 해소하는 방법임이 확실했다. 싹과 기장을 조금 더 먹은 뒤 그들은 서로 더 친밀해졌으며 몸을 공처럼 말고 꼬리를 머리 위쪽으로 늘어뜨린 채 잠이 들었다.

이틀 후에 우리는 주읍에 도착하여 다람쥐들을 좀 더 큰 새장으로 옮겼다. 그들은 야행성 습관대로 하루 종일 자다가 저녁 8시에 일어나곤 했다. 그들의 수줍음은 거의 사라졌다. 그들은 잠에서 깨면 잠시 앉아 주위를 둘러보았다. 그리고 나면 우리는 그들을 방해하지 않고 새장 속에 있는 것을 관찰할 수 있었다. 그들은 때로 두 발로 서서 발로 그 부드러운 털을 쓸어내리곤 했다. 가끔 그들은 신기하고 작은 소리를 냈는데 거의 삐걱거리는 소리였다. 이는 그들이 어둠 속에서 의사소통할 때 이용하는 소리임에 틀림없었다.

이러한 신호가 오고갈 때마다 그들은 항상 가만히 앉아서 응답을 듣는 것 같았다. 그들이 공처럼 구부리고 자는 것을 낮 시간에 깨워서 조심스럽게 내 손바닥 위에 놓는 방식으로 가끔씩 아무 저항 없이 새장 밖으로 꺼낼 수 있다. 그러나 대체로 그들은 내 손에서 살짝 빠져나가곤 했다. 내가 꽉 움켜잡으면 날카로운 이빨로 나를 깨물었다. 장갑을 껴도 이빨이 들어갔다.

그들은 사과를 무척 좋아했다. 그들은 계속해서 기장을 먹었으며, 무엇보다도 잎이 많은 나무의 싹을 먹었다. 특히 개암나무 새싹을 좋아했다. 이 큰 눈의 작은 야생 짐승에 대해 나는 다양한 연구를 즐겼고 몇 마리를 더 잡아 스웨덴으로 가져가기로 결심했다. 따라서 나는 시베리아에서 오랫동안 살았던 이반이라고 알려진 한국 사람을 찾아 주을을 방문했다. 그는 이미 나를 위해 몇 가지 일을 해주었다.

이반이 나와 함께 원존동에 가서 이주일간 야영하면서 머물 수 있는지, 그리고 마을 주민들에게 하늘다람쥐를 찾아 달라고 설득할 수 있는지를 나는 그에게 물었다. 그는 곧 동의했다. 처음 잡아오는 하늘다람쥐는 10엔을 지불하고 그 이후에는 더 적은 돈을 지불하기로 결정했다. 그는 자신이 가격을 글로 써 놓아야 한다면서 그렇지 않으면 한국 사람들이 그런 엄청난 보상을 믿지 않을 것이라고 했다. 따라서 후지모토 겐지가 그 거래에 대해 일본어로 편지를 써야 했다. 편지와 함께 다람쥐를 담을 수 있는 우리를 들고 한국 사람은 원존동으로 갔다.

일주일 후 저녁 늦게 누군가가 우리 방문을 두드렸다. 유리창을 통해 이반이 밖에 와 있는 것이 보였다. 나는 무척 놀라 그가 이렇게 금세 돌아온 것을 보면 무슨 일이 벌어진 것이 아닌가 생각했다. 그가 집안으로 들어왔을 때 그는 말할 수 없을 정도로 흥분해 있었다. 그는 수많은 부분으로 나누어진 나무 상자를 들고 있었는데 그 안에는 최소한 9마리의 하늘다람쥐가 들어있었다. 그는 자랑스럽게 상자를 나에게 넘겨주었다. 우리가 그 한국 사람에게 감사를 표시하고 그를 축하해 준 뒤 새로 도착한 하늘다람쥐들을 살펴보는 동안 그는 자신의 일을 조금 더 얘기해 주었다.

"제가 원존동에 도착했을 때 혼례가 있어 하객들이 사방에서 몰려들었습니다. 몇 백 명의 사람들이 모여 있었는데, 내가 참석해도 되는지 물어 보았습니다. 저는 편지를 호주머니에서 꺼내 하객들 앞에서 큰 소리로 읽어 주었습니다. 그 결과 그들은 모두 하늘다람쥐를 잡으러 숲으로 달려갔습니다. 그런 돈을 벌 기회를 놓칠 수 없다고 모두가 생각하는 것 같았습니다."

이반이 말하기를 심지어는 신랑도 매우 고무된 것처럼 보였다고 했다. 이틀 반만에 모두 10마리의 하늘다람쥐가 붙잡혔다. 하늘다람쥐 생포는 방식을 들어보니, 다람쥐가 살고 있는 나무 구멍을 찾은 다음, 바지를 벗어서 양쪽 다리 끝을 묶고 구멍 앞에 바지 윗부분을 대고 나무를 두들기기 시작하는 것이었다. 그러면 다람쥐가 바지 안으로 뛰어들어서 한쪽 다리로 빠지는 것이었다. 사람들이 그때 바지 윗부분을 묶으면 다람쥐는 안전하게 붙잡힌다. 한 한국 사람은 바지의 양쪽 다리에 한 마리씩, 두 마리를 한꺼번에 붙잡는 행운을 누리기도 했다.

10마리의 다람쥐를 얻은 뒤 이반은 가능한 한 빨리 주을로 돌아왔는데 그렇지 않으면 가는 길에 다람쥐가 모두 죽을 것이기 때문이었다. 한 마리는 죽고 말았다. 그는 먼 길에 자동차를 탈 수 있는 행운을 잡아서 하루를 단축할 수 있었다. 그래서 나는 모두 11마리에 이르는 이 작은 동물을 갖게 되었다. 우리가 여행하면서 이들을 가지고 다닐 수 없었으므로 다음 할 일은 이들이 여름을 보낼 집을 마련해 주는 것이었다.

나는 경성 동물원의 시모코리야마 세이이치 씨에게 내가 스웨덴으로 돌아갈 때 절반만 살아 있어도 된다는 점을 이해시키면서 다람쥐들을 돌볼 수 있겠냐고 물어보았다. 그는 곧 동의했고, 며칠 후에 우리가 압록강 유역으로 향하면서 경성을 지나갈 때 다람쥐들을 동물원에 맡겼다. 그곳에서 다람쥐들은 훌륭한 우리에 들어갔다.

불행하게도 그들 대부분은 여름 동안 죽었고, 7월에 나와 훼크비스트가 집으로 돌아왔을 때는 단지 3마리가 살아 있었다. 시모코리야마 씨는 친절하게도 내가 2마리를 가져가도록 허락해주었으므로 훼크비스트가 그들을 가져갔다. 다람쥐들은 스웨덴에 무사히 도착했고 스톡홀름 근처 우리 집에 있는 커다란 우리 안에서 늦가을에 내가 집에 돌아갈 때까지 내 아내의 보살핌을 받았다.

이 글을 쓰고 있는 이 순간에도 그들은 1년 넘게 우리 집에 살고 있다. 그들은 둘 다 잘 지내고 있고, 밤에 나와 놀고 낮에 잠을 자는 점이 다르기는 하지만 매우 훌륭한 애완동물이다. 그들은 둥글게 웅크리고 있는데 어두워질 무렵 일어날 것이다. 겨울에는 주로 싹과 자작나무, 버드나무, 사시나무, 개암나무의 어린 가지를 먹는다. 그들은 또한 삼나무 씨와 사과를 좋아한다. 때때로 나는 그들이 내는 작고 이상한 울음소리를 듣는다.

제 29 장 지리산과 제주도 탐사

한국 북부 지역에 머무는 동안 나는 러시아 이주민들을 제외하고는 좀처럼 백인들을 만날 수 없었다. 그러나 1935년 가을에 우리가 시베리아 국경 지역 근처의 호수에 머무르고 있을 때, 나는 어느 날 캐나다 선교사인 버비지[1] 씨의 방문을 받았다. 그는 한국에서 10년 동안 살아온 사람으로서 매우 인정스러웠다. 그는 한국 북부 지역의 회령에 있는 그의 집으로 우리를 초대했다. 우리는 그와 함께 지내며 그와 그의 부인에 의해 진심 어리고 유쾌한 대접을 받았다. 그곳에서 우리는 또한 같은 도시에서 살아가는 몇 명의 독일 가톨릭 신부들을 알게 되었다.

한국 남부 지역에 위치한 목포에 살고 있는 또 다른 캐나다 선교사인 커밍[2] 씨가 여행 중에 나를 초대했다. 목포에 있는 선교 학교에서 선생님을

---

1) 버비지(W. A. Burbidge) : 캐나다의 농촌선교사. 1925년에 내한하여 원산과 회령, 성진 등지에서 농촌강습소와 YMCA 활동을 하다가 1942년에 추방되어 온타리오에서 목회를 하며 여생을 보냄.

2) 커밍(Daniel J. Cumming: 1892~1971) : 미국 남장로교회 선교사. 켄터키의 웨슬리안대학과 루이스빌신학교를 졸업하고 1918년에 내한하여 목포, 광주 등지에서 선교 활동을 하면서 목포 영흥학교 교장, 광주 숭일학교 교장, 수피아여학교 교장을 역임했으며 태평양전쟁의 발발과 함께 추방됨. 해방과 더불어 다시 내한하여 목포 기독병원과 인근에서 전도 활동을 하다가 1949년에 귀국하여 미국 남장로교회 세계 지역 본부 총무(1949~1962)로 활약함.

하고 있는 커밍 목사는 한국의 조류 생태에 많은 관심을 가지고 있어 그 주제에 관한 연구 서적을 출판하기도 했다. 따라서 우리는 공통의 관심사를 가지고 있었기 때문에 그가 여름휴가 동안 머무르는 곳인 한국 남부의 지리산에서 함께 며칠을 보내자는 초대를 나는 흔쾌히 받아들였다.

8월 14일에 나는 경성에서 밤기차로 여행해서 다음날 아침에 한국의 남단 지역인 남원역에 도착할 예정이었고 그곳에서부터 자동차를 타고 갈 예정이었다. 그러나 변덕스러운 날씨로 일정을 조금 변경했다. 비가 평소보다 훨씬 더 내려 잇따라 강물이 제방을 범람했다. 심각한 수해가 한국의 여러 지역에서 발생했고 철도 업무는 장기간 중단되었다. 내가 탄 열차는 출발역에서 장시간 지체되었다. 기차를 갈아타야 하는 곳인 이리에서 오래 기다린 뒤 마침내 남원행 열차를 탔을 때, 선로가 침수되어 우리는 단지 세 정거장만을 지나갈 수 있었다. 모든 열차 승객들은 전주라는 작은 마을에 내렸지만 언제 다른 열차가 올지는 누구도 알지 못했다.

나는 일본인이 운영하는 작은 여관에 숙소를 정하고 한국의 여타 작은 도시들과 비슷한 모습의 도시를 구경했다. 밤새 그곳에는 무시무시한 재해가 있었다. 도시를 관통하는 강이 범람해서 100가구 이상의 가옥들이 완전히 파괴되었다. 밤새 약 75명의 사람들이 익사했다. 홍수의 파괴력이 심각해서 노인들과 아이들을 구하기에는 큰 어려움이 따랐다.

다음날 아침에 밖으로 나가 파괴된 현장을 둘러보았다. 황폐화된 가옥들의 모습은 처참했고 제정신이 아닌 듯한 집주인들은 잃어버린 재산의 일부라도 찾으려고 진흙을 손으로 헤집고 있었다. 익사한 시체들은 이미 옮겨져 있었다. 이번 수해는 이전 해보다 심각했다. 몇천 명이 익사했고 수만 채의 가옥들이 파괴되었으며 쌀농사에 전념하던 광대한 지역이 황폐화되었다.

물질적 피해는 수백만 엔을 넘어섰다. 일본 천황은 인명 피해 범위를 조사하고 집을 잃은 사람들을 도울 수 있는 방법이 무엇인지 조사하도록 한국에 특별히 칙사를 보냈다. 그 칙사가 경성에 도착했을 때, 특별한 주목을 받

지리산

초가집 마을

았다. 그 당시 그는 황폐화된 모든 지역을 이리저리 돌아다녔다. 천황은 재해민들을 위해 상당한 금액의 돈을 내놓았고 적지 않은 기부금이 여러 지역에서 모금되었다.

비극이 있은 다음날 나는 남원으로 갈 길을 계속해서 갔다. 내가 그곳에서 시간을 보내는 동안 여러 곳 가운데 예외적으로 모든 살아 있는 것과 다양한 색깔로 가득한 시장을 구경했다. 그곳에서 나는 거대한 수박뿐만 아니라 숯, 바구니, 옷, 생선 그리고 상상할 수 있는 모든 것을 파는 것을 보았다. 한국인 약사가 앉아서 거대한 거북이 뼈 앞에서 설교를 하고 있었다. 그는 뱀 가루와 같은 기분 나쁜 종류의 한국 약을 팔았다. 그의 주위에는 살아 있거나 죽은 뱀들이 있었다.

시장을 둘러보고 마을을 통과하는 장례 행렬을 구경한 뒤 나는 훨씬 더 멀리 가서 오후에 지리산 기슭에 위치한 오래된 절에 도착했다. 그곳에서 나는 짐들을 짊어질 한국인 짐꾼을 고용하고 우리는 매우 가파른 지역인 산비탈을 올라가기 시작했다. 때때로 우리는 비로 불어난 산 개울을 간신히 건너야 했다. 낙엽송들이 울창한 삼림을 지나 천천히 위로 올라갔다. 돌과 돌 사이를 수없이 뛰어다니며 구불구불한 산길을 따라 세 시간가량을 간 뒤에 마침내 눈앞에 너무나 놀라운 장관이 펼쳐진 산 정상의 고원에 도달했다.

4,200피트 높이의 정상에 위치한 몇 채의 크고 작은 유럽풍의 오두막과 별장들은 낙엽송이 그늘을 드리운 사이에 있었다. 그 집들은 넓은 고원에 띄엄띄엄 퍼져 있었다. 많은 유럽인들과 미국인 방문객들, 특히 선교사들이 저지대의 숨막힐 듯한 더위를 피해 이곳에서 여름휴가를 보내고 있었다. 나는 곧 그곳의 몇몇 사람들을 만났는데 그들은 나에게 커밍 목사의 주소를 가르쳐 주었다. 커밍 부부와 그의 장인인 프레스톤[3] 박사 부부가 나를 따뜻

3) 프레스톤(John F. Preston : 1875~1975) : 미국 남장로교회 소속 선교사. 조지아 출신. 프린스턴대학에서 신학과 영문학을 전공. 1903년에 내한하여 광주, 목포, 해남, 순천, 보

하게 맞아 주었고 나는 그들과 함께 즐거운 저녁 시간을 보냈다.

다음날 아침에 우리는 근처로 답사를 나갔다. 우리는 산의 능선을 따라 다니며 주위의 모든 놀라운 풍경에 감탄했다. 대부분이 참나무인 낙엽송들로 이루어진 매우 울창한 숲이 산의 경사면과 마을에 형성되어 있었다. 나무로 울창한 산들이 끝없이 이어져 있는 것 같았다. 땅에서는 노란 백합, 붉은 봉선화, 보라색 제라늄을 도처에서 볼 수 있었고 수풀이 다양함을 더하며 모든 종류의 꽃과 색이 만발했다. 지리산은 여름철을 보내기에 황홀한 장소로 보였다.

우리가 집에 돌아왔을 때, 나는 자신을 베리만(Gerda Bergman) 양이라고 소개한 스웨덴 여성의 방문을 받았다. 그는 리드쇠핑 근처에서 1886년에 태어났다고 말했다. 우리는 서로가 친척이 아니라는 것을 알게 되었다. 그는 6살 때 부모님과 함께 친척들이 이주한 미국으로 건너갔다고 말을 이었다. 1915년에 그는 선교사로 한국에 들어왔고 지금은 한국 남부 지역에 있는 대구에 살고 있다.

그는 스웨덴어를 읽을 수 있지만 모국어가 서툴러 영어로 이야기하는 것을 좋아했다. 그러나 그는 진짜 스웨덴인 것을 입증하고자 외국인이라면 정확하게 하는 것이 불가능한 sjuhundra sjuttiosju[4]를 정확하게 발음했다. 저녁에 모든 거류민들을 지리산 강당에서 만났다. 커밍 목사는 나의 동아시아 여행에 대한 강의를 해주도록 나에게 요청했고 따라서 즉석에서 나는 캄차카를 여행한 모험담과 쿠릴열도에서의 경험담을 이야기해 주었다.

다음날 나는 뱀, 갑각류, 곤충류 등 그 지방의 동물 생태 표본을 몇 개 얻을 수 있었다. 나는 이 훌륭한 산의 정상에서 며칠 더 머무르는 동안 자신들

성. 구례 등지에서 선교 활동을 하면서 목포 영흥학교 교장(1905)와 광주 숭일학교 교장(1908)을 지냄. 1940년에 강제 추방됨.

4) (원저자 주) 777을 의미함.

의 일에 모두 충실한 많은 재미있는 사람들을 알게 되었다. 지리산에서 나는 한국과 일본 사이의 해협에 위치한 제주도로 갈 계획을 세웠다.

제주도는 바다 밑바닥에서 연체동물을 모으는 8,000여 명의 해녀들로 유명한 곳이다. 그래서 나는 친절한 주인에게 작별 인사를 하고 휴가를 끝마친 선교사인 뉴랜드[5] 가족과 함께 산 아래로 내려왔다. 뉴랜드 가족이 사는 광주에 도착하자마자 병원이 붙어 있는 큰 전도 교회를 방문해서 그곳에서 그들과 두 시간 가량을 보냈다. 그리고 나는 목포항으로 갔다. 현재 공식적으로는 제주도라 불리는 곳을 향한 배가 기차가 도착한 뒤 15분 뒤에 출발할 예정이었다. 나는 자동차로 서둘러 간신히 시간에 도착해서 부둣가로 차를 몰아 배가 출발하기 전에 배에 탑승했다.

제주도까지 항해는 밤새 걸렸다. 우리는 다음날 아침 6시에 그곳에 상륙했다. 나는 제주의 작은 마을에서 일본인이 운영하는 여관에 숙박하고 두 시간가량 휴식을 취한 뒤 주위를 둘러보려고 밖으로 나갔다. 한국인 거주민들의 집은 대부분이 화산암으로 지어졌고 화산바람으로부터 밀짚을 보호하려고 그물 모양의 새끼줄로 눌러 놓았다.

한국 여성들은 도시를 통과하는 강가에서 옷을 세탁하느라 바쁜데 이는 한국 어느 곳에서나 볼 수 있는 모습이었다. 강 중심부에는 한 남자가 그물로 낚시하며 서 있었다. 수박 판매상들이 길가를 서성대고 있었고 가게에서는 손님을 기다리거나 시중드느라 바쁜 상인들이 보였다. 윗통을 벗은 아이가 이곳저곳을 돌아다니고 있었다. 나는 아이 주위를 지나가는 일본인 경찰을 보았다.

바람이 너무 세 해녀들은 하루를 쉬었지만 다음날 해녀들은 하루 종일 일

---

5) 뉴랜드(Leory T. Newland): 미국 남장로교회 소속의 목사. 1910년에 입국하여 광주, 목포, 강진, 함평, 나주, 장성, 영광 등지에서 교회를 개척했으며, 태평양 전쟁의 발발과 신사참배 강요로 더 이상 한국에서 활동하지 못하고 1943년에 귀국하여 고향인 노드 캐롤라이나의 블랙 마운틴에서 여생을 보냄.

했다. 바다에서 떨어진 곳이나 해안을 따라 바쁘게 일하는 많은 해녀들의 모습을 볼 수 있었다. 나는 그들이 일을 어떻게 하는지 너무 알고 싶어 영어를 하는 한국인과 함께 그들이 실제로 일하는 모습을 사진으로 찍을 준비를 했다. 해안 가까이에 키 크고 건장한 훌륭한 몸매를 가진 세 명의 여자가 있었다.

세 명 모두 해녀들의 공통된 복장인 검은 잠수복을 입고 있었다. 그들 각각은 오이 껍질[6]로 만든 커다란 허벅과 그물을 가지고 있었다. 이 그물은 허벅에 고정되어 있었다. 그들은 모두 잠수 안경을 끼고 있었다. 그들은 잠수를 쉬고 있었다. 그들은 잡은 것들을 꺼낸 뒤에 바다 표면에 허벅을 놓은 채로 발로 허공을 차며 아래로 잠수했고 시야에서 사라졌다. 그들은 물속에서 2~3분 동안 잠수해 있었고 잠시 뒤에 고둥과 홍합을 가지고 나왔다. 표면에서 잠시 동안 휴식을 취한 뒤에 그들은 다시 바다로 잠수했나.

일반적으로 그들은 물속에서 2~3분간 견딜 수 있고 대개 약 6~10야드의 깊이에서 일한다. 잠수는 한국에서 오로지 여성들의 일이며 과거 오랫동안 제주도 여성들은 한국에서 가장 유능한 해녀로 유명했다. 그들은 일본과 한국의 동해안에서 많이 고용되었으며 어디에서든지 고둥과 홍합을 충분히 공급했다.

해변을 따라 걷고 있을 때, 나는 어린 소녀들이 미래의 직업을 위해 스스로 훈련하는 모습을 볼 수 있었다. 마치 성인 여인들처럼 장비를 갖춘 그들은 잠수를 하여 고둥이나 홍합을 잡아 해면에 떠올랐다. 나는 해녀들의 사진과 활동사진을 찍은 뒤 도시에서 조금 떨어진 사원을 방문하려고 차를 탔다. 사원은 아름다운 나무숲으로 둘러싸여 있었다. 사원 안에는 신도들이 제주도 주민들의 시조로 여기는 세 신에게 기도를 드리고 있었다. 사원 안

---

6) 박을 오해한 것 같다.

제주 해녀

의 유적지에는 지난날 지면에 있던 구멍으로 세 신이 나왔던 곳으로 여겨지는 세 개의 동굴[삼성혈]이 있다. 나는 그 이야기를 절 경내를 안내했던 한국인 성직자에게 들었다.

다음날 나는 육지로 돌아왔다. 육지로 항해하는 약 2~3시간가량 우리는 절벽에서 떨어진 곳에서 많은 해녀들의 무리가 모여 있는 몇 개의 섬들을 지나쳤다. 해녀들이 가득 탄 배가 우리에게 고둥을 팔려고 기선에 다가왔다. 그들은 수다를 많이 떨며 상당히 많은 거래를 했다. 우리가 한국의 해안에 다가감에 따라 대부분에 사람들이 거주하고 있는 푸른 소나무로 뒤덮인 섬들로 너무나 아름다운 다도해를 지났다.

제 30 장 민간 의료

한국과 중국 그리고 동부 시베리아의 몇몇 지역에서는 고대부터 약으로 특별한 명성을 얻고 있는 유명한 식물이 자라는데 그것이 곧 인삼(ginseng)으로 불린다. 그것의 라틴어 학명은 인삼(Panax ginseng)이며 두릅나무과에 속한다. 인삼은 초록색 잎을 가진 식물로 다 자라면 몇 피트 되지 않는다. 인삼의 흰 뿌리에는 굉장히 무성하게 많은 잔가지들이 뻗쳐 있다. 때때로 인삼은 신기하게도 사람의 형상을 하고 있으며 그것이 좀 더 자라면 굉장한 가치를 지니게 된다.

인삼은 신비하고 불가사의한 효험을 가진 것으로 여겨지며 모든 한국인과 중국인들은 그것을 맹목적으로 믿고 있다. 언젠가 교양 있는 한 한국인이 나에게 이렇게 말했다.

“인삼의 뿌리와 비교되는 약은 없습니다. 만약 당신이 산삼 뿌리로 조제한 보약을 먹는다면 당신은 혹한에서도 결코 떨지 않을 것이며 폭염에서도 절대 고생하지 않을 것이며 80세나 90세가 되어서도 겨울 동안 얇은 옷을 입고 외출할 수 있을 것입니다. 당신은 정력을 완전히 발휘할 수 있습니다! 그 보약을 먹은 허약한 약골들은 건강하고 활기차게 자라고 병에 걸리지도 않습니다. 그러나 그 보약은 산삼 뿌리로만 만든 것이어야 합니다. 보약으로서는 30~40년 묵은 인삼이 효험이 있습니다. 재배된 인삼 뿌리도 매우 좋지만 기껏해야 1~2년 동안만 효험이 있을 뿐이며 산삼처럼 불가사의한 힘을 가지고 있지는 않습니다."

이러한 믿음은 한국인들뿐만 아니라 인접한 아시아 지역에서도 폭넓게 받아들여지고 있다. 그 결과로 언제나 한국인의 제일 큰 소망은 산삼을 발견하는 것이었다. 그 식물은 너무나 수요가 많아서 특산품은 심마니에게 엄청난 돈을 벌게 해준다. 어떤 경우에 뚜렷하게 사람의 형상을 한 유일한 좋은 견본은 수백 파운드에 팔리기도 했다. 이전에 나는 부유한 한국인을 만났는데 그는 산삼의 뿌리 값으로 1,000엔을 주저하지 않고 지불할 것이라고 말했다.

산삼이 엄청난 가치를 갖게 되자 산삼은 더욱더 희귀해졌고 점차 밖에서는 눈에 잘 띄지 않는 식물이 되어 이제는 쉽게 발견할 수 없으며 접근할 수 없는 외진 지역에서 대부분 자란다. 그럼에도 불구하고 산삼을 찾으려고 그들의 인생 대부분을 쏟는 한국인과 중국인들이 많이 있다. 그들은 종종 산신령에게 산삼을 찾을 수 있도록 도움을 청하는 기도를 올리고 산 중턱에서 몇 달 동안 그것을 찾아 헤맨다.

수많은 미신에 대한 의존은 인삼을 찾는 것과 연관되어 있다. 중국인들은 어두운 밤하늘에서 별이 떨어질 때, 별이 떨어진 방향에서 틀림없이 인삼을 발견할 수 있다고 생각한다. 우수리강 계곡에 살고 있는 부족인 금족은 호랑이가 인삼의 수호신이기 때문에 호랑이를 사냥해서는 안 된다고 믿고 있다. 그들의 눈에 호랑이는 야생 지역의 지배자이자 신이다. 어떤 사람이 몇 년 동안 찾아 헤맨 끝에 마침내 산삼을 발견했을 때, 그는 엎드려서 신비스럽고 기운을 북돋아 주는 산삼을 가지게 된 것에 감사하는 기도를 올렸다.

한국산 인삼에 대한 수요 특히, 중국으로부터의 수요가 급증함에 따라 지난 몇 년 동안 한국에서 인삼이 재배되었다. 지금은 정부가 인삼의 재배를 독점하고 있으며 이를 통해 정부는 매년 200만 엔 정도를 벌어들인다. 인삼은 지난 몇 년 동안 곤충들로부터 피해를 입어 수익도 떨어졌다. 연간 수익

산삼

은 1932년의 200만 엔에서 1934년의 150만 엔으로 떨어졌지만 문제의 해충을 제거하는 데 가능한 모든 노력을 기울임으로써 최근에 인삼 재배가 호전되어 재배에 성공했다.

정부의 가장 중요한 인삼 재배 단지는 한국의 지난날의 수도로서 경성에서 조금 떨어진 송도에 있다. 인삼은 뿌리를 수확할 때가 되는 6년 동안 세심한 보살핌을 받는다. 그 다음에 조심스럽게 뿌리를 채취하며 다듬어서 건조한다. 뿌리가 건조되는 동안 태양이 뿌리에 직접 빛을 비추게 해서는 안되고 북쪽을 제외한 모든 방향에 차단막을 만들고 밀짚으로 덮어 주어야 한다. 뿌리를 수확하게 되었을 때, 뿌리를 차 주전자나 냄비에 놓고 뜨거운 물을 그 안에 부으면 마실 수 있는 탕이 된다. 나는 그것을 두 번이나 먹었지만 불행하게도 즉각적인 효험을 보지는 못했다. 그러나 아마도 이는 내가 인삼의 불가사의한 힘을 믿지 않았기 때문일 것이다.

한국에서는 인삼의 뿌리만이 효능을 가졌다고 믿는 것은 아니다. 호랑이뿐만 아니라 표범, 곰과 같은 동물의 고기는 대단히 가치 있는 약제이다. 사실 오늘날 호랑이가 거의 사라졌다는 데에는 어떤 의문도 없지만 호랑이가 시장에 나왔을 때, 호랑이는 약으로서 수요가 있으며 호랑이의 고기와 내장, 뼈들은 대단히 잘 팔린다.

거대한 호랑이의 겨울 외피는 2,000엔에 팔리고 그중의 절반 값이 가죽값이며 나머지 절 반값은 고기와 내장 그리고 뼈의 값이다. 곰과 표범은 일정하게 시장에 나온다. 그들의 고기는 시장에서 작은 조각으로 팔린다. 그 수요가 워낙 많아 한국인들이 서서 살 차례를 기다리는 긴 행렬을 볼 수 있을지도 모른다. 특히 곰의 쓸개는 서로 가져가려고 하기 때문에 한 개당 100엔 정도에 팔린다. 쓸개를 말려 가루로 만들어 술에 타서 먹으면 만성질환에 좋다. 많은 다른 동물의 쓸개도 수요가 있다.

황소나 암소가 도살되었을 때, 한국인들은 언제나 소화불량을 예방하는 수단으로 독한 술을 마시는 것을 감수하면서까지 쓸개에 눈독을 들인다. 한국인들은 같은 목적으로 가루로 된 석탄을 먹는다. 다른 한편으로 멧돼지와 영양의 쓸개는 일반적으로 화로 위의 뜨거운 불 위에 말린다. 그 다음에 그것을 가루로 만든 다음 그 분말을 막걸리에 섞어 마신다. 이런 식으로 아이를 낳은 직후에 한국 여성들은 이것을 들이키는데 이것은 합병증을 막아 준다고 그들은 믿고 있다.

몇몇 동물의 생간은 건강에 매우 좋은 음식으로 여겨진다. 언젠가 내가 사냥한 영양을 가지고 한국인 오두막에 도착했을 때, 집주인은 나에게 간을 달라고 간청했고 가족 모두가 바로 간을 날것으로 먹었다. 한국인들은 따뜻한 사람의 생간은 문둥병의 특효약이라고 믿고 있다. 그런 이유로 종종 아이들이 문둥병으로 고통받는 한국인에게 살해된다.

새로운 지역에 문둥이가 나타나면 모든 주민은 아이들을 염려해 밤에 아이들이 밖으로 나가지 못하도록 한다. 2년 전쯤 그러한 범죄가 경성에서 발생했고 문둥병이 자주 발생하는 남부 지역에서는 그러한 동기로 아이들이 자주 살해되었다. 만약 당신이 종기가 생기면 한국인들은 상처 난 부분에 직접 돼지의 똥을 바르는 게 좋다고 생각한다. 또한 종기 부분에 굴뚝에서 나온 검댕이를 발라야 할 것이다. 만약 몸 어느 부분이 동상에 걸렸다면 오줌으로 문질러야 한다.

나이가 지긋한 한국 의원들이 사용하는 중요한 외과 도구는 끝이 그리 날카롭지 않은 바느질용 바늘 크기의 긴 침이다. 예를 들어 한 남자가 목 부분을 고통스러워한다면 침으로 1/4인치 정도나 그 이상의 깊이로 그 부분에 찌른다. 또 한 남자가 위를 고통스러워한다면 침으로 몇 번 그곳을 찌른다. 치료는 종기나 발목이 삔 데 적용되기도 한다. 이와 같은 치료의 기원은 굉장히 오래됐다. 이 방법은 2천 년 전 중국에서 유행했으며 일본에서도 몇 세기 동안 시술되어 왔다. 물론 현대 일본의 양의들은 침술을 쓰지 않는다. 이전 시대에는 미카도 천황에게도 침을 놓을 수 있는 "제국의 바늘을 사용하는 신하"라는 대단히 책임 있는 직책이 있었다.

중국인과 한국인은 회춘을 위한 의학 목적으로 녹용을 사용한다. 그러나 사슴뿔은 부드러운 피부에서 새롭게 돋아난 것만을 사용해야 한다. 사슴뿔을 톱으로 잘라 물에 삶은 뒤 말려 가루로 만든다. 그 다음 분말을 음료수와 함께 들이키는데 회춘하는 데 대단한 효험이 있다고 한다. 사슴뿔이 매우 비싼 값에 팔림에도 불구하고 이에 대한 수요는 엄청나다.

또한 뱀과 지네[7]들이 의학적인 음식으로 사용되며 건강에 유익한 것이라고 믿고 있다. 물론 한국에도 토착 의원과 완전히 현대적 훈련을 받은 일본인 의사가 있다. 따라서 모든 미신적인 생각에 대한 불신이 자연스럽게 나타났지만 주민들 대다수는 변화에 반대하며 앞에서 언급한 관습들을 당시에도 계속해서 신봉하고 있었다.

7) 본문에는 노래기(milliped)로 되어 있다.

제 31 장 봉산 탈춤과 한국의 기생

8월이 끝나가던 어느 날, 내가 경성에 머무를 때 사리원이라는 마을에서 개최되는 성대한 축제를 보고 싶지 않느냐고 조선총독부의 관료인 한 친구가 나에게 물었다. 사리원은 경성에서 북동쪽[1]으로 5시간 정도 기차를 타고 가야 하는 곳이었다. 축제에는 한국의 전통 무용이 포함되어 있었는데, 이는 한국의 다른 지역에서는 사라진 것이었지만 그 지역에서는 여전히 남아서 매년 선보이는 것이었다. 그가 말하기를, 일부의 무용수들은 상징적인 가면을 쓰고 마귀와 사자의 역을 맡는다고 했다.

얘기를 좀 더 자세히 들은 뒤 나는 그의 친절한 초대를 받아들였다. 그 축제는 8월 30일과 31일의 이틀 동안 진행되었다. 그 자신은 모든 것이 예정대로 진행되고 있는지 확인하고자 29일에 사리원으로 가야 한다고 했다. 내가 30일 아침 그곳까지 무사히 여행하도록 그가 29일 밤에 전보를 보내겠다고 했다. 중간에 전갈이 왔다.

"내일 아침 8시 기차로 오십시오."

일반 사진기와 함께 나의 활동사진 장비를 들고 나는 기차에 올라 자리를 잡았고, 순식간에 경성의 교외 풍경이 창문 밖으로 내다보였다. 때때로 푸

---

1) 북서쪽을 오기한 것임.

기생들(사리원에서)

른 논 사이로 작은 가옥들이 밀집되어 나타나 모든 들판마다 인상적인 풍경을 연출했다. 우리가 지나친 작은 언덕과 산의 경사지 같이 황량해 보이는 지역에는 귀리, 콩, 수수와 같은 작물이 재배되고 있었다. 날씨는 개었다가 흐려지곤 했다. 며칠 동안 비가 내리더니 태양이 마침내 다시 한 번 밝게 내리쬐더니 이내 불편할 정도로 더워지기 시작했다. 승객들은 대부분이 3등 칸의 한국 사람들과 2등 칸의 일본 사람들이었는데, 그들은 관습이 허용하는 정도까지 옷을 벗기 시작했다.

마침내 우리가 사리원에 도착했을 때 나의 친구가 역에 마중 나와 있었다. 나처럼 경성에서 이곳까지 그 축제를 보러 온 것이 확실한 다른 10명의 승객들도 함께 내렸다. 그들의 대부분은 신문 기자와 사진사였다. 이들은 둘째 날 밤의 공연을 취재하려고 왔다. 그들의 보도는 한국 전역뿐만 아니라 일본의 방송사에도 전해질 것이었다. 분명히 그 축제는 커다란 사건으로 다루어지고 있었다.

기생

잔치 자리의 기생들

사리원의 탈춤(1)

사리원의 탈춤(2)

우리를 환영하려고 기차역에 나온 모든 신사들에게 정중하게 소개를 받는 등, 허리를 깊이 숙여 인사하면서 명함을 교환하는 일본식 의식을 거친 뒤 우리는 3대의 자동차에 나누어 타고 첫날의 공연을 보고자 곧장 권번이라 불리는 곳으로 향했다.

이 학교는 정말로 멋진 기관이다. 그 목적은 일본의 게이샤에 해당하는 한국의 기생을 양성하는 것이다. 14~16세의 소녀들이 교육 과정을 처음 시작하고 몇 년 동안 기생에게 필요한 모든 소양을 익히려고 한국의 춤과 음악을 배운다. 그들은 교육 과정을 끝마치면 그들을 고용하고자 하는 사람에 의해 시간급으로 계약을 맺는다. 대체로 식당의 주인이 그들을 고용한다.

주인은 자신이 원하는 기생의 이름을 주는데, 그녀가 아직 다른 누군가에게 고용되지 않았다면 그녀는 순순히 계약에 응한다. 마을이나 도시의 크기

사리원의 탈춤꾼(1)

사리원의 탈춤꾼(2)

에 따라서 그들의 임금은 다양하게 결정되는데 일본의 게이샤와 마찬가지로 대개 1시간당 1~2실링 정도이다. 일본처럼 식당에서 남자들을 대접하는 중요한 저녁 만찬이 있을 경우 게이샤들이 노래와 음악, 춤으로 손님을 즐겁게 해주어야 하는 것처럼 한국에서도 그런 경우에 거의 같은 일을 한다.

절처럼 지은 이 놀라운 학교에 우리가 탄 자동차가 도착했을 때 수많은 젊은 기생이 우리를 환영하며 손님들을 대접하는 데 사용되는 홀까지 우리를 안내했다. 바닥에는 비단 방석이 깔려 있었다. 우리는 거기에 앉아 곧 학교의 교장에게 소개되었다. 그는 키가 크고 말라서 불쌍해 보였으며 발목 부분을 잡아맨 자루 같은 바지와 전형적인 하얀 옷을 입고 있었다. 그의 업무는 쉬운 일이 아니었다.

남자들의 삶에 즐거움을 제공하는 일을 하게 될 60명의 아리따운 소녀들을 책임지는 일은 특별한 능력이 요구되는 일임이 틀림없다. 말할 필요도

악사

없이 그가 젊은 여성들에게 기울여야 하는 정성으로 인해 얼굴에는 깊은 주름이 잡혀 있었다. 그들 가운데 상당수가 유럽의 기준에서 보아도 매우 예뻤다. 다른 이들은 비록 한국 사람들의 눈에는 즐거움을 주겠지만 내가 보기에는 그저 매력적인 정도였다. 하기사, 기호는 논쟁거리가 아니니까!

우리가 양반 다리를 하고 앉아 있던 홀의 다른 방석 위에는 몇 명의 한국 중년 남성들이 자리를 잡고 있었다. 그들이 모두 그 마을의 저명인사라고 내 옆에 앉아 있던 사람이 설명했다. 실제로 그들 가운데는 일본인 감시 요원과 몇몇 경찰 공무원, 그리고 부유층 사람들이 있었다. 이들 모두와 인사를 하고 얼마 동안 기다린 뒤에 우리는 건물로 둘러싸인 마당으로 안내되었다.

그곳에는 우리를 위해 짚으로 된 돗자리가 마련되어 있었고 한쪽에는 높은 강단이 설치되어 있었다. 우리는 돗자리 위에 다시 앉았다. 행사는 교장의 연설로 시작되었다. 그는 한국말로 연설을 했는데 환영의 인사 이외에는 주로 학교에 제공한 재정적 기부금에 대한 감사의 말과 더 많은 도움을 바란다는 내용이었다. 한쪽 벽에는 한문이 쓰인 거대한 족자가 수없이 걸려 있었다.

"저 족자에 써진 것은 무엇입니까?"

내가 옆에 앉은 사람에게 물었더니 그가 이렇게 대답했다.

"저것들은 학생들에게 주어진 돈을 기록한 것입니다. 기부를 한 사람의 이름과 그 돈의 액수가 적혀 있습니다."

그 액수는 5~30엔으로 다양했다. 공연이 진행되는 동안 때때로 다시 5~10엔의 금액이 쓰인 새로운 족자가 걸렸다. 그러한 행위는 우리의 아량을 자극하는 것임에 틀림없었다.

"우리를 시중들 저 소녀는 이미 30엔을 받았습니다."

나의 옆자리의 사람이 말을 이었다. 그가 만족스럽게 미소 짓고 있는 동안 그는 공연의 성공을 축하했다. 한국어와 일본어로 연설이 좀 더 진행된 다음 무용수들이 준비하기 시작했다. 악단도 땅 위에 자리를 잡고 있었다. 악단은 6명으로 구성되었다. 그 가운데 2명은 타악기를 갖고 있었고 3명은 대나무 피리를, 그리고 나머지 한 명은 매우 이상하게 생긴 현악기를 연주했다. 이 이상한 악단이 연주를 시작했을 때, 춤을 추는 동안 줄곧 흔들어대는 소매가 긴 하얀 옷을 입고 흰 두건을 쓴 4명의 무용수가 나왔다. 매우 온화하고 부드럽게 움직이면서 그들은 음악에 맞춰 앞뒤로 흔들흔들 춤을 추었다.

춤이 끝나자 매우 낯선 형상이 무대에 나타났다. 그는 환상적인 마귀 가면을 쓰고 있어 어린 아이들이 보면 공포에 질릴 만한 모습이었다. 그는 자신의 팔보다 1야드는 긴 흰 소매 옷을 입고 유령처럼 여기저기를 걸어 다니기 시작했다. 북소리가 천둥같이 울리고 피리 연주자와 현악기 연주자가 미친 듯이 연주를 하자 그는 춤을 추면서 큰 소리로 노래하기 시작했고 때때로 재주넘기를 했다.

비슷하게 옷을 입은 사람이 때때로 무대로 달려 나와 끝내 무대 위에는 그런 사람이 8명이 되었다. 그들은 무대를 빙빙 돌면서 움직였는데 마치 악령의 역할을 맡고 있는 것 같아 보였다. 가끔씩 그들 가운데 두 사람이 대사를 주고받았고 때로 한 명이 홀로 춤을 추었다. 매우 정열적으로 공연을 끝마쳤을 때 그들은 뜨거운 열기로 지쳤음에 틀림없었다. 그들은 근처의 천막으로 사라졌는데 땀을 비 오듯이 흘리면서 한국에서 더운 날씨에 가장 인기 있는 사이다를 마시는 것이 보였다. 악령은 좀 더 쉬어야 할 것 같았다.

잠깐 동안의 휴식 후에 그날 밤의 가장 특별한 공연이 시작되었는데 바로 4야드 길이의 사자가 등장한 것이었다. 이 놀라운 형상은 그것이 나타났을 때 굉장한 즐거움을 주었는데, 손에 지팡이를 들고 있던 악령 가운데 한 명이 이끌고 있었다. 사자는 종이 조각으로 만든 질기고 하얀 가죽을 가지고 있었다.

커다란 갈기가 머리와 목에 장식되어 있었고 긴 혀를 내밀었다가 감는 모습이 인상적인 짐승의 모습은 굴러다니는 두 눈동자로 인해 더욱 흉악해 보였다. 또한 줄곧 휘두르고 있는 기다란 꼬리도 있었다. 악령의 간절한 부탁에 그는 음악에 맞추어 춤을 추기 시작했지만 때로는 악령이 말한 것을 거역했다. 그리고 나서 그의 주인이 사자 머리를 때리곤 했다. 사자는 가만히 맞고 있지 않았다. 그는 자기 주인에게 달려들어 그를 물려고 했다.

악령은 살짝 비켜 다니면서 사자를 다시 때렸다. 가끔씩 사자는 웅크리고 앉았다가 다시 새로운 공격을 시도했다. 마침내 그들 사이에 평화가 찾아왔고 사자는 다시 춤추기 시작했다. 갑자기 사자는 꼬리가 가려웠는지 재빨리 돌리면서 자기를 물려고 했는데 이는 관객들에게 커다란 즐거움을 주었다.

공연이 끝나자 사자는 당당히 무대에서 내려갔는데 특히 머리를 돌리면서 우리를 바라볼 때 매우 익살맞은 모습이었다. 우레와 같은 박수 소리가 뒤따랐다. 이런 종류의 사자춤은 한국에서 천 년 전부터 이어 내려온 것이지만 이제는 한국 전역을 통틀어 겨우 세 곳에서만 볼 수 있다. 그러고 나서 마귀들이 다시 춤추기 시작했고 그 뒤에는 공작 깃으로 장식한 평평하게 생긴 모자를 쓰고 매우 이상한 복장을 한 수많은 어여쁜 기생들이 나왔다.

이 춤이 진행되는 동안 손님들에게 한국 요리가 제공됐는데 온갖 종류의 매운 토속 음식이었다. 그때 공연하지 않던 나머지 무용수들이 우리를 시중들었다. 다른 춤을 조금 더 선보인 뒤 그날의 축제는 끝났고 이튿날 마을의 다른 장소에서 더 성대하게 이어졌다. 이는 1시에 시작되었다. 매우 넓은 장소에 짚으로 된 돗자리가 줄지어 마련되어 마치 야외극장처럼 준비되었다.

전날 저녁과 같은 공연이 진행되었는데 일부는 새로운 것이 첨가되었다. 그중에는 실제 크기보다 훨씬 크고 기괴한 가면을 쓴 새로운 무용수들의 모습이 보였다. 실례로 한 사람은 부자연스러울 정도로 머리가 컸다. 다만 그를 바라보는 것만으로 곧 와 하고 웃음이 이어졌다. 그런 거대한 가면을 쓴 사람은 몇 명 더 있었다. 이 모든 것들이 한국 사람들의 익살맞은 면을 보여주는 것이었다.

무엇보다도 가장 큰 성공은 둘째 날 밤의 공연에서 이루어졌다. 축제 마당 위로 보름달이 밝게 빛나고 있는 가운데 모든 돗자리마다 엄마의 등에서 잠들어 있는 아기에 이르기까지 나이를 불문한 몇 천 명의 구경꾼들이 꽉꽉 들어차 있었다. 몇 천 명의 한국 사람들이 즐겁게 공연을 보고 있는 모습을 바라보는 것은 기쁜 일이었다. 두말할 필요도 없이 축제는 그들에게 엄청난 행복을 느끼게 해주었다. 그것은 대부분의 한국 사람들에게 고되게 일하는 단조로운 생활 속에서 행복을 느끼게 하는 역할을 한다. 11시 15분경에 나는 그곳을 떠났지만 공연은 여전히 진행 중이었다. 내가 마지막으로 본 광경은 마귀가 홀로 춤추는 장면이었다.

제 32 장 낯선 만남

1936년 9월 초 한국자연사학회에서 한국 동물 세계에 대한 나의 연구를 강연해 달라는 부탁을 받았다. 경성제국대학에서 영어로 진행된 강연은 영어에 익숙지 않은 몇몇 학생들을 위해 교수 중 한 분이 일본어로 통역해 주었다. 또한 이미 언급한 국제우호협회에서도 강연했다. 그 뒤에 나는 한국에 지부를 두고 있는 왕립아시아 학회뿐만 아니라 미국인의 후원으로 설립된 초현대식 여성 학교인 이화학당에서도 강연했다. 이화학당에서의 강연은 미국에서 공부한 한국인 선생님 한 분이 한국어로 통역해 주었다. 나는 이러한 강연들에서 재미있는 사람들을 많이 알게 되었다.

바로 이 무렵 매우 흥미로운 일이 벌어졌다. 내가 스웨덴을 떠나 있는 동안, 내 아이들은 스톡홀름의 유명한 국립공원인 스칸센에서 하루를 보냈다. 스칸센은 놀이 기구와 민속 공원, 동물원이 합쳐져 있는 곳이다. 아이들은 전통 스웨덴 복장을 입고 있었는데 그러한 이유로 그곳을 방문한 일본인 방문객의 눈길을 끌었다. 그 일본인은 아이들의 사진을 찍도록 허락을 구한 다음, 일본인 특유의 친절함을 보이며 그 사진을 보내 주겠다고 약속했다. 곧 사진을 동봉한 편지가 베를린에서 도착했다. 그 일본인은 그의 주소를 첨부했는데 그 주소가 경성인 것으로 밝혀졌다.

내 아이들은 그 작은 일에 대해 나에게 편지를 써서 일본인 방문객의 이

구로다 씨의 가족과 나의 자녀들(구로다 씨가 보내줌)

름과 주소를 보내왔다. 나는 바로 경성의 전화번호부에서 그 사람을 찾아보았고 몇 사람을 찾았다. 내가 찾은 사람의 이름은 구로다였고 그는 기술자였다. 나는 전화를 걸어 구로다 씨가 집에 있는지 물어 보았다. 나는 그와 이야기를 나누며 그가 최근 스웨덴에 간 적이 있는지 물어 보았다. 그는 세계일주 중 간 적이 있다고 말했다.

"당신은 스칸센에서 몇몇 아이들과 사진을 찍었습니까?"

"예. 있습니다."

"그들은 내 아이들입니다."

그는 매우 놀라며 흥미로워 했고 다음날 내가 묵고 있는 호텔에서 저녁식사를 초대하자 흔쾌히 수락했다. 도착하자마자 그는 나에게 그가 서둘러 만든 문제의 사진을 확대한 것을 주었다. 우리는 매우 유쾌하게 이야기를 나누었고 그 과정에서 그는 쇄빙선 위메르[1])를 연구하기 위해서 스웨덴을

서울 부근에 있는 흰 불상

방문했다고 말했다.

구로다는 해양 기술자였는데 내게 위메르가 만들어지는 장면을 스케치한 공책을 보여주었다. 그는 위메르를 만든 방법에 크게 감탄했다. 그는 유창하게 영어를 구사했으며 나를 자신의 "작고 누추한 집"으로 초대해도 되겠냐고 물었다. 나는 기꺼이 수락했으며 그 뒤 결코 작거나 누추하지 않은 그의 집에서 즐거운 저녁을 보냈다.

쇄빙선 분야 전문가인 해양 기술자는 또 다른 전공을 가지고 있었다. 그는 인형 수집가였다. 그는 유리 미닫이문으로 된 벽장에 수집품들을 보관하고 있었다. 그는 수백 개의 인형을 가지고 있었다. 그는 방문하는 모든 나라에서 대부분 작지만 정교한 형태를 띤 인형들을 수집했다. 그는 스웨덴 인

---

1) 위메르(Ymer) : 스웨덴이 1932년에 건조한 최초의 쇄빙선으로 호출 번호는 SDIA이며 배수량은 4,330톤에 승무원은 44명임.

형을 약 10개 정도 가지고 있었는데 몇몇 인형들은 스웨덴의 전통적인 복장을 입고 있었다. 그는 또한 킬트 치마[2]와 깃털이 달린 모자로 치장한 몇 개의 라플랜드[3] 인형도 가지고 있었다. 그는 그것들을 모두 스톡홀름에서 구입했다.

그는 쇄빙선들에 몰두하지 않을 때면 몇백 개의 인형들과 바쁘게 지냈다. 일본인형은 굉장히 많았으며 지난 시절을 살펴볼 수 있는 풍습을 간직하고 있다. 또한 그는 네덜란드와 독일, 영국, 프랑스 등의 인형을 가지고 있다. 인형에 대한 그의 관습은 인형이 갖고 있는 민속학에 대한 색다른 접근이었다. 그와 같은 해양 기술자는 일생에서 오직 단 한번 만날 수 있는 유형의 사람이었다. 나는 숙소로 가는 도중에 그 밤을 곰곰이 회상했다.

---

2) 킬트(kilt) 치마 : 스코틀랜드의 고지대 사람이나 군인이 입는 짧은 주름치마.
3) 라플랜드(Lapp) : 북구 3국과 소련의 콜라반도의 일대를 의미함.

제 33 장 한국의 상공에서

1936년 10월 2일 새벽에 대련 호텔에서 한 일본인 웨이트리스가 나의 객실 문을 노크하면서 4시 30분이 넘었다고 말했다. 1시간 뒤 나는 도시의 대로변에 위치한 일본항공사 사무실에 도착했다. 그곳에는 이미 세 명의 일본인이 있었고 곧 나머지 두 명이 차를 타고 나타났다. 우리 모두는 비행기 편으로 대련에서 한국으로 가는 중이었으며 나머지 세 명은 일본까지 가는 길이었다.

우리는 승차권을 확인 받고 10㎏까지만 무료인 짐의 무게를 쟀는데 중량 초과 판정을 받은 후, 새벽 5시 50분에 항공사의 고급 자동차에 탑승했다. 우리는 빠른 속도로 아침이 밝아 오는 도시를 벗어났다. 아직 이른 시간이라 평상시처럼 붐비지 않았다. 만주국 건국 기념일을 위한 축제가 어제 있었지만 여전히 많은 중국인들과 일본인들이 붐비고 있었다.

한국에 대한 일기예보가 좋은 반면에 일본에 대한 일기예보는 좋지 않았다. 나는 높이 나는 새의 눈으로 한국이 어떤지 보고 싶었다. 나의 목적지는 경성이었으며 다른 승객 가운데 한 사람도 경성으로 가는 길이었다. 또 한 사람은 한만 국경 지방에 있는 도시인 신의주로 가는 길이었다. 20분간 자동차를 탄 뒤, 우리는 일본인 정비사들이 부산하게 움직이며 쌍발 엔진의 영국 비행기가 이륙을 준비하고 있는 비행장에 도착했다. 우리는 몸무게를 재려고 대합실에 들어갔다.

키가 크고 전반적으로 마른 편인 일본인 조종사가 객실에 들어오자 우리들은 언제 출발할 것인지 물었다. 우리 모두는 자신의 취향에 따라 편안한 가죽 안락의자에 앉았다. 엔진에 시동이 걸리자 한 일본인이 손에 깃발을 들고 출발 신호를 주었다. 정확히 아침 6시 40분에 우리의 비행기는 비행장을 출발했다. 처음 몇백 야드 동안은 시멘트 활주로를 따라 비행한 다음, 출발 지점을 향해 기수를 돌렸다. 조종사는 비행기의 방향을 유지하면서 굉음 소리와 함께 땅이 보이지 않을 때까지 전속력으로 비행하더니 한국으로 기수를 잡았다.

비행기는 요동 반도의 해안을 따라 비행하면서, 3,000피트 이상의 고도로 급격히 상승했다. 우리 아래에 위치한 지역에는 현재 중국인들이 살고 있지만 일본은 중국으로부터 그곳을 1997년까지 오랜 기간 할양했는데 그 지역은 다시는 중국의 손에 들어오지 않을 것으로 보인다. 대련은 현재 만주국에서 생산한 물품들의 수출 거점 도시로서 스웨덴 배들이 종종 수출할 콩을 싣기 위해 온다. 만주국의 개발에 따른 급속한 성장과 항구에 정박해 있는 수많은 배들의 모습은 인상적이었다.

우리 아래로 펼쳐진 모든 땅들은 경작되고 있었다. 나는 들판 여기저기에 흩어져 있는 작은 점들을 볼 수 있었는데 그 점들은 일하고 있는 중국인들이었다. 들판은 하나의 잘 정돈된 정원처럼 보였다. 들판에는 중국인의 가옥들이 흩어져 있거나 촌락을 이루고 있었다. 우리는 몇 채의 집밖에서 노란 더미를 볼 수 있었는데 그것들은 여문 옥수수 더미였다. 또한 나는 기장과 수수 그리고 콩이 경작되는 것을 볼 수 있었으며 매년 이 무렵에는 색색의 색깔을 가진 곡식들을 볼 수 있었다. 들판 가운데 여기저기에서 소나무로 뒤덮인 산과 언덕이 솟아 있었고 가옥들은 작은 나무숲으로 둘러싸여 있었다.

우리가 해변을 따라 날고 있는 황해에는 고깃배들이 있는데 돛이 달린 것도 있고 없는 것도 있었다. 수많은 섬들이 아름다운 다도해를 이루며 해안을 따라 점점이 흩어져 있었다. 하늘은 맑은 구름으로 뒤덮였지만 태양은 구름 사이로 간간이 빛나면서 바다 전체를 비추고 있었다. 미풍이 해수면에 잔물결을 일으켰다. 해안을 따라 우리는 들판을 내려다보았다.

경작지는 현재 수확할 준비가 한창인 황금 들판을 이루고 있었으며 몇 곳에서는 이미 농부들이 수확을 하고 있었다. 해안가 바로 아래에는 벽으로 사방이 둘러싸여 있는 사각 형태의 이상한 건조물들이 바닷물을 가득 채운 구획으로 분할되어 있었다. 바다와 이어진 운하들이 그곳과 연결되어 있었다. 그곳은 바닷물로부터 소금을 추출하기 위한 염전이었다. 한국의 해안을 따라 수많은 염전들이 있다.

우리는 45분가량 강의 어귀들이 곳곳에 있는 해안선을 따라 비행한 뒤에 마침내 한만 국경에 위치한 신의주 지역에 들어왔다. 우리는 때로는 구름 위로 고도를 높이고 때로는 낮추면서 비행했으며 때로는 자욱한 구름을 가르며 비행했다. 다시 한 번 구름이 걷힌 사이로 지면의 모습을 언뜻 볼 수 있었지만 우리가 어디에 있다고 말하기에는 충분히 보지 못했기 때문에 조종사는 그의 첫 착륙 지점에 접근할 때까지 거대한 구름이 몰려 있는 사이로 몇 번의 회전 비행을 했다. 마침내 구름을 벗어나자 조종사는 우리가 어디에 있는지 알게 되었다.

나는 압록강을 보려고 사방을 살펴보았고 마침내 저 멀리 은빛의 굽이치는 강을 발견했다. 가끔씩 무릎까지 차오르는 진흙 속에서 내가 놀던 곳이며 즐거운 기억들을 불러일으키는 많은 곳들을 간직한 강어귀 아래에 있는 용암포와 신도를 다시 보는 것은 또 다른 즐거움이었다.

곧 우리는 강 위를 비행하여 한국으로 넘어 왔다. 들판은 익은 벼들로 황금색이었지만 압록강 맞은편을 따라 사람들은 현재 우중충한 모습 대신에 흰옷을 입은 모습을 보여주었다. 우리는 백색으로 뒤덮인 땅에 온 것이다. 조종사가 지면을 향해 조종하면서 비행기는 하강하기 시작했다. 우리는 낮은 고도를 유지하며 황금 들판을 빠른 속도로 날아 몇 분 후에 신의주 비행장에 착륙했다. 비행기는 사람들이 기다리는 항공사 건물로 들어가는 작은 활주로에서 정지했다.

세관 앞에서 우리의 여권을 확인하려고 서 있을 때, 일본 육군과 경찰, 세관 소속의 열성적인 사람들이 나타났다. 내가 유일한 외국인이었기 때문에 나는 그들의 특별한 주목을 받았으며 나의 짐들은 굉장히 세밀한 조사를 받았다. 25분 만에 모든 공무상의 일들을 끝마치고 몇 분 후에 우리는 구름 속으로 다시 들어갔다. 우리는 지금부터 일본 시간에 따라야 하기 때문에 시계를 한 시간 늦추어 맞췄다.

우리 아래로 여전히 황금색 들판과 하늘에서 그림처럼 보이는 수많은 마을들이 보였다. 우리는 산과 계곡 위로 비행했다. 대부분의 계곡이 경작되고 있었다. 심지어 산비탈의 높은 곳에서도 경작된 땅이 여지 저기 붙어 있었다. 기장과 콩은 이곳에서 중요한 농산물이다.

나는 만약 전에 가까이에서 한국의 무덤을 보지 않았더라면 무엇인지 알아차리지 못했을 작고 검은 흔적들을 산 전체에서 볼 수 있었다. 그 무덤들은 산 정상이나 비탈 부근의 아름다운 장소에 위치해 있다. 이따금씩 우뚝 솟은 산봉우리에 걸려 햇볕을 받는 아름다운 구름을 스쳐 지나가자 곧 우리 앞에는 훌륭한 전경이 펼쳐지기 시작했다. 그때 비행기는 바다 위를 날고 있었는데 우리는 끝없이 이어진 섬들과 고깃배들을 살짝 볼 수 있었다.

지도에 따르면 우리는 35마일을 바다 위로 날고 있었다. 이따금씩 가벼운 소나기가 내리면서 비행기는 약간 뒤흔들렸지만 대부분의 비행은 조용했다. 나의 동료 승객 몇몇은 꾸벅꾸벅 졸았고 한 명은 그림이 많은 잡지를 읽고 있었으며 한 명은 밖의 경치를 유심히 보고 있었다. 조종사의 얼굴에는 전혀 변화가 없었다. 그는 이따금씩 고개만 돌릴 뿐 조용하고 진지하게 앉아 있었다. 그는 자신의 일에 철저한 사람이라는 인상을 주었다.

현재 우리는 언덕과 소나무로 뒤덮인 산 사이 계곡에 있는 전형적인 한국의 시골 들판 위를 약 35마일 정도 날아서 다시 한 번 육지 위를 날고 있었다. 한국의 제2의 도시이며 기생이 아름답기로 유명한 해주를 볼 수 있었다.

해주의 절들과 아름다운 성문은 유럽과 일본의 가옥들이 듬성듬성 섞인 한국식 가옥 가운데 가장 돋보이는 것이었다. 해주에는 군비행장이 있는데 몇 대의 군비행기들이 거대한 비행장 위를 이리저리 움직이는 모습을 볼 수 있었다. 이곳에서 조종사를 교체해야 했다. 새로운 조종사는 두 겹의 어두운 색깔의 옷과 안경을 낀 채 모자를 쓰지 않은 기품 있는 모습의 키가 작은 신사였다. 그의 동료와 마찬가지로 그는 매우 진지한 모습이었고 나머지 사람들이 비행기를 떠나자 즉시 일을 시작했다. 10분 정도 머무른 후에 우리는 해주를 떠났다.

우리의 비행 중에 가장 아름다운 전경이 펼쳐지기 시작했지만 그것은 또한 가장 위험한 곳이기도 했다. 사실상 산 전체가 무두 장관이었다. 계곡 아래 깊은 곳에 경작지가 있는 산 주변은 모든 곳이 아름다웠다. 나는 앉아 있으면서 만약 우연히 사고가 일어났을 경우 이 지역에 비행기가 억지로라도 안전하게 착륙할 수 있을지의 여부가 염려되었다. 그 가능성은 적아 보였기에 나는 아주 미묘한 소리의 변화도 없이 엔진이 한결같은 소리를 내주는 것이 반가웠다.

곧 우리는 햇볕이 비친 구름 위에 있는 자신을 볼 수 있었지만 가끔 구름에는 커다란 구멍이 나 있어 우리가 어디에 있는지 알 수 있었다. 바람 한 점 없이 비행기는 하늘에 아주 조용히 놓여 있는 것 같았다. 우리는 이제까지 스쳐 지나온 전경과 지나고 있는 전경을 상상할 수 있었다. 태양이 창문을 통해 빛나고 있어서 매우 따뜻했다. 엔진 소리가 최면 효과를 가져왔지만 주위의 모든 것이 너무 흥미로워서 나는 잠잘 시간이 없었다. 대백로 무리가 작은 호수 주변을 날고 있었으며 두 마리의 왜가리가 보였다.

우리는 이제까지 수많은 마을 위를 지나면서 머리 위에 짐을 이고 있거나 이지 않은 채 흰옷을 입고 움직이는 모습들을 볼 수 있었다. 이따금씩 자동차가 시골길을 따라 지나갔다. 열차는 조금씩 움직이고 있었지만 거의 움직이지 않는 것처럼 보였다. 3,000피트 이상 되는 높은 곳에 앉아 아래의 계속해서 변하는 눈 아래의 광경을 내려다보는 일은 굉장히 재미있는 일이었다. 이제 강들과 마을, 조그만 도시들이 눈에 들어왔다. 곧 우리는 한국에서 가장 큰 강 중 하나인 한강과 거기에서 뻗어나간 몇 개의 지류들을 보았다. 한강의 수면은 누렇고 불투명했다. 바람이 불지 않았기 때문에 거룻배들은 한강을 따라 노로 저어 가고 있었다.

다시 한 번 섬들이 있는 바다가 눈에 들어오더니 거대한 산들이 주위에서 나타나기 시작했다. 하늘은 파랬지만 안개에 의해 조금 떨어진 산맥들의 모습이 가려졌다. 안개에 가린 산맥을 보려고 최선을 다하는 동안 한국의 고대 수도가 눈에 들어왔다. 우리가 대련을 떠난 지 3시간 10분이 만에 비행기는 400마일의 여행을 끝마치고 경성 비행장에 착륙했다. 나의 비행기 여행은 끝났고 몇 분 후에 항공사의 자동차가 평소와 다름없이 황소가 크게 울고 하얀 옷을 입은 일반인들이 있는 도시의 중심부로 나를 바래다주었다. 한국에서 조용한 여행은 흔치 않은 일이다.

제 34 장 귀 국

경성에 돌아오자마자 나는 우리가 가진 많은 표본들의 마지막 것들을 챙겨, 일본의 고베로 보냈으며, 한국 친구들에게 작별 인사를 한 다음, 스웨덴 동아시아 회사의 배로 고국으로 보낼 모든 속달 화물을 살펴보려고 도쿄로 출발했다. 나는 도쿄에서 많은 스웨덴인과 일본인 친구들을 만났다. 그러한 만남 가운데 나에게 특별한 즐거움을 주었던 만남은 캄차카를 탐험하는 동안 큰 도움을 주었던 오랜 일본인 친구인 하타자와 씨와의 만남이었다. 그는 나를 보려고 멀리 일본의 최북단에 위치한 하코다테에서 오는 수고를 아끼지 않았다.

우리는 나와 아내 그리고 박제사인 친구 헤드스트롬이 함께 페트로파블롭스크에 있는 본사까지 캄차카 지역을 따라 스키로 500마일의 여행을 출발했던 캄차카 강 어귀에서 16년 전에 헤어진 이후로 서로 만나지 못했다. 하타자와는 우리의 여행을 죽음의 여행이라고 생각했고 여행 중에 그가 보여주었던 우려를 나는 너무나 생생하게 기억한다. 우리에 대한 그의 친절한 호의와 우리가 희미하게 보일 때까지 손을 흔들며 서 있던 그의 모습을 나는 간직하고 있었다.

우리는 오랫동안 떨어져 있었음에도 불구하고 기차역에서 서로를 알아보는 데 어려움을 겪지 않았다. 그가 도쿄에서 보낼 수 있는 이틀 동안 서로에

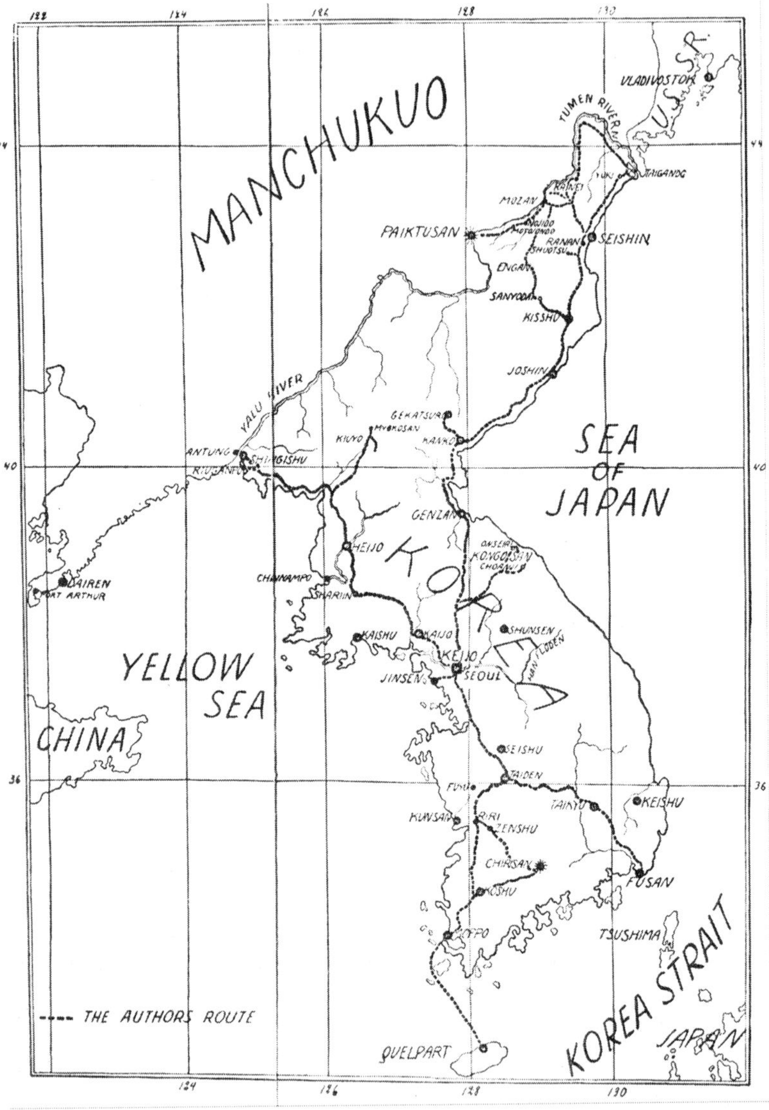
MANCHUKUO
U.S.S.R.
VLADIVOSTOK
TUMEN RIVER
PAIKTUSAN
SEISHIN
MOZAN
RANAN
ENGAN
KISSHU
JOSHIN
YALU RIVER
KANKO
ANTUNG
SEA OF JAPAN
GENZAN
HEIJO
KOREA
CHINNAMPO
DAIREN
PORT ARTHUR
KAISHU
KAIJO
SHUNSEN
KEIJO
SEOUL
JINSEN
YELLOW SEA
CHINA
SEISHU
TAIDEN
TAIKYU
KEISHU
KUNSAN
RIRI
ZENSHU
CHIRISAN
FUSAN
KOSHU
TSUSHIMA
KOREA STRAIT
JAPAN
QUELPART
---- THE AUTHORS ROUTE

한국 전도

관해 많은 이야기를 나누었다. 내가 특히 관심 있었던 것은 그가 15년 동안 캄차카에서 보내면서 겪은 그의 경험을 말해 주는 것이었다. 왜냐하면 그는 마지막 만남 이후로도 매년 그곳에 있었으며 당시와 같은 커다란 수산 회사에서 일하고 있었기 때문이다. 나의 짐들이 일본 세관을 통과하자 나는 고베에 정박해 있던 스웨덴 기선인 산동호에 실었다. 그곳에서 짐들은 아시아로의 나의 첫 항해 이후로 오랜 친구인 벨제루드 선장(Capt. Bergerud)의 지휘 아래 안전하게 옮겨져 나는 안도의 한숨을 내쉬었다.

이제 고국으로 돌아갈 일만 남았다. 나는 시베리아횡단철도와 한국으로 되돌아갈 비행기 승차권을 예약했다. 청명한 가을 하늘을 가진 해가 떠오르는 나라인 일본 위로의 비행은 굉장한 경험이었다. 일본에서 한국까지 배를 타면 거의 하루 종일 걸리지만 비행기 여행은 한 시간 정도가 걸렸다. 한국 남부 지역의 위험한 산 위로 비행을 하면서 우리는 6,000피트 이상의 고도를 유지했다.

나는 경성에서 하루를 머무른 다음 거기서부터 만주국까지 야간열차로 여행했다. 목단과 하얼빈을 지나 나는 시베리아 횡단 철도가 기다리고 있는 만주의 국경 지역에 도착했다. 7일 후에 나는 모스크바에 도착했다. 마침내 이틀 후인 11월 28일 새벽에 나는 가족이 기다리는 스톡홀름에 도착했다. 아이들은 거의 2년 전에 마지막으로 보았을 때보다 훨씬 커 있었다. 여기서 나의 한국 탐험은 끝났다.

역주자 참고문헌

『구한말조약휘찬』(상 · 중 · 하)(서울 : 국회도서관 입법조사국, 1964~65)

『기독교대백과사전』(서울 : 기독교문사, 1983)

金源模(편저), 『근대 한국 외교사 연표』(서울 : 단국대학교출판부, 1984)

金源模, 『근대 한미관계사: 한미전쟁론』(서울 : 철학과 현실사, 1992)

민두기, 『일본의 역사』(서울 : 지식산업사, 1977)

朴大憲, 『서양인이 본 조선』(서울 : 壺山房, 1996)

『성경』

『세계대지도』(서울 : 서문당, 1985)

『세계인명대사전』(서울 : 문공사, 1973)

양재연(外), 『한국풍속지』(서울 : 을유문화사, 1971)

오창영, 『한국동물원 80년사』(서울 : 서울대공원, 1996)

이홍직, 『국사대사전』(서울 : 지문각, 1965)

『한국가톨릭대사전』(서울 : 한국교회사연구소, 1985)

『한국인명대사전』(서울 : 신구문화사, 1967)

『한국학대백과사전』(서울 : 을유문화사, 1972)

『廣辭苑』(東京 : 岩波書店, 1998)

『大人名辭典』(東京 : 平凡社, 1955)

『模範最新世界年表』(東京 : 三省堂, 1938)

『世界大百科事典』(東京 : 小學館, 1957)

『世界大百科事典』(東京 : 平凡社, 1957)

小泉袈裟勝(編), 『單位の歷史辭典』(東京 : 柏書房, 1990)

『日本家庭大百科辭典』(東京：富山房, 1928)
『日本人名事典』(東京：平凡社, 1986)
宇野俊一(編),『日本全史』(東京：講談社, 1991)

American English Dictionary on Historical Principles(Chicago：University of Chicago Press, 1968)
Barhart, Clarence L. (ed.), *The New Century Cyclopedia of Names* (Englewood Cliffs：Prentice-Hall, Inc., 1975)
Encyclopedia Britannica(Chicago：The University of Chicago, 1963)
Great Soviet Encyclopedia(Moscow：Soviet Encyclopedia, 1975)
Blacksman, Raymind V. B., *Jane's Fighting Ships*(New York：McGraw-Hill Co., 1966)
http;//www.smhı.se/hta_coord/smt/selshıp.htm.
McGraw-Hill *International Atlas*(New York：McGraw-Hill, 1963)
Merriam-Webster's *Encyclopedia of Literature*(Springfield：Merriam-Webster, Inc., Pub., 1995)
Modern Encyclopedia of Russian and Soviet History(Moscow：Academic International Press, 1978)
Nationalencyklopedin(Högnas：Bokförlaget Bra Böcker AB, 1990)
Svenska Man och Kvinnor: Biografisk Uppslagsbok(Stockholm: Albert Bonniers Förlag, 1942)
Webster's Biographical Dictionary(Springfield：G. and C. Merriam Co., 1951)

신복룡(역주),『대한제국멸망사, 서울：집문당, 2019(H. B. Hulbert, *The Passing of Korea*(London：William Heinemann Co, 1906)
안응렬 · 최석우(역),『한국천주교회사』(서울：분도출판사, 1979(Charles Dallet, *Histoire de L'Eglise de Corée*(Paris: Victor Palme, 1874)

孫平化,『日本人物辭典』(北京：商務印書館, 1988)
李盛平,『中國近現代人名辭典』(北京：新華書店, 1989)
臧勵龢,『中國人名辭典』(臺北：商務印書局, 1985)

일제 강점기의 조선 생활상

Korea of the Japanese

H. B. 드레이크 지음/신복룡 · 장우영 역주

집문당

Korea of the Japanese

by

H. B. Drake

John Lane The Bodley Head Ltd., London, 1930

필자 드레이크(H. B. Drake)

헌사

스투데니(Studeny)와 후스(Huss)에게

한국의 노인

역주자 서문

내가 한국의 현대사를 공부하면서 늘 자문하는 화두 중의 하나는 "왜 한국은 일본에 멸망했는가?"라는 질문이다. "그거야, 왜놈들이 나빴기 때문이지……" 이것이 우리가 학교에서 배운 답안이었다. 그러나 나이를 먹고 내 나름대로 이 시대를 공부하면서 나는 한국의 멸망은 일본을 원망하는 것만으로는 그 원인이 설명되지 않는다는 것을 절감하게 되었고 그 원인은 내부에 있었다는 결론을 얻기에 이르렀다. 우리는 한국의 멸망사나 한일관계사를 너무 센티멘털하게 가르쳤고 그 바닥에는 늘 애련(哀憐)이 깔려 있었다. 이러한 역사감상주의를 벗어나는 것이 한국 현대사가 극복해야 할 하나의 과제라는 것이 나의 평소의 소신이다.

우리의 근·현대사에서 대일 관계를 도덕론적 정치학이나 역사학에서 설명하는 과정에서 흔히 회자(膾炙)되는 용어로는 선린(善隣)을 들 수가 있다. 그러나 지정학적으로나 역사적으로 볼 때 인접한 국가가 화목할 수 없다는 것은 인간사에 있어 가장 쓰라린 시련이 아닐 수 없다. 인간들은 근린(近隣)이니 일의대수(一衣帶水)니 "가깝고도 먼 나라"라는 용어를 쓰고 있지만 양국의 역사는 솔직히 말해서 증오와 유혈의 역사였고 은수(恩讎)의 2천년이었다. 물론 그 오랜 세월 동안에 고결한 수수(授受)가 없었던 것은 아니지만 그 큰 흐름은 곧 병탄과 해방을 위한 투쟁의 교호(交互) 작용이었으며, 이웃으로서의 작위(作爲)는 우리들이 소망했던 것처럼 그렇게 선량한 것은 아니었다.

그러나 이러한 숙명적인 증오를 감안한다 하더라도 그 동안 우리 사회에 만연·풍미해온 경험주의적 배일 감정(排日感情)은 양국의 문제를 해결하기보다는 오히려 후대를 오도했고 결국에는 경제적 종속, 정치적 불신, 문화적 침식만을 가중시켰을 뿐이다. 이것은 참다운 역사 교육이 아니다. 일본은 분명히 그릇된 삶을 산 부분이 있다. 그러나 그것은 우리가 취할 바가 아니며, 그들이 스스로 청산해야 할 문제이다. 중요한 것은 그들이 가지고 있는 장점과 우리보다 우월한 측면을 알고 배우는 것이다. 일본은 분명 "배울 것이 있는 나라"이다. 이 점을 소홀히 하면 애련의 역사는 또다시 반복될 것이다.

이러한 빗나간 배일 감정을 기초로 하고 있는 한일관계사는 비분강개(悲憤慷慨)함을 그 특징으로 한다. 한국사가 비분강개의 역사로 흐르게 된 이유는, 한일합방을 통한 망국의 한, 전근대 사회의 역사가들이 가지고 있었던 주자학적 세계관과 춘추 필법(春秋筆法), 그리고 분단 상황 때문이었다. 이러한 동인(動因)에서 출발한 비분강개의 역사 교육으로 인하여 평화나 선린이나 우의의 개념은 수사학적 용어일 뿐 실재하지 않는 허상(虛像)이 되었다. 그렇기 때문에 한일 관계사의 기술은 피차간에 상대방의 악마화(惡魔化) 작업이었다. 그리고 이러한 작업의 대오에 참여하기를 거부하는 자는 반민족자이거나 아니면 적어도 비민족주의자였다. 흔히 국수주의 역사학으로 분류되는 이러한 입장은 다음과 같은 몇 가지 점에서 주의를 필요로 한다.

첫째로, 국수주의자들의 글은 망국의 역사를 기술하면서 침략자들을 비난하는 동안 자신의 허물을 돌아보기보다는 일본을 규탄하고 탓하는 데에 초점을 맞추고 있다. 이런 식의 "탓의 역사학"은 사실(史實)의 정확한 이해보다는 침략자에 대한 비난에 집착했다.

둘째로, 이들은 마르크스주의적 투쟁의 논리에 접한 사실이 없으면서도 역사에서의 분쟁사 또는 투쟁사를 기록하는 데 많은 노력을 소모함으로써 적대 개념을 중시했다.

셋째로, 비분강개의 역사는 처음부터 의도적이었던 것은 아니지만 끝내 투사와 의사(義士)와 열사(烈士)를 낳고 이들의 우상화 과정을 거쳐 영웅사관에 빠지게 된다.

이제 우리는 일제의 죄상 폭로에서 한 걸음 더 나아가 왜 우리는 그러한 식민지 점탈의 희생이 될 수밖에 없었는가에 대하여 자성할 때가 되었다. 그것이 아무리 마음내키지 않는 것이고 아픈 작업이라고 하더라도 스스로의 뼈를 깎는 이 과정을 거치지 않는다면 그것은 역사 교육의 정도(正道)가 아니다. 우리에게는 망국의 원인에 대한 회오(悔悟)가 없었을 뿐만 아니라 망국의 기간에도 그 시대의 지식인들, 특히 역사학자들이 훗날의 역사(광복의 역사)를 고뇌했는지도 분명하지가 않다.

일제 식민지 시대의 우리 역사학이 민족의 해방을 전혀 전망하지 않기야 했을까만, 그 해방이 우리 역사의 어떤 단계가 되어야 하는가, 해방을 앞당기고 해방 후에 새롭게 전개되어야 할 역사 교육을 위해 가능한 범위 안에서나마 무엇을 해야 할 것인가를 고민한 흔적이 있는지 의심스럽다. 이와 같이 망국의 원인과 책임을 묻지 않는 한국의 일제 시대사 연구는 결과적으로 일본의 잔학상을 강조하는 데 많은 지면을 할애하고 있으며, 광복이 자신의 역량에 의해 이루어진 것이라고 미화하고 있다. 이것은 참으로 허구이며 사실이 아니다. 한 민족이 멸망하면서 한국처럼 무기력했고, 침묵한 민족이 흔치 않았다.

1870년대 후반에 다루이 도키치(樽井藤吉)가 조선을 병합하겠다는 꿈을 가지고 쪽배를 타고 조선을 탐사하고, 사이고 다카모리(西鄕隆盛)가 “내가 조선에 가서 희생될 터이니 나의 죽음을 구실로 조선을 침략하라”고 중신회의에서 주장하고, 우치다 료헤이(內田良平)가 조선 침략의 구실을 찾기 위해 1894년에 14명의 결사대 천우협(天佑俠)을 이끌고 조선에 상륙할 무렵 조선의 지도자들은 무엇을 어떻게 대처했는가를 우리는 묻지 않고 있다. 이런 점에서 볼 때 우리는 일제치하에서의 항일 투쟁의 내면을 과찬해서는 안된다. 왜냐하면 대한제국은 결국 멸망했고, 끝내 우리의 힘에 의한 독립을 이룩하지 못했기 때문이다.

요컨대, 한국의 망국의 책임은 일본 군국주의의 참혹성에 있는 것이 아니라 한국인 자신, 특히 당시의 지배 계급에 있었다. 이 대목과 관련하여, "한 나라가 멸망하는 것을 보면, 반드시 그 나라 스스로가 멸망할 짓을 한 연후에 다른 나라가 그 나라를 멸망시킨다"(國必自伐然後人伐之)는 맹자(孟子)에게로 돌아가 다시 생각해 보아야 할 것이다. 35년의 식민지 지배를 받은 민족이 군국주의에 대해 적의를 갖는다는 것은 이상할 것도 없고 탓할 일도 아니다. 따라서 그것이 하나의 민족 정서로 남아 있다는 것은 이해할 수 있는 일이지만, 냉정해야 할 지식인의 역사 논고에서 조차 감정적으로 표현된다거나 그 표현이 역사적 실존 사실을 부인할 목적으로 이용된다면 그것은 정론(正論)이라고 할 수 없다.

그러나 이러한 논리에도 불구하고 대한제국의 멸망이 역사적 필연이었거나 운명적인 것은 아니었다. 그것은 피할 수도 있는 비극이었다. 그것은 당시 지배 계급의 실수로 빚어진 인재(人災)였을 뿐이다. 역사란 결국 인간의 역사(役事)였다. 그렇다면, 이 일그러진 한일 관계사를 어떻게 풀 것인가? 저들이 어떻게 바뀌어야 하는가의 문제는 저쪽의 지식인들이 고민해야 할 또다른 주제이므로 여기에서는 우리의 얘기만 하고자 한다.

첫째로, 우리는 한일관계사에서 일본에 대한 일종의 체념(諦念)이 필요하다. 이 대명천지에 지금 이 순간까지도 그들은 한일합방이 무단 통치가 아니었다고 강변하고 있다. 그런 주장에 대해 한국이 발끈하면 잠시 주춤했다가 다시 또 그런 발언을 하는 사람이 등장한다. 아마도 그런 식의 망언(妄言 : 우리 식의 표현으로 말하자면)을 하기 위해 순서를 기다리는 사람이 수만명은 될 것이다. 그리고 그런 식의 되풀이는 앞으로도 천년을 지속할 것이다.

이런 점에서 볼 때, 21세기를 위하여 한 · 일 두 나라가 과연 역사 인식을 같이 하는 것이 가능하며, 꼭 필요한가에 대해서는 부정적일 수밖에 없다. 역사적 사실에 대한 재구성은 두 나라 학자들이 함께 추진 할 수 있으나 그 연구 결과의 이용에는 함께 하기 어렵다. 따라서 "그들은 그렇게 살아가는 민족"이라는 체념과 의연함이 우리에게 필요하다. 우리가 그들을 어떻게 바꿀 수 있을까? 이를 극복하기 위해 우리가 노력은 하되 크게 기대하지 말아야 한다. 우리는 우표에 안중근(安重根)의 초상을 싣고 저들은 화폐에 이토 히로부미(伊藤博文)의 초상을 싣는 방식으로 그렇게 살아갈 수밖에 없다.

둘째로 민족주의와 역사학의 조화로운 가르침이 필요하다. 역사 교육을 어떻게 민족주의로부터 자유롭게 만드느냐가 중요한 과제임에도 불구하고 동아시아에서는 사회 현대화 과정이 국가에 의해 촉진되었기 때문에, 국가를 떠나서는 보편 가치와 권리를 상징하고 보호해 줄 다른 무엇을 찾기 어렵다는 데 문제가 있다. 그러나 민족주의는 민주주의와 만나지 않는 한 결코 바람직한 모습을 담을 수 없다.

독일과 일본의 경험은 극단적 민족주의가 외적 제국주의와 내적 전체주의나 국가주의로 귀결되었던 경험을 보여주었다. 그러므로 한·일 양국의 국제 협력의 궁극적 목적은, 완전하다고는 할 수는 없다고 하더라도, 어느 정도까지는 민족주의로부터 역사 교육을 해방시키는 것이다. 이는 정부 대표들이 마치 국제 통상을 위한 협상을 하듯이 역사를 다루는 자세를 버려야 함을 의미한다.

셋째로, 한일 관계의 개선, 특히 역사 교육이나 교과서 문제의 해결을 주도하는 주체가 누구냐의 문제가 남아 있다. 우선 중요한 것은 정치권을 배제하고 민간 학자들의 수준에서 해결되는 것이 바람직하다. 교과서에서 "역사"라는 용어가 마치 정치사나 왕조사 또는 국가 간의 분쟁사처럼 되어 있는 우리의 현실에서는 정치적·군사적 역사가 그 개념의 한 복판에 위치하고 있는 한, 역사학은 제한된 의미를 가질 수밖에 없었다. 이러한 상황에서 정부의 영향을 감소시키는 것은 가능한가? 라는 의문이 제기될 수도 있다. 그러나 정부는 역사라고 하는 학술적인 문제를 논박할 위치에 있지 않기 때문에 이 문제는 민간 차원의 역사 학자들의 몫일 수밖에 없다.

여기에 소개하는 『일제 시대의 조선 생활상』은, 이 책이 일제에 고용된 한 영국인 교사의 글이라는 점에서 친일적인 요소가 가끔 보이기는 하지만,

1930년대의 한국인의 생활과 우리의 대일 인식을 설명해주는 제3의 눈으로서 읽을 만한 가치가 있는 책이라고 여겨진다. 그는 일본의 제국주의를 비난하면서도 한국인에게 망국의 책임을 묻는다는 점에서 반일 감정에 익숙해 있는 우리로서는 마음이 불편한 점이 없는 것은 아니지만 한일 관계사를 이만큼 객관적으로 기록한 책도 그리 흔치 않으며, 당시의 생활상에 대한 기록과 사진은 그 시대의 연구에 도움이 되리라는 생각에서 이를 강호(江湖)에 내어 놓게 되었다.

이 책의 필자인 드레이크(Henry Burgess Drake : 1894~?)는 영국의 소설가이자 교육자이면 동양학자였다. 그는 30대 초반에 "1920년대를 대표하는 공포 소설"이라는 평가를 받고 있는 『치료』(*The Remedy*, 1925)라는 공포 소설로 문명(文名)을 떨치고 있었다. 청년기에서부터 해양 모험에 관심이 많았던 그는 탐사자들에게 초자연적 저주를 내리는 해적선의 보물에 관한 얘기인 『저주받은 보물』(*Cursed Be The Treasure*, 1926)과, 마법과 광기와 질병으로 둘러싸인 노예선 『여호와 호의 선장』(*The Captain of the Jehovah*, 1936) 등의 작품을 썼다.

본문에 묻어 나오는 그의 자술(自述)을 종합해 보면, 그는 1928년 전후에 2년 동안 서울에 있는 어느 고등학교와 경성제국대학(京城帝國大學)에서 영어를 가르쳤다는 사실이 있으나 그 이상의 사실은 어느 자료로써도 확인되지 않는다. 영국으로 귀국한 그는 『자장가』(*Husha-Bye Baby*, 1954)와 『여인과 신부』(*The Woman and Priest*, 1955) 등의 작품을 썼고, 이 원서의 표지에 실려 있는 광고에 의하면, 『범선 칼리포니아호』(*The Schooner California*), 『아이들의 수확』(*The Children Reap*), 『신주』(*Shinju*) 등의 작품을 썼다고 한다. 그가 언제 귀국했으며, 언제 죽었는지는 확인되지 않는다.

언제 출판될 수 있으리라는 기약도 없이 『한말 외국인 기록』을 번역한 지는 꽤 오랜 세월이 흘렀다. 이제 그 전집 23권의 마지막 권에 서문을 쓰는 심정은 말로 형언하기 어려울 만큼 착잡하다. 내가 이를 끝냈다는 성취감, 이 나라 역사학의 발전에 조금이라도 기여할 수 있었다는 감사함과 어쩌면 내 인생이 헛살아 온 것은 아닐 것 같다는 위로, 이 전집의 첫째 권인 『대한제국멸망사』가 초판된 1973년으로부터 지금까지 27년에 걸쳐 나를 거쳐 간 조교들, 번역을 도와 준 대학원 학생들, 둘째 아이를 낳고 번역을 시작하여 이제는 셋째 아이가 혼기(婚期)에 이르기까지 부실했던 한 가장으로서의 자괴심(自愧心), 그리고 누더기가 되어 버린 4권의 민중서관 『영한사전』 등이 머리를 스친다.

그 동안에 겪은 어려움도 많았다. 번역을 마쳤으나 출판 경기의 어려움으로 활자화하지 못하고 안타까워하던 기간은 의외로 길었다. 그러던 차에 『한말 외국인 기록』 전집 23권을 출판하겠다는 집문당 임경환(林京煥) 사장님의 제의를 들었을 때 기쁘기도 했지만 너무도 엄청난 일이라 엄두를 낼 수가 없었다. 이러한 고충을 들은 1998~99학년도 건국대학교 정치외교학과목의 나의 수강생들 300명이 한 장씩 컴퓨터에 입력해 주겠다고 나섰을 때 나는 한없이 고마왔고 크게 용기를 얻었다. 나는 그 300명의 이름을 여기에 일일이 적을 수 없는 것이 미안하고 유감스럽다.

모두가 고생했고 고맙지만, 사내답지 않게 수줍음이 많은 조교 박성진(朴城進) 군(지금은 학위를 받고 한국학중앙연구원의 선임연구원)과 변영욱(邊泳旭) 군은 마음이 넉넉지 못한 나의 방에서 마음 고생이 많았으리라고 생각되며, 주석을 찾기 위해 각국의 대사관과 문화원을 찾아다니면서 싫은 내색 한 번 하지 않았다.

이 책은 장우영(張又永) 군이 초역하고 내가 원문 대조와 윤문, 그리고 주석을 맡는 방법으로 이루어졌다. 이 책을 펴내면서 지울 수 없는 한 가지 두려움은 여기에 오역이 있을는지도 모른다는 점이다. 본시 영문학자였던 필자의 이 글은 사회 과학의 서적과는 달리 많은 은유(隱喩)와 축어(縮語), 그리고 일상에서 쓰지 않는 형용사의 표현이 많아 필자의 정감을 얼마나 정확하게 옮겼는지에 대해 걱정을 지울 길이 없다. 마지막까지 의미를 알 수 없는 부분을 번역하도록 도와준 건국대학교 영문학과의 김종갑(金鍾甲) 교수에게도 깊이 감사한다. 나에게 필요한 일본 자료들을 정성껏 채근해 준 다키자와 마코도(瀧澤誠) 선생에게 깊이 감사한다. 사진 촬영은 건국대학교 홍보실의 이명호(李明浩) 선생이 맡아주었다. 필자의 가계(家系)에 관한 자료는 미시간주립대학(MSU)에서 박사 학위를 준비하고 있는 나의 딸 나리(지금은 학위를 받고 충북대학교 교수임)가 구해 주었다. 지금은 퇴직하였지만 출판의 초기 단계에서 기획과 편집 교정을 위해 고생하신 집문당의 우진주(禹軫柱) 상무님과 편집부 직원 여러분, 그리고 신세진 모든 분들에게 깊이 감사한다. 그럼에도 불구하고 이 책에 부족한 점이 있다면 그것은 전적으로 나 혼자만의 책임일 뿐이다.

2000년 3월 23일
2019년 11월에 가필함
역주자 신복룡

차　례

제 1 장 고요한 아침의 나라

조선에 관해 기술할 때 "고요한 아침의 나라"라는 매혹적인 부제를 붙여야 하는 것은 누구에게나 불가피한 일이다. 그것은 늘 그래 왔으며 적어도 일본과 만주를 여행하는 도중에 잠시나마 조선의 수도에 체류하면서 기차로 그 나라의 각지를 여행했던 사람들이 이미 이를 입증했다. 흥미로운 선택에 의했든 아니면 환상적인 사건에 의한 것이었든 간에 상투를 튼 무리들과 함께 살아 본 적이 있는 마음 약한 백인들에게는 이 호칭이 매우 친근하게 느껴진다. "고요한 아침의 나라"는 조선이라는 토착어의 공인된 별칭이다. 그러나 사람에 따라서 상징성과 반어를 부각시키기 위해 "고요한 아침의 나라"라는 수사를 의도적으로 선택할 수도 있다. 내가 처음 조선을 방문할 뜻을 밝혔을 때 친구들 중 몇몇은 다소 은근하게, 몇몇은 노골적으로 무지를 고백했다.

"조선은 흑해에 있지, 그렇지 않니?"

"조선의 국명은 C로 시작하니, K로 시작하니?"

"글쎄, 아마도 지도상에서 조선은 중국의 만주에 붙어 있을 거다. 아니면 시베리아의 남단에서 마지못해 위쪽으로 비틀려져 있는 가느다란 자루 모양으로 일본을 향해 매달려 있을지도 모른다."

이것은 상징성인가? 반어인가?

2년간의 체류를 마치고 영국으로 돌아갈 준비를 하고 있을 무렵에 비통한 표정의 세 학생들이 비공식적으로 나를 방문했다. 그들은 한없이 걱정을 털어놓고 나서 달콤하게 유혹이라도 하듯이 나에게 영어로 자신들의 "불행한 조국"의 현실을 알리는 글을 써 주기를 간청했다. 그들은 숨죽여 울부짖고 있었다. 그들은 매우 진지했다. 그들의 두꺼운 입술은 축 늘어졌으며 생기 없는 눈은 한껏 커졌다. 그들 중 누구인가가 본래 매우 억센 자신의 길고 검은 머리털이 축 늘어져 버렸다고 말했던 것 같다.

나는 담배 파이프를 다시 채웠으나, 그들에게 어떻게 대답해야 할지, 웃어야 할지, 울어야 할지를 알 수 없었다. 그들의 호소의 밑바탕에 깔려 있는 철부지 같은 잘못된 생각은 딱하다기보다는 차라리 비극적이었다. 놋쇠빛 단추가 달린 부자연스러운 여름철 제복 위로 그들의 거무스레한 피부가 유난히 짙어 보였다. 그들은 나에게 매달렸으나 내가 침묵으로 일관하자 낙담하는 기색이 역력했다.

"제발, 부탁드립니다."

그들 중 한 명이 거듭 재촉했다.

"글을 써 주실 거죠. 그렇죠?"

그들에게 영국은 존귀하고 강대하며 의지할 곳 없이 핍박받는 자에게 은총의 손길을 내밀어 주는 존재이기 때문에 영국의 한 마디는 자신들의 "불행한 조국"을 속박으로부터 해방시켜 다시 "조용한 아침의 나라"로 복원시켜 줄 것으로 믿고 있었다. 이러한 관념이 머릿속에 꽉 차 있었기 때문에 그들에게 영국은 마술 봉이나 요정 같은 어머니로 각인되어 있었다. 나는 나의 지도책을 뒤적이던 친구들을 떠올렸다. 그리고 문득 머릿속에 떠오르는 생각을 억제했다.

"조선의 국명이 C로 시작하니?, K로 시작하니?"

내가 무슨 대답을 해 줄 수 있을까? 설령 나는 조선에 대해 글을 쓴다고 해도 믿을 수 없이 많은 산과 짙푸른 하늘과 청명한 바다 한가운데에 떠 있는 환상의 섬과 화강암 언덕의 협곡 너머로 펼쳐진 소나무 군집에 둘러싸인 빨간 기둥을 가진 사원을 찬탄하고 싶었다. 마치 그들은 따사로운 축복의 햇살을 받으며 고대 세계의 영혼과 교감을 나누고 있는 듯했다.

나는 현실로부터 멀리 떨어져 시상에 젖어 있었다. 그러나 나는 한 가지 점만은 똑똑하게 목격했다. 교육과 저술과 사람의 왕래에도 불구하고 여전히 동서양을 분할하는 거대한 무지의 틈새는 좁혀지지 않고 있었다. 이 학생들은 영국에 대해서 충분히 알고 있지 못했다. 영국도 조선에 대하여 전혀 알고 있지 못했다. 그러나 조선은 알아둘 만한 가치가 있는 나라이다.

조선에는 관심을 기울여 조망해야 할 수많은 문제들이 산재해 있다. 조선 사람들의 생활 방식은 매우 단순하기 때문에 제각기 멀리 떨어져 있는 박물관에서 골머리를 썩지 않고서도 그들에 대해 연구할 수 있다. 정치적·민족적·교육적 문제들, 복식과 건축 양식 같은 유행의 문제들 그리고 인종과 신념의 충돌 같은 근본적인 문제들이 특히 두드러져 나타난다. 이러한 문제들은 인간다움에 크게 위배되어 있기 때문에 연구 작업은 화끈하고 멋진 세계에서의 낭만을 구현하게 될 것이다.

내가 솔직하게 대답을 하지 못하고 말문이 끊어지자 그것이 마치 외세의 폭압 아래 놓인 자기 나라의 예속의 징표라도 되는 듯이 그들의 구릿빛 얼굴은 절망감에 휩싸였다. 홍미롭지만 상서롭지 못한 조짐이 들끓었으나 일본이 공식적으로 조선을 합병해서 식민지 나라에서 기쁨에 넘쳐 경축일을 경하하기 시작한 때는 1910년부터였다. 그 사건이 일어나기 불과 며칠 전까지만 해도 감옥은 저항감을 표출한 혐의가 있는 범법자들로 넘쳐 났기 때문에 일본은 좌불안석하는 상태에서 그러한 결단을 취했다. 훗날 그들은 기소되거나 재판을 받지 않고 풀려났다. 그들은 기껏해야 최신식 독방에 일시적으로 유폐되어 매일 냉수 세례를 겪었을 뿐이었다.

일본이 공식적인 조인을 통해 조선을 병합한 이유는 유럽, 특히 영국의 자기 정당화의 절묘한 모방이었다. 일본은 전적으로 지탄받을 동기로부터

해안의 풍경

행동했다. 그러나 일본의 이타주의는 숭고했다. 조선은 수치스럽게도 폭압을 받았지만 일본은 자신이 수혜 받은 근대적 진보의 은총을 조선으로 확대하지 않는 데 대해 양심의 가책을 받지 않을 수 없었다. 그러나 이러한 서구적 사조의 내면에는 동양적 정서가 깃들어 있었다.

『조선 연감』은 일본과 조선이 오래 동안 떨어져 살다가 마침내 재결합한 형제들과 같다고 기술한 바 있다. 그러나 양국 관계에서의 형제적 요소는 단지 같은 가족들끼리의 통혼을 삼가는 정도로 보인다. 물론 일본에게 선택의 여지가 없었던 점은 명백한 사실이다. 조선 민족은 약탈에 굶주린 세력의 먹이로 치부되고 있다. 아무리 강압과 지배를 증오한다 할지라도 그들은 본질적으로 지배당할 수밖에 없었다.

1914년에 독일과 아일랜드가 영국에 위협적이었던 것처럼 러시아와 중국과 조선은 일본에게 위협적이었다. 일본은 자기 방위를 위해 행동했다. 일본이 그러한 조치를 취하지 않는다는 것은 사실상 불가능했다. 따라서 조선의 독립은 이러한 측면에서 판단해야 한다. 그러나 나는 그들에게 어떤 대답도 해 줄 수 없었다.

"친애하는 나의 제자들. 그대들은 세상에서 가장 아름다운 미소를 가지고 있다. 그러나 신은 이 지상의 만물들 사이에 가장 적합한 관계를 만들어 놓았기 때문에, 불행하게도 그대들의 온화함과 유약함 속에 위험이 도사리고 있다. 따라서 오랫동안 떨어져 살았던 형이 집으로 들어와 그대들을 다스려야 한다."

이것의 내 마음속의 답변이었다. 실제로 철학적으로 사색하거나 하늘을 원망하기는 쉽다. 그러나 경기는 빠르게 진행되고 전투는 격렬하게 전개되는 법이다. 국제연맹이 약소 민족을 위해 일련의 국제적인 구호 계획을 펼쳐 나간다면 조선은 독립을 성취할 수도 있을 것이다. 그러나 조선의 독립이란 현재 태풍과도 같은 러시아와 중국에 빨려 들어가는 진공 상태를 만드는 것과 같을 것이다.

아마도 선린의 고매함을 설파하고 있는 미국 또한 조선을 향해 맹렬하게 돌진하는 또 다른 강풍일 것이다. 그러나 미국은 단호하게 총을 겨누지 않았기 때문에 효과를 거두지 못했다. 그렇다고 해서 그 과오가 미국에 있는 것은 아니다. 우리들의 철학을 상기해 보라. 비난할 수 있는 것은 오직 신뿐이다.

나는 주제를 돌려 그들에게 진부한 질문을 던졌다. 적극적이었던 그들은 풀이 죽어서 얼굴에 씁쓸한 웃음을 짓고 있었다. 나는 답을 대신해 물었다.

"대학을 졸업하면 무엇을 할 생각인가?"

자못 심각해진 그들의 얼굴에 멍한 표정이 사라지면서 분위기가 짐짓 무거워졌다. 내가 셋 중에서 가장 잘 알고 있던 유시국(아마 나는 그의 이름을 Yu See Kuk이라고 기명했었던 것 같다.)이라는 아름다운 이름을 가진 학생은 대답을 하기 위해 단추를 채워 놓지 않은 옷깃 사이에서 목을 빼기 시작했다.

"계속해서 공부하고 싶습니다."

라고 그는 대답했다. 그로부터 전에도 그런 대답을 들은 적이 있었기 때문에 나는 그의 대답을 짐작하고 있었다. 나는 그와 함께 여행을 한 적이 있었다. 우리는 낮에는 고찰들을 찾아다니고 밤에는 여인숙에 묵으면서 며칠을 돌아다녔다. 나는 그의 야망을 알고 있었다. 그는 자신의 가족들 중에서 유일한 학생이었다. 그의 가족들은 우러러 보이는 그를 공부시키기 위해 죽는 날까지 흙을 갈며 노예처럼 일하는 것도 마다하지 않을 것이다. 형제들은 그와 함께 살며 그의 아내와 아이들을 부양할 것이며 그는 공부에만 전념할 것이다. 그는 온돌방의 작은 상에 파묻혀 수많은 책들을 독파할 것이다.

서구 교육이 그에게 성취를 안겨 주리라. 그의 영혼은 동방에 머물고 있었지만 중국 고전 외에도 그는 하디[1]와 와일드[2] 그리고 골즈워디[3]를 읽을 수 있을 것이다. 그리고 계속해서 그 외에도 신성한 저작들을 읽을 수 있을 것이다. 그는 쾌활한 소년이었다. 그는 방학 때 귀향하게 되면 전체 마을 주민들이 경외감을 품고 줄지어 늘어서서 자신을 맞이할 것이라고 겸연쩍게 말한 적이 있었다. 그는 결코 노동에 뛰어들어 손을 더럽혀서는 안되었다. 그러한 일은 그가 아니라 그의 가족들이 져야 할 의무이기 때문이었다. 그는 공부에만 매진해야 했다.

언제인가는 그 공부가 어떤 쓸모 있는 역할을 하게 될 것이라는 점 외에 어떤 상상도 할 수 없었다. 그는 고독하게 앉아서 공부에 몰두했으며 누구의 방문도 허용하지 않았다. 그는 공부에 파묻혀 살다 결국 과로로 일생을

---

1) 하디(Thomas Hardy : 1840~1928) : 영국의 소설가. 본시는 건축학을 공부했으나 문학가가 되어 『푸른 나무 밑에서』(1872), 『푸른 눈』(1873) 등의 글을 썼다.

2) 와일드(Oscar Wilde : 1856~1900) : 아일랜드의 시인. 미국과 프랑스로 다니면서 『도리앙 그레이의 초상』(1891) 등을 써 문명을 남겼으나 남색 행각으로 재판에 회부되어 유죄 판결을 받는 등 말년을 불행하게 보냈다.

3) 골즈워디(John Galsworthy : 1867~1933) : 영국의 소설가이자 극작가. 옥스퍼드대학을 졸업하고 변호사 시험에 합격했으나 변호사로 활동을 하지 않고 소설을 썼는데 『도망자』(1926), 『망명자』(1929) 등의 작품을 남겼으며, 1932년에 노벨 문학상을 받았다.

마감했다. 그가 남긴 비망의 기록은 칭송 받을 것이다. 그러나 그의 조국의 운명은 어떻게 될 것인가? 그의 글들에는 아마도 일본의 이타주의의 진실이 배어 있을 것이다.

"이팔성 군, 자네는 무엇을 할 생각인가?"

라고 내가 물었다. 이팔성은 입이 약간 튀어나오고 코는 매우 평평했다. 그는 머리를 약간 갸우뚱거리면서 떨고 있던 무릎을 껴안으며 조심스러운 투로 간결하게 대답했다.

"소설을 쓰고 싶습니다."

"그렇다면 자네는 수많은 사람들과 교류하고 사물들을 눈여겨보아야 할 것이네."

라고 내가 권고했다. 그는 의아한 듯 온기 어린 짙은 갈색 눈동자 위로 굴곡이 심한 이마를 치켜들며 놀라운 표정을 지었다. 5년 동안의 학업을 마치고 저술을 하기 위해서는 다른 책들을 열심히 읽어야 하는 것은 당연한 일이었다. 그렇게 하지 않는다면 대학이 무슨 소용이 있겠는가? 이것이 그들의 전도였으며 그들은 아마도 조선 지식인들의 정수였을 것이다. 그들은 어려운 대학 입학 시험을 통과했기 때문에 그들이 입고 있는 제복은 온통 비굴한 노예 근성에 젖어 있는 조국을 통솔하게 될 표상이었다. 그러나 그들은 책을 위한 책읽기에 머물렀을 뿐 그 이상을 읽지는 못했다. 속박을 경멸하는 조선 사람들 누구나 일본을 저주하고 있기 때문에, 신이 계획한 이 세계에 그들이 적응할 수 있도록 만들기 위해서는 손에 몽둥이를 쥐고 날카로운 평결을 내릴 수 있는 누군가가 이 어린 소년들에게 필요하다는 점을 예리하게 통찰해야 할 것이다.

나는 영어로 글을 씀으로써 나의 모든 생각을 바꾸기로 했다. 그 전에 나는 마침 몇 권의 책을 저술한 바 있었다. 그날 그들은 표지의 화려한 색상에 감탄하면서 그 책들을 돌려보았다. 그들은 그 책들을 사고 싶어하면서 가격을 물었다. 내가 4엔이라고 대답하자 그들은 "아이고!" 하고 탄성을 질렀다.

금강산 수정봉

그리고 자신들의 손이 깨끗한지 슬쩍 쳐다보았다.

사실 4엔은 그저 해본 소리에 불과했다. 그들이 겨우 4엔을 지불하고 책을 가져간다면 나는 부자임에 틀림없을 것이다. 나의 방을 이리저리 둘러보는 그들의 눈에는 부러움의 눈길이 가득 찼다. 나의 방은 전혀 꾸밈이 없고 볼품없는 서민적인 방이었다. 다벤트리[4]에서 만든 침상, 낡아빠진 의자들, 무기 조각품들과 색 바랜 벽걸이 융단, 필요 없는 부분을 끝에서 뒤쪽으로 말아 올린 카펫 등이 방을 차지하고 있었으며 빅토리아 여왕 시대의 작품인 일본 족자의 초상과 선교용 달력이 벽에 걸려 있었다. 실내의 모습은 몹시 너저분했다.

그러나 그것은 창문에서 내려다보면 군생하는 버섯 다발처럼 굴곡을 지

4) 잉글랜드의 노샘프턴셔(Northhamptonshire)에 있는 도시.

어 모여 있으면서 제각각 오래되어 엷은 자줏빛이 도는 회색으로 퇴색한 이엉 지붕을 얹고 불결한 안마당을 가진 오두막집에서 생활하고 있는 이 학생들에게는 상상할 수도 없는 부귀와 사치와 후광을 뜻했다. 이에 비하면 나는 행복한 부류에 속했다. 나는 4엔짜리 이야기를 썼다. 나는 나의 글이 영어로 발표되기를 바랐다.

나는 세 번째 학생에게로 시선을 돌렸다.

"진안식 군, 자네는 어쩔 생각인가"

그는 조금도 낙심하는 기색 없이 대답했다.

"저는 할 일이 전혀 없을 것 같습니다."

나는 기억을 더듬으면서 말했다.

"아, 그렇지. 자네는 법학도지?"

진안식은 법학도였기 때문에 할 수 있는 일이 없었다. 그러나 그것은 엄격하게 말해서 맞는 말은 아니다. 조선의 법학도에게는 다양한 길이 열려 있었다. 조선 사람 중에는 판사들도 있었다. 아마도 세 명으로 구성된 재판부에 두 명의 조선 사람 판사가 있었을 것이다. 그러나 나머지 한 사람은 일본인 재판장이었다. 그는 절대적인 거부권을 가지고 있었다. 조선 사람은 평결에 개입할 수 없었다. 손에 의사봉을 쥐고 날카로운 평결을 내릴 수 있는 권한을 가진 그가 모든 필요한 판결을 내릴 것이다.

입장에 따라서 다른 시각을 날카롭게 제기할 수도 있다. 그렇다면 이들의 불만도 이해될 수 있다. 그것은 적어도 나에게는 항상 그랬다. 그 문제는 부정적이며 전혀 긍정적이지 않았다. 두 시각이 모두 틀리다고 보기는 쉽지만 모두 옳다고 보기는 쉽지 않다. 한 시각은 조선 사람들에게 동정심을 갖지만 그것으로 조선 사람들을 구제하기에는 비효율적이라고 생각한다. 다른 한 시각은 일본인들의 효율성을 인정하지만 그들이 추구하는 방식과 그것의 적용을 혐오한다. 아무리 최선의 의지를 가진다 해도 누구도 조선 사람들을 도울 수 없다. 그리고 아무리 최선의 의지를 가진다 해도 일본인들은 결코 남을 돕는 법을 배울 수는 없을 것이다. 일본인들의 교만, 주제 넘는 호의, 불법적인 작태, 교활함은 조선 사람들의 저하된 정신을 앙양시키기 위한 그들의 초인적이고 애끓는 노력에 비해 훨씬 두드러진다.

미숙한 어린아이들이 이것저것 졸라대는 것처럼 조선 사람들은 강력하게 자유를 요구하고 있다. 그러나 누가 저녁을 짓고 불을 밝히고 방을 치우겠는가? 그러다가 누가 청소하라고 말하기라도 한다면…. 그 문제는 음과 양의 두가지의 해답을 가진 2차방정식으로 가장 잘 설명할 수 있다. 당신들은 두 개의 해답이 서로 화해될 수 없음을 알고 있을 것이다.

신중한 듯 했으나 서투르기 그지없었던 학생들은 자리에서 일어날 무렵 완전히 의기소침해 있었다. 그들은 자신의 집에 들어가기 전에 신발을 벗기 때문에 2년 간의 수입을 들여 산 카펫 위를 더러운 신발을 신은 채 걷는 일은 그들의 예의바른 겸양에 충격을 주었다. 그러나 조용한 아침의 나라를 떠날 때 나는 역에서 그들과 재회했다. 유력한 교수들이 서 있었기 때문에 거기에서 그들은 나에게 말을 걸 수 없었다. 그러나 나는 그들과 악수를 나누었기 때문에 비밀스러운 호소의 눈빛을 읽을 수 있었다.

"당신은 영어로 글을 쓰실 거죠. 그렇죠? 우리의 불행한 조국의 현실을 알려주세요."

신이 허락한다면 나는 첫 기차를 되돌리고 싶었다. 그것은 감상적인 동정이나 의협심 때문은 아니었다. 나는 금강산으로 가서 만물상(萬物相)을 등정하고 싶었다. 그리고 엄숙하고 아름다운 길들을 품고 있는 대지의 어머니를 묵묵히 바라보고 싶었다.

제 2 장 무덤과 장례식

동양의 사고 과정이 서양의 그것과는 정반대라는 것은 흔히 하는 말이다. 내가 달걀을 파는 행상에게 "당신이 어제 나에게 가져온 달걀들은 모두 상한 것이었소."(The eggs were all bad which you brought me yesterday)라고 말하고자 한다면, 나는 그것을 "어제 당신은 내게 상한 달걀만 가지고 왔소."(Yesterday me brought eggs as for all bad were.)라고 표현해야 한다. 따라서 동양인들의 삶에 대해 말하기 전에 동양인들의 죽음에 대해 언급해야 한다.

조선의 장례식에 대한 나의 가장 특별한 기억은 아무래도 풀(Poole) 씨, 보다 구체적으로 말해서 풀 박사라는 인물과 얽혀 있다. 미국인이 교육 활동에 종사하는 일은 거의 없기 때문에 짐작하건대 그의 박사 학위는 각별한 의미를 지닐 것이다. 중국의 기독교 청년들에게 꼼꼼하게 사진촬영술과 야구를 지도하는 것이 풀 박사의 교육 방침이었다.

1927년 초여름에 선교사들의 갑작스러운 이동이 있었을 무렵에 우연히 그는 조선으로 건너왔다. 그는 나와 같은 집에 머물렀다. 인사 소개 5분 만에 나는 그의 가족사의 상당한 부분을 알게 되었고 그는 10분 만에 앨범들을 펼쳤다. 그는 내가 틀림없이 그것에 흥미를 느낄 것이라고 생각한 모양이었다. 사실 나는 흥미를 가지고 있긴 했지만 풀 박사가 앨범들에 대해 갖고 있는 생각은 마치 신을 우러러보는 세인들의 외경과도 같은 정도였다. 추려 내지 않은 탓에 상태가 좋고 나쁜 사진들이 무분별하게 섞여 있었다. 그에게는 사진으로 인화되었다는 단순한 사실만으로도 그곳에 있어야 할 충분한 이유가 되는 듯했다.

나는 앨범의 페이지를 넘기는 데에 금세 싫증이 났다. 그렇기 때때로 독특한 전경과 중국인들의 생활의 단면들이 눈에 띄기도 했지만 너무 낯익은 것들이었기 때문에 그것들을 사진에 담을 수 있었던 그의 태연함이 놀라웠다. 그러나 내가 풀 박사를 보았을 때 그의 인상은 전혀 태연자약하지 않았다. 어두운 렌즈를 낀 뿔테 안경 너머로 보이는 그의 모습은 평범했으며 너무 무표정해서 속내를 알기가 어려웠다.

그는 나병의 발진 상태가 심각한 이방인의 면전이나 독실한 사람들이 조상의 사당 앞에 무릎을 꿇고 엎드려서 고개를 조아리고 있는 개인의 처소에 카메라를 들이대고 셔터를 눌러 대는 위협적인 행위에 고상함이 깃들어 있다고 생각했을지도 모른다. 수많은 인파의 행렬이 거리를 지나갔지만 나는 과민한 위축감 때문에 카메라를 들고 있었으면서도 사진을 찍지 못하고 집으로 돌아와 마음을 추스른 적이 있었다. 그러나 나는 풀 박사가 나의 행동을 이해하지 못하리라는 것을 알고 있었기 때문에 그에게 별 다른 말을 하지는 않았다. 흥미롭게도 그의 앨범들은 나에게 즉시 영향을 미쳐 내가 냉정하게 무례함을 범하도록 고무시켰다. 나는 어쭙잖은 겸손을 내팽개치고 내 영국인 친구처럼 환희의 기록물을 만들기로 마음먹었다. 그래서 나는 내려놓았던 카메라를 걸쳐 매고 심상치 않은 분위기를 풍기고 있는 거리 쪽으로 살금살금 다가갔다.

그 일대는 울음바다를 이루고 있었다. 장엄한 백의의 행렬이 차분하게 지나갔다. 그들은 긴 예복을 입고 세상에서 가장 우스꽝스럽게 생긴 모자를 쓰고 느릿느릿하게 발을 옮겼다. 연약하고 투명한 말총 구조물이 넓은 테두리 위에 덮어진 화분의 잔영처럼 상투를 틀어 올린 머리카락을 밀봉하여 조심

나무 장수

스럽게 감싸서 머리 꼭대기 부분을 들어올렸다.

여자들도 역시 흰옷을 입고 있었으나 남자들보다는 덜 위엄이 있어 보였다. 여자들의 머리는 대부분 노출되어 검은 머리털이 드러났고 기름을 발라 납작하게 뒤로 넘겨 목 뒤에 비녀를 꽂았다. 그리고 치마를 어색하게 싸잡아 맨 탓에 허리 부분이 두둑해 보였다. 빛깔이 바래고 볼품이 없는 저고리 밑으로는 그들의 젖가슴이 드러났다. 여성적인 우아함을 단호하게 무시하고 여자들은 머리에 무거운 짐을 인 채 익숙하게 고개를 곧추 세우고 큰 보폭으로 성큼성큼 걸어 다녔다.

독수리의 모습을 연상하게 하는 치맛자락 아래로 넓고 헐렁한 바지의 끝단이 드러났다. 어린아이들은 떼 지어 있었다. 몇 녀석들은 완전히 발가벗고 있었고 몇 녀석들은 밥을 가득 먹어 부른 배 주위에 6인치가량 되는 속옷을 둘러 입고 있었다. 제법 큰 아이들은 모자를 쓰지 않았다는 점을 제외하면 사내아이와 계집아이에 따라 옷을 제대로 갖추어 입고 있었다. 그들은 건강해 보였으며 머리통 여기저기가 까져서 생채기 투성이였지만 여전히 티격태격했다. 그들은 방망이 대신에 손목을 이용해서 공놀이를 했다. 그들은 아기를 등에 업어 묶고서도 정확하게 움직이며 돌차기놀이를 했다. 맥이 풀린 아기들은 고개를 비스듬하게 축 늘어뜨린 채 곤하게 잠들어 있었다. 그들은 동전, 딱지, 넘쳐 나는 오물 상자 속의 폐물, 돌, 분말 가루, 진흙 등을 가지고 놀았다.

나는 앨범에 담기 위해 이 모든 장면들을 촬영했다. 그리고 매우 크고 납작한 곡물 통 뒤에 쭈그리고 앉아 있는 가게 주인, 큰 가위를 놀리며 요란스러운 소리를 내고 있는 엿장수, 싱싱한 건초들로 보이는 땔감을 가득 싣고 언덕을 내려오는 황소, 탑처럼 쌓아올려진 덤불 더미들을 등에 지고 어정쩡하게 바지를 입은 두 다리로 균형을 잡고 있는 남자들, 하수구의 물이 뚝뚝 떨어지는 곳에서 젖은 옷을 방망이로 두들기며 옷가지들을 빨고 있는 아녀자들은 언제 어디에서나 흔하게 볼 수 있었다. 그러나 나의 결심은 수그러들었다. 나는 골똘해 있는 이 진지한 얼굴에 카메라를 들이댈 수 없었다. 나는 카메라의 섬광이 부적절하다고 되뇌었음은 더 말할 나위도 없다. 그토록 눈부신 햇살과 짙푸른 하늘 아래에서 그림자들이 부산하게 움직이지 않을 리 만무했다.

나는 나의 배려가 풀 박사의 열정적인 기세를 꺾지나 않을까 우려했다. 곧이어 사람들의 수가 급작스럽게 불어났다. 말 등에 올라탄 경찰들이 길모퉁이에 나타나 겁을 주면서 길의 소통을 원활하게 만들었다. 박자를 맞추어 구슬프게 울리는 장송곡이 들렸다. 기수들이 두 줄로 늘어서서 걷고 있는 모습이 눈에 들어왔다. 그들은 글자를 새긴 색색의 장식들을 단 가늘고 긴 장대를 들고 있었다. 나는 카메라 집에서 슬그머니 카메라를 빼 들었다.

행렬이 지나가기 시작하자 군중들은 대로의 양 측면으로 물러났다. 깃발처럼 나부끼는 불 꺼진 종이 제등을 꼭대기에 매단 가늘고 긴 죽대들이 뒤

경주의 왕릉

를 이었다. 행렬은 끝이 없었다. 상복을 입은 몇 사람이 상여를 메고 앞장서서 운반했다. 상여는 밝은 빨강, 노랑, 청색이었으며 그 옆을 걷고 있는 승려들의 머리 위로 높이 들어올려졌다. 상여가 흔들리는 것으로 보아 그것이 바퀴로 움직이지 않는다는 점을 제외하면 행렬은 마치 장중하고 화려한 순례단처럼 보였다. 무덤까지 40명의 남자가 동원되었다. 그들은 서로 엇갈린 들보로 이루어진 무거운 구조물을 어깨에 받쳐 들고 전후좌우로 천천히 행진했다. 그들은 행진하면서 느리고 슬픈 운율을 반복해서 읊조렸다.

상여가 지나갔다. 각각 두 명씩의 조객들이가 높이 올라탄 두 대의 인력거가 뒤를 이었다. 그들은 상복을 입고 있었으며 머리에는 상복에 걸맞은 특이한 모자를 쓰고 있었다. 모자는 투명하게 비치는 직물을 감아 올려서 뒤로 땋아 내릴 수 있도록 빳빳하게 만들어졌다. 그들의 얼굴은 마치 프레스코 화법으로 그린 고대 이집트인의 모습 같았다. 조객들이 멀어지자 새하야 상복의 대열이 대세를 이루었다. 이따금씩 서구풍의 의복에 밀짚모자나 중절모를 함께 착용한 동양의 예복이 보였다. 계속해서 길 양쪽으로 검정색으로 보이는 둥글고 납작한 모자를 쓴 소년들과 성인 남자들이 긴 줄을 이루었고 조화로 만든 화사한 화관이 이젤 모양의 틀 위에 받쳐 운반되었다.

행렬은 끝없이 이어졌다. 그런데 갑자기 다른 상여가 나타났다. 상복을 입은 사람들이 앞장서고 그 뒤로 승려들이 양편으로 나뉘어 선 다음 다시 조객들이 그 뒤를 이었다. 그러나 이것은 다른 장례 행렬이 아니었다. 앞의 행렬은 어두운 미지의 길을 걷는 망자에게 해를 입히려고 눈을 부릅뜨고 지켜보는 악령을 달래기 위한 가장 행렬이었다. 실제의 시신은 두 번째의 상여에 있었고 그 행렬이 이제 막 시작된 것이었다.

애도하는 모습은 없었다. 화관과 기를 나르는 고용인들은 전혀 무표정한 모습으로 행렬에 참여했다. 남들이 지켜보고 있다는 것조차 깨닫지 못하는지 인력거 위의 조객들은 둔감할 정도로 자기 흥취에 빠져 있었다. 상여꾼들의 곡소리는 구슬프기보다는 걸음걸이의 박자를 맞추기 위한 운율에 불과했다. 그것은 거리를 더 늘이는 듯했다.

그러나 장례 행렬이 모두 지나가고 거리의 이러저러한 구경꾼들도 뿔뿔이 흩어졌을 때 나는 카메라를 전혀 놀리지 않고 손에 쥐고만 있었음을 깨달았다. 내 주위에 모여 있던 사람들은 무리를 지어 그 장관에 대하여 후두음을 써 가며 쑥덕거리기 시작했다.

"저 사람은 분명히 엄청난 부자였을 거야."

흰 예복을 입은 무리들! 나는 늘 어디에서나 두드러지게 눈에 띄던 흰색을 기억했다. 조선에서는 관습적으로 탈상의 기간을 길게 규정했기 때문에 상복을 입고 있는 것은 흔하게 볼 수 있는 일이었다. 그것은 고래로부터 채택되어 온 조선의 상복이었다.

설날이 되면 아이들은 밝은 색상의 푸르고 붉은 옷을 입는다. 그러나 성인 남녀는 매일 상복을 입는다. 나는 매우 뜨거운 거리에서 발길을 돌려 몇 걸음 남짓 떨어져 있는 언덕에 올랐다. 나는 비틀어진 소나무 숲의 그림자 밑에 있는 화강암에 몸을 기댔다. 경사 위에서 내려다보면 발치 아래의 땅은 작은 봉우리로 봉긋 솟아 있었다. 봉우리는 초목으로 덮여 있었고 수없는 발걸음으로 다져진 길이 나 있었다. 꽃도, 명판도, 성벽도 없이 모든 것들은 죽은 듯이 잠든 채 대지를 지배하고 있었다.

그들은 전투가 끝난 뒤에 내버려진 시체들처럼 뒤죽박죽 무릎까지 쌓여서 그 곳에 누워 있었다. 풀밭이 담요처럼 펼쳐져 있었다. 그러나 어떤 무덤도 잊히지 않고 일 년에 한번씩 생존해 있는 일가 친척들이 찾아와 벗겨진 봉분을 보듬고 흙을 뿌린다. 그들은 죽은 뒤에 아무도 그를 공경하지 않느니 차라리 생전에 그를 부양하지 않는 편이 낫다고 여긴다.

골짜기 너머의 전방으로 숲이 우거진 언덕이 선명하게 드러났다. 그 곳에는 매우 인상적인 화려한 무덤 하나가 외롭게 있었다. 그러나 나는 이 무덤이 초라하기는 하지만 황제의 후비인 안 씨[1]의 묘라는 말을 들었다. 그는 흙으로 만든 거대한 봉분 안에 안장되어 있었다. 그 주위를 수호상이 둘러싸고 있었으며 지붕을 얹은 벽이 세 측면에서 보호했고 육중한 제단석이 앞쪽에 놓여 있었다. 그것은 경사지에 잘 보전되어 있었고 축구 골대처럼 생긴 기둥 문에 의해 산기슭에 근접해서 사당과 마주보고 있었다.

한쪽에는 묘지기의 오두막이 있었다. 안 씨는 잘 공양 받고 있었다. 그의 묘는 규모가 작기는 했지만 거대한 봉분, 수호상, 제단, 벽을 갖추고 있는 다른 왕족들의 묘의 전형적인 모델이었다. 이러한 소박하거나 웅장한 무덤들은 발길 닿는 곳마다 만날 수 있었다. 그 주위에는 울창한 삼림이 우거져 있었고 사찰들이 있었다. 이 나라의 곳곳에서 벌목이 이루어지고 있었다. 마을 주의의 곡창 지대 위쪽으로 마치 대지가 몸살을 앓아서 그런 것처럼 언

---

1) 안 씨(安氏) : 고종의 후궁인 복령당 양 씨(梁氏)를 오기한 것으로 보임.

덕 중턱에 드문드문 등성이가 홀로 또는 무리 지어 드러났다. 대개 황폐한 땅 위에 무덤이 있었지만 때때로 논 가운데에도 무덤을 볼 수 있었다. 묏자리에 대해서는 흥미로운 이야기들이 있다.

묏자리는 모두 중요하다. 당신은 묘의 위치를 선택하기 위해 엄숙한 연회를 열어 무녀에게 사례금을 지불해야 한다. 그가 아마도 선견지명과 악의를 가지고 이웃의 땅의 한 복판에 묏자리를 선택한다 해도 그에게는 그것을 뒤바꿀 수 있는 권리가 없다. 그가 현명한 사람이라면 무녀에게 자신의 땅을 팔겠지만 그가 어리석거나 자신의 땅을 팔기를 거부한다면 어느 날 아침에 일어나 밤새 무덤이 생겨나 있은 것을 목격하게 될 것이다. 망자는 땅속에 묻혀야 한다. 망자에게는 선택권이 없다. 다른 곳에 그를 묻는 것은 마음에서 지워지지 않는 불행한 삶을 의미한다. 그러나 무녀는 때로는 평이한 묏자리를 선택함으로써 광적인 악의에 빠져들지 않는다.

나중에 나는 유시국과 함께 옛 수도인 경주를 여행했다. 경주는 무덤들의 대지였다. 그 무덤들은 봉분이 아니라 언덕처럼 솟아올라 그 지방의 지형을 바꾸어 놓았다. 도시는 무거운 돌무더기 속에 파묻혀 작아졌으나 무덤은 남아 있었다. 돌산의 꼭대기에서 마을을 내려다보면 망루에서 내려다보는 것과 마찬가지로 살아 있는 사람들의 다 쓰러져 오두막집들이 경멸스럽게 펼쳐져 있었다. 거기에는 초라한 군상들이 덧없이 움직이고 있었다. 망자는 그들을 속속들이 들여다보며 위압하고 있었다. 그러나 일본인들은 그 모든 것들을 바꾸었다. 무덤을 파헤쳐 그 보고들을 분류하여 딱지를 붙여 박물관의 선반 위에 진열했다. 혹시 그 망자는 어떤 복수를 하지나 않을까?

행운이 누군가를 등지고 있을 때 당신은 여전히 그가 무녀를 생각하면서 그의 아버지의 묘를 보다 좋은 곳으로 옮길 것이라고 생각하게 될 것이다. 왜냐하면 불행이 망자의 분노로부터 일어나지 않는다면 그것은 아무런 의미가 없기 때문이다. 그리고 같은 이유로 장례식의 비용의 문제가 생긴다. 살아 있는 사람이 빚을 지는 한이 있어도 고인의 넋을 위로하는 모든 공경

왕릉에서 바라본 경주의 마을

심에는 비용이 들어야 한다. 빚은 대를 이어 쌓이고 그들의 광대한 무덤은 그 표상으로 남을 것이다. 미신과 속박의 관습과 두려움에 대한 공포는 접어 두고 돌의 비용에 대해서만 말하자면 망자는 산 자들을 질식시킬 정도로 옥죄고 있다. 아마도 이것은 조선의 비밀일 것이다.

그날 밤 저녁에 집으로 돌아왔을 때, 풀 박사가 나를 대단히 환영하며 맞이했다. 그 역시 카메라를 가지고 나갔다 왔다. 그는 떠들썩하고 진기한 거리의 광경들을 가장 효율적으로 카메라에 담기 위해 눈을 부릅뜨고 부산하게 움직였다. 그는 가장 성공적인 시간을 보냈다. 그는 거의 모든 광경들을 카메라에 담았다. 가게 주인, 엿장수, 짐을 가득 실은 황소, 짐을 가득 지고 있는 남자들, 빨래하는 여자들…… 그에게는 엄청난 행운이 있었는데, 굉장한 장례 행렬을 목격한 것이었다.

그는 며칠 후에 사진들을 보여주었다. 그 중에는 몇 종류의 장례식 사진이 있었는데, 그 중 특별한 하나는 기울어져 있는 상여를 담고 있는 사진이었다. 흐리멍덩하고 허연 하늘에 대비되는 그림자들과 초점이 맞추어지지 않은 꽃병 모자의 윗부분에 의해서 사진의 전경이 가려져 있었다. 사진에는 거의 배경이 없었으며 무거운 색조와 대비되어 생경했다. 그것은 아무 것도 드러내지 않았다.

나는 외면적으로도 그렇고 실제로도 온정을 나누며 풀 박사와 꽤 친해졌다. 그는 매우 우수한 인간적 자질들을 지니고 있었다. 그는 중국에 처음 갔을 때 젊은이들이 야구에 무관심한 것을 발견하고 괴로웠다고 말했다. 그러한 운동은 하층 품팔이꾼들에게 어울리는 것이라고 그들은 생각했다. 그러나 풀 박사는 그들을 설득했다. 풀 박사와 같은 사람들이 동양으로 오는 이유는 정확하게 무엇일까?

제 3 장 일본 천황의 초상화

일본 천황의 초상화는 경찰들의 호위를 받으며 차편으로 도착했다. 출입구에서 현관까지 학교 차도의 양쪽으로 교수와 학생들이 두 줄로 길게 도열해 있었다. 외투와 모자가 필요 없는 8월이었으나 날씨가 차가웠다. 우리는 사병들처럼 열병 대형으로 서서 편한 자세로 폐하를 기다렸다. 진홍색과 황금색의 장식물로 화려하게 장식한 아담한 청색 예복을 입은 교관은 차가 도착하는 동안 아래를 지켜보고 있었다.

짧고 굽은 다리에 어울리지 않은 장검은 귀찮게 추근대는 강아지처럼 그를 성가시게 하는 것 같았다. 대장이라고 부를 수 있는 교장이 뻣뻣한 자세로 문가에 기대어 서 있었다. 그는 거북스러워 보이는 연회복을 입고 거만한 태도로 서 있었다. 그는 왜소했으며 짧은 다리가 따로 놀듯이 몸체에 달려 있는 재단사의 마네킹처럼 옷을 걸쳐 입고 있었다. 때때로 안절부절못하며 흰 장갑을 낀 손으로 안경테를 만지작거리지 않았다면 그의 표정은 완벽했을 것이다. 안경은 칼라 단추 아래로 미끄러져 내려 순식간에 산산조각나 버릴 것 같았다. 그는 단추 구멍에 하얀 꽃을 달았으며 소매 끝동은 멋지게 튀어나왔고 바지는 신발을 우아하게 덮었다.

그날 아침에 초상화가 도착할 예정이라는 소식은 나를 별안간 홍미로운 오해에 빠져들게 했다. 그 학기 동안에는 신성한 일들을 축하하는 많은 경축일들이 있었다. 예를 들면 천황, 즉 근대 일본을 일으켜 세운 메이지 천황[1]의 탄생일, 기원전부터 7백 년 동안 하늘에서 강림하여 오늘날까지 이어져 내려오는 황실의 가문을 창설한 진무 천황[2]의 탄생일 그리고 설날과 그밖에 그와 비슷한 이러저러한 경축일들이 있다. 나는 항상 내가 그를 지미라는 불경스러운 애칭으로 그를 부르지 않도록 신경 쓰고 있다.

경축식은 늘 정확하게 같은 형식으로 치러진다. 우리는 학교 강당에 모여 축가를 부르고 천황의 사진 앞에 고개를 조아렸으며 교장의 장광설을 경청했다. 그리고 간부들은 떨어져 있는 방으로 가서 오렌지, 해초, 밥, 오징어를 먹고 술을 마셨다.

순응할 수밖에 없다는 점을 알고 있었기 때문에 나는 우리가 천황의 초상화 앞에 고개를 조아리곤 했다고 생각했다. 우리는 고개를 조아렸고 그렇게 하기 전에 교관의 명령에 따라 반쯤 왼쪽으로 고개를 돌렸다. 고개를 돌리면 강당 모서리의 벽장문이 정면으로 눈에 들어왔다. 초상화가 아직 도착하지 않았다는 사실을 몰랐고 그것의 거룩하고 신성한 위엄에 관해 수없이 이야기를 들었기 때문에 벽장에 초상화가 보관되어 있다고 믿었던 것은 나로서는 너무나 자연스러운 일이었다. 너무 신성해서 응시할 수조차 없는 초상화를 보관하고 있는 닫힌 벽장문을 향해 고개를 숙이는 일은 다소나마 꺼림칙한 것이 사실이었지만 조선과 일본에서 치르는 그런 행사의 의례에 비해 특별하지는 않았다. 그러나 초상화의 도착은 흥미로운 오해를 씻어 버렸다. 우리는 벽장이 아니라 교토를 향해 고개를 조아렸다.

나는 독자들이 나를 비웃고 있으리라고 생각한다. 그러나 초상화에 대하여 설명을 하자면, 모든 학교에서 보관하고 있는 초상화는 화염으로부터 그것을 구조하기 위해 죽음을 불사하고 불타오르는 건물로 돌진해 들어간 선

---

1) 메이지(明治) 천황(1852~1912) : 일본의 122대 천황. 재위 : 1867~1912.

2) 진무(神武) 천황 : 일본의 신화 시대의 초대 천황.

생들에 의해 보전되어 왔다. 당신이 교장의 앞날을 파멸시키고자 한다면 당신은 황제의 초상화를 훼손하기만 하면 그의 지위는 날아가 버릴 것이다. 그는 당신의 개인적인 경쟁자이므로 당신은 그의 지위를 탐낼 수도 있다. 그가 고매한 품성을 지녔거나 명문가 출신이라면 그는 친구에게 자신의 행위를 해명하는 편지를 쓰거나 종래의 전형적인 방식에 따라 날카로운 칼로 배를 가를 것이다. 그가 천박한 품성의 소유자이거나 내력이 일천한 가문 출신이라면 간단하게 사임하고 말 것이다.

이러한 경축식이 가지는 함의에 대해서 보다 충분하고 폭넓게 살펴볼 필요가 있다. 학교 강당은 350명의 학생들을 수용할 수 있고 양 쪽으로 40명의 교사진이 착석할 수 있을 정도로 규모가 크며 큰 회의실을 갖추고 있었다. 강당 끝의 연단에는 앞뒤로 테이블이 하나씩 놓여 있었다. 뒷벽에는 크고 천장이 낮은 골방이 여닫이 커튼으로 닫혀 있었다.

초상화가 도착한 다음에는 같은 서체로 글을 새겨 넣은 두 개의 두루마리에 싸서 한 번에 멋지고 대담하게 솔질을 해서 보관한다. 당신은 순순히 그러한 일을 충성심 또는 애국심, 로마 풍의 의미심장한 애국심으로 해석할 것이다. 실제로 그 개념을 충분하게 이해하면 일본식 윤리의 총체를 이해할 수 있을 것이다. 생사를 결단하고 죽음도 초월하는 맹목적이고 열렬하며 확고부동한 천황에 대한 충성심은 애국심과 마찬가지로 흔들리지 않는 고대 민족에 뿌리를 내리고 있으며 단일한 목표를 가지고 그것에 혼을 불어넣는, 부모와 선대에 대한 맹목적이고 열렬하고 확고부동한 외경심…… 적어도 그것은 그러한 논리이다.

연단 옆에는 흥미로운 오해를 불러일으켰던 벽장이 있었다. 그러나 그것은 나름대로의 용도가 있었다. 우리는 이러한 행사들을 위해 격식을 갖추어 학생들은 제복을 입고 교사들은 아침 예복이나 연미복 또는 야회복을 입었는데, 야회복은 에티켓을 완성시키는 복장이었다. 그러나 집이 작은 일본인 가정은 그러한 예복들을 보관할 수 있는 공간이 거의 없었다. 임시방편으로 학교의 벽장에서 급하게 꺼내 입은 탓에 교사들은 좀약 냄새가 나는 주름잡힌 복장을 입고 있는 것처럼 보였다.

대부분 그들은 얇고 번쩍거리는 소재로 만든 검정색 복장을 선호했는데, 코트의 긴 뒷자락이 마치 예술가의 앞치마처럼 매달렸다. 친구들에게 그 장면을 설명하면서 나는 그들의 우스꽝스러운 모습에 웃음을 터뜨리곤 했다. 그러나 실제로 나는 그것의 해학보다는 그것의 쓸쓸함에 더 민감했다. 그들은 자연스러운 예복을 입을 때에 훨씬 더 그럴듯했다. 그들은 그 옷을 어떻게 입는지를 알았다.

옷의 소매는 넓고 목을 편하게 감쌌다. 의복은 다소 강렬하고 목적의식적으로 옛 일본 정신인 야마토 다마시[3]에 부응하듯이 경축식과 조화를 이루었다. 그들이 이 모든 것을 얼마만큼 확신하고 있는지는 의심스러웠다. 그 의미를 전달하기 위해 얼마나 막대한 돈이 예식과 의복에 소비되었는가? 별 뜻 없이 초상화에 목례를 하고 반복해서 노래를 열창하고 있지는 않았는가?

그 예식의 내용은 변하지 않았다. 교장이 강당에 들어선 다음 화려한 제복을 입은 교관이 카랑카랑한 목소리로 "기립"이라고 외치면 우리는 발을 모으고 다시 그가 "경례"라고 외치면 일사분란하게 목례를 했다. 그런 다음 그도 돌아서서 절도 있게 경례를 했다. 그리고 아직 승강장에 내려지지 않은 베일에 가린 초상화를 응시했다. 우리는 초상화를 배알하며 말없는 위압감 속에서 목례를 했다.

교관이 "하나, 둘, 셋!"이라고 호령하면서 초상화는 다시 베일에 가려졌다. 그리고 예식은 국가가 열창되는 가운에 끝이 났다. 악보를 건네주는 사람은 아무도 없었다. 처음에는 음정이나 선율도 없이 귀를 먹먹하게 만드는 고함뿐이었다. 오른쪽에 선 선생들은 고음의 테너로, 왼쪽에 선 선생들은

---

3) 야마토 다마시(大和魂) : 일본 민족의 정신.

저음의 베이스로 노래를 불렀다. 매혹적인 자력처럼 노래 소리는 점차 강렬한 음색으로 조화를 이루어 갔다. 노래는 조화롭게 끝났다.

나는 그 이상한 가사를 따라 부르지 않았다. 나는 조선의 학생들이 어떻게 그 외국의 애국심에 반응하는지 지켜보았다. 그들은 비록 모두들 눈을 감거나 고개를 돌리거나 뻣뻣하게 치켜세웠지만, 일본인들과 마찬가지로 한결같이 흥겹게 노래를 불렀다. 그리고 한 두 명은 조선에도 자신의 황제가 있었던 날을 떠올리며 무뚝뚝하게 서 있었다.

그러나 그렇다손 쳐도 그들은 그의 복귀를 바랄 수는 없었다. 그는 중국인 아내[4]에게 조종당하던 무력한 늙은이였다. 그 여인이 자신의 정책을 가로막자 일본은 특이한 방식으로 그를 제거했다.[을미사변] 아내를 잃은 황제는 어느 날 아침에 여성용 가마를 타고 러시아 공사관으로 달아났다.[아관파천] 기력을 다한 동양의 군주는 가마를 타고 병사를 대동한 채 사람들 속에 나타났다. 그는 자신을 위해 말끔하게 정리된 길을 조심스럽게 통과했다.

황제는 자신의 친구인 선교사의 설득에 넘어가 기독교도가 되었다. 그는 자신의 개종에 따라 나라 전체에 개종을 호소하는 칙령을 내리기로 약속했다. 그러나 기독교와 후첩 제도는 조화를 이룰 수 없는 관계였다. 후첩 제도가 논쟁에서 이겼다. 그의 의지는 곧 법이었다. 그는 강압을 통해서 번영을 꾀했으며 끊임없이 암살의 공포 속에서 살았다. 그는 자신의 편에 선 사람들이 전혀 없다는 것을 알았다. 그의 공간은 박물관이었지 옥좌가 아니었다. 수많은 조선 사람들이 강압에 굴복해서 일본을 예찬함으로써 아무 것도 잃지 않았다는 것은 사실이지만 그러나 그것은 일본의 예식이었다.

축가를 부르는 동안 교장은 천천히 연단 위에 올라 두 발을 모아 멈추어 섰다. 그는 탁자 뒤에서 검은 옻칠을 한 평평한 상자를 들어 내어 경건하게

4) 민비를 의미하는 것으로 보이며 그가 사대당 편이었기 때문에 중국 여인으로 오해한 것으로 보인다.

앞에 있는 탁자 위에 그것을 올려놓고 목례를 한 다음 꽉 조여 있는 리본을 느슨하게 풀었다. 그리고 상자의 뚜껑을 열고 다시 그것에 목례를 한 다음 비단 띠의 구석을 풀었다. 그리고 문서를 꺼내 들고 목례를 하고 그것을 들고 읽기 시작했다. 그것은 메이지 천황이 학교에 내린 헌신과 복종을 권고하는 칙령이었다. 그는 열성을 다해 비음의 단조로운 음조로 읽어 내려갔기 때문에 꽤 인상적으로 들렸다.

낭독이 끝나자 그것은 역순으로 제자리로 돌아왔다. 나는 말을 알아들을 수가 없었다. 그러나 어린 동료들은 의례적으로 짐짓 겸손하고 매우 공손한 태도로 생기 넘치게 예식에 임하고 있었다. 학생들은 주의를 기울이며 미소도 띠지 않고 무표정하게 그에게 시선을 집중했다. 그러나 그들은 교장이 입술을 움직이기도 전에 그가 말하고자 하는 바를 정확하게 알고 있었다. 그가 공식적으로 충성심과 애국심의 신조에서 벗어나는 것은 있을 수 없는 일이었다. 그것은 그의 위치에서 그가 할 수 있는 유일한 설교 주제였다.

그러나 이 엄숙한 의식을 흠집낸 우스꽝스러운 일이 기억난다. 초상화를 향해 고개를 숙이면서 그것을 덮고 있는 휘장이 벗겨지기를 기다리던 때의 일이다. 휘장은 꿈적도 하지 않았기 때문에 우리는 등을 굽힌 채로 있어야 했다. 그러한 상태에서 등을 펴는 것은 있을 수 없는 일이었다. 우리를 향해 선 교장은 자못 신중하고 위엄 있게 헛기침을 했다. 휘장은 꿈적도 하지 않았다. 마침내 나는 그 벽장의 용도를 깨달았다. 벽장에 가장 가까이 있던 교사가 그 쪽으로 다가가 손에 무엇인가를 쥐고 거의 직각으로 등을 굽혀서 면밀하게 마룻바닥을 살폈다. 그리고 그는 벽장문을 열고 그 속에 밀봉되어 있는 무엇인가를 조심스럽게 살펴보았다. 물론 약속된 시간에 줄을 잡아당기는 것은 직원의 임무였다.

그 교사는 돌아와서 다시 면밀하게 이모저모 살펴보았다. 우리는 눈썹 위로 휘장을 치켜 올려 보면서 계속해서 목례를 했다. 여전히 그것은 꿈쩍도 하지 않았다. 줄을 잡아당기는 일은 초상화에 대한 두려움을 일게 하며 온

종일 우리를 다소곳한 자세로 강당에 붙잡아 두었다. 그 교사는 다시 벽장으로 다가가서는 별안간 껑충 뛰어 그것을 단번에 벗어 재꼈다. 베일에 씌워진 그 초상화는 더 이상 우리를 위압하는 물건이 아니었다. 우리는 안도하며 자세를 가다듬었다.

나는 그 광경을 기억 속에서 떨쳐 낼 수가 없으며 앞으로도 그럴 것이다. 내가 이미 설명했던 이유들 때문에 악의에 찬 경쟁자들과 화염의 제물인 초상화를 골방에 두고 떠나는 것은 현명하지 않은 처사일 것이다. 초상화를 위해 견고한 보관소를 지었다. 이것은 모든 학교에서 통례적인 일이다. 보관소는 차도의 한 쪽에 배치되었고 그 주위에 나무를 심어 놓았다. 그럼에도 불구하고 그 곳은 마치 변소처럼 보였다. 그러나 그 보관소가 지어지기 전에 초상화는 짐꾼의 짐 꾸러미 속에 안전하게 보관되어 있었다.

초상화는 길이 내다보이는 창의 반대편 벽 위에 매달려 있었다. 모든 동행인들은 멈추어서 절을 해야 했기 때문에 그것은 불편하기 그지없었다. 그것은 다른 벽으로 옮겨져서 테니스코트에서 마주 보였다. 선수들의 눈이 우연하게 부딪힐 때면 어색한 경외심을 불러일으켰다. 그 밖에 어디에도 두 벽과 두 창문으로 이루어져 보이는 그 짐을 걸어 둘 수 있는 곳이 없었다. 아, 이를 어찌하면 좋을까? 얼굴이 벽을 향하고 있었다.

그 날 초상화가 도착했을 때 기다리고 있던 일단의 경찰들은 차를 둘러쌌으며 그러는 동안 다른 경찰들은 의심이 가는 배회자들의 접근을 제지했다. 번쩍번쩍 빛나는 장식을 단 제복을 입은 교관이 "기립"이라고 외쳤다. 우리는 주의를 돌려 "네"라고 외치면서 고개를 숙였다. 초상화는 우리들 사이의 차도로 운반되며 인사를 받았다.

연회복을 입은 교장은 경찰의 옆에서 베일을 씌운 그것을 들고 있었다. 그는 초상화 앞에 머리를 조아린 채 팔을 죽 뻗어서 그것을 들고 있었으며 경찰 행렬들이 그를 뒤따랐다. 교토의 황궁에서 살고 있는 천황에 대한 경외심을 가지고 행렬은 초상화가 흔들리지 않도록 느릿느릿하고 신중하게 움직였다. 학교 문이 그 뒤에 안전하게 닫히고 나서야 정확하게 교관이 우리를 불러 세웠다.

우리는 나중에 그것을 보았다. 내 기억에 두 개의 2실링 6펜스짜리 백동화 사진과 군 최고 사령관의 제복을 입은 황제와 유럽풍 예복을 입고 왕관을 쓴 왕비의 초상화가 흰 나무틀 안에 함께 들어 있었다. 그러나 그것의 값싸 보이는 단순함 안에 세련미가 깃들어 있었다. 달러로 그것의 가격을 논할 수는 없다. 굳이 그것이 의미하고자 하는 바를 설명한다면 그것은 가격을 뛰어넘는 무한한 권위이다.

우리는 예의바르게 오징어를 먹고 일본의 술인 사케를 마셨다. 오징어는 힘들게 잘려졌기 때문에 모양이 울퉁불퉁했다. 그것을 씹으면 약간 짠맛이 났으며 껌보다 더 질겼다. 우리는 사발에 따뜻하게 데운 술을 부어 마셨다. 양껏 들이킨 사람들은 취기가 거나해졌다. 그것은 별다른 맛이 없는 일본의 민속주였다. 그렇다고 그것을 sacky(어깨가 축 늘어진)라고 읽지는 마시라.

제 4 장 여인숙

나에게 처음으로 조선의 여인숙을 소개한 사람은 바로 유시국이었다. 독자들도 알겠지만 전부터 혐오감을 주는 조선의 잠자리에 대해 이모저모 읽고 들은 바가 있었기 때문에 나는 꺼림칙한 선입견을 가지고 그를 따랐다. 나는 또한 조선의 음식은 장티푸스와 콜레라에 걸리게 하는 진원이라고 믿고 있었다. 다소 과장된 바는 있지만 그것은 경고의 의미를 가지고 있었다. 어쨌든 나는 이미 꼼짝 못할 처지가 되었다.

사실 나는 조선 예술의 극치를 맛볼 수 있는 고대 왕조의 수도인 경주(일본식 발음으로 Keishu)를 방문하고 싶었다. 그 곳에 대해 아는 척하는 외국인 사절과 함께 여행하는 것보다는 그 곳을 이해하고 있는 내국인 학생과 함께 여행하는 것이 더 좋을 듯했다. 나는 우연하게 외국인 사절들과 자주 어울리고 있었는데, 그들로부터의 탈출은 얼마간 즐거움을 가져다주었다. 그러나 내국인과 여행하면서 나는 그의 뜻을 좇을 수밖에 없었다. 일본의 모든 면에 대한 뿌리 깊은 혐오감 때문이 아니라 일본식 여인숙은 그의 돈지갑으로는 감당할 수 없었기 때문에 조선 여인숙이 유일한 대안이었다.

나는 지금 일본의 여인숙에 들 형편이 못되었기 때문에 내가 마치 그 대안에 순순하게 동의했던 것처럼 글을 쓰고 있지만 이번의 경우에는 전혀 그렇지 않았다. 나는 조선의 여관을 경험하고 싶은 열망에 차 있었다. 나는 은

밀하게 세간에 알려진 조선 여관의 모든 두려운 면들을 체험하고 싶었다. 대부분의 조선의 가옥에서 발견할 수 있는 불결함으로 인한 놀라움과 현관과 도랑과 길모퉁이에서 한가하게 천박함을 좇아 옷을 뒤로 말아 쭈그리고 앉아 있는 조선 사람들의 일상의 모습은 나에게 실망하지 말라고 다짐시키는 것 같았다. 나는 여행에서 돌아와 정원에서 발가벗고 옷을 불태운 다음 욕조를 향해 돌진하는 자신의 모습을 상상했다. 나는 장티푸스와 콜레라에 걸리고 싶지 않았다.

서울에서 출발하여 우리는 대구로 남진하는 야간 기차를 탔다. 3등 칸에 몸을 싣고 여행해야 했던 이유는 순전히 금전적인 이유 때문이었다. 아시다시피 나는 동료의 비용에 일전도 보탤 수가 없었다. 동양의 자존심은 그런 모욕을 감내하지 못했기 때문에 그렇게 한다면 나는 적을 만들 수밖에 없었다. 나는 마늘 냄새와 담배 연기 속에서 나무 벤치에 앉아 밤을 새울 각오를 했다.

그러나 그런 일은 일어나지 않았다. 비록 얇고 딱딱한 베개지만 덧감이 씌워져 있었고 세 겹으로 된 침상도 있었다. 3월말이었지만 날씨는 여전히 겨울이었다. 객실은 훈훈해서 옷을 껴입거나 잠자리를 깔 필요도 없을 것 같았다. 사실 침상은 커튼과 담요와 부드러운 매트리스가 구비되어 있는 1등 칸이나 2등 칸보다 더 안락했다. 여기에 바람까지 객실을 누비며 상쾌하게 불었다. 내가 예견했던 원초적인 불만은 없었다. 사실 나는 앞으로도 이런 식으로 여행하겠노라고 마음먹게 되었다. 그러나 불편함은 여전히 나를 기다리고 있었다.

우리는 아침 6시에 대구에 도착했다. 그 지방에서 운행하는 포드 자동차를 타고 경주를 여행하기까지 우리는 역에서 2시간을 기다려야 했다. 일본인이 따뜻한 대기실을 제공했다. 우리는 밤새 설친 잠을 적절히 보충하고 아침을 먹으면서 시간을 보냈다. 나는 내 앞에 무엇이 놓여 있는지도 모르면서 수렵하러 나가기 전에 잔치를 벌이는 사람 격으로 베이컨 에그를 주문했다.

그 포드 자동차 안에 모두 9명이 타고 있었던 듯하다. 펄럭이는 바람막이 사이로 칼날처럼 살을 에는 예리한 아침 바람이 불어왔지만 서로의 몸이 밀착되어 있었기 때문에 따뜻했다. 우리는 진창 논 위의 둑길처럼 곧고 높이 번듯하게 닦여진 길을 따라 두 시간 동안 달렸다. 길을 닦았다는 것은 힘을 들였음을 의미한다. 길은 시냇물의 석상을 가로지르고 있는 여울 쪽으로 기울어져 있었다.

생각보다 날씨가 훨씬 추웠기 때문에 여정이 끝날 무렵에 나는 온 몸이 굳고 무감각해졌다. 나는 몹시 떨고 있었다. 목적지는 황량했다. 가로의 크기로 봐서 경주는 어지간한 촌락 하나보다 더 작은 듯했다. 그 곳에는 기와 지붕을 얹은 단층 가옥들이 죽 늘어서 있었으며 서구나 일본의 정취는 전혀 느낄 수 없었다. 나는 전쟁 중에 파괴되고 멸실된 플랜더스[1]의 작은 마을에 숙소를 지을 때 느꼈던 것과 같은 황량함을 느꼈다.

나의 동료가 숙소를 알아보려 다니는 동안 나는 어떤 인상도 받지 못한 채 자포자기하는 심정으로 한가롭게 서 있었다. 장시간의 질의와 응답이 오고갔다. 아마도 그 거리에 살고 있는 주민들의 절반가량이 그와의 대화에 응했을 것이다. 그는 명쾌한 결론을 가지고 온 것 같았다. 나는 고분고분하게 길들여진 것처럼 묵묵히 그의 뒤를 따랐다.

마차가 속이 빈 흙벽으로 둘러져 열려 있는 하수구 사이를 지나갈 수 없었기 때문에 우리는 옆길로 돌아갔다. 폭이 약간 넓어진 길의 끝에 다다르자 여인숙이 시야에 들어왔다. 죽 둘러진 담장과 기와 지붕은 돌로 지어졌으나 입구는 예사롭지 않음을 연상하게 했다. 양쪽에 한자를 새겨 넣은 두 짝의 출입문이 엿보이려고 하지 않는 것처럼 두 장의 얇은 종이 창문 사이

1) 플랜더스(Flanders) : 중세기에 유럽의 서북부에 있었던 나라로서 지금의 프랑스 서북부와 네덜란드의 서남부 지방.

로 열려 있었다. 그러나 언뜻 보기에 마당 안쪽은 부유하고 쾌적해 보였다.

가옥의 내부는 손님들의 객실이 있는 구역과 반대편에 주인의 거처와 부엌이 있는 네 개의 사각형 꼴로 지어져 있었다. 한 소녀가 우물에서 물을 긷고 있었으며 한 여자는 둥글고 평평한 쇠 냄비들을 뒤적거리며 불 옆에 몸을 구부리고 있었다. 우리가 들어서자 그들은 태엽의 작동이 정지된 기계처럼 행동을 멈추고 말없이 뚫어지게 우리를 바라보았다. 내 동료는 그들을 거들떠보지도 않은 채 마당 한가운데로 나가더니 자신이 한 백인 대학 교수를 동반한 대학생임을 뽐내듯이 거만한 어조로 손뼉을 치며 누군가를 불러냈다.

그러자 반대편의 낮은 문간에서 연기 나는 굴에서 갑자기 뛰쳐나오는 토끼처럼 주인이 모습을 드러냈다. 그는 위중방을 지나기 위해 몸을 굽혔다. 그는 문밖의 디딤대 위에 놓여 있는 카누 모양의 고무신을 신더니 디딤대 아래로 내려와 우리 쪽으로 몇 야드를 걸어와서 인사를 하고 환영한다는 말을 공손하게 읊조렸다.

우리가 묵게 되기까지는 시간이 오래 걸리지 않았다. 물론 우리는 가장 좋은 방을 차지하려고 했다. 두 번째 마당으로 들어서자 보다 호사스러워 보였는데, 세 면은 객실이었고 네 번째 면은 담벽이었다. 우리는 모든 방을 둘러보고 한 방을 골랐다. 그 방은 말끔하게 청소되어 있었고 방석과 담배와 재떨이가 갖추어져 있었다. 우리는 신발을 벗고 방석 위에 다리를 꼬고 앉았다.

내 동료는 몇 가지 흠을 찾아냈다. 그는 다시 손뼉을 쳐서 불과 음식을 살피러 간 주인을 불러와서는 방이 적당하지 않다고 말했다. 우리는 비슷한 크기의 가장 말끔한 방을 골랐다. 그 방에도 방석과 담배와 재떨이가 갖추어져 있었다. 그러나 곧 내 동료는 다시 일어나 앞뒤 쪽의 오래된 방부터 새로운 방까지 살피고 다녔다. 그는 오래된 방을 더 선호하는 것 같았으나 나는 두 번씩이나 방을 옮기고 싶지는 않았다. 내가 이 방이 다른 방들보다 더

여인숙의 정원

좋고 아늑하다고 말했더니 그는 웃으면서 서슴없이 동의했다. 나는 파이프를 요구할 기회를 엿보았다.

그 방은 4피트 정도의 사각형으로 길가의 담과 마주보고 있는 세 방 중의 하나였다. 세 방은 나무를 다듬어 격자 세공을 해서 종이를 덧씌운 미닫이문으로 틀 수 있었으며 덮개를 씌운 문밖의 디딤대를 내다볼 수 있었다. 불투명한 흰 문풍지를 통해 빛이 투과되면서 한기를 차단했다. 바닥 위에 서 있는 흔들리는 틀의 거울과 4인치 높이의 탁자를 제외하면 가구는 전혀 없었다. 바닥에는 두꺼운 기름종이를 발라 놓았다.

조선 사람들은 밑으로부터 불을 때는 로마식으로 집을 난방하기 때문에 아마도 그 밑에는 화강암 석판들이 메워져 있고 긴 관이 깔려 있었을 것이다. 우리가 깔고 앉아 있었던 얇은 방석은 바닥 위에 놓여 있었다. 양말을 신은 발이 여전히 시렸지만 점차 열기가 오르면서 뜨거워졌기 때문에 우리는 발을 방석 위에 올려놓을 수밖에 없었다. 스며드는 냉기 또한 사그라졌기 때문에 우리는 문을 열어 놓았다. 속이 빈 벽으로 둘러진 텅 빈 마당과 양 측면의 구석 그리고 한 줄에 세 개의 작은 문과 덮개를 덮은 디딤대가 있는 객실의 반대편을 제외하면 아무 것도 볼거리가 없었다.

주인이 음식을 차려 내왔다. 아마도 이튿날 아침이었을 것이다. 평평한 놋쇠 수저 그리고 놋쇠 사발과 함께 요리들이 상에 차려 있었다. 한 소년이 식사 시중을 들었으며 주인은 구석에서 조선식으로 뒤꿈치에 중심을 둔 채 쪼그려 앉았다. 그는 우리의 허락을 구한 뒤 대나무 담뱃대를 빼 들어 세 모금씩 들이켰다. 그는 근엄한 표정을 짓고 있었는데, 몸은 야위었고 입술은 처졌으며 광대뼈가 튀어나와 있었다. 턱수염은 염소 수염처럼 듬성듬성 나 있었다. 그는 대화의 흐름을 지속시켜 나가면서 종종 담뱃대를 털고 머리털 같이 정제된 미세한 담배 알갱이를 채웠다. 그의 태도가 식사하고 있는 손님들을 유쾌하게 만들긴 했지만 나를 바라보는 시선은 그가 외국인을 신기한 듯이 관찰하고 있다는 의구심을 들게 했다. 그러나 그는 공손한 사람이

경주 불국사

어서 나의 서투른 식사법에 대해 놀라움을 내색하지 않았다. 정말로 그는 공손했다. 나중에 나는 그가 일본이 폐지한 조선의 귀족 계급인 양반이었으며 생계를 위해 여인숙을 운영하고 있다는 사실을 알게 되었다.

나는 밥상에 몸을 굽혔다. 고추로 매운 맛을 낸 멀건 국과 두부, 반숙한 계란, 마늘과 양파로 맛을 낸 이름 모를 많은 반찬들이 차려져 있었다. 작은 팬케이크가 있었는데, 마치 반죽하여 지진 샐러드 같았다. 한 입에 10여 개씩 먹는 멸치도 있었는데, 맛이 일품이었으며 검은색 새우 눈과 함께 꼬여 있었다. 조선의 피클이라 할 수 있는 김치는 신 초산의 역겨운 냄새를 풍겼다. 조선에서 김치는 빠짐없이 밥상에 오른다. 색깔을 낸 여러 잡곡과 함께 물기 없이 하얗고 뜨거운 많은 양의 밥도 차려져 있었다. 마실 것을 청하면 쌀을 끓인 갈색의 액체가 얕은 놋쇠 사발에 담겨 나왔다.

나는 맛있게 식사를 했다. 비록 차려진 음식의 4분의 1도 채 먹지 못했지만 음식 값은 식욕을 돋우었다. 나는 조선 음식을 먹지 못할 음식이라고 폄

하한 말들에 의아심이 들기 시작했다. 그러나 저녁은 아침 식단과 똑같이 차려지고 아침과 저녁은 전 날의 아침과 저녁의 식단이 똑같이 차려졌으며 점심은 남은 음식들을 재탕한다는 말은 이해가 되었다. 나는 기름기에 넌더리가 났기 때문에 플럼 케이크와 과일을 먹고 싶었다.

또한 나는 차를 마시고 비스킷을 먹고 싶었다. 나는 먹을 것을 약간 가져갔었는데, 마음의 절반은 내키지 않았지만 나머지 절반의 끈질긴 요구에 굴복했다. 그러나 크래프트 치즈 외에는 나를 유혹할 만한 것이 없었다. 어느 날 이것을 꺼냈는데 맛이 그만이었다. 나는 유시국에게 한 조각을 건넸다. 그는 끄트머리를 조금 뜯어먹고는 바로 밥 한 사발을 삼켰다. 그의 동양적인 공손함도 극단적으로 메스꺼운 증상을 참지 못했다. 그는 김치를 마구 먹기까지 했다.

우리는 사찰과 고분을 살펴보며 시간을 보냈다. 저녁에 고단한 몸을 이끌고 돌아오는 길은 고역스러웠기 때문에 딱딱한 바닥 위의 얇은 방석만큼 안락함을 주는 것은 없었다. 그나마 불이 꺼져 바닥에는 거의 온기가 없었다. 놀랍게도 목욕통이 있다는 사실을 우리는 알게 되었다. 내가 보기에 그것은 일제로서 실외의 별실에 설치되어 있었다. 그것은 깊은 철제 가마솥이었다. 물은 밑에서 때는 불로 가열되었다.

우리는 목욕법대로 목욕통에 들어가기 전에 몸을 씻었다. 아귀가 맞지 않은 문과 창문 사이로 찬바람이 불어 들어왔다. 대조적으로 우리가 퍼부은 물은 대단히 뜨거웠다. 유시국이 먼저 솥 안으로 도전했다. 그리고는 비명을 지르며 덴 다리를 붙잡고 뛰쳐나왔다. 그는 확실히 일본 목욕통에 익숙하지 않았다. 서양인인 내가 동양인인 그에게 그 동양 물건의 사용법을 그에게 설명해 주었다. 목욕통은 나무 덮개로 덮여 있었다. 덮개를 밟고 서면 그것이 가라앉으면서 바닥으로부터 몇 인치 위에서 자체적으로 고정된다. 밑에서 불을 때면 발에서부터 피부가 데지 않을 정도로 물이 뜨거워진다.

저녁 식사가 끝나자 바닥 위에 잠자리가 제공되었다. 그 때까지 그 방은 철저할 정도로 깨끗하게 보였다. 매끄러운 기름종이 바닥에서는 전혀 불결함을 찾아볼 수가 없었다. 나는 예견된 공포가 이부자리에서 드러나리라고 생각했지만 이부자리에는 기적적으로 얼룩 한 점 보이지 않았다. 그것은 매트리스를 대신한 하얀 요와 진홍색의 덮개를 씌운 누비 비단의 솜 이부자리 한 채였다. 이불은 하얀 단으로 맨 위쪽을 가로질러 꿰매어 있었다. 어떤 잠옷을 입어도 부끄러웠다. 만약 홀로 있었다면 나는 발가벗고 이불 속에서 뒹굴었을 것이다. 불길이 제법 오르자 바닥이 다시 뜨거워졌다. 그러자 그 순간 더 할 나위 없는 행복감이 머리에서 발끝까지 감싸며 몸속으로 따뜻한 온기가 밀려들었다. 아침에 일어나기 싫을 정도였다.

그러나 우리는 일어나서 디딤대 맞은편에서 대야에 뜨거운 물을 받아 씻었다. 물은 얼음같이 차가운 공기에 덜덜 떨고 있는 얼어붙은 민감한 피부를 녹여 주었다. 마당 구석에는 재래식 변소가 있었다. 유시국은 간청하듯이 나에게 며칠 동안 변소 사용을 자제해 주기를 권유했다. 우리의 여흥에는 하루에 2엔(4실링)의 비용이 들었다. 아직도 내 친구가 나에게 말한 그런 여인숙은 있었다. 실제로 길을 가로질러 그러한 여인숙 하나가 있었다.

우리는 그 곳에서 연극을 구경했다. 떠돌아다니는 한 패의 배우들이 공연을 했다. 서양의 초기 연극 방식이었다. 조그만 방들은 열을 지어 늘어서 있는 가축 우리와 같았으며, 엿볼 수 있는 구멍은 나에게 내가 왜 피해야 했는지 모든 이유를 일깨워 주었다. 그러나 이 글은 지금까지 쓰인 것 중 조선의 여인숙에 관한 전례 없는 서술이다. 왜냐하면 부정적인 측면을 제외했기 때문에 이 글에는 제충분이나 징그럽게 기어다니는 벌레들에 대해서는 언급하지 않았다. 이 말은 전적으로 사실이다.

제 5 장 관악산

그는 독신녀였으며 이름은 터니톱스(Turnitops)였다. 그가 마지막 음절을 강조하는 것으로 보아 판단해 보건대 아마 하이픈(-)을 넣어 Turni-tops일 것이다. 그는 온 세상은 여행하는 동안 호텔 숙박계에 이름을 기입하고 낯선 사람들에 자신의 이름을 알려 주면서도 자신의 이름을 전혀 부끄럽게 여기지 않았다. 물론 그가 이름을 바꿀 가능성은 있지만 내 생각에 그런 시도는 헛된 것처럼 보였다.

그는 어느 날 내가 묵고 있는 집에 도착했다. 그는 이미 일본을 돌아보고 중국으로 가는 길이었다. 조선에서는 그에게 하루가 허용되었다. 그의 조선 여행은 이번이 처음은 아니었다. 그것은 극동 지역을 여행하는 사람들 사이에서 만들어진 일종의 관습과 같았다. 우리가 지칭하는 관습은 하루 동안 조선에 머무르는 것이다. 우리 여주인 집에 함께 숙박했던 젊은 기독교인 일행은 이틀을 머물렀다. 그들은 철이 없고 무책임했으며 분별없고 미개한 정신 상태를 가지고 있었다.

언제인가 2주 동안 시골에서 보낸 숙녀를 만난 적이 있었다. 그의 영혼은 고귀하고 별처럼 빛났음이 틀림없으리라. 내가 보기에 그의 따뜻한 마음씨는 천부적이었으며 가장 빠른 속도로 안내 책자에 나온 이름들을 점검하여 여행자들의 곤혹을 덜어 주는 데 헌신적이었다. 터니톱스 양은 분홍빛 얼굴에 오독한 코를 가지고 있었다. 그의 눈 끝은 마치 두 개의 창에 늘어뜨린 커튼처럼 처져 있었다. 그는 송이가 달린 가운과 크고 엷은 꽃무늬를 놓은 투명한 무명옷을 입고 있었다. 그는 위를 바라보며 소파에 앉아 자신이 일본에서 본 바를 우리에게 들려줌으로써 자정이 다 되도록 우리를 잠 못 이루게 했다. 집주인은 보통 9시면 자기의 숙소로 돌아갔다.

우리들 중의 한 명은 이미 일본을 다녀온 바 있었다. 그는 정해진 여로에서 한 발자국도 벗어나지 못했음이 분명했다. 그는 다음 날을 도시에서 보내고 저녁 기차로 떠날 예정이었다. 내가 물었다.

"고작 하루?"

그러나 나의 냉소는 그에게 아무런 소용이 없었다.

"예, 단 하루뿐이에요."

비록 그는 좋아했겠지만 그는 조선호텔 안내 책자 한 부를 내밀면서 우리에게 자신이 방문할 주요 장소들의 목록을 읽어 주었다. 정부 청사, 북궁, 동궁, 독립문, 파고다공원 등등…… 그는 이것들을 마치 고지하듯이 큰 소리로 읽었다. 그러나 이런 것을 본다고 해서 별다른 인상이 들지는 않았다. 나는 그에게 제안했다.

"동궁에서는 동물원을 보는 것이 좋습니다."

그는 즉시 동의하고 연필을 찾기 위해 핸드백을 뒤진 다음 적을 채비를 갖추고 앉았다.

"희귀한 동물들이 많이 있겠지요?"

그는 진지하게 물었다.

"꽤 진기합니다. 원숭이 우리도 있고 한 우리에 두 마리의 코끼리가 있습니다. 원숭이에게는 땅콩을, 코끼리에게는 건포도를 넣은 롤빵을 줍니다. 무척 재미있습니다."

나의 생각에 그 때부터 그는 나에게 반감을 갖기 시작했다. 그러나 나는 최선을 다했다. 나는 그에게 어느 모임에 참석해 달라고 권유했다. 나는 그 모임의 일원이었다. 나는 우리 일행과 함께 다음 날(일요일) 관악산을 등산하자고 제안해 두었다. 나는 그에게 도시는 당신을 실망시킬 것이며 조선의 아름다움은 그 산의 언덕배기에 있다고 말했다. 물론 그는 여전히 내가 자신을 괴롭힌다고 생각하고 있었다. 하루를 산등성이에서 허비하다니! 더구나 그는 해안에서부터 여행해 올라오면서 산봉우리들을 보았다. 기차에서도 보았다. 그는 나의 선량하고 진지한 의도에 대한 양보에서인지 나의 설명에 수긍했다.

"좋지요."

여관 주인이 머리를 끄덕이고 여자 주인이 의자에 앉아 심하게 몸을 흔드는 동안 터니톱스 양은 한 시간 가량 우리에게 기차의 창문을 통해 본 조선의 모든 모습을 설명해 주었다. 우리도 기차의 창문으로 전경을 즐기며 여행한 적이 있었다.

나의 기억에 의하면 다음날은 일요일이었다. 여자 주인은 터니톱스 양에게 내가 책을 쓰고 있다는 사실을 알리는 편이 현명하다고 생각했다. 나는 터니톱스 양에게 알찬 하루가 되기를 바란다고 말하고 카메라와 배낭을 챙겨 역을 향해 출발했다. 오래전부터 나는 관악산에 오르고 싶었다. 조선에 건너온 이래로 나는 집 뒷동산에서 매일 그 산을 바라보았다. 그 산은 강을 가로질러 동쪽에 있다. 수탉의 볏처럼 솟아 있는 한가운데의 환상적인 산마루 쪽으로 봉우리들이 톱니처럼 솟아 있었다. 그 형세는 원시 시대의 늪지에 서식했던 뿔난 괴물과 같았다.

관악산은 제비꽃 깃을 단 짙은 호박색으로 서쪽 하늘에 달아올라 있었다. 수많은 조선의 산들이 대부분 그와 같았다. 그러나 관악산에는 특별한 것이 있었다. 어느 날 뜻하지 않게 알게 된 그 특별함은 기묘함에 있는 것이 아니라 정확히 전형적인 모습에 있다. 다른 산의 언덕에는 나름대로의 평온함, 야생, 온화함, 생기가 있다. 그러나 관악산은 나무 한 그루의 자태와 굽이치는 강물과 폭풍우가 닥칠 것 같은 하늘과 고요한 낙조에 이따금씩 사람을 사로잡는 친근한 매력이 있다. 다만 이것들을 기억하는 것으로 다른 모든 나무와 강과 폭풍우와 낙조는 잊어도 좋다. 그 산은 여전히 그렇게 나와 함께 있다. 관악산은 내 마음에 완벽과 이상으로 남아 있다. 이 하나의 산을 상상 속에 떠올리면 조선의 모든 것을 상상하는 것과 같다.

아마도 조선의 산들이 가지고 있는 매력은 자신을 등정하라고 부르짖는 것이리라. 그 산에는 당신을 쉬게끔 놔두지 않는 불굴의 도전이 있다. 그림 같은 계곡 따위는 없으며 외관은 뾰족하다. 그 모든 산들의 정상을 밟아 보기 전에는 당신은 결코 만족하지 않을 것이다. 왜냐하면 기세등등하고 숭고한 봉우리들이 무수하기 때문이다. 조선 사람들은 "기세등등하고 숭고한"이라는 단어의 제물이다. 게으르고 무기력하고 느려 터지고 잠이 가득한 눈매를 가진 그들은 산의 부름에 거역할 수조차 없었다.

나이 먹은 사람들은 산 정상으로 수풍을 가 자리를 잡고 앉아 술을 마시고 긴 담뱃대를 피워 물 것이다. 그리고 무희들과 피리 연주자들과 어울려 여흥을 즐길 것이다. 반면에 젊은 사람들은 염소처럼 어지러운 산꼭대기의 바위틈에 기대어 서서 마치 염소처럼 노래를 부를 것이다. 내가 이미 굴복했던 다른 산들과 마찬가지로 관악산이 더 강압적으로 나를 불렀다. 드디어 관악산을 등정할 날이 다가온 것을 알게 되어 기뻤다.

나는 역에서 친구들을 만났다. 일행은 몇 명의 독일인, 미국인 한 명, 영국 여자 한 명, 유라시아 여자 두 명 그리고 그밖에 다른 몇 명이었다. 전체적으로 썩 좋은 구성이라고 볼 수는 없었다. 예를 들어 독일인들은 전쟁[제1차 세계 대전] 중에 제외된 이래로 그 클럽에 아직 재가입이 허용되지 않았었다. 많은 사람들은 여전히 그들과 대화하려고 하지 않으면서 춤 상대로 유혹한 유라시아 여자들을 흘겨보았다. 나와 다른 사람들은 모두 한 사람에게 눈독을 들였다. 일요일마다 우리는 함께 산등성이에 올랐다. 덧없는 반목, 혈통과 피부색에 대한 반감은 드넓은 창공과 영원불멸하는 바위 앞에서 무기력했다.

빨래터의 아낙네들

짧은 기차 여행은 우리를 강 넘어 새로운 경계가 시작되는 곳으로 데려갔다. 우리는 산등성이에 오르기 위해 논길 사이를 지났다. 하얀 옷을 입은 사람들이 지난 겨울의 그루터기에서 쟁기질을 하고 있었다. 그들은 어깨에 흙탕물을 뒤집어쓰고 바지를 무릎까지 걷어올리고 두건을 쓰고 있었다. 무심히 부자연스럽고도 느릿느릿한 동작을 보자면 그들은 마치 시커먼 진창을 나아가며 쟁기를 끄는 소처럼 온순했다. 다른 사람들은 도랑을 말끔하게 팠다. 그들은 한 삽에 서너 명이 달려들어 작업을 했는데, 한 사람은 손잡이를 잡고 다른 사람들은 날에 붙은 밧줄의 앞쪽에서 그것을 들어올렸다. 그들은 열의 없이 느려 터지게 둑에 진흙을 쌓았다. 사람들이 우리 생선과 야채를 등에 지고 우리 옆을 지나갔다. 길옆의 작은 수로에서는 여자들이 쪼그려 앉아 나무 방망이로 때 묻은 하얀 면직물을 계속해서 두드려 빨고 있었다. 그것은 노역과 절대적인 인내와 무의식적인 만족의 세계였다.

우리는 낮은 비탈에 도달했다. 우리는 비틀어져 올라간 좁은 황톳길과 화강암 토사로 이루어진 둥글면서 깎아지른 절벽이 완만해진 비탈 그리고 봉우리 사이의 안부의 좁은 길을 지나 절에 도착했다. 절은 땅 위에 거대한 표석을 댄 바위 위에 지어졌다. 뒤틀린 소나무가 잔뿌리들을 드러낸 채 그 틈새에 붙박혀 있었다. 우리는 샘이 솟는 바위 아래에서 쉬었다. 화강암에 물구멍이 패어 자연스럽게 물길이 생겼다. 그 옆에는 긴 손잡이가 달린 국자가 있었다. 물은 수정처럼 맑고 얼음처럼 차가워서 매우 상쾌했다. 이미 아침에도 열기가 후끈거리는 초여름이었다. 하늘은 구름 한 점 없이 푸르렀고 햇살은 따가웠다. 희미한 아지랑이가 지평선에 솟아오르다 점차 엷어졌다. 그것이 조선의 날씨의 진면목이었다. 자애롭고 청명하기 그지없었다.

갑자기 위쪽의 절에서 목탁 소리가 나더니 윙윙거리는 단조로운 음조로 읊어 대는 염불 소리가 들리기 시작했다.

"나무아미타불! 나무아미타불!"

염불은 몇 시간 동안 지속되었다. 절의 기단에 올라서야 우리는 법당의 유지에서 독경하고 있는 승려들을 볼 수 있었다. 그들은 바닥에 깐 장판 위에 가부좌를 틀고 앉아 있었다. 목탁을 앞에 두고 온 세상의 어린아이들처럼 모든 것을 잊은 채 그들의 면면은 적멸에 몰입해 있었다. 열려 있는 법당문의 맞은편으로 불상이 제단 뒤에 앉아 있었다. 불상 뒤에는 신장들을 그린 탱화가 걸려 있었다. 부처는 촛불과 붉게 달아오른 향의 아지랑이 같은 연기 사이로 승려들을 응시하고 있었다. 그러나 그들은 전체적으로 특색이 없고 아무 것도 볼 수 없는 눈이었다. 산등성이의 생동감과 이 졸린 참배는 전혀 어울리지 않는 것 같았다.

우리는 절을 떠났다. 경사가 가팔라지면서 길은 점점 좁아졌다. 우리는 일본인들이 심은 무성한 소나무 사이를 밀치고 나아갔다. 아래 계곡에서부터 불쑥 모습을 보이기 시작한 관악산의 형세가 산 정상까지 드러났다. 수탉의 볏을 닮은 정상에는 바위들의 본연의 자태가 그대로 간직되어 있었다. 골짜기의 깊은 맛은 그 곳에서 계곡까지 이어지다가 사라졌다. 골짜기는 노랗게 풍화된 모래와 자줏빛 화강암과 대비되어 초록의 물결을 이루었다. 우리는 경사가 가장 완만할 것으로 보이는 한 골짜기를 골라 무성한 초목의 세계를 지나 그 계곡으로 내려갔다.

우리는 바위나 나무 때문에 몸을 숙이고 뿌리에 매달리고 얽혀 있는 아카시아 덤불을 헤치면서 앞으로 나아갔다. 물길이 끊어졌다가 다시 크고 둥근 바위와 관목 사이에서 스며 나오는 인상적인 계곡을 무모하게 좇는 바람에 우리는 목표 지점을 가리는 바위벽 사이의 한 쪽에서 길을 잃어버렸다. 내 곁에는 세 명밖에 남아 있지 않았다. 나머지 일행을 잃어버린 것이었다. 어느새 물길은 급류가 되어 있었기 때문에 재차 시도해서야 그곳을 건널 수 있었다. 우리는 동료들과 가까이 있는 퇴적층을 찾은 다음 한 시간 동안 펄쩍펄쩍 뛰면서 계곡 아래에 도착했다.

그러나 나머지 일행은 우리보다 손쉬운 진로를 택하여 협곡을 따라 내려오고 있었다. 그들은 오르막을 타고 있는 골짜기의 입구에 나타났다. 그들을 만나기 위해 우리는 처음에 계곡을 거슬러 올라가기로 마음먹었다가 보다 완만한 경사지를 택하기로 마음을 바꾸었다. 그렇게 하는 것은 바보짓이었다. 너무 가팔라서 균형을 거의 유지할 수 없는 절벽에 이르자 발목이 모래에 푹푹 빠졌다. 바위와 소나무가 무성했다. 우리는 불필요하게 산등성이를 오르고 협곡으로 내려오기를 쉼 없이 반복하는 과정에서 진이 다 빠졌다. 태양마저 뜨거웠으며 공기는 건조했다. 그러나 우리는 물을 마실 수 있는 작은 개울에 도착했다. 더할 나위 없이 상쾌했다.

우리는 드디어 골짜기에 도착했다. 거의 두 시간에 걸친 싸움의 결실이었다. 우리는 산등성이의 단단하고 둥글고 커다란 바위틈에 앉아 있는 동료들을 발견했다. 그들은 묘한 우월감으로 우리를 맞이했다. 산에 다시 오르면 우리도 같은 진로를 택하겠노라는 단언하자 그들은 의아해 했다. 우리는 점심을 마치고 담배를 피우면서 빈둥거렸다. 몇몇은 잠을 청하기도 했다.

우리에게는 아직 더 올라야 할 정상이 남아 있었다. 그 곳의 절벽 끝에는 절이 있었다. 우리는 수많은 발걸음으로 바위가 닳아진 길을 따라 그 곳에 도착했다. 닳은 산등성이의 꼭대기를 따라 걷다가 둥근 바위의 갈라진 틈

사이 자연적으로 생긴 계단 길을 지나 좁은 기단에 이르렀다. 길이 너무 좁아 한 사람은 주저하다가 결국 길을 내려갔다. 우리는 바위의 경사지를 돌아 절에 들어갔다. 그 절은 빨간 기둥으로 지은 건물이었다. 뒤로는 절벽이 있고 앞으로는 몇 야드쯤 되는 기단이 있었다. 그 너머로 수직의 나락이 있었다.

이곳에서부터는 기대해도 좋은 산의 장관이 가득했다. 이어서 줄달음치고 있는 봉우리들은 마치 거친 톱니들이 파도처럼 물결치고 있는 것 같았다. 모든 대지가 요동치며 녹아 없어진 가운데 불쑥 솟아올라 굳어 버린 형세였다. 절 뒤편이기는 하지만 그 장관을 찬탄하지 않는다면 부처는 참으로 무심하다고 할 수 있을 것이다. 인간은 고대 지상의 잔혹하면서도 숭배할 만한 영혼의 창조물이리라.

우리는 다른 길로 내려왔다. 남자와 사내아이들은 땔감으로 쓰기 위해 수나무 숲에서 작은 가지와 낙엽과 침엽들을 모았다. 그들은 부채 모양의 긴 갈퀴를 이용해서 땔감을 모은 다음 짚을 엮어 만든 줄로 그것들을 묶어 등 뒤의 나무 지게에 쌓아올린 다음 등을 낮게 굽혀 흔들리지 않도록 튼튼한 막대기로 몸을 지탱했다. 계곡에 이르러서도 우리는 쟁기질을 하는 남자들과 빨래하는 여자들을 보았다. 땅, 땅, 그리고 땅! 우리가 본 모든 산등성이를 그 곳 사람들은 새로운 의미로 받아들이고 있었다.

그들은 흙에서 태어났는지도 모른다. 그들은 고대의 용의 이빨의 수확이자 바위의 용이 아니라 진흙 속에서 용트림하는 괴물이었다. 아직은 산이 그들을 둘러싸고 있었으며 때때로 그리고 아마 극소수만이 산을 이해하는 것 같았다. 왜냐하면 이들은 바위 사이를 깡충깡충 뛰어 다니는 족속이 아니라 무희와 악사들과 어울려 즐기려는 족속이기 때문이었다. 그들은 젊고 행운을 누리며 곤궁한 삶에 만족하여 영원히 흙을 벗어나지 않는 땅벌레에 머무르지 않는 영혼을 향유했다. 땅은 아직도 그의 자녀들에게 상속되지 않고 있다. 관악산의 마지막 모습은 우리가 기차를 타고 강을 건너 올 때의 노랗고 빨갛게 물든 모습이었다.

이것이 기차의 차장을 통해 터니톱스 양이 그 곳을 보았어야 했던 이유였다. 나는 약속 시간에 정확하게 그를 다시 만났다. 그에게는 역을 출발하기 전까지 반 시간 정도의 여유가 있었다. 그는 영원히 조선을 떠나기 전에 서울에서 온종일 "완벽하게 멋진 하루"를 보냈다. 그는 여관 주인들에게 자신이 본 모든 것을 말했다. 정부 청사, 북궁, 동궁…… 내가 물었다.

"동물원은 잊지 않았죠?"

땅은 아직도 그의 자녀에게 상속되지 않고 있음이 틀림없으리라.

제 6 장 이색적인 영국인

조선에서 영국인을 만나는 경우는 매우 드물다. 그리고 그들 중 일부는 유형화하기가 어렵기 때문에 나는 여러분에게 영국인의 일반적인 전형을 설명할 수가 없다. 축음기의 음악이 끝날 때까지 3시간 동안 고전 음악을 듣고 즐기는 사람이 있었다. 프랑스어를 완벽한 발음으로 구사하는 사람도 있었다. 비밀스럽게 자살을 갈망한다고 의심을 받았던 사람도 있었으며 또 어떤 사람은 완전히 예의 없는 촌놈이었다. 여러분은 내가 겪는 어려움을 알 수 있을 것이다.

내가 기술하려고 선택한 또 다른 영국인이 있었다. 그가 소개될 만한 가치가 있는 사람인가는 차치하더라도 그는 사람들이 해외로 나가도록 하는 동기를 제공해 준다. 어쨌든 동양권 밖에서 만난 사람들로 판단해 보건대 매력적인 사람은 거의 낭만이 없었다. 사업가는 견실하고 영리하며 냉정하며, 때때로 그는 신사적이다. 그렇지만 그의 목표는 여전히 돈이며 가급적 이른 시일 안에 안정적으로 고향으로 돌아가려는 야망을 가지고 있다.

정부의 관리는 자신의 지위를 보전하면서 승진을 좇는다. 의사는 질병의 내역보다는 보수가 얼마나 되느냐에 더 많은 관심을 쏟는다. 그들은 복잡한 우월감과 고매한 방랑벽의 희생자인 선교사보다 낭만에 접근해 있다. 그러나 그는 그것을 알지 못하며 빠르게 치유된다. 그는 손발이 근질거렸기 때문에 동양에 건너오지 않았다. 그는 홀로 있기를 원했다.

그에게 교육의 기회가 주어졌다. 그렇다고 교묘하게 감추는 비유법으로나 자신을 묘사하려는 것은 아니다. 이 사람은 옛날에도 존재했고 지금도 존재한다. 나는 이런 식으로 그를 들추어내는 데 대해 그에게 사과해야 한다. 왜냐하면 그의 정신은 부엉이와 같아서 빛을 싫어하기 때문이다. 내가 사과하면 그는 나에게 진지하게 말할 것이다.

"당신은 그렇지 않습니다."

물론 이 말은 사실이다. 진실을 언급하자면 나는 이내 그의 비밀스러운 고독의 세계로 이끌려 갈 것이다. 그는 항상 진실만을 말하기 위해서는 양심의 가책에 보다 민감해야 한다는 것을 알고 있었다. 그렇게 하는 것은 비사교적이다. 나는 그가 재미있는 일화를 말하고 있는 아내의 말을 가로막으면서 퉁명스럽게 "그건 거짓말이야"라고 말하는 것을 들은 적이 몇 번 있었다. 그러면 낙담한 얼굴과 헝클어진 머리를 가졌으며, 상상력이 풍부하고 수다스러운 그 귀여운 여자는 유창한 언변으로 자신을 정당화했다.

문제는 그의 언술의 사실 여부가 아니라 대화에서 상대의 비진실성을 얼마나 너그럽게 받아들이느냐의 문제였다. 이러한 자세는 듣는 이가 갖추어야 할 필요한 의무였다. 그에게 대화는 하나의 기술이지 밋밋한 정보 교환 수단이 아니었다. 정보 교환이라는 점에서 본다면 그가 대단히 비양심적인 거짓말쟁이였다고 들리지나 않을까 우려된다. 내가 그 부부와 더 가까워졌을 때 나는 그의 남편의 강직함과 솔직함을 빌어 그에게 그렇게 말할 수 있었다. 그러나 그것이 조금도 그를 불안하게 만들지는 않았다.

"물론 당신이 무미건조한 진실만을 원한다면…."

대화를 기술로 간주하는 자신의 아내의 대화론으로 복잡해진 진실에 대한 그의 청교도적인 관념으로 보면 사회적 교제는 불가능했다. 누군가 느닷없이 응접실을 돌아다니면서 당신의 아내가 거짓말을 하고 있다고 떠들어댄다고 해서 그에 대한 자신의 생각이 어떠한가를 사람들에게 명명백백하게 밝혀야 한다면 그것은 곤혹스러운 일일 것이다. 유일한 대안은 입을 다물고 있는 것이다. 묘하게도 사람들은 그가 무례하다고 생각했다.

그는 알아들을 수 없는 말을 사용하는 이역인들 틈에 묻혀 살 수 있다고 생각하면서 동양으로 건너왔다. 결과적으로 그는 자신의 불운한 덕목으로 인한 충격을 감내하지 않을 수 없었다. 그는 아내와 동반했다. 그는 대담한 여자였다. 그들은 처음에는 일본인 여인숙에서 머물다가 나중에는 어느 일본인 집에서 기거했다. 그들은 그 곳에서 자리를 깔고 방석에 앉아 밥과 생선회와 해초류를 먹었다.

내 생각에 그들은 편치 않았을 것이다. 나는 그들이 손수 지은 집에 살고 있다는 사실을 알게 되었다. 집은 도시의 동문밖에 훌륭하게 지어져 있었다. 단일 선로를 달리는 전차의 종점에서 논과 벽돌 굽는 가마와 마을 사이를 가로지르는 노선을 따라 돈 다음 봉긋 솟은 무덤들 사이의 경사지를 오르면 소담한 산 위에 높이 그들의 집이 자리잡고 있었다. 장지문을 열고 들어가기 전에 작은 일본식 현관에서 신발을 벗어야 했다. 그러나 내실의 넓은 바닥은 서양풍의 가구들을 갖추고 있었으며 위층의 방에는 노란 일본 자리가 깔려 있었다.

거실의 경우 한 쪽 면에는 서양식 창문들과 다른 면에는 일본식 창문이 있었는데, 그것은 일본식 베란다를 향하여 열려 있었다. 방 한가운데와 천장 아래의 벽을 통과하는 아연 도관을 단 큰 철제 난로가 있었기 때문에 겨울에도 따뜻했다. 거기에는 소파와 의자와 작은 탁자 그리고 깨끗한 마룻바닥 위에 깔린 카펫과 큰 피아노가 있었다. 그림은 대개 동양풍이었으며 주로 조선과 일본의 작품이었다. 고풍스러운 조선의 화병들이 여기저기에 놓여 있었다. 그것들은 생경했지만 우아했다. 그리고 두 개의 조선식 궤가 있었다.

여자가 화병과 그림들을 둘러보게 하면서 그들의 제작 연대와 내력 등을 상세하게 설명해 주었다. 나는 그가 이 나라에 살면서 불과 몇 년 사이에 엄청난 양의 정보를 알고 있다는 데 대해 놀라움을 금치 못했다. 나중에 그를 더 잘 알게 되었을 때 나는 그가 알고 있는 사연과 일화가 얼마나 많은지에 놀랐다.

이 부부는 채식주의자였다. 남편은 원칙대로, 아내는 필요에 따라 가능한 원칙대로 채식주의자였다. 나는 사과와 딱딱한 일본 배와 바나나와 파인애플과 버터 빵을 대접받았다. 하얀 옷을 입고 서툰 손가락과 우울한 얼굴을 가진 조선 여인이 계속해서 먹을 것을 내왔다. 거기에는 특별한 이유가 있었다. 여하튼 그들은 나를 대단히 환영했다. 다른 사람들과 그 부부에 대해 이야기를 나눌 기회가 있었을 때 나는 나만이 유일한 특권을 향유하고 있었다는 것을 이내 알게 되었다.

사람들은 그 부부의 외로운 삶을 개탄하며 간섭하려 들었다. 파리 떼가 날아다니고 먼지 때문에 숨이 막히고 조선의 피클인 김치 냄새가 진동하는 붐비고 느린 전차로 특별한 여행을 하면서 방문하면 집에 아무도 없는 바람에 문간에서 되돌아가거나, 그렇지 않고 방안에 들어갈 수 있는 경우라 하더라도 신발을 벗은 후에야 정식으로 들여보냈다.

그의 부인은 종종 나를 찾아왔다. 그가 눈에 띄게 불안해 보였기 때문에 그에게 호의를 가지고 있는 지인들은 거리에서 그를 불러 세우거나 티 파티에 가자고 종용하지 않았다. 그는 그러한 초대에 몹시 위축감을 느끼고 있었다. 특히 그는 나의 옆집에 살고 있는 어느 선교사를 두려워하고 있었다. 그는 조선 사람들이 살고 있는 오두막집 사이로 꼬불꼬불한 좁은 길을 지나 가파른 언덕을 올라 내가 살고 있는 묘지 터를 통해 내려가는 먼 길을 돌아다녔다. 여선교사가 창문을 통해 대로를 내려다보고 있었기 때문에 그의 눈길을 피하기 위해서였다. 거기에는 이유가 있었다. 티 파티가 끝난 뒤에 여선교사는 케이크 스탠드에 무릎 꿇고 앉아 기도하면서 그에게 영혼을 정화하자고 설득하려 할 것이다.

그 사람은 시인이었다. 그리고 그의 아내는 그를 숭배하는 유일한 독자였

겨울 풍경

다. 그의 광기와 무례함과 비사교성을 보여주는 사례가 있다. 언제인가 그가 왜 공동체의 삶에 참여하지 않으려 하는가라는 질문을 받고 "나는 사람들을 볼 수 없어야 시를 쓸 수 있다"고 대답한 적이 있었다고 들었으나 나는 그 말을 믿을 수가 없었다. 그가 속살이 드러난 다리를 접어서 부처처럼 엄숙하게 의자에 앉아 있는 동안 나에게 읽어보라고 『런던 머큐리』에 발표된 그의 시들을 건네준 사람은 바로 그의 아내였다. 솔직히 말하자면 나는 그의 시들을 잘 이해할 수가 없었다. 소감을 표현할 시기를 가능한 늦추어야 할 거북한 순간이었다. 나는 진실에 대한 경쟁적인 두 이론 사이에서 갈등했다. 내가 무엇을 말했던가는 그리 중요하지 않다. 나는 적어도 그들의 우정에 금이 가게 하지는 않았다.

그러나 인생을 대하는 태도와 외모를 보건대 그는 정말로 시인이었다. 그는 놀랍도록 수려한 용모와 엷은 갈색의 눈동자와 갈색의 긴 곱슬머리를 가지고 있었다. 그가 더 자주 면도를 하지 않고 더 말끔하게 씻지 않고 코트의 어깨 부분에 쌓인 비듬을 털어 내는 수고를 하지 않는 것이 불행했다. 놀랍도록 수려한 그의 얼굴에 이러한 것들이 침투한다는 것은 있을 수 없는 일이다. 그는 완벽을 추구했다.

그의 부인은 영국에서 가져 온 그랜드 피아노를 연주했다. 그러나 나는 그에게 아름다운 선율을 들려 달라고 설득할 수 없었다. 왜냐하면 레지(Reggie)—그는 남편의 이름을 세례명으로 부르기 시작했다.—는 완벽하지 않은 음악은 들으려 하지 않았기 때문이다. 그 대신에 그들은 나에게 레코드판의 음악을 들려주었는데, 내가 좋아하는 곡을 선택하도록 허용하지 않았다. 그러나 그들이 고른 곡은 내가 듣기에 "완벽한" 곡이었다.

그들은 바닥에 이부자리를 깔고 잠을 잤다. 그의 아내는 내가 교회에 다니고 있는지를 물었다. 그는 나를 개종시키려 하지는 않았다. 오히려 그는 자신처럼 내가 종교에 몸담고 있지 않기를 바라고 있었다. 선교사들은 끈질기게 그를 붙잡으려 했다. 그러나 그는 장로교도에게는 감리교도라고, 감리교도에게는 제7일 성도라고, 제7일 성도에게는 성공회신도라는 식으로 회피하면서 항상 자신을 새로운 공격자에게 열어 놓았다.

"당신은 어느 교파입니까?"

그가 느닷없이 내게 물었다.

"부모님은 침례교인입니다."

나는 어정쩡한 태도로 대답했다. 그는 위로가 아닌 자괴감의 탄식을 내뱉었다. 그가 이렇게나 어리석다니! 그는 내가 침례교도라고는 꿈에도 생각하지 못했다. 모든 문제는 끝났다. 왜냐하면 조선에는 침례교도가 없었기 때문이었다. 그는 진실을 토로함으로써 간단하게 문제를 끝낼 수가 있었다. 그의 모태 신앙은 유대교였다. 그러나 아마도 그는 진실이 자신에게 유리할 때조차도 진실은 결코 그 자체를 강요하지 않는다는 허위에 대해 철저하게 교육받아 왔을 것이다.

고독한 집은 매우 로맨틱하게 꾸며져 있었다. 집 뒤의 논을 둘러싸고 있는 언덕은 갑작스레 뾰족하고 험준한 산등성이로 솟아올라 있었다. 신록으로 수놓인 협곡은 회색 화강암 절벽과 황갈색 모래언덕 사이로 가파른 경사를 줄무늬처럼 드러냈다. 우리는 낮은 산등성이를 따라 함께 거닐었다. 내 친구는 "저 산 위에는 불교 사찰이 있습니다"라거나 "저 산은 사시사철 푸릅니다"라고 말했다. 그리고 그가 말해 준 정확한 정보 뒤에 나는 어떤 말로도 표현할 수 없는 절경에 심취되었다. 그의 아내가 끼어들어 과장된 설명을 할 필요는 없었다.

"레지는 저 산을 사랑합니다. 당신이 저 산을 옮긴다면 그는 죽을 겁니다."

나는 그 산을 옮기지 않겠노라고 약속하고 싶었지만 저들의 고정된 갈색 눈동자 앞에 나의 경솔함을 분노 속에 묻어 버렸다. 나는 내가 또 다른 셸리[2)]가 출현한 곳에 있지 않나 의심했다.

언제인가는 채식주의에 대해 논쟁이 붙었다. 나는 환대를 무시하고 신성을 모독한 것과 같이 용서받을 수 없는 실수를 저질렀음을 이내 깨달았다. 그의 아내가 레지를 열정적으로 방어함으로써 논쟁은 자동적으로 해결되었다. 그는 무척 열을 올렸는데, 약간 신경질적이라는 생각이 들었다. 반면에 그의 남편은 입을 다문 채 근엄하게 앉아 있었다. 나는 그가 살생을 삼가기 때문에 고기를 먹지 않는 것이라고 추측했다.

"레지는 동물들을 사랑합니다."

이런 경우에는 그가 진실을 말하고 있다고 믿고 싶었지만 그는 내가 의도적으로 무신론자라고 내보이려 했던 것을 공격했다.

"그가 얼마나 동물을 사랑하는지를 당신에게 설명하는 것은 불가능합니다. 그의 뜻은 너무 깊어서 이해할 수 없기 때문에 사람들에게 설명할 수 없

---

2) 셸리(Perry B. Shelly : 1792~1822) : 영국의 시인. 이튼스쿨과 옥스퍼드대학에서 수학. 고드윈(W. Godwin)에게 사숙. 불우한 가정 생활로 영국을 떠나(1818) 주로 이탈리아의 피사에서 여생을 마쳤다. 킷츠(J. Keats)의 죽음을 애도한 『아도나이스』(1821), 드라마 『헬라스』(1821), 『찰스 1세』(1822), 『인생의 승리』(1822) 등의 작품을 남김.

는 그런 것 중의 하나입니다. 그는 세상의 그 누구보다 동물들을 사랑합니다. 아시시[3]의 성 프란시스[4]를 제외하고….”

그는 나의 회의에 대해 단호하게 마지막 공세를 펼쳤다. 남편이 아내의 말에 반대하지 않았기 때문에 그의 말은 사실임에 틀림없었을 것이다. 그의 근엄한 태도에는 어떤 감동이나 비난의 표시도 나타나지 않았다. 그는 두 말없이 아내의 말을 듣고 있었고 침묵을 지킴으로써 아내의 말이 틀림없는 사실이라고 무언의 과시를 했다. 그 때 그가 말했다.

“나는 기독교인이었습니다. 그러나 나는 그리스도가 고기를 먹었기 때문에 더 이상 기독교인이기를 포기했습니다.”

내가 처음 그를 방문했을 때 그는 두 마리의 개를 기르고 있었다. 그들은 덩치가 크며, 흰색과 갈색의 점박이 개였다. 개들은 충혈된 눈과 늘어진 귀가 두드러져보였다. 한 달 후에는 네 마리가 되었고 그 후에는 예닐곱 마리가 되었다. 그는 그들을 죽일 수 없었다. 그는 개들을 조선 사람에게 줄 마음이 없었다. 왜냐하면 조선 사람들은 개를 잡아먹기 때문이었다. 개의 수가 늘어나는 것은 문제였다. 그는 닭도 길렀다. 닭들은 알을 더 이상 낳지 않았지만 그는 계속해서 그들을 길렀다. 그는 닭들이 한 생애 동안 자신의 노력을 다했기 때문에 사람들처럼 연금을 받을 만 하다고 말했다.

그는 말과 염소도 길렀다. 염소의 숫자는 기억나지 않는다. 그는 원숭이도 길렀다. 수컷은 독신이 아니었다. 암컷은 혼인 적령기에 달해 있었다. 그들은 원숭이류의 표현 방식으로 억제할 수 없는 성욕을 드러냈다. 그러나 원숭이들은 문제를 일으키지 않았다. 딱한 일이었다. 왜냐하면 나는 생명을 앗지 않는 방법으로 원숭이 가족이 증가하는 문제를 어떻게 해결할 수 있을

3) 아시시(Assisi) : 이탈리아 중부의 페루기아 동남부에 있는 작은 도시로서 성 프란시스의 출생지로서 수도원으로 유명함.
4) 성 프란시스(St. Francis : 1182~1226) : 이탈리아의 신부로서 프란체스코교단의 창시자. 1224년에 성흔(stigma)의 기적을 체험함. 1228년에 시성.

지를 알고 싶었기 때문이었다.

그러나 한계는 있었다. 그 친구가 금년에 영국을 단기간 방문했다. 증가하는 동물들의 문제를 해결해야 했기 때문에 나는 그 사람들을 볼 것도 없이 그들이 어떻게 하리라는 확신이 들었다. 개들을 조선 사람들에게 주었고 원숭이들은 동물원에 보냈던 것이다. 내 친구들은 지금 조선에 돌아와 있다. 나는 그들이 텅 빈 개집과 깨끗한 우리와 함께 산뜻한 출발을 할 수 있으리라고 짐작한다. 그들이 새로운 개들을 기르기 전에 그들을 방문할 좋은 기회가 있었다. 왜 좋은 기회라고 말하는가 하면 개들은 위험하기 때문이다.

개들은 조선의 전역에 보급되어 있다. 집을 나서면 1마일만 가도 개와 마주쳤는데, 그들은 맹렬하게 짖으며 쫓아왔다. 얼굴을 돌릴 경우에는 달려들었다. 그래서 마지막 방도는 막대기를 휘두르며 천천히 길을 되돌아가는 것이었다. 한 번은 개가 내 바지를 물어뜯은 적이 있었다. 나는 온 성이를 다해 개를 달랬다. 다행스럽게도 나는 낡은 옷을 입고 있었다. 그 외에도 다른 한계가 있었다. 대화를 나누던 중에 내가 물었다.

"모기는 어떻습니까?"

그 문제는 문이나 창문에 의해 부분적으로 해소되었다. 나는 내 친구가 일어나서 기를 쓰고 손으로 윙윙거리는 파리 떼를 쫓는 것을 보고 가장 가까운 답을 얻었다. 그는 나에게 슬프고 심각한 심정으로 말했다.

"죽일 필요가 있다면 사냥의 기쁨이 없이도 그렇게 해야 합니다."

하기 싫은 일을 마지못해 하는 사람처럼 그는 근엄하게 파리를 잡았다. 내가 조선에서 나의 아내를 만났을 무렵에 우리는 차를 마시는 자리에 초대받았다. 우리는 약속 시간에 정확하게 도착했고 으르렁거리는 개와 씨름을 했다. 거친 손가락과 우울한 얼굴을 하고 있는 조선 여자가 다소 의아하다는 듯이 우리를 실내로 안내했다. 우리는 신발을 벗고 응접실로 들어갔다. 그러나 우리를 맞는 사람은 아무도 없었다.

15분쯤 후에 남자가 나타났다. 그는 너덜너덜하는 낡은 옷을 입고 있었으며 머리에서 발끝까지 깨끗한 구석이라고는 전혀 찾아볼 수가 없었다. 그는 맨발에 면도도 하지 않았고 헝클어진 머리를 길게 늘어뜨리고 있었다. 그는 정원을 가꾸고 말을 돌보고 돌아왔던 것이었다. 우리는 양해했지만 그는 씻을 수밖에 없었다. 다시 반시간이 지나자 부인이 나타났다.

그는 혈기왕성하고 감성적이었으며 미안해하는 기색을 드러냈다. 그는 우리가 차를 마시러 온다는 것을 상기하고 케이크를 사러 시내로 뛰어나갔던 것이었다. 꾸러미를 펼치는 동안 그는 몇 번이고 늦은 사유를 설명했다. 잠시 더 기다리자 차가 나왔고 이미 내가 여러분에게 설명했듯이 오랜 간격을 두고 계속해서 과일들이 줄을 이었다. 여주인이 일어나 꾸러미를 살피더니 부엌으로 들어갔다. 다시 돌아와 꾸러미를 살피던 그는 갑자기 남편을 향해 돌아서서 푸념하듯이 말했다.

"오, 레지. 케이크를 어디에 숨겼어요?"

그는 그것을 전차에 두고 온 것이었다. 그러나 그는 케이크를 숨기지 않았다는 레지의 말을 거듭해서 들은 다음에야 수긍하고 방을 샅샅이 뒤졌다. 그는 거의 흐느끼다시피 했다.

"방문객이 온 경우를 제외하고는 우리는 결코 케이크를 먹지 않습니다."

레지가 침울하게 말했다. 그러나 그는 다른 관점에서 그 낭패를 해석했다.

"걱정 마세요."

그는 태도를 바꾸어 우리를 위로했다.

"내가 케이크를 우편으로 부쳐 드릴게요."

일본인과 조선 사람들은 내 친구를 약간 포용력이 없는 편이라고 생각했다. 그들은 유지로서 우아하게 옷을 차려입고 세련된 매너로 사교계를 누비는 영국인을 상상했던 것이다.

"그러나 그는 혼자 삽니다."

라고 말했다.

"그것은 분명히 영국의 관습은 아니지요. 내 생각에 그는 매우 추하게 보입니다. 우리는 그가 원숭이와 입을 맞추는 것을 보았습니다. 영국 관습으로는 원숭이와 입을 맞춥니까?"

나는 내 친구와 내 조국의 국민들을 배반하고 싶지 않았다.

"글쎄요, 당신들도 아시지 않습니까? 그리고 그는 시인입니다. 그는 전형적인 사람이 아닙니다."

"물론이지요."

그들은 킥킥거렸다. 그들은 내가 말했던 농담, "그는 전형적인 사람이 아니다"라는 표현을 우울하게 받아들인 것 같았다. 나는 세련되고 진기한 면보다는 인상적인 면을 옮기고자 했다. 그러나 어떤 면에서는 실패한 것 같으며, 그 점에 대해서는 사과하지 않을 수 없을 것이다.

제 7 장 경 성

여러분이 조선의 지도를 들여다 볼 때 그것이 최신의 지도가 아니라면 여러분은 수도의 이름이 서울(Seoul)이라는 점을 알게 될 것이다. 이것은 조선식 명칭이며 Seyool, Sowl, Sool, Sole 등으로 다양하게 발음된다. 그러나 일본인들은 조선의 수도를 게이죠(Keijo)라고 정정해서 불렀다. 나이가 든 조선 사람들은 서울이라는 이름에 익숙하기 때문에 자연스럽게 조선식 명칭을 사용한다. 선교사들 또한 그렇다.

그러나 그 이유를 덧붙이자면 그들은 일본인들의 성질을 돋우는 데에서 대단한 만족감을 느낀다. 그들이 의도적으로 "서울"이라는 이름을 사용하는 것이 나로서는 백계 러시아인들이 성 페테르부르크라는 이름을 의도적으로 사용하는 것과 매우 흡사하게 느껴졌다. 어떤 것의 새로운 명칭과 달갑지 않은 명령을 거부하는 것이 정말로 일본인들의 화를 돋우는 것인지는 모르겠다.

여러분은 일본이 왜 이름을 바꾸려 했는지 궁금할 것이다. 사실 그것은 근본적인 문제가 아니라 단지 발음상의 변화에 불과할 뿐이다. 일본인이나 조선 사람이나 모두 한자를 사용하고 있다. 문어로서의 명칭은 바뀌지 않고 존속된다. 간단히 말해서 한 언어로는 게이죠로, 다른 언어로는 서울로 발음함으로써 두 종류의 문자가 사용되는 것이다. 이것은 조선에 있는 모든 마을에 적용된다. 조선이라는 이름조차도 조선(Chosun)과 조센(Chosen)으로 양자 간에 차이가 있다. 대개의 경우는 이보다 차이가 더 심하다. 원산은 겐산(Gensan)으로 바뀌었고 경주는 게이슈(Keishu)로 바뀌었다. 경성의 항구인 제물포는 인정하기 힘든 진센(Jinsen)으로 바뀌었다. 이렇다시피 명칭을 두 개씩 배워야 하기 때문에 다소 혼란이 일어난다.

이러한 현상은 사람에게도 적용된다. 조선의 소년이 학교에 가면 자신의 이름에 해당하는 일본식 이름으로 불려진다. 이것은 마치 윌리엄(William)이라는 이름을 가진 영국 소년이 프랑스 학교에 출석해서 줄리앙(Guillaume)으로 불리는 것과 같은 이치이다. 때때로 나는 이러한 변환 과정에서 나타나는 오류를 보았다.

예를 들면 Hyo Bun Kyo로 등재된 한 학생이 시험을 치를 때 Pyo Moon Hoo로 적기도 했다. 대부분의 경우 나는 조선 학생들의 이름을 일본식으로 알고 있다. 그것은 아마 그들의 마음을 아프게 했을 것이고 그들이 나를 자기 조국의 적으로 여기게 만들었을 것이다. 어쨌든 나를 방문한 이들은 다소 노골적으로 자신의 이름의 정확한 발음을 내게 되새겨 주기 위해 항상 주의를 기울였다.

그러나 나의 궁극적인 의도는 여러분에게 수도의 여러 측면을 설명하려는 것이다. 수도는 한 폭의 그림처럼 매우 빼어난 곳이다. 그것은 팔꿈치 같은 강의 굴곡 안에 화강암 언덕들의 오목한 곳 속에 위치하고 있다. 본래 도시는 강으로부터 2마일 가량 떨어져 있었지만 남쪽으로 산이 개방되어 강둑에까지 이르도록 넓어졌다.

이 나라에 대해서 다른 설명을 부가하자면 일본과 만주를 잇는 철도의 중간 경유지라는 말로 가장 적절하게 표현할 수 있을 것이다. 북쪽의 개척 도시인 안동과 부산까지는 열두 시간의 기차 여행길이다. 수도의 항구인 인천(제물포)은 서쪽으로 25마일가량 떨어져 있다. 그리고 동쪽으로는 원산항과 연결되어 있고 해안을 따라 북상하는 진로가 북동쪽의 개척지인 회령이

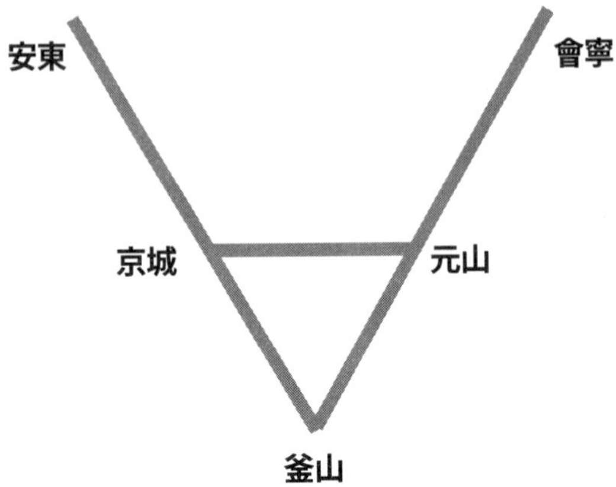

조선의 철도망

라는 마을에 위치한 작은 오지에서 끝난다. 철도 체계는 그림과 같이 A를 뒤집어 놓으면 가장 쉽게 이해할 수 있다.

그러나 회령는 안동보다 더 북쪽에 위치해 있다. 원산-부산 간 철로는 아직 건설 중에 있다. 원산에서 더 올라가서 북동쪽의 어느 곳에 건설될 항구가 예정에 있다. 그 철로는 회령를 지나 만주를 가로질러 계속된다. 이 철로가 구축되면 일본은 만주와의 수출 무역을 완전하게 장악할 수 있을 것이다. 상업적으로 전략적인 철도 체계의 중심에 이 도시가 있다는 것이다. 취향이 다르기 때문에 당신이 경성을 방문할 경우 나는 당신이 어느 곳에 관심을 가지고 둘러볼지 잘 모른다. 실크와 담배 공장이 둘러볼 만하다. 유럽보다 임금이 싸고 작업 시간이 더 길다. 하루가 12시간이며, 1주일이 7일이며, 한 달에 임금이 10~20엔(20~40실링)이라는 점을 제외하면 다른 면은 거의 비슷하다. 그 외에 큰 벽돌 굴뚝이 있으며 서구에서와 마찬가지로 아침이면 열심히 일을 한다.

정부 청사는 더 매혹적인데, 중앙을 돔 모양으로 지은 웅장한 화강암 건

조선총독부

물이다. 정부 청사는 널찍하고 곧은길에 인접해 있어서 목을 긴장시키지 않고도 그의 장중한 규모를 감상할 수 있다. 실내는 시원하고 넓었으며 중앙 홀에는 조선의 채석장에서 캐낸 아름다운 대리석들이 원주 모양으로 깔려 있다. 모든 것이 만족스럽게 자리잡고 있다. 뒷편에는 북쪽으로 산봉우리들이 이빨 모양으로 솟아 있다. 산은 황량하고 어두운 배경과 대조적으로 청사는 새하얗게 양각되어 있었다.

그러나 그림같이 빼어난 대비보다 더 매혹적인 것은 그것의 위치이다. 그 지점은 보다 음산한 대조를 강조하기에 가장 정확한 위치였다. 그 견고한 백색 건물은 넓고 곧은길을 가로질러 장벽처럼 서 있었기 때문에 그 뒤에 있는 조선에서 가장 중요한 왕궁을 가로막아 버렸다. 그것은 고의적으로 취해진 조치였으며 결코 우연의 상징이 아니었다. 그 취지는 의도된 것이다. 그것은 과거를 차단한 현재일 뿐 아니라 일본이 조선을 봉쇄해 버린 것이다. 그것은 세계적인 추세이며 회피할 수 없는 일이었다.

종주국의 용서할 수 없는 악취미의 또 다른 사례를 들어보자. 일본은 많은 문들을 닫아야 할 필요가 있었다. 그러나 조선의 면전에서 그들을 의도적으로 자극하면서까지 문을 닫을 필요는 없었다. 만약 당신이 북쪽의 산을 등정한다면 당신은 등산을 즐기면서 옛 궁전 터를 내려다볼 수 있을 것이다. 지금은 허물어진 성벽의 외곽 곳곳에 장엄한 소나무 숲 사이로 부자연스럽게 꾸불꾸불하게 이어진 옛 길들의 자취가 남아 있다. 당신은 교각과 성문, 굽이쳐 흐르는 시냇물 그리고 마치 물위에 떠 있는 듯이 보이는 여름 휴양처가 있는 호수를 볼 수 있을 것이다. 그것은 사각형으로 안마당을 둘러싼 채 다소 높이 솟아 있는 왕의 처소인데, 각 모서리마다 말아 올려진 이랑 무늬 기와 지붕이 넓게 뻗어 있어서 거대한 천막을 연상하게 한다.

이 모든 것은 자체적으로는 그다지 인상적이지 않으며 중국의 궁궐에 미치지 못하는 모방물이다. 그 곳이 무능한 악정과 미숙한 부패의 심장부라는 것은 누구나 알고 있다. 그러나 효율적인 외래 정부라는 상징성에 의해서 그것은 도시의 전체적인 모습으로부터 어둠의 장벽이 처져 있다. 그 안에는 쓸쓸함이 암시되어 있다. 그것은 다음과 같이 자신에게 자문하는 것이 쉽지 않다는 것을 뜻한다.

"무슨 권리로 일본이 조선을 통치하는가?"

이 의문은 더욱 깊어진다.

"강자가 약자를 집어삼키는 것은 무슨 법에 따른 것인가?"

그것은 인간사의 정의와 연민에 위배되기 때문에 인간의 법도가 아니다. 그러나 그것은 너무나 근본적인 문제이기 때문에 인간의 정의와 연민에 비해 대단히 강력하다. 피할 수 없고 냉정한 힘에 의해 세상은 숙명적인 길을 따라 간다.

"우리를 다스리는 것은 신이며 신을 초월하는 것이다."

궁궐터의 일부는 개방되어 있다. 일례로 더위를 피하기 위해 여름 휴양처에서 큰 거룻배를 타고 물위에 떠서 가느다란 원주형의 큰 차양막 안의 그늘에서 쉴 수 있다. 그러나 왕의 처소는 출입이 허용되지 않는다. 언제인가

경회루

나는 두 명의 친구와 함께 그곳에 간 적이 있었는데, 둘러져 있는 담벽의 문들 중의 하나가 열려 있었다. 크기를 제외하면 그것은 다른 궁궐이나 법당 또는 부잣집 방의 정확한 복제판이었다.

왕의 처소는 길이 잘 닦인 마당 끝에서 화강암 계단으로 출입할 수 있으며 화강암 반석 위에 지어져 있었다. 그것은 회색 기와 지붕, 불그스레한 원형 기둥, 안쪽의 나무 격자에 종이를 바른 문과 담벼락, 조선의 매우 호사스러운 건축물에서 보편적으로 볼 수 있는 복잡한 설계와 밝은 색상을 가진 화려하고 섬세하게 장식된 처마의 문양 등은 다른 궁궐이나 절 또는 부잣집의 그것과 거의 똑같았다. 동쪽에 있는 방은 고루하고 단조로웠지만 옛 옥좌가 있었다. 단 위에 다소 불편한 2인용 나무 의자가 용무늬의 천개로 덮여 있었다. 어둠침침하고 텅 빈 내부는 색이 바란 채 방치되어 있었다. 그 방에서 명멸한 옛 영광을 떠올리기는 어려웠다.

문이 우리 뒤에서 철컥하고 닫혔기 때문에 실내가 매우 어두워졌다. 나는 그 감금 상태에서 얼마나 오래 싸웠는지 말로 다할 수 없다. 우리는 금지 구역에 있었기 때문에 소리를 지를 엄두가 나지 않았다. 일본 당국이 우리의 무단 침입을 어떻게 받아들일지 알 수 없는 일이었다. 여러분도 아시다시피 우리는 카메라를 가지고 있었다. 일행 중에 길고 검은 사제복을 입고 십자가를 목에 건 영국 교회의 신부 한 사람이 쉬지 않고 중얼거렸다.

"여기는 정말 괴로운 곳이야."

여러분이 이와 같은 사고를 피하고 싶다면 동궁을 둘러보는 것으로 충분히 만족해야 할 것이다. 이곳은 지금은 공공 휴양지이다. 동물원과 식당이 붙어 있고 겨울에는 두 달 동안 매일 스케이트를 탈 수 있는 호수가 있다. 일본인들이 심어 놓은 벚꽃 가로수 거리도 있는데, 4월 말경, 특히 밤이면 장관을 이룬다. 계절에 따라 모란과 국화 전시회도 열린다. 이 시기에 이곳을 방문하지 못한다 해도 더 흥미로운 볼거리들이 있다. 옥좌가 놓여 있는 방과 비슷하게 설계된 넓은 방과 부속 건물들은 숲속에 멀리 떨어져 있다.

조선에서는 공원의 중앙에 단일한 거대 건축물군을 조성하지 않고 전체적으로 방을 분산시킨다. 이것은 매혹적이고 편리한 방식이다. 그러나 이런 방들은 지금 도자기, 그림, 조각품 등 조선의 보물들을 빈약하게 소장하고 있는 박물관으로 사용되고 있다. 또한 윗편에서는 공공 휴양지로 둘러싸인 여름 정원을 들러 볼 수도 있다. 여기에서는 더욱 꿈같고 화사한 방들과 안뜰을 볼 수 있다. 실개천과 작은 호수와 꾸불꾸불한 길을 볼 수도 있다. 그곳에서 황제는 억압적이고 가난한 땅의 전제 군주에 어울리게 후궁들과 즐기고 있었다.

경성에는 한 때 성벽이 있었다. 북쪽의 성벽은 절반가량 남아 있는데, 시시각각 붕괴의 정도가 심해지고 있다. 그것은 북경의 성벽처럼 사각형으로 지어지지 않고 아이들이 오후에 즐기는 땅따먹기 놀이의 원리를 이용해서 지어졌다. 그것은 별안간 뾰족하게 솟은 산의 정상까지 치솟았다가 잠시 멈추어 사방을 둘러보기 위해 숨을 고른 다음 가파른 경사를 활강하여 계곡으로 내려온다. 계단형으로 생긴 그 정상은 발가락으로 올라갔다가 뒤꿈치로 내려오지만 자체가 똑바로 선 형상이다.

여기저기에 포수의 총안이 손상되지 않은 채로 남아 있고 아래쪽으로는 경사져 있다. 그러나 전체적으로 성벽을 구축한 전략적인 계획을 추적할 수는 없다. 그것은 꾸불꾸불하게 굽어져서 그 길이를 두 배로 늘인다. 그리고 도시의 마지막 집까지 멀리 뻗어 산을 넓게 싸안는다. 그것이 어떻게 구축될 수 있었는지 의아할 따름이다. 일요일에 급한 진로를 따라 성벽의 정상에 오르는 것은 흥미로운 일이다. 거리에서는 불가능하나 높이 오를수록 그 도시를 폭넓게 조망할 수 있다.

개략적으로 말해서 도시는 북에서 남으로, 동에서 서로 이어진 두 개의 큰 도로로 사등분되어 있다. 이 도로와 평행하게 달리는 다른 널찍한 도로들도 있다. 세 개의 주요 도로가 조선 전역으로 뻗어 있다. 남으로는 강을 가로지르고 동으로도 뻗어 있으며 북서로 북경로라 불리는 산을 넘어 제물포와 그 바다에 이른다. 그것을 북경로라고 부르는 이유는 중국이 종주권을 행사하던 시대에 중국의 사신들이 공물을 가져가기 위해 그 길을 통해 정례적으로 조선으로 건너왔기 때문이다. 그럴 때면 왕은 한 명의 왕에 불과했다. 그는 서대문 밖의 한 곳에서 사신들을 접견하곤 했다.

지금은 그 위치에 독립문이라고 불리는 돌로 만든 아치가 서 있다. 그것은 일본이 조선을 중국의 지배로부터 해방시켰을 무렵에 지어졌다. 그때서야 비로소 조선의 왕은 동양에서 독립된 나라의 군주를 의미하는 황제가 되었다. 그러나 독립문은 필름을 낭비할 만큼 매력적이지는 않다. 그것은 별로 보잘 것이 없으며 이미 불길한 균열을 보이고 있다. 그리고 그것은 도로에 걸쳐져 있지도 않고 의도적인 멸시의 징후처럼 길가로 밀려 서 있다. 독립문은 조선 독립의 적절한 상징이다.

도시의 서쪽을 둘러싼 산들은 봉우리의 높이를 점차 줄이며 강으로 내려간다. 이곳은 외국인들이 선호하는 거주지이다. 외국인들의 집은 아랫마을의 초가집들을 지주처럼 거느리듯이 빨간 벽돌로 독특하게 지어져 있다. 동쪽에 있는 산들은 크기로는 보잘 것이 없지만 동대문과 남대문 사이에서 남산이 원뿔형으로 고독하게 치솟아 있다. 사람들은 종종 남산으로 소풍을 가서 뒤틀린 소나무와 둥근 화강암 사이에서 꿈같이 멋들어진 오후를 보낸다.

일본인들은 도시가 굽어보이는 경사면에 신사를 지어 놓았다. 석등과 토리[1]라는 석문 사이의 장중하고 넓은 화강암 계단을 통해 신사에 이를 수 있다. 신사는 수많은 암석과 불안정한 버팀목이 받쳐져 자연스럽게 형성된 기단 위에 세워져 있다. 등이 굽이치며 늘어서 있는 언덕을 돌아 고른 길을 지나면 일본인들의 주거지 쪽에 가파른 내리막길이 눈에 띈다.

정상까지 등정하려면 진로를 가로막는 가시철망을 만날 것이다. 등정을 포기하지 않는다면 그 산의 정상에서 옛 성벽의 잔해를 볼 수 있다. 가시철망이 예시하듯이 실제로 정상에 오르는 것은 금지되어 있다. 신사를 내려다보는 것은 신에 대한 불경이기 때문이다.

정상은 그 자체로 흥미로운 곳이다. 예전에 황제에게 닥칠 위험을 알리기 위해 불을 붙여 연속해서 전국을 돌아 마지막으로 봉화가 도착한 자리가 바로 이 곳이다. 짐작하건대 봉화가 오르면 황제는 적과 싸울 군대를 소집하지 않고 자신을 산중의 은신처로 안전하게 모셔 갈 가신들을 소집했을 것이다. 그러나 현재에는 남산에서 봉화가 오르지 않는다. 경사면 아래를 빼앗아 차지한 외국의 사당 때문에 그 지점에 봉화대를 세우는 것은 불경스러운 모독이기 때문이다.

경성은 일본과 조선에게 단지 논란을 야기하는 땅만은 아니다. 일본이 승리한 것은 불가피한 일이었다. 그러나 동양과 서양에서 경성은 논란을 일으키는 땅이다. 서양은 서툴게 남을 모방하고 사실을 왜곡하면서 남의 땅을

1) 토리(鳥居) : 신사의 입구에 세운 돌 기둥 문.

근정전

빼앗았기 때문에 그 승리는 불가피한 것은 아니었다. 상점의 창을 들여다보면 두 명의 조선 사람이 싱어사[2]의 재봉틀을 사이에 두고 바닥에 앉아서 한 사람은 핸들을 돌리고 다른 한 사람은 옷을 만들고 있는 광경을 볼 수 있다.

여러분은 또한 한 일본인이 평평한 나막신을 신고 연미복을 입은 채 중절모자를 쓰고 있는 것을 볼 수 있을 것이며, 벽돌집과 전차와 자동차 그 외에 피아노와 바이올린 연주를 볼 수 있을 것이다. 4~5명을 태울 수 있는 차들은 실제로는 두세 명을 더 태울 수 있기 때문에 여러분은 뒷문으로 승차할 수 있다. 그럴 경우 짐은 승강대와 냉각기에 묶고 어쩔 수 없이 고생이 이만저만하지 않은 비좁음을 감내해야 한다. 피아노와 바이올린에서 문제가 되는 소음은 끈질기도록 성가시게 굴어서 전 인류의 무시무시한 증오를 연주

2) 싱어사(Singer Co.) : 미국의 발명가 싱어(Isaac M. Singer : 1811~1875)가 1851년에 재봉틀을 발명하고 만든 세계적인 공작 회사.

자에게 전가시킨다.

그러나 이들이 서양 옷을 입고 있는 것을 보는 것으로 충분하다. 그들은 그것을 어떻게 만들고 어떻게 입는지를 모른다. 앞이 열려 있는 점이 금세 눈에 띌 것이다. 그것은 그렇다손 치더라도 그들은 바지를 거꾸로 입고 있을 것이다. 바지는 최소한 정확히 6인치 정도는 밑으로 처져 있다. 그것은 미국식이기 때문에 멜빵보다는 벨트를 이용해서 착용한다.

그러나 동양인들은 엉덩이에 살이 없기 때문에 벨트의 구멍을 맞추지 못한다. 그래서 재킷을 벗을 때면 바지는 번번이 셔츠의 끝 부분으로 덮인 채 일정치 않은 꽃술 장식이 있는 허리에 매달려 있다. 신발은 신고 있거나 그렇지 않을지도 모른다. 그러나 어떤 경우든지 조선 사람들은 집안에 들어서기 전에 신발을 벗기 때문에 끈이 없는 신이 더 편리하다.

여름에는 겉옷을 벗어버리고 내의와 팬츠만 입고 있는 편이 더 시원하다. 덮개 단추가 장식용으로 달려 있을 것이다. 이 모든 것이 단지 의복의 부조화라면 큰 문제가 되지는 않을 것이지만 근본적인 태도에서 중대한 오해를 야기할 수도 있는 함의가 그 속에 내재되어 있다는 점은 부인할 수 없다. 따라서 사람들이 나름대로의 방식으로 자신의 삶을 살고 있는 조선 사람 거주 지역으로 탈출하는 것이 최선이다. 경성에서 서울로 탈출하는 것이다. 그러나 그것에 대해서는 또 다른 장을 할애할 필요가 있다.

제 8 장 북경로

얼마 전에 나는 한 여류 시인으로부터 표지를 우아하게 장정한 감미로운 시집[1])을 선물로 받았다. 시의 소재는 대부분 그가 익히 알고 흠모해 온 일본이었다. 일부는 그가 눈을 뜨고 애정을 품기 시작한 조선이었다. 시의 분위기는 사색적이면서도 매혹적이었기 때문에 마치 메아리를 듣는 것처럼 감상에 젖어 들게 했다. 나는 감사를 표하는 글에서 최고의 찬사를 보낼 목적으로 닭울음소리와 함께 동이 틀 때까지 밤새 시를 읽는다고 썼다. 그 시들 중에는 "북경으로 향하는 길"이라는 제목의 시가 있다. 나는 그 시를 앞에 펼쳐 놓고 있다. 그 시는 다음과 같이 시작한다.

> 언덕 사이에는 북경으로 향하는 오르막길에
> 바람이 스쳐 간다.
> 긴 소달구지 행렬이
> 끊이지 않고 그 길을 내려온다.
> 인력거와 마차와 초라한 가마의 행렬,

---

1) Joan S. Grigsby, *Lanterns by the Lake*, Kegan Paul, Trench, Trubner & Co., Ltd., London.

그 안에는 밀려드는 졸음에
맥없이 연신 고개를 떨구는 노인,
남자들이 자신이 소유하고 있는
가마를 자랑스러워하는 동안
막 자동차가 그에게 먼지를 뒤집어씌우며 지나갔다.
황금빛으로 장식된 그의 휘장은
좀이 먹고 녹이 슬어서 더러운데
누구도 짐꾼들에게 땅거미가 질 무렵
인파를 헤치고 그들이 북경로로 데려온
그 부유한 자가
누구인지 물어 보지 않았다.
왜냐하면 그는 한때 왕의 특사였기 때문에.

이 글은 나로 하여금 독자들에게 북경로를 찾아보도록 권고하게 만든다. 골목길 사이에서 이곳저곳을 눈여겨 살피지 않아도 서울의 많은 곳을 둘러볼 수 있다. 만약 내 친구처럼 당신이 시인이라면 당신은 그 거리가 화려했던 옛 영화가 깃들어 있는 볼거리들로 가득 차 있다고 표현할 것이며, 잔잔한 여운에 심취되고 향수에 젖어들 것이다. 그러나 나는 당신을 위해서 짬을 낼 수가 없다. 나도 언덕 위에서 풍광을 즐겼다. 거리의 실상이 무척 가깝게 다가왔다. 나는 단지 보기 위해서 눈을 가지고 있고 듣기 위해서 귀를 가지고 있다. 그리고 코를……. 나는 코 없이도 지낼 수 있을 것이다.

서울을 소개하자면 북경로를 따라 한가하게 거니는 것 이상을 권유하기는 어렵다. 차분하게 정돈되어 청명한 하늘 아래 희고 낮은 타일 지붕을 얹고 문을 열어 놓은 상점들이 양 길가로 늘어서 있는 넓은 비포장 북경로를 연상해 보시라. 엉성한 지붕 널을 얹은 짐마차가 첫 비에 이내 푹 젖어서 북경로에서 자취를 감추었을 때를 제외한다면 이는 참으로 볼만한 장관이다.

축제 기간을 제외하고는 느린 동작의 활동 사진에는 우중충한 색상의 옷이 대부분이지만 내리쬐는 햇볕 아래의 백의의 광채는 화사하게 빛났다. 도처에 당신을 사로잡고 즐거움을 안겨 주고 놀라움에 빠져들게 하며 사색에 젖어 들게 하는 풍경들이 있다. 만약 사진을 찍고 싶어서 몸이 근질거린다면 주저 없이 연방 셔터를 눌러 대시라.

당신은 이내 가장 특이한 장면을 보게 될 것이다. 언덕 위에서 땔감을 싣고 내려오거나 땔감이 다 팔릴 때까지 길가에 하루종일 서 있는 황소, 소나무 가지, 아카시아 가지, 작은 가지 부스러기들, 나뭇잎과 침엽수들이 짚으로 엮은 줄에 묶여 높이 쌓여 있다. 땔감은 너무 높이 쌓여 있어서 땅에 닿을 듯이 옆으로 기울었다. 황소는 온통 나무 더미에 둘러싸여 헐떡거리며 마치 덤불의 터널을 헤집고 나온 듯이 보인다. 그러나 황소는 매우 강하고 악착같이 견뎌 낸다. 황소는 주인이 자신의 코에 꿴 고삐를 잡아당겨 끌기 전에 걷기 때문에 주인은 조금도 서두르지 않는다. 황소는 조선의 국가적인 상징임에 틀림없다.

황소를 기를 여유가 안 되는 가난한 나무꾼들은 자신이 직접 그 역할을 해야 한다. 당신은 언덕 위에서 짐을 가지고 내려오는 그들의 모습을 볼 수 있을 것이다. 그들은 등에 의자 모양의 나무 기구를 지고 있다. 그것은 두개의 다리만 달랑 달려 있으며 짚을 엮은 줄을 어깨에 걸쳐 메어 지탱한다. 그 기구의 이름은 지게이며 사람들이 엄청나게 많은 양의 짐을 옮길 수 있도록 해준다.

예를 들어 역의 짐꾼들은 여행객들의 옷 가방과 짐은 물론 큰 트렁크도 옮긴다. 그 비결은 균형이다. 지게는 땅위에 세워진 다음 끝이 갈라진 막대기에 의해 앞으로 기운 채 삼각형을 이루며 지탱된다. 짐꾸러미를 지게 위에 차곡차곡 쌓아 새끼줄로 단단하게 묶는다. 짐꾼은 지게를 등지고 웅크리고 앉아 팔을 지게 끈 안에 집어넣고 지탱하고 있는 지팡이를 잡은 다음 그것을 이용해서 천천히 일어선다.

그들은 발에 중심을 잡고 몸을 약간 앞으로 기울이면서 균형을 잡는데, 200파운드가량의 짐을 지고 몇 마일을 걸어갈 수 있다고 한다. 쉬고 싶을 때면 그는 지게 지팡이를 이용해서 지게와 삼각형을 이루게 만든 다음 웅크리고 앉아 지게를 벗는다. 그러면 지게는 그가 다시 길을 떠날 때까지 편히 질 수 있는 상태로 서 있다. 그러므로 지게는 중요한 요구에 부응하며, 마치 몸의 팔다리와 같이 발전된 훌륭한 기구 중의 하나이다.

조선은 언덕에 많은 오솔길이 나 있는 산의 땅이다. 사람들은 손이 자유롭기를 원하며 미끄러지지 않기 위해 지팡이를 찾는다. 짐의 끄트머리에 매달린 중국인들의 죽봉은 평지에서나 적합하지 언덕에서는 쓸모가 없다. 안정적이며 쉽게 지고 벗을 수 있는 조선의 지게는 경사가 급한 산길에서도 완벽하고 자연스럽게 적응한다. 당신은 북경로에서 사람 키의 반 만큼에 달하는 짐을 실은 황소들 사이에서 땔감을 진 지게들을 볼 수 있을 것이다.

빨래 가지들을 담은 통을 머리에 인 여자들이 아침에 개울가로 나오고 저녁에 돌아가는 길에 당신을 지나칠 것이다. 만약 당신이 하수도를 가로지르는 다리를 건너 천천히 걸어 내려간다면 무리를 지어 웅크리고 앉아 나무 방망이로 빨래 가지를 두들기고 있는 여자들을 볼 수 있을 것이다. 아마도 그들의 옆에는 맹렬하게 빨래를 삶고 있는 통이 있을 것이다. 처음 벗어 놓은 옷은 집에서 또는 물가에서 양잿물에 끓인 다음 방망이질을 한다.

방망이질은 언제나 집밖에서 하며 심지어 얼음장이 두껍게 낀 한겨울에도 마찬가지이다. 그들은 평평한 돌 위에서 빨래 가지를 두들기고 물에 행군 다음 햇볕이 드는 곳에 내다 말리고 집에 가져가서 한 번 더 다듬이질을 한다. 다듬이질은 때를 빼기 위해서가 아니라 다림질을 하기 위해서이다. 그리고 마지막에는 그것들을 차곡차곡 갠다. 그것은 오랜 시간이 걸리는 과정이기 때문에 누구나 고된 작업이라고 상상할 것이다. 그러나 그것은 조선 여성들의 사회적인 직업이다.

그들은 결코 혼자 빨래하지 않고 무리를 지으며 서구의 여성들이 뜨개질을 하면서 느끼는 행복과 같은 즐거움을 느낀다. 혁신과 진보를 혼동하는 조선 사람들은 뜯어내고 봉합하는 반복적인 노역 시간을 줄이는 재봉틀은 말할 것도 없고 비누와 탈수기 그리고 다리미를 들먹인다. 뜯어진 곳을 모두 봉합할 수 있는 재봉틀은 의심할 여지없는 축복이며 그 결과 또한 흡족스러워서 흰옷은 매우 아름다운 광택을 내기 때문에 비누와 탈수기 그리고 다리미를 들먹이는 것이 주제넘은 것처럼 보이기도 한다. 그런 일이 아니더라도 여자들은 완벽하게 행복하다. 조선이 소련식 정부 체제를 택한다면 그 깃발은 희고 푸른 네모난 바탕에 지게와 그 위에 빨래 방망이를 엇질러 놓은 그림일 것이다. 당신은 언제 어디에서나 지게를 진 남자들과 빨래를 하고 있는 여자들을 볼 수 있을 것이다.

한편 당신은 다른 광경을 통해 매우 색다른 분위기를 만끽하게 될 것이다. 아마도 당신은 길의 한가운데에 있는 하수도에서 그것을 언뜻 볼 수 있을 것이다. 하수도는 오랜 가뭄 탓에 다소 불쾌하고 독특한 냄새를 풍기지만 당신이 혐오감을 느낄 만큼 독하지는 않다. 그것은 조선의 피클인 김치 냄새가 퍼진 것이다. 가을에 그 피클을 담그는데 그 향은 몹시 역겹다. 그 냄새는 일 년 내내 당신을 따라다닌다. 나는 곳곳에 퍼져 있는 그 냄새를 시큼한 식초에 비유해서 설명해 왔다.

나는 시큼한 식초 냄새를 맡아본 적이 없다. 나는 심지어 식초가 신맛을 낸다는 사실조차 모른다. 그러나 만약에 식초가 신맛을 낸다면 그것은 김치 같은 냄새를 풍길 것이라고 생각한다. 이것이 내가 당신에게 해줄 수 있는 최선의 대답이다. 중국의 어디에서나 마늘 냄새가 진동하는 것처럼 조선의 어느 곳에서나 김치 냄새는 당신을 따라다닐 것이다. 그 냄새는 결코 피할 수도 없고 떨쳐 낼 수도 없다고 마음먹는 것이 상책이다. 그렇지 않으면 당신은 불행해질 것이다.

당신은 물론 거리에서 행상과 상점도 볼 수 있다. 상점은 관청 옆에 냄새를 피할 수 없는 하수도가 내다보이는 거리 곳곳에 넘쳐 난다. 상점은 이른

지게꾼

아침부터 저녁 늦게까지 일주일 내내 쉬지 않고 열린다. 그러나 거기에는 긴장과 피로와 서두름이 없다. 할머니와 할아버지부터 손자에 이르기까지 온 가족이 나와 있기 때문에 하루 종일 잠을 잘 수도 있으며 계산대에 붙들려 있을 필요도 없다.

당신은 놋쇠 세공품과 놋쇠 장과 해안에 한 줄로 늘어서 있는 카누 모양의 신발들을 볼 수 있다. 평야의 곡식, 둥근 광주리, 묶여져 있는 하얀 배추 꾸러미 그리고 배와 수박과 오랫동안 연기와 소금에 절여진 생선을 볼 수 있을 것이다. 살아날 가능성이 전혀 없는 말린 생선도 있다. 놋쇠 그릇을 사용하기 위해서는 보름 전에 미리 물에 담가 두어야 한다. 그 안에 훌륭한 요리들이 담겨지겠지만 판단을 유보하는 편이 나을 듯하다.

소년들과 어깨에 엿판을 메고 헤아릴 수 없이 많은 비비꼬인 엿 조각 위로 요란하게 가위를 놀리는 엿장수들이 있다. 엿은 사탕수수와 보리 엿기름으로 만들어서 그 위에 콩가루를 뿌린다. 그러나 실제로는 더러운 기름으로 만들어 색을 들인 엿이 매우 독특한 맛을 낸다. 수수와 보리 엿기름으로 만든 엿을 시식하기란 쉽지 않다. 철이 되면 군밤을 살 수 있다. 행상과 소년들은 화로라고 불리는 철제 기구 위에 철사를 이어 만든 바구니를 매달아 숯불에 밤을 굽는다. 땅콩은 작은 꾸러미 하나가 1파딩[2]에 팔린다. 가난한 사람들은 길거리의 좌판 앞에 웅크리고 앉아 있다. 상품으로는 표백되지 않은 실타래, 아이들의 화려한 그림 이야기책, 한 움큼의 땅콩, 촉촉한 빵조각, 수박 등 몇 푼이면 살 수 있는 것들이 늘어 있다. 당신이 그 물건들을 몽땅 사준다면 그가 당신에게 감사할 것이라고 생각할 것이다. 그렇지만 천만에, 그는 팔기를 거부할 것이다. 그는 계속해서 교환할 수 있는 물건을 가지고 있어야 하기 때문이다.

---

2) 1 파딩(farthing)=1/4 페니.

여름에 당신은 여자들이 문간 밖에서 뜨거운 야채 국을 끓이거나 팬케이크처럼 생긴 떡을 만들고 남자들은 반죽하고 있는 모습을 볼 수 있을 것이다. 이 광경은 정말로 흥미진진하다. 그 과정에는 세 사람의 남자가 필요하다. 판 위에 슬프고 창백한 반죽이 덩어리져서 놓여진다. 두 남자가 거대한 방망이를 들고 마치 말뚝을 박듯이 그것을 힘껏 내리친다. 그 옆에 앉아 있는 세 번째 남자는 중간 중간에 손바닥으로 반죽을 친다. 나는 그 동작의 정확한 의도를 전혀 이해할 수가 없었다. 반죽이 두꺼운 석판 위에 납작해질 때까지 내려치는 작업은 몇 시간 동안이나 반복된다. 아마도 빵이 만들어질 것으로 보인다. 그것을 씹는 동안 당신은 턱이 아플 것이다. 그러나 당신은 그것을 삼키기에 적당할 정도로 물렁하게 만들 수는 없을 것이다. 과일과 생선 그리고 사탕과 국과 떡과 반죽 위로 공기 중의 먼지가 불어와 달라붙는다.

무거운 짐을 싣고 노새들이 천천히 다가온다.
짐 때문에 반쯤 보이지 않고
등위로 땀을 흘리는 작은 노새.
아!
그들이 출발할 때의 고함소리와 긴장감
그리고 잡아당김이여.
그들이 너무 빨리 움직일 때에도
또 그들이 너무 천천히 움직일 때에도
그들을 쳐라.
3백 년 전 북경로 위의 노새들처럼.
도시의 성문을 지나고 허물어진 성벽을 넘어
그 곳 폐허가 된 누벽에서
석조물의 돌들은 떨어져내리고
자줏빛 산등성이 속으로

길이 장구하게 굽이쳐 있다.
날이 저물면서 누벽의 그림자가 드리워지고
넓은 오르막길을 따라 빛이 명멸한다.

시가지에서 떨어진 이곳에 거지들은 많지 않지만 어린 소년이 불쌍한 표정으로 1전을 구걸하며 당신에게 매달릴 것이다.

"돈 한푼 줍쇼."

그는 더럽고 누더기를 걸쳐 입고 있으며 상상할 수도 없이 일그러져 있을 것이다. 그는 한 손을 내밀어 허리춤 위아래로 당신을 잡아당길 것이다. 그리고 당신이 그를 만족시키거나 아니면 그가 더 적당한 다른 후원자를 발견할 때까지 당신을 따라올 것이다. 그러나 돈은 주지 않는 것이 좋다. 왜냐하면 그 돈은 소년의 것이 아니라 구걸을 강요하는 주인의 차지이기 때문이다. 아마 그 인간은 돈을 가로챌 목적으로 그 소년을 불구로 만들거나 한 겨울에도 그를 반나체의 몸으로 밖에 내보낼 것이다.

다른 볼거리들이 또 있다. 예를 들면 긴 담뱃대를 물고 웅크리고 앉아 목청 높여 잡담하거나 한가롭게 옷을 뒤집어서 이를 잡고 있는 노인들, 어린 아기를 등에 업고 진흙탕에서 뛰노는 아이들, 웃옷을 벗고 서로 등목을 해주거나 땀을 뻘뻘 흘리며 열심히 이를 닦고 있는 청년들……. 그러나 이것은 서울이 아니다. 여기에서 다시 경성을 언급하지 않을 수 없다. 왜냐하면 씻는 것은 일본에서 도입되었기 때문이다. 만약 당신이 운이 좋다면 장례식이나 결혼식을 볼 수 도 있을 것이다. 그렇다면 당신은 그들의 모든 전통 의상을 볼 수 있다.

여성들은 허리에 다발처럼 두른 긴 치마의 허리춤 위로 꼭 끼는 짧은 저고리를 입는다. 여름에는 그것이 너무 짧아서 가슴이 아래로 노출되는데, 등에 업혀 있는 아기의 영양과 편의를 고려할 때 편리하다고 할 수 있다. 그들은 정장으로 긴 겉옷을 입는다. 까만 머리에는 반들반들하게 기름을 칠하고 가운데 가르마를 타 목뒤에 단단히 묶는다. 겨울에는 이채로운 모자[조바위를 쓴다. 그것은 앞뒤로 결합된 그러나 윗부분은 터져 있는 두 개의 빰 조각으로 가장 잘 설명될 수 있을 것이다. 그것은 검정색 실크로 만들었으며 이마 부분에서 색을 들인 술로 장식되어 있다. 몹시 추울 때에는 길게 뭉쳐서 머리 주위를 두르고 귀를 덮어서 허리까지 내려오는 옷을 입는다. 여자들은 화났을 때를 제외하고는 거의 얼굴을 드러내지 않는다. 20대이긴 하지만 보들보들하고 통통한 빰과 강렬하고 또렷한 눈썹은 성모 마리아와 같은 차분함을 연상시키지만 따듯한 인상은 아니다. 여자들은 시원스럽게 생겼으며 씩씩하게 걸어 다닌다. 그러나 우아함은 거의 찾아볼 수 없다.

남자들은 통이 큰 바지와 오른쪽 가슴에서 묶는 헐렁한 조끼 같은 상의를 입는다. 남자들은 여자들처럼 정장으로 긴 겉옷을 입는다. 그들의 얼굴은 길고 근엄하지만 곧 잘 웃음을 짓는다. 40대에 그들은 염소 같은 턱수염을 기른다. 그들은 느릿느릿하고 위엄 있게 걸으며 몸을 곧추 세워 바른 자세를 유지한다. 머리 위로 몇 인치 가량 되는 새장을 올려놓은 것 같은 모자를 쓴다. 그것은 우아한 말총 모양으로 어떤 것은 담황색을 띄고 있고 어떤 것은 검정색이다. 그의 모양새를 알고 싶다면 큰 판 위에 쌓은 어린아이들의 모래성을 연상하시라. 그것은 턱 아래에 맨 긴 검정색 줄로 적절하게 유지된다. 어설픈 동작이나 흐트러진 자세는 머리에 쓴 모자를 흔들기 때문에 조선 사람들의 근엄한 걸음걸이는 이 모자를 더욱 눈에 띄게 만든다.

이것이 당신이 북경로에서 볼 수 있는 모든 것이다. 도시 자체는 전기로 불을 밝히지만 여름밤의 거리에는 등불이 빛나는 노점들이 즐비해 있다. 약 세 시간 동안 그 곳은 일대를 어슬렁거리거나 산보를 나온 사람들의 흰옷이 장관을 이루었고 행상들의 고함소리로 떠들썩했다. 집집마다 손뼉을 치며 떠들어대는 소리와 고성방가가 귀뚜라미 소리처럼 끊이지 않고 흘러나왔다. 그 소리는 공중에 울려 퍼지며 밤새도록 당신의 귀를 치근덕거릴 것이다. 상투가 조선을 상징하고 김치 냄새가 조선의 대표적인 향인 것처럼 그것은 조선의 소리이다.

날이 저물면서 누벽의 그림자가 드리워지고
넓은 오르막길을 따라 빛이 명멸한다.
한때 그들은 자줏빛 산과 북경로를 넘어온
칭기즈 칸의 군대와 맞서 싸웠다.
위대한 나라들과 위대한 왕을 노래하면서
누가 그 산맥을 넘고 한강을 지나왔는가?
아마 누벽은 그의 노래를 반향했으리라.
아!
성문을 지나 꿈결처럼
나를 유혹하는 샛노란 하늘 너머로
굽이쳐 있는 장구한 잿빛의 길.
당신과 목적지는 다르지만
여전히 상인들은
울긋불긋한 부채, 옥 조각품
그리고 수많은 은가락지들을 가지고
꿈결같은 길, 북경에 이르는 길,
아래의 상점을 향해
성문에 이르고 있다.

나의 생각에는 결국 그 여류 시인이 옳았다. 들리고 보이는 것만으로 많은 사람들을 설명할 수가 없다. 아마도 조선 사람들은 특히 그럴 것이다. 그렇다면 그들에 대해서 어떻게 사실적으로 설명할 수 있을까? 기묘한 모자를 쓴 그들은 전설적이고 환상적인 꿈속의 신에게 맹종하는 성직자들과 같은 민족이나 다름없다.

제 9 장 서 울

시내의 모퉁이를 돌아서면 당신은 미로 같은 굴로 뛰어드는 토끼처럼 느닷없이 난생 처음 보는 골목길에 접어들게 될 것이다. 이를테면 원 없이 북경로를 배회하고 독립문이 생각했던 것보다 별로 신통치 않다는 점을 확인하면서 당신은 다른 쪽 길가에 나 있는 첫 골목을 발견하고 경사면 위의 정상을 관망할 수 있는 도시의 성벽을 거슬러 올라갈 수 있다.

당신이 보다 세심하게 관찰한다면 거대한 은행나무 옆으로 장중하게 서 있는 여류 시인의 집을 볼 수도 있다. 그러나 골목길에서는 기대하지 않은 장소가 힐끗 보이는 대신 그 집은 보이지 않게 된다. 골목길은 기껏해야 300~400야드를 넘지 않기 때문에 당신은 몇 걸음 걷지 않고서도 그것을 다시 볼 수 있을 것이다.

그러나 운이 없다면 당신은 목적지에 도달하기 전에 몇 마일을 헤매다가 그 곳에서 떨어진 엉뚱한 장소에 이르게 될 가능성도 있다. 골목길이 꼬불꼬불할 뿐더러 성벽 모퉁이의 막다른 골목으로 유인하는 수많은 샛길 때문에 당신은 두 배로 애를 먹다가 길을 잘못 접어들었다는 당혹감이 증가하면서 다른 출로를 찾게 된다. 왜냐하면 이 좁고 난마같이 얽힌 길에서는 별달리 뾰족한 방도가 없기 때문이다. 그 길은 흙속에서 자연스럽게 모습을 드러낸 버섯같이 생긴 오두막집 사이의 운 좋은 틈새처럼 나타난다. 그렇지만 포기하지 마시라. 길을 잃었다는 의심이 증가해도 동요하지 말고 주위를 살피시라. 여기는 서울이기 때문이다.

당신도 예상했겠지만 골목길들은 포장되어 있지 않기 때문에 비가 올 때마다 길은 깊은 진흙탕으로 돌변한다. 이런 곤혹스러운 상황에서 조선 사람들은 밑창이 몇 인치쯤 되는 카누 모양의 나막신을 신는다. 당신은 부러운 눈빛으로 그 물건을 보게 될 것이다. 반면에 경사가 가파른 곳은 화강암이 솟아올라 있기 때문에 진흙이 없다. 서리가 내리는 날에는 고르지 못하고 매우 조악한 길을 다닐 때 대단히 신중을 기울여야만 걸어 다닐 수 있다. 이런 경우를 위해 조선 사람들은 늘 준비를 해 둔 것이 있다. 흔하게 볼 수 있는 그들의 짚신은 아무리 질퍽거리고 미끄러운 경사지에서도 걸음걸이를 안전하게 도와준다. 산에 갈 때도 그것을 신는다. 그러나 서양 부츠를 신는다면, 특히 그것의 밑창이 고무라면 불행을 면치 못할 것이다.

한 쪽 가에는 벽이 있고 다른 쪽 가에는 개방된 하수구가 있는데, 골목길만큼 넓거나 그 이상이다. 하수구는 잘 파여 있으며 화강암이 줄지어 있다. 급류가 흐르는 우기를 제외하고는 밑바닥에는 진흙분비물층 위로 가느다란 지류가 형성되어 물이 졸졸 흐른다. 하수구 문이 열리는 곳에는 돌판이 일정한 간격으로 덮여 있다. 아이들은 그 곳에서 뛰어 노는데, 그 속에는 배설물과 오물 더미가 넘쳐 난다. 아마 머리를 풀어헤치고 상상할 수도 없이 더러운 누더기를 걸친 거지가 당신 곁을 지나가다가 배추 줄기와 생선뼈를 찾기 위해 쓰레기통을 뒤질 것이다.

열려 있는 대문을 통해 들여다보이는 작은 마당에는 수많은 질그릇 단지가 크기별로 정돈되어 있어서 『알리바바와 40인의 도둑』을 떠올리게 한다. 당신은 쌀과 콩류와 수수 그리고 물론 김치까지 연상하게 될 것이다. 정면으로는 마당을 가로질러 마루가 있다. 그리고 여자들의 처소가 있는 마당을 시야에서 가리며 튀어나와 있는 처마 위로 지붕이 올려 있다. 마루 위에는 남자들이 앉아 상념에 젖어 있거나 담배에 심취해 있을 것이다.

마을길

마당은 마루까지 포함해서 1평방 야드 남짓하며 장독대와 구석에 피어 있는 꽃들을 제외하면 별반 볼만한 것이 없다. 그러나 떠돌이 나그네들의 처소를 제외하면 그 곳은 수도원처럼 묵상에 젖어 들기에 신성한 느낌이 든다. 바깥문은 담을 통하지 않고 방 사이를 통해 열린다. 정확하게는 부엌과 변소 사이이다. 부엌은 정결하게 보이는데, 단순히 지붕을 올린 흙바닥에 불과하다. 한 쪽에는 여자들이 얇은 철제 솥에 국과 쌀을 끓이는 낮은 아궁이가 있다. 가마솥은 없다. 아궁이의 불길은 관을 통하여 방바닥 아래를 지나고 연기는 무릎보다 낮은 굴뚝으로 빠져나간다. 그러면 파란 연기가 골목길에 가득 퍼진다.

당신은 건물 안에서 한 두 채의 가옥을 볼 수 있다. 우선 나무못으로 튼튼하게 나무틀을 짠다. 벽은 그저 흙을 쌓아 올려놓은 것에 불과하다. 4피트 정도 높이의 하단 부분은 잡동사니 돌덩이들을 진흙에 이겨 발라 놓았다. 접합되는 동안 돌덩이들이 흐트러지지 않도록 줄로 묶어 놓는다. 벽이 오래

되어 부식되기 시작한 경우에는 줄이 노출되어 있다. 이러한 기초 공사 뒤에 진흙과 회반죽을 삼으로 엮은 망사에 채워 넣어 2피트가량 쌓아올린다. 그 안에 불투명한 종이로 만든 작은 창을 끼운다. 종이 창은 방바닥에 앉아 있는 거주자의 눈높이보다 높이 있기 때문에 애쓰지 않아도 방은 환하기만 할 뿐이다.

지붕은 대부분 저마다 모양이 다른 목재들을 짚으로 엮어 처마를 늘어뜨려 돌출시킨다. 기와는 부귀의 표상이다. 처마는 낮아서 그 아래를 지나가려면 상체를 굽혀야 한다. 회반죽과 시멘트를 갓 발랐을 때는 그림같이 아름다운 미적 효과를 연출한다. 그러나 큰비가 내리면 진흙 구조가 와해되면서 벽은 순식간에 무너진다. 그것들은 부풀어 올라 균열이 생기고 벌어지고 틀에서 떨어져 나간다. 그러나 틀은 안정적이며 수선이 빠르고 쉽다. 그럼에도 불구하고 뒤죽박죽으로 왜소하게 만들어진 오두막집, 꼬불꼬불한 골목길, 하수구, 쓰레기 더미 그리고 연기는 마치 사람들이 왠지 낙담한 것처럼 빈약하고 제약받고 불안정하고 부패하고 비천하고 낡고 불편한 인상을 준다.

이러한 인상은 전적으로 잘못된 것일 수 있다. 왜냐하면 주민들은 이러한 삶에 만족하고 있기 때문이다. 아이들은 건강하며 갖가지 놀이를 즐긴다. 서양인들의 필요에 따른 서양식 집을 잣대로 하여 판단하지 말아야 한다. 서양에서는 집은 가정이지만 동양에서는 그렇지 않다. 청명한 조선의 날씨에서는 집은 우기나 동절기 동안의 거처 이상이 아니다.

사람들은 길거리에서 산다. 여름에 그들은 거리에서 요리하고 잠을 잔다. 밤에 골목길을 지나다닐 때에는 땅 위에 깐 자리 위에 서로 얽혀 엎드려 있는 몸체들을 넘어가야 한다. 집안은 너무 더우며 날벌레가 들끓는다. 옷을 입고 밖에 누워 있으면 온기를 유지할 수 있으며 성가신 날벌레로부터 자유로워질 수 있다. 겨울에는 방의 크기가 작을수록 더 따듯하다. 온 가족이 난방이 잘 된 방바닥에서 다리를 죽 뻗고 잘 수 있다면 경제적으로 완벽한 풍요를 누린다고 할 수 있다.

신선한 공기를 불어넣기 위해 온종일 하수구를 열어 놓아도 그것은 생각만큼 비위생적이지는 않다. 그것은 우리에게 덮여 있지 않은 하수구에 대해 생각해 보도록 만든다. 아마도 당신은 하수구가 질병의 진원지라고 생각할 것이다. 그러나 하수구는 햇볕을 한껏 받으며 개방되어 있다. 사실은 장티푸스가 창궐하는 동안에 죽은 사람은 불결한 조선 사람들이 아니라 청결한 일본인들이었다.

이 사망은 심각한 문제이지만 살아남은 사람들은 그 유해한 균으로부터 놀라울 정도로 면역이 되어 있다. 소극적인 청결로부터 우리를 지켜 주는 약과 위생 시설의 수혜를 받지 못하는 가난뱅이 약골일수록 병에 걸릴 위험이 증가한다는 주장에 회의적인 의문을 품지 않을 수 없다. 아직 완벽한 진실은 없다. 왜냐 하면 일본인들은 조선 사람들이 면역되지 않은 천연두와 콜레라를 사라지게 했기 때문이다.

당신은 여기 이 골목길, 즉 서울의 심장부에 있다. 당신은 어려워 할 필요가 없다. 당신이 지나갈 때 아이들이 "안녕하세요"라고 크게 소리지르는 것을 성가시게 느끼지만 않는다면 당신은 아무런 방해도 받지 않을 것이다. 밤이 된다고 할지라도 아무도 동반하지 않은 아가씨들에게는 서울의 골목길이 자신의 집만큼이나 안전하다. 비록 골목길이 지저분하지만 빈민가에 있다고 상상하지는 마시라. 이 정도가 도시의 보통 수준이니까. 물론 그 이상도 그 이하도 있다.

나는 이 씨라는 상류층과 교분이 있다. 나의 학생이 어느 날 그를 나에게 보냈다. 그는 깍듯하게 인사를 하면서 나와 교분을 쌓고 싶다고 말했다. 정확하게 말해서 그는 나를 "영리한 선생님"(clevah teachah, clever teacher)이라고 들었다고 했으나 나는 정중하게 부인했다. 그가 왜 그런 말을 했는지, 그 이유를 나는 아직도 모른다.

다른 생각이 있는 경우, 이를테면, 자신의 영어 실력을 향상시키기 위해

양반의 집과 정원

교분을 쌓으려는 사람은 금세 눈에 띄기 때문에 나는 가능한 한 정중하게 더 이상의 접촉을 피한다. 그러나 나는 이 씨를 피할 수 없었다. 그는 대단히 끈질겼다. 나는 그와의 교분이 내게 득이 되는지를 타산할 기회가 있었다. 그가 서울의 성밖에 있는 자신의 여름 별장으로 나를 초대하고 나에게 자유로운 출입을 약속했기 때문이었다.

이 씨가 나에게 거부감이 있었다면 그런 약속을 할 리는 없었을 것이다. 그는 재력 있는 멋쟁이 청년이었다. 그는 서양식으로 차려 입고 왔는데, 이미 여름에 맞추어 놓은 하얀 색의 투피스 정장이었다. 그는 손가락에 금반지를 끼고 보석 타이핀을 꽂았는데, 단추 구멍에는 꽃이 있었다. 그의 얼굴은 전체적으로 말끔하고 부드러웠으며 연분홍빛을 띠었다.

그리고 나보다 어두운 음영을 얼굴에 드리우고 있었지만 유복하게 생활했을 뿐 노동에는 익숙하지 않아 보였다. 그는 여섯 번가량 탈각한 누에처럼 맵시 있는 비만의 체형을 가지고 있었다. 그는 확실히 거북스러워 보였다. 그는 열심히 부채를 부쳤고 코트를 열어 목의 칼라를 느슨하게 했다. 그는 매우 상냥했기 때문에 나는 기꺼이 그의 초대를 수락했다.

이 씨는 나를 도시의 북동쪽의 어느 곳으로 데려갔다. 그 곳은 성벽의 바로 바깥이었다. 우리는 허물어진 성벽의 틈새로 올라갔다. 매혹적인 계곡과 뒤틀린 소나무로 옷을 입은 경사지가 시야에 들어왔다. 바위 사이로는 수정같이 맑은 물이 굽이쳐 흐르는 시내를 따라 좁은 길이 나 있었다. 그것은 신비로운 출입권을 가진 이 씨의 낙원 같은 여름 별장임을 예고했다. 그가 문에 서서 손뼉을 치자 하인이 나타나 인사를 한 다음 문을 활짝 열어젖히며 우리를 안내했다. 우리는 나무와 옥석 사이의 매혹적인 길을 따라 걸었는데, 모퉁이마다 그늘에서 쉴 수 있는 정자가 있었다. 그 주위로 노송의 야성적인 자태, 단호하게 부동의 태세를 뽐내는 거대한 바위, 깊은 연못의 정적, 급강하하는 폭포수가 감탄을 자아냈다.

본채의 정원을 둘러싸고 또 다른 절경이 펼쳐 있었다. 그러한 것은 뜰을 만들 때 늘 계획적으로 조성된다. 정원에는 꽃이 한창인 관목을 우아하게 심어 놓았고 석등이 설치되어 있었으며 중앙에는 금붕어들이 노니는 연못과 함께 포석을 깐 길이 곧게 놓여 있었다. 정원의 바깥쪽은 자연의 아름다움으로, 안쪽은 인공의 아름다움으로 가득했다.

아름다움은 화려함과 투박함에 열광적으로 반응하기보다는 미묘한 의미에 조아리도록 길들이고 명령한다. 그러나 어떤 경우에 아름다움은 심취하게 하고 감탄을 자아내도록 만든다. 마당을 막거나 끄트머리로만 그것을 보기 때문에 물끄러미 바라보거나 상념에 젖을 수 있는 누각처럼 툇마루가 딸린 방들이 있다. 머리 위로는 기와 지붕이 비상하는 새의 날개처럼 높게 말아져 올라가 있다.

그러나 즐거움을 주는 모든 것이 전적으로 아름다운 것은 아니다. 어떤 만족을 위해서는 필수적으로 무희의 무대가 있다. 이 씨 자신이 그와 같은 후광의 주인은 아니었다. 그의 집은 작았고 감나무 한 그루가 서 있는 좁은

빈민가

마당이 있는 정도였으며 그의 정원은 포도원으로 이어져 있었다. 우리는 툇마루에 앉아 담소를 나누며 이름 모를 진미와 술을 즐겼다. 우리는 소매가 긴 비단옷을 입고 검은머리를 말아 올려 보석으로 치장한 무희와 어울리는 모습을 상상했다.

서울에는 아직 한 가지 더 볼 것이 있다. 그 속의 중요한 면면을 들여다보기 위해서는 겨울에 그 곳을 방문해야 한다. 산 주위에, 특히 서쪽에 집이 없는 무리들이 모여 굴을 파고 누더기와 자리를 깐다. 온 가족이 이 굴에 살며 매일 먹을 것을 구걸하거나 쓰레기통을 뒤진다. 그들은 모을 수 있는 만큼 잎사귀를 긁어모아서 불을 지피는데, 연기가 자욱한 가운데 온기를 유지하기 위해 서로 몸을 밀착시킨다. 그들은 그런 식으로 겨울을 나지만, 겨울이 끝났을 때는 이미 몇 명이 숨을 거두었을 것이다.

사람들은 당연히 그들을 동정한다. 그렇지 않을 수가 없을 것이다. 의분을 피하는 편이 현명하다. 조건은 그들에게 불리하다. 그들은 사회 체제의 희생자들일 수 있다. 그러나 조선 사람들은 자전거나 서양 부츠 한 켤레를 위해 집을 팔고 여름 동안 임시로 마련한 굴에서 지내는 데 만족하거나 쉽게 하루 저녁의 주색잡기에 빠지는 많은 사람들이 내일을 걱정하지 않는다는 면에서는 대단히 기독교적이다. 지금 그들은 거처가 없다. 반면에 버려진 땅에서 진흙으로 오두막을 짓고 사는 많은 검약한 주민들을 볼 수 있다. 그들 또한 집이 없다.

그들은 산 위의 좁은 땅에서 수수를 키우고 낡은 상자와 자리와 평평하게 편 기름 통으로 며칠간의 노역을 통해 운치 따위는 없지만 최소한 지붕이 있는 집을 마련한다. 집은 곡물 단지 한두 개를 놓고 사지를 펴고 잠을 잘 수 있을 정도로 충분히 넓다. 그러나 엄격하게 말하자면 그들은 불행한 실패자들이다. 거리에서 모아 온 쓰레기들을 추려 내지 않고 굴 한복판에 쌓아 둔다. 당신은 초연히 평온을 만끽하는 부유한 미식가와 그 빈민들을 자연스럽게 비교할 것이다. 그러나 그것은 안락과 포만감을 요구한다.

결국 본질적으로 동양은 서양과 그렇게도 많이 다른가? 조선의 부자와 가난뱅이들은 영국의 부자와 가난뱅이와 같은 사회 의식을 가지고 있다. 골목길로 되돌아오면 예기치 않게 비교적 쾌적하고 넓고 낮은 이엉 집들을 보게 될 것이다. 이제 당신은 그것들을 오두막집으로 생각하지 않고 훌륭하고 견실하고 말끔한 부르주아의 빌라처럼 생각하게 될 것이다.

제 10 장 상점과 쇼핑

당신은 많은 일본인과 조선 사람 재단사들을 볼 수 있겠지만 중국인 위엔타이를 단골로 삼을 것이다. 이 구식의 중국인이 입은 바지는 아래로 6인치 처져 있고, 위로 6인치 올라와 있어서 마치 바지를 거꾸로 입은 것처럼 보인다. 모든 의복을 양면으로 입을 수도 있으며 정장에서 하이킹 팬츠까지 어떤 종류라도 흠잡을 데 없는 매무새의 옷을 당신에게 만들어 줄 것이다.

외국인들 세계에서 재봉업을 독점하고 있는 그들은 유럽인들보다 비싸긴 하지만 평상 가격에서 50% 이상을 얹어 받지는 않을 것이다. 그들이 양복점을 독점할 수 있었던 것은 물론 좋은 솜씨 때문이기도 하지만 다른 한편으로는 경쟁자들의 무능 때문이다. 대수롭지 않은 재봉 문제가 인종상의 중요한 문제까지 사람들을 끌고 들어갈 수 있다. 일반적으로 일본인들은 모방에 천부적인 자질을 가지고 있다는 평을 듣는다. 민족적으로 일본인들은 모방에 탁월하지만 개인적으로는 중국인들만 못하다.

일본인들은 서양식 사업을 추구하지만 중국인들은 솜씨 좋은 석공, 목수, 벽돌공, 재단사, 제화공을 만들어 낸다. 그렇기 때문에 당신은 구두를 만들기 위해서는 중국인 메이화를 찾아갈 것이다. 아마도 중국인 장인들의 가장 큰 장점은 항상 대안과 구제책을 가지고 있다는 점일 것이다. 조선 사람들이나 일본인들은 미소를 지으며 고개를 젓는다.

"죄송하지만 못하겠습니다."

반면에 중국인들은 항상 "할 수 있습니다"라고 말한다. 제조든 수선이든 간에 그들은 늘 맵시 있게 일을 처리한다. 만약 그가 당신이 맡긴 일감을 처리하지 못한다면 그것은 단적으로 인간의 능력으로는 어찌할 수 없다는 것을 의미한다. "바느질을 하지 않고 삼베옷을 만들기 위해서"라는 영국의 옛 노래에서의 연인의 일도 그를 쩔쩔매게 하지는 못한다. 그는 몇 개의 대못으로 땅딸보를 조립할 수도 있을 것이다.

거대한 청동 종을 러프버러[1]에서 경성에 있는 성공회 대성당으로 옮길 때 건축업자는 종루를 전체적으로 파괴하여 무너뜨리지 않고서는 종을 그곳으로 옮길 가능성이 없다고 보았다. 그러나 중국인들은 이론상의 문제로 인한 제약 때문에 손을 떼지는 않는다. 그들은 안전을 위해 건축업자에게 보내 온 밧줄과 들보로 투박한 엔진을 장착한다. 그는 그 일에서 손을 떼고 조용히 물러났다고 의기소침하게 내게 말했다. 그러나 그는 다시 위험을 무릅쓰고 그 작업에 도전했으며 그 종은 별 탈 없이 설치되었다.

중국인과의 가장 친근한 거래는 레이스 장수와의 흥정일 것이다. 이러한 즐거움을 충분히 만끽하기 위해서 당신은 원산 해수욕장에 있는 이국적인 휴양지에서 며칠을 보내야만 한다. 여름의 무더위는 당신을 도시로부터 산과 바다로 내몰 것이다. 그럴 경우에 당신이 조선을 떠나지 않는다면 원산만큼 좋은 곳은 없다. 외국인들은 그림 같은 만에 섬을 거느리고 산을 배경으로 해서 멀리 펼쳐진 해안을 찾아서 키가 작은 소나무 조림지에 나무로 오두막집을 짓는다.

오두막집의 창들은 매우 크며 유리창이 없는 반면에 비와 모기를 막기 위해 덧문과 방충망이 달려 있다. 그러나 모기들이 달려들기 때문에 밤에는

---

1) 러프버러(Loughborough) : 영국의 노팅검 남쪽에 있는 작은 도시.

모깃불을 피워서 쫓아내야 한다. 해변에는 연회장, 민박집, 테니스코트, 골프장 그리고 해수욕객을 태우는 조선의 기선이 있다. 그 분위기는 다소 여성적이면서 매우 신앙적이다.

조선에는 상대적으로 외국인들의 수가 적다. 술은 금지되고 담배는 마지못해 허용된다. 그리고 "일요일에는 물놀이를 금지하는 경향이 있다." 여름 날씨는 염천과 폭우가 번갈아 찾아온다. 쾌청한 날씨에는 아침 8시부터 더위가 시작된다. 그러나 대개 10시경에는 더위를 누그러뜨리는 산들바람이 분다. 그렇지 않을 경우에는 돌아다니기를 멈추고 소나무 그늘을 찾아 슬금슬금 기어드는 것 외에는 뾰족한 수가 없다.

물론 물속에 뛰어들 수도 있다. 그러나 바다로 100야드가량을 헤엄쳐 나가는 것은 중노동이나 마찬가지이기 때문에 자주 엄두를 낼 수는 없다. 신발 속의 발을 태우면서 몸을 한 치도 가릴 수 없는 모래사장에 서 있는 것은 상상할 수도 없는 일이다. 그러나 당신이 물속에 뛰어드는 모험을 감행한다면 짜릿한 즐거움을 맛볼 것이다. 조수는 없다.

온화한 날씨면 바다는 따뜻하고 투명하며 유리처럼 매끄럽다. 그러다가 느닷없이 태풍이 몰려와 장중한 파도를 일으키면 당신은 마치 말을 타는 기분을 느낄 것이다. 밤이 되면 늘 선선해진다. 그러나 테니스코트와 골프장이 있음에도 불구하고 아침 식사 전과 저녁 식사 후를 제외하고는 운동을 할 수 있는 기회가 없다는 것을 알게 될 것이다. 더위가 그것을 허락하지 않는다.

사람들이 머무는 동안에 무신론자들을 위한 가교가 있어서 무신론자와 신앙심이 돈독한 교도들이 어우러지는 다과회가 열린다. 또한 연회장에서는 매우 어설프긴 하지만 준비된 공연이 열린다. 그것은 뜻하지 않은 웃음을 선사한다. 그러나 그러한 프로그램은 진부하다는 결함을 드러낸다. 그리고 이것이 레이스 맨을 환영하게 되는 이유이다.

당신이 그물 침대에서 꾸벅꾸벅 졸고 있거나 창가에서 "아가씨, 레이스 좀 보세요"라는 음성이 들려 올 때면 그가 다가온다. 당신은 그를 부른다. 그는 당신 앞에 쪼그려 앉아 깡마른 얼굴에 매혹적인 웃음을 띠며 어깨에 놓여 있는 대나무 막대기 끝에서 두 개의 보따리를 펼친다. 그에게서는 마늘 냄새가 진동한다. 그는 보따리를 풀고 물건을 하나씩 꺼내 선보이고 다시 그것들을 접어서 챙겨 넣는다.

레이스뿐만 아니라 문과 탑과 작은 천사의 형상을 꼼꼼하게 수놓은 저녁 식탁보 그리고 그것에 어울리는 냅킨, 그 외에 거대한 금룡을 화려하게 수놓은 이름 모를 물품, 테이블보와 쿠션 커버 등의 푸른색 실크 자수 제품, 긴 명주 가운 등도 있다. 당신이 그중 어떤 품목을 고른다면 당신의 짐은 늘어날 것이지만 반드시 사지 않아도 된다. 신중하게 비교해 보아야 한다. 서두를 필요가 없다. 드디어 당신은 값을 부른다. 레이스 맨은 농담이냐는 듯이 환하게 웃으며 짐을 챙긴다. 당신은 묻는다.

"그러면 얼마죠?"

그는 당신이 부른 값의 두 배를 부른다. 당신은 값을 약간 올린다. 그 사람도 당신을 만족시킬 요량으로 값을 약간 내린다. 당신은 흥정을 멈추고 말한다.

"너무 비싸요."

그리고 당신은 책을 집어 들고 더 이상 관심이 없다는 듯이 외면한다. 그는 물건을 흔들면서 울부짖듯이 매달린다.

"그러면 얼마요? 얼마요?"

"도대체 얼마를 내시겠다는 겁니까?"

당신이 그 값을 재차 부르면 그는 쓴웃음을 지으면서 인사한다. 그리고 그 약속한 시간은 서서히 지나간다. 그는 잘라 말한다.

"그렇게는 못합니다."

그는 푸념을 늘어놓기 시작한다.

"나는 매우 가난하고 당신은 매우 부유합니다. 당신은 돈이 엄청 많은 아가씨예요. 얼마요? 딱 잘라서 얼마를 내실래요?"

그러나 당신은 요지부동이다. 그는 다시 물건을 싸기 시작한다. 그러면 당신은 그가 물건을 챙겨 들고 집을 나갈 것이라고 생각하겠지만 그는 다시 돌아온다. 그날이 아니면 다음날이나 그 다음날이라도 거래가 이루어질 때까지 그는 다시 온다. 당신이 고집을 꺾지 않는다면 거래는 당신이 원하는 대로 이루어질 것이다. 결국 그는 이리저리 계산을 하는 척 하고는 낙심한 표정으로 당신 앞에 물건을 들이민다.

"엄청 싸게 사셨습니다. (Velly Cheaf, Very cheap) 너무 싼값이에요. 나는 많이 손해봤어요. (Me lose plenty money)"

그리고 다음날 당신은 그의 목소리를 또 듣는다.

"아가씨, 레이스도 있어요."

물론 당신은 능청스럽게 핀잔을 줄 것이다.

"지난번에 손해를 보셨는데 왜 또 오셨어요?…"

그것은 꽤 괜찮은 소일거리이다.

이들과 마찬가지로 조선의 도붓장수들은 도회지의 집들을 떠돌아다닌다. 그러나 그들의 경우에는 시간이 매우 중요하고 물건을 팔기 위해 달라붙지 않는다. 도붓장수는 가장 근면한 사람이다. 그는 당신과 흥정을 벌이지도 않고 애원조로 매달려서 당신을 질리게 하지도 않는다. 그는 한 시간씩 또는 집안으로 들어오도록 허용 받을 때까지 문간에 쪼그려 앉아 있는다.

그는 현관 마루 위에 놋그릇, 놋쇠로 테를 두른 궤, 자개를 박은 검은 칠기 제품, 호박 목걸이 등을 펼쳐 놓고 말도 없이 그 옆에 우두커니 앉아 있다. 그는 아침 내내 기다리고 앉아 있는데, 주인이 아예 나타나지 않는 경우도 있다. 당신이 그를 측은하게 여기고 물건을 들여다봐도 그는 그것을 팔겠다는 의욕을 보이지 않는다. 그는 물건들을 자랑하지 않으며 당신이 유심히 들여다보고 있는 물건에 대해서도 특별히 설명을 늘어놓거나 흥정하지 않는다. 그리고 오랜 시간이 흘러서 무심히 펼쳐 놓은 물건들의 거래가 이루어지지 않으면 옆집으로 발걸음을 옮긴다. 그러나 그는 태연해 보인다.

생활 용품을 사기 위해서 당신은 본정에 있는 일본 상점에 단골로 다닌다. 거리에는 H 스토어로 알려진 울워드상회와 같은 곳도 있고, 미스코시라고 알려진 셀프릿지상회와 같은 곳도 있다. 일전에 내 아내는 H 스토어의 상냥한 점원으로부터 상투적이고 당황스러워 하는 인사로 환영받은 적이 있었다.

"안녕하세요? 좋은 아침이지요? 죄송합니다."

그러나 그는 인사말 외에 더 이상 영어를 하지 못했다. 뷰티샵도 있다. 그것은 서구식이었고 창가에는 작은 마네킹을 진열해 놓았다. 축음기판의 가게도 있는데, 대개는 키모노를 입은 사람들이 문가에 모여 지방의 J.O.D.K. (Jeee Awww Deee Keee)로부터 라디오 음악 방송에서 흘러나오는 찢어지는 듯한 소리에 열중하고 있었다.

비단 가게는 섬세하고 화사한 꽃무늬 문양을 수놓은 옷감들을 전시해 놓았기 때문에 언제나 한 폭의 그림을 연상시킨다. 5월에 소녀들의 축제가 열릴 무렵에는 옛 일본 황궁의 의상을 그대로 모방한 인형들이 창가마다 즐비하다. 숙련되고 섬세한 모방 솜씨는 기적이라고 볼 수밖에 없다. 축제 시즌에는 항상 꽃 장식들이 진열된다. 그러나 경성은 북경이 아니며 도쿄는 더더욱 아니다. 살 만한 것을 거의 없다.

그러나 크리스마스에 당신은 경품을 탈지도 모른다. 나는 경품을 탔던 한 숙녀를 알고 있다. 구입한 상품에 대해서 1엔마다 당신은 그에 해당하는 티켓을 받는다. 당신이 그 티켓을 상점으로 가져가면 거기에는 구미를 당기는 온갖 물품들이 눈에 가득 들어온다. 티켓을 내준 다음 당신은 상자에 손을 집어넣어 제비를 뽑게 된다. 대개 캐러멜을 받는데, 나도 12갑의 캐러멜을 받았다.

그러나 나는 1등 상을 탄 한 숙녀를 알고 있다. 그의 경품은 4파운드에 해당했다. 그러나 그것은 그에게는 쓸모가 없었다. 왜냐하면 그는 선교 일을 하는 매우 정숙한 처녀였는데 일제 술통을 경품으로 받았기 때문이다. 그는 술을 마시지 않는다고 하면서 대신에 그에 해당하는 다른 물건을 주면 안되겠느냐고 물었다. 그러나 그것은 영업 방침에 어긋나는 것이기 때문에 불가능했다. 영업 방침에 따르면 상으로 지정된 물품만 받아야 한다.

정책 방침에 대한 다른 이야깃거리도 기억에 남아 있다. 그 이야기도 이 상점이 있는 거리에서 일어났기 때문에 전혀 무관하지는 않다. 그것은 등불이 환하게 켜져 있고 봄에는 재배한 벚꽃이 피고 가을에는 단풍나무 잎이 피어 있는 길고 넓은 길이었다. 그 길의 딱딱한 지면은 일본 나막신의 딸가닥거리는 소리를 연신 울려 댔다.

자전거는 위험해서 통행이 금지되었고 인력거는 여전히 짜증을 불러일으켰다. 자동차 운행은 당시까지 한 동안 금지되어 있었다. 그 조치가 처음 시행될 무렵 잘 모르던 한 외국인이 거리로 차를 몰고 나갔다가 당연히 경찰의 제지를 받았다. 새로운 조치가 시행되고 있다는 사실을 통보 받자 그는 되돌아오려고 했으나 경찰은 그것으로 끝내지 않았다. 그는 말했다.

"벌금 4엔, 여기 있어요."

두 말 없이 외국인은 4엔을 건넸지만 경찰은 그것으로도 끝내지 않았다.

"당신은 차를 몰고 나왔을 뿐만 아니라 다시 몰고 들어가야 하므로 8엔입니다."

나는 당신에게 세브란스 병원의 약국에 대해서도 언급하고자 한다. 약국은 세브란스 병원이라고 하는 큰 선교 병원에 속해 있지만 조선 사람이 운영하고 있다. 외국에서 교육을 받고 온 그 주인이 한 번은 얼마간의 럭스사[2]의 비누를 사고 있던 내 아내에게 일본인 약국도 럭스를 팔고 있기 때문에 속상하게도 자신이 받아야 하는 만큼의 가격을 못 받고 있다고 불평했

2) 럭스사(Lux Co.) : 미국에 있는 세계적인 비누 회사.

다. 그는 더 이상 종전의 가격을 고집할 수가 없어서 35전에서 28전으로 내려야 했다. 그는 나의 아내로부터 동정을 얻기 위해 측은하게 말했다.

한 번은 나도 그 약국에서 살균제를 샀다. 나의 어린 아들은 건강이 부실했고 아내와 나는 그 아들과 방을 같이 써야 했기 때문에 살충제를 분사하는 것이 좋겠다고 생각했고 나는 나의 요구를 점원에게 설명했다. 그는 주인에게 물어 보느라고 15분간 사라졌다가 약간의 플릿트사 제품의 살충제를 가지고 다시 나타났다.

나는 말했다.

"이것은 파리를 죽일 수 있겠지만 세균도 죽일 수 있을까요?"

그는 나의 말을 알아듣지 못했다. 그는 몇 마디 더 상의를 하더니 세균을 죽일 수 있는 약품이 없어 미안하다고 말했다.

"내 용도에는 맞지 않습니다."

그도 맞장구쳤다.

"그렇지요?"

내가 말했다.

"자, 병균을 죽일 수 있는 약을 좀 봅시다."

그는 세 번째로 사라졌다. 그가 돌아오기까지는 적어도 30분 이상 걸렸으나 이번에는 성공한 것처럼 보였다. 그는 나에게 액체가 든 병을 건넸다. 그는 단언했다.

"이 약은 병균을 죽입니다."

나는 물었다.

"무슨 약입니까?"

그는 대답했다.

"포름알데히드예요."

나는 무심코 그것을 집어 들었으나 불현듯 포름알데히드에 대한 기억이 떠올랐다. 나는 전쟁 동안에 막사에 그 약을 뿌렸던 기억이 있다. 특히 생생했던 것은 그것을 뿌린 두 시간 동안 아무도 막사에 들어가지 못했고 두 시간 뒤에도 코와 눈이 따가웠다는 것이다. 나는 점원에게 의문을 표시했다. 나는 물었다.

"환자가 방에 있는 동안에 이 약을 사용해도 될까요?"

이 질문은 그를 네 번째로 사라지게 만들었다. 그는 마지막으로 다녀왔다.

"대단히 죄송합니다. 이 약은 병균을 죽이지만 환자도 죽일 수 있답니다."

여행객들이 경성을 방문하는 경우가 있다. 그들은 떼를 지어 몰려들었다가 다음날 사라지곤 했다. 보통 그들은 레졸루트호라는 배를 타고 왔다. 그러던 차에 한 번은 세브란스 병원의 한 의사가 약국 주인에게 레졸루트호의 여행객들을 유치하기 위해 특별한 선전을 하는 것이 어떻겠느냐고 제안했다.

배가 도착하면 그 의사가 아는 여자들을 찾아서 자연스럽게 그들을 병원으로 데려와 진료를 하고 약국도 함께 방문한다는 것이었다. 인상적인 선전을 기대하면서 그는 성공일로를 꿈꾸며 그 여자들을 안으로 불러들일 준비를 하고 있었다. 그는 정문 위에 매달려 있는 큰 플래카드를 보았다.

"레졸루트호를 환영합니다. 우리는 코텍스[3]를 팔고 있습니다."

---

3) 코텍스(KOTEX) : 미국의 저명한 생리대 회사 제품.

제 11 장 학 교

나는 중고등학교의 교사이자 대학교의 교수라고 내 자신을 소개해 왔다. 나는 둘 다였는데, 내가 다니던 학교가 경성제국대학 예과였기 때문이었다. 그 곳에서는 교사들이 교수로 자칭할 수 있는 권한이 있었다. 이것은 내가 대학 교수였다는 것을 뜻하지는 않으며 영문학을 강의했다는 것은 더욱 더 아니다. 그 학교는 기껏해야 고등학교 정도로서 학생들은 대부분 기혼자였다. 그리고 나는 겸손하게 영어 회화와 작문을 가르쳤다. 나는 성취보다는 목적에 부합하는 "가르치기"를 주장한다. 나는 학생들에게 무엇을 가르치느냐는 질문을 받을 때마다 항상 솔직하게 대답했다.

"아무 것도 가르치지 않습니다."

이 대답은 늘 반향을 불러일으켰다. 그것은 일식 집에서의 유쾌하기 그지없는 만남의 분위기를 썰렁하게 만들며 저녁 식사 자리를 침묵에 빠뜨렸다. 생각하건대 나의 설명이 있기 전까지 사람들은 나에게서 언어도단과 같은 주제 넘는 태도를 엿보았을 것이다. 일본인에게 5~10년간 영어를 배운 남학생들이 나에게 영어 공부를 들고 왔다.

이런 기초 위에서 무엇인가를 쌓아올리는 것은 습기 차고 헐거운 잡석들로 건물을 짓는 것과 같았다. 그들의 발음은 워낙 독특해서 나에게 발음을 이해시키기 위해 그들은 두세 번씩 표현하거나 단어별로 끊거나 심지어는 철자별로 끊어서 읽기를 반복했다. 그리고 나의 발음은 그들에게 너무 우스꽝스럽게 들렸기 때문에 폭소를 자아냈다.

따라서 우리가 상호 인내로써 서로에게 적응하기까지는 적지 않은 시간이 걸렸다. 언짢은 감정은 없었다. 학생들은 매우 사려 깊었다. 그들은 세계의 반대쪽에서 건너 온 내가 독특한 발음 습관을 가지고 있는 현실을 당연하게 받아들였다.

마침내 우리는 내가 그들에게 내 발음을 따라 하라고 고집하지 않았을지라도 나의 섬나라 방식으로 발음하는 것도 괜찮다는 암묵적인 합의에 도달했다. 수업의 분위기가 처지고 무료해지면 나는 학생들을 지명해서 발음을 시켰다. 그러면 나는 "지금 영국에서는 그것을 이렇게 발음해요"라고 말하곤 했는데, 그럴 때면 그들은 내가 알아들을 수 없는 발음을 내뱉으며 폭소가 일어나면서 무료함이 사라졌다.

내가 다른 학교들을 방문했던 것은 어떤 즐거움을 기대해서였다기보다는 의무감 때문이었다. 정부는 관대하게 나의 여행을 허용해 주었으므로 나는 그러한 방문을 내 일상적인 계획의 일부분으로 생각했다. 일본은 자기 나라의 교사들을 빈번하게 국내외의 학교로 연수를 보냈는데, 그러한 제도를 영국에서도 받아들였다. 나 또한 그런 취지에서 파견된 사람이었다.

나는 조선보다는 일본이 더 나의 적성에 맞는다고 생각했다. 나는 나름대로 서울에 있는 일본인이나 미국인이 운영하는 한 두 학교를 찾았다. 남학생들을 교사로 육성하는 사범학교에서 나는 한 영국인 처녀가 영어를 가르치는 것을 보았다. 그것은 일종의 실험이었다. 일본인들은 영국인 교사가 후반부보다는 초기 영어 교육에서 더 효과적인 역할을 할 수 있다는 점을 받아들이지 않았다.

현재 교사들은 영국 정부로부터 매우 풍족하게 급료를 지급 받고 있다. 그렇지만 고등학교와 대학교에만 눌러 앉아 있기 때문에 영어 교육의 결과는 내가 앞서 말한 그대로이다. 그러나 이곳에서의 실험은 한계가 있었다.

그 학교의 교장은 개구리처럼 불쑥 튀어나온 배를 가진 매우 살찌고 위엄 있는 사람이었다. 나는 그에게 위압되었기 때문에 무표정하게 침묵을 지켰다. 그는 실험을 즐기는 것 같았다. 그는 학교에 체벌은 없다고 말했다.

나는 그것이 매우 잘된 일일지도 모른다고 생각했다. 왜냐하면 소란을 피우는 학생들이 그의 집무실에 들리는 것만으로도 대부분 겁을 집어먹기에 충분했기 때문이었다. 그러나 그는 물론 때때로 한 학생 정도는 퇴학시킬 필요가 있다고 덧붙였다. 그러나 한 사람의 보잘 것 없는 재목은 그렇다손 치더라도 그것은 그 문제아의 이력을 망가뜨리는 처사였다. 체벌은 없었다.

그리고 여기에서는 또 다른 실험이 이루어지고 있었는데, 영국인 교사가 어린이들에게 영어를 가르치는 것이 허용되었다. 그의 머뭇거리는 듯한 태도는 물론 그 실험이 좌초했음을 암시했으나 그것을 정착시키기 위해서는 행할 만한 가치가 있었다. 그러나 내가 의문의 그 영국인 여자를 알았더라면, 그것도 썩 잘 알았더라면 그 실험은 실패하지 않았을 것이다. 그는 매우 끈기 있으며 흔들림 없이 강인하게 자신의 견해를 고수한다.

나는 Saturday의 발음에 대해서 그 여교사와 장시간 동안 격론을 벌였다. 그는 일본인과 조선 사람들에게 그 발음은 Sat-ur-day로 가르쳐야 한다고 주장했다. 나는 Saturday를 Sáturday라고 발음하지 Sat-ur-day라고 발음하는 영국인은 없다고 주장했다. 비록 사전의 발음 기호에 따른 표준 발음에는 부합되지 않지만 그것은 그렇게 발음되기 때문이었다. 사실 그는 현지인들의 발음을 도외시하고 받아들인 철자법 이론에 교육의 근거를 두고 있는 일본인들과 같은 오류에 빠져 있었다.

나는 매우 논리적이었으며 내 자신의 견해를 정연하게 말했다. 그러나 당신도 아시다시피 나는 그를 납득시키지 못했다. 계속해서 우리는 논쟁을 벌였지만 감정적으로 격앙되지는 않았다. 그 당시에 나는 한 쪽 무릎 위에는 찻잔을 그리고 다른 쪽 무릎 위에는 케이크와 샌드위치를 담은 접시를 올려놓고 균형을 유지하고 있었기 때문에 불편하기 짝이 없었다. 그리고 우리가 싸우지 않았다는 것을 입증하기 위해 나는 그의 점심 초대를 수락했다. 나는 물었다.

"언제 갈까요?"

그가 대답했다.

"글쎄요, 토요일(Sáturday)이 어떠세요?"

한 번은 아주 우연히 다른 학교에 들렀다. 나는 단지 창문을 통해서 안을 들여다보기만 했기 때문에 방문이라고 할 것까지는 없었다. 그 마을을 지나갈 때였다. 20여 채의 초가집이 있는 동네였는데, 마디마디 또박또박한 소리가 끊이지 않고 들려 왔다. 그것은 마음이 맞지 않는 여섯 명의 클라리넷 연주자들이 서로 다른 음계를 골라서 서로에 대해서 심하게 불협화음을 내는 효과와도 같은 소리였다. 이런 소리가 들려오는 초가집의 창문으로 나는 바닥에 앉아 있는 여섯 명의 어린 소년들을 보았다.

그들은 각자 큰 한자가 쓰여진 책을 앞에 놓고 있었는데, 온 힘을 다해 한 자씩 고래고래 소리를 질렀다. 그들은 서로 마주보며 두 줄로 앉아 있었다. 그러나 고통스럽게 몰입해 있는 그들의 얼굴을 보았을 때 그들은 동료들을 완전히 잊고 있었다. 작은 창문으로 뜻하지 않게 이방인의 얼굴이 불쑥 나타났음에도 불구하고 그들은 전혀 거들떠보지도 않았다.

그러나 아마도 그들의 선생님은 나를 똑똑히 보았을 것이다. 그는 작은 말총 같은 모자를 푹 뒤집어쓰고 조선에서 예로부터 전해 내려오는 도포를 입은 채 턱수염이 덥수룩한 조선 사람이었다. 그는 추상같은 위엄으로 소년들을 하나하나 둘러보며 앉아 있었다. 나는 고개를 돌려, 우리의 훌륭한 신식 교육이 있는데도 그들은 여전히 낡은 교육을 고집하고 있다고 생각했다.

나는 늘 마음 한 쪽에서 그 때의 모습을 연상하고 있다. 그것은 경주의 여관에 함께 묵었던 유시국이 아름다운 중국 고전을 엉터리 영어로 낭송하던 모습과 뒤섞이곤 했다. 나는 일본식으로 한자를 강요하는 공부를 불평했는데, 그것은 바로 그 아름다움을 말살하는 일이었다. 그렇지만 조선 사람들 사이에서는 그런 공부가 통용되고 있었다. 그러나 나는 중국의 고전에 대해서는 아무 것도 모른다.

내가 알고 있는 것은 중국의 고전이 여전히 그들의 자리를 지키고 있다는 점이다. 그들은 동양의 버질[1]이오, 그리스의 시인 호머이자 루크레티우스[2]와 그리스의 철학자인 플라톤이었다. 그것들을 익히는 것은 교육을 잘 받은 것으로 치부되며 서양에서 라틴어와 그리스어를 습득하는 것과 마찬가지격이다.

구체적으로 말해서 "조국을 위해서 죽는 일보다 더 기꺼운 일은 없다"(*Dulce et decorum est pro patria mori*)라는 말이 자주 강당에서 들려오지만 결코 논쟁의 장은 아닌 것처럼 그들의 목적은 인간에게 쓸모없다는 특징을 부여하며 현실과 완전하게 괴리된 적적한 인용을 제공하는 것처럼 보이기 때문이다. 특별한 것은 이런 점이다. 라틴어와 그리스어는 서구 교육에 조화로운 바탕을 제공해 주지만 한자는 그렇지 않다는 점이다. 그러나 중국의 고전들은 여전히 필수적인 교과목으로 아직도 존속하고 있다. 아마도 동양에서 서구 교육이 실패한 이유를 설명할 수 있는 힌트가 여기에 있을 것이다.

그러나 체계상의 결함은 없다. 일본 본토뿐만 아니라 조선에 있는 일본 학교들은 소학교와 중학교 그리고 고등학교로 편제되어 있고 대학으로 이어진다. 현재 조선에는 대학이 단 하나 있는데, 여성들은 입학하지 못하고 남성들만을 위한 학교이다. 대학에서까지 실질적으로 수업료는 무료나 마찬가지였다. 내가 재직하던 학교에서 나는 학생들의 수업료를 고작 석탄 값을 충당하는 데 사용한다고 들었다. 학교가 충분히 지어지면 학생들은 중학

---

1) 버질(Virgil : 70~19 B.C.) : 로마의 시인으로 본래의 이름은 Publius Vergilius Maro임. 로마에서 공부했으며 옥타비우스와 친교했다. 작품으로는 『아에네이드』가 있음.
2) 루크레티우스(Titus Lucretius Carus : 96?~55 B.C.) : 로마의 철학자이자 시인. 에피큐러스의 제자로서 아내가 준 미약을 먹고 광기를 일으켜 자살했음.

교까지 의무 교육을 받을 수 있을 것이다.

아직까지 일본어를 말하지 못하는 조선 어린이들이 다니는 소위 보통학교를 제외하고는 수업은 일본어로 이루어진다. 고등학교와 대학은 시험을 쳐서 입학한다. 이 글을 읽으면 놀라겠지만 입학의 문은 "모국어를 말할 수 있는" 학생들에게만 열려 있다. 그러나 조선의 "국어"는 일본어이다! 입학 가능 여부는 영국에서처럼 신분이나 재산이 아니라 개인의 능력이다. 물론 이것은 정당한 것이다. 상업 학교, 농업 학교, 공업 학교와 의학교도 있다.

경성에 있는 국립 병원은 대학에 부속되어 있다. 교사들은 특수 기관에서 연수를 받고 고등학교 교사들은 거의 전원이 해외로 파견된다. 언어를 위해서는 영국으로, 의학을 위해서는 독일로, 법학을 위해서는 프랑스로 떠난다. 그러나 조선 사람이 고등학교 교사가 되는 일은 거의 불가능했기 때문에 그러한 특권은 실제로 일본인들이 독차지했다.

건물의 겉모습은 초라해도 최신식이었고 부속 설비들도 우수했다. 그렇게 상당한 무상 교육 체제의 재원이 충당될 수 있는지 의아해 하는 사람들도 있을 수 있을 것이다. 특히 교원과 그 외의 직원 수를 합산했을 때 그러한 궁금증은 더욱 커진다. 300~400명의 재학생들이 있는 학교의 경우에 직원으로 아마도 여섯 명의 사무실 직원, 즉 두 명의 급사, 교무실에서 잡일을 거드는 소년, 요리와 청소를 담당하는 임시 고용인, 학교 차량을 운전하는 기사 그리고 사서가 필요할 것이다.

그리고 전에 참석했던 어느 대학의 재학생은 대략 700명가량 되었는데 그 학교의 만찬장에서 나는 400명의 교수들을 헤아릴 수 있었다. 당신은 해외로 파견된 댓가로 일본에서보다 조선에서 재직하는 교사의 급료가 40%나 더 많다는 점을 주목할 필요가 있다. 원하기만 하면 그는 10년간 재직한 후에 퇴직금을 받을 수도 있다. 아직까지도 그 곳에는 매우 효율적이며 자금에 구애받지 않는 교육 체계가 있다.

당신도 돈을 모으고 있겠지만, 국가가 그 재원을 통제한다. 일본 정부의 교육 재정 운용은 프러시아를 능가할 정도로 완벽하다. 그것은 외관상으로 한 소년이 전 교육 과정과 대학까지 마치는 동안에 입고 다니는 제복을 통해서도 알 수 있다. 정말로 일본의 교육은 정부가 완벽하게 장악하고 있는 도구이다. 그 목표는 분명한 목적을 실현시키기 위해 치밀하게 계획을 세워서 국가를 재창조하는 것이다. 하루는 등교생으로 꽉 찬 전차를 타고 이팔성의 옆에 앉아서 간 적이 있었다. 나는 무릎 위의 서류 가방에 책을 펼쳐 올려놓았다. 나는 책을 읽으려고 애썼고 그것은 성공적이었다. 오랜 습관은 나를 조선의 전차 상황에 익숙하게 만들었다.

정확하게 말해서 나는 『잔 다르크의 생애』를 읽고 있었는데, 그러한 책에는 어떠한 상황에서도 몰입할 수 있었다. 그러나 이팔성이 나를 귀찮게 했다. 그도 같은 책을 가지고 있는 것이 눈에 띄었다. 그는 영국사를 공부하고 있었는데, 헤이스팅스 전투[3]로 유명한 정복자 윌리엄 1세[4]에 대해서 말을 걸어왔다. 두툼한 입술에 온화하게 일어나는 그만의 독특한 미소는 역설적인 혼돈을 표현하고 있었다.

나는 그가 무엇인가를 질문해 올 것이라고 생각하고 있었다. 왜 영국인들이 자신들의 역사책에 헤이스팅스 전투에 관해 기록하고 있느냐는 그의 질문이 부담으로 느껴졌다. 나는 잔 다르크에 몰두해 있었기 때문에 그의 질문의 요점을 즉시 알아듣지 못했다. 나는 대답했다.

"왜냐고, 어쩌다가 일어났지."

붐비고 덜컹거리던 전차 안에서의 이팔성의 대답은 내게 잊을 수 없이 뇌

---

3) 헤이스팅스 전투(Battle of Hastings) : 1066년 10월 14일에 정복왕 윌리암 1세(William I)가 대륙의 군대를 이끌고 영국의 헤이스팅스에 상륙하여 토인들을 정복했던 소위 노르만 정복을 의미함.

4) 윌리엄 1세(William I : 1027~1087) : 영국의 정복왕(William the Conqueror)을 의미함. 노르만디의 대공으로서 1066년에 영국에 상륙하여 본토인을 정복하고 그 해 크리스마스에 왕위에 오름.

리에 남아 있다. 그는 말했다.

"그런데 그것은 매우 부끄러운 일이었어요."

사람들은 수치스러운 일은 되갚아야 하고 국가의 영예를 손상시키는 일은 허용하지 말아야 한다는 교의에 근거해서 일본의 역사가 교육되고 있다고 짐작할 수 있을 것이다. 이런 식으로 왜곡된 역사는 정부를 선전하는 데 효율적인 수단이 되고 있다. 동양에서 그런 것처럼 말이다.

내가 방문했던 미국 선교 학교의 교장은 학교 인가의 문제로 골머리를 앓고 있었다. 다른 선교사 교육자들도 같은 문제로 골치를 썩고 있었다. 계속 인가 받지 못한 상태로 남아 있다면 그로 인해 학교는 존립 근거를 잃고 그 학교의 노학자들처럼 공직에 입문할 기회를 얻지 못할 것이라는 점을 잘 아는 학생들도 학교를 떠날 것이다. 주기적으로 감사를 받고 사소한 규약을 지키는 문제는 차치하더라도 인가를 받기 위해서는 정부의 교수 요목을 따르고 부대 시설의 설치 또한 기준을 지켜야만 하며 교사의 비율을 준수해서 일정하게 일본인들을 고용해야 하는데, 바로 그들이 역사와 윤리를 가르치는 것을 뜻했다. 종교 교육은 필수 과목이 아니기 때문에 학생들이 그것을 전혀 배우지 않고 졸업할 수도 있다. 이것은 매우 불합리하다. 그것은 일본의 국가 교육 법령을 정착시키는 데 도움을 주기 위해 미국이 조선으로 돈을 보내야 한다는 것을 뜻했다. 그러나 대부분의 선교 학교는 인가를 받았으며 나는 그 동안 어째서 그들이 문을 닫지 않고 있는지 이해할 수가 없다. 어떻게 그런 일이 가능한가?

그러나 이런 효율적인 조직과 계획적인 통제의 이면에는 필연적으로 부패가 도사리고 있다. 가령 대학의 요강은 과학을 전공하는 학생들이 라틴어를 배운다고 소개할 것이다. 나는 그 라틴어를 가르쳤다. 나는 일주일에 한 번 씩 학생들을 가르쳤다. 연중 35회 정도의 수업이 이루어졌다. 물론 나는 영어를 가르쳤는데, 그들은 거의 알아듣지 못했다.

마찬가지로 법대생들은 프랑스어를 배우고 있다. 나는 그 교사를 잘 알고 있다. 학생들은 학기말에 시험을 치른다. 그러나 내가 첫 시험 점수 결과를 통지 받았을 무렵 점수가 너무 짜다는 소리를 들었다. 나는 다음 시험에서는 점수를 올려 주리라 마음먹었기 때문에 그들 모두 더 좋은 점수를 받았다. 나는 점수의 기준을 0점에서 100점이 아닌 40점에서 100점으로 세웠다. 전자는 모호한 이상이었고 후자는 빈번하게 일어나는 현실이기 때문이다. 아직도 모든 기말 시험지를 함께 묶어 날인한 다음 표지를 붙여 참조 문서로 학교의 기록보관소에 보존한다. 이것은 이곳의 교육의 한 단면에 지나지 않는다. 나머지 측면은 더 심각하다.

국가가 길들이기 위해서 노심초사하거나 오히려 국가의 무기로 만들어지고 있는 바로 그 사람들은 대부분 반심을 품고 있다. 이러한 측면이 군대로 그들을 징집하는 충분히 중요한 이유이기는 하겠지만 나는 단순히 학생들의 동맹 휴업을 언급하려는 것은 아니다. 일본의 현실적인 고민거리는 "위험한 사상"으로 알려진 공산주의인데, 그것은 학생들 속에 가장 깊숙이 파고들고 있다.

소학교와 중학교 소년들은 천황이 기독교가 발생하기 700년 전에 하늘로부터 강림해 왔다고 지극히 열성적으로 믿기 때문에 그들은 천황의 통치의 권위에 맹종하고 종교적으로 그를 위해 목숨을 바칠 것이다. 그러나 고등학생과 대학생들은 구석기인들에 대해 배우고 생물학과 진화론을 공부하기 때문에 신념은 의심으로 바뀌고 그 의심은 확고한 부정으로 발전한다. 일본이 주도면밀하게 삭제한 역사는 과학적 연구의 검증을 벗어날 수 없다. 그들의 부모와 조상들에 대한 복종의 윤리, 혹은 왕권에 대한 절대적 복종이라는 고대의 윤리는 서양 문헌에 대한 연구를 통해서 흔들리기 시작했다. 그것은 그들에게 보다 폭넓은 인권과 자유의 정보를 제공했다.

여기에 덧붙이자면 동양에서 배움이라는 개념은 공직의 기회를 보장하는 수단이다. 그러나 일본에서는 이미 그렇게 되었고 조선도 곧 그렇게 되겠지만 교육이 보다 보편화되면서 공직이든 다른 분야든 간에 그 기회가 충분하지 않게 되었다. 고등학교와 대학교도 악화되고 있는 실업 문제에 봉착할 것이다. 배움의 특권을 누리며 저마다 재능을 가지고 있고 천부적으로 언변이 유창한 청년층이 증대하고 있는 반면에 단순하고 무지한 사람들이 몰려듦으로써 실업 문제가 악화되고 있다.

그들은 곧 다가올 새로운 국가에서 부를 향유할 수 있는 관직에 나아가 착취의 기대 속에 신분 상승을 꿈꾸고 있다. 이것은 이미 중국에 재앙을 가져다 준 바 있으며 일본과 조선에도 위협이 되고 있다. 경찰이 "위험한 사상"의 혐의자를 발견하면 체포해야 한다고 지시 받는 것이 놀랄 만한 일인가?

그것은 매우 슬픈 일이다. 그 이유는 그 개명 지식인들의 이면의 의도가 매우 훌륭하기 때문이다. 개명된 열광자들의 국가를 창조하는 것은 근본적이며 숭고한 뜻을 가지고 있다. 단지 그것은 불가능할 수도 있다는 사소한 결점을 안고 있을 뿐이다. 그러나 결국 조선은 농민들의 나라이다. 왜 엄청난 불안감을 안겨 주며 그들이 요구하지도 않은 서구 교육으로 그들을 괴롭히는가?

차라리 훈장의 엄격하고 한 치의 방일도 허용하지 않는 시선 아래에서 고래고래 소리를 질러 대는 여섯 명의 교사들이 있는 작은 시골 학교로 돌아가는 것이 나을 수도 있다. 그러나 당신은 물론 시계를 거꾸로 되돌릴 수는 없다고 말할 것이다. 그럴 가능성은 없다. 그러나 나는 시계의 알람이 몇 시에 맞춰져 있는지 알고 싶다.

제 12 장 박마리아의 경우

그의 이름은 박마리아가 전혀 아니었지만 체면은 특별한 위작을 요구한다. 마리아라는 철자가 보여주고 있듯이 그의 이름은 서구식이었으나 성은 물론 조선의 성씨였다. 그는 내가 몇 달 동안 묶고 있던 하숙집의 동료였다. 우리는 자주 공통의 관심사에 관해 대화를 나누었지만 의견이 엇갈렸다. 그 의견의 차이가 대화를 더 풍부하게 만들었다. 그에 대해 "경우"라는 표현을 쓴 것이 불편부당하지 않게 보여지는 것처럼 그는 매우 활달한 성격의 소유자였다. 정말로 그는 특별한 예였다. 간단하게 말해서 그 예는 다음과 같다.

박마리아는 7살부터 미국에서 교육을 받았고 21살에 조선으로 돌아왔기 때문에 행동 방식이나 정서적으로 완전히 외국인이었다. 그러나 가족들은 그가 한 사람의 조선 여인으로 가족들 속에서 생활하기를 바랐다. 이것은 단순히 긴 치마를 입고 낯선 음식을 먹으며 바닥에 앉고 거기에서 잠을 자야 하는 등의 습관의 변화로서만 받아들이기에는 쉽지 않은 문제였다.

그 소녀는 조선어를 단 두 마디도 하지 못했다. 친지들을 방문했을 때에도 그는 영어로 대화했다. 이것이 본질적인 장벽이었다. 물론 그것을 단순히 언어상의 문제로 간주한다면 능히 극복할 수 있을 것이다. 그러나 그것은 경험과 준비와 태도의 측면에서 새로운 생활에 적응하는 문제였다. 그의 사고 방식은 미국인 소녀의 그것이었다.

그러자 다른 복잡한 문제들이 따랐다. 박마리아는 선교사들에 의해서 미국으로 보내져 살았다. 정확하게 말해서 나의 하숙집 주인에 의해서였는데, 그는 그에게 한 가족처럼 살고 있는 우리의 하숙 생활을 설명해 주었다. 그러나 사실대로 말해서 그는 선교에 대해 적대적인 감정을 가지고 있었다. 그가 적대감을 감추면서 현명하게 행동했더라면 그들은 그에게 선택의 기회를 주면서 여러 가지의 전도 유망한 약속들을 제안했을 것이다. 그러나 그는 림몬의 전당[1]에서 고개를 숙여 인사하기를 거부했다.

그의 그러한 처신은 독실한 기독교인이었던 가족들의 분노를 불러일으켰다. 조선에서 가장 부유한 사람들 중의 한 사람이며 아마도 가장 수완 있는 그의 아버지는 그에 대한 모든 지원을 중단했다. 가정으로 돌아와 부양을 받든지 친구들과 가족들과의 관계를 끊고 자립하든지 양자택일하라는 것이었다. 마지막으로 당신이 이해해야 할 점은 동양에서 여성의 문제는 그리 간단하지가 않다는 점이다. 이제 그가 최종적으로 진로를 선택하는 과정에 대해 기술하기로 하겠다.

어떻게 우리가 처음 논쟁을 시작했는지는 기억이 잘 나지 않는다. 기억나는 것은 내가 무척 놀라운 태도를 취했다는 것이다. 그에게 비친 나의 모습은 제국주의자이며, 강력하고 무자비한 정부의 앞잡이이며, "백인의 짐"을 지고 있는 인물이며, 자신의 이익을 위해 악한 자를 억압하는 강렬한 의무를 지고 있는 인물이었다.

자유를 옹호하여 투쟁하는 침략 당한 땅의 마지막 보루였던 박마리아에 대해 나는 이러한 인물로 몰렸다. 그에게 개인의 권리란 동료들의 의견과 관습의 요구와 조국의 덕목과 사회도덕적 함양을 단호하게 무시하고 나름대로 유별난 광기를 내세우는 것이었다. 그는 나에게 이렇게 말했다.

---

1) 림몬의 전당(House of Rimmon) : 고대 다마스커스에서 숭배된 신으로서 그의 신전에 고개를 숙인다는 것은 신조를 굽힌다는 뜻임.

"사회의 도덕적 함양이란 무슨 뜻입니까?"

글쎄, 결국 내가 의도했던 것은 무엇이었을까? 그의 말은 단순하게 들렸지만 나의 상세한 설명을 거부하고 있었다. 두드러진 결함이 드러나지 않는다면 공격받는 부분을 간단하게 수선하고 헝겊을 덧댐으로써 내가 제시하는 구체적인 사례들을 묵살시키기란 아주 쉽다는 것을 그는 깨달았다. 나도 그러한 사례를 들이대는 것이 쉽다는 것을 알았어야만 했다. 내가 다른 사람들에게 퍼부으면서 즐겼던 그 냉소에 맞서서 도리어 내 자신을 방어해야 했던 것은 참을 수 없는 일이었다. 그러나 그것은 논리력을 기르는 면에서 유쾌한 훈련이었으며 나는 점차 그것을 즐기게 되었다.

박마리아의 불만 중에서 나에게 부담이 되었던 것은, 인생은 자유를 필요로 하는데 관습은 개인을 금지의 틀 안에 가둔다는 주장이었다. 그는 스스로에 대한 책임이 있는 것이다. 그렇지 않은가? 그렇다면 왜 그는 자신의 기호와 충동과 요구에 대해 만족하지 못했던가? 물론 나는 전적으로 그를 동정했다. 그가 더 아름다웠더라면 그는 위험한 상대가 되었을 것이다.

그러나 그의 다소 찡그리는 인상과 카랑카랑한 목소리는 남성들의 저항감을 불러일으켰다. 나는 그의 요구를 이해하고 충족시켜 주는 데 인색했다. 그의 얼굴이 점점 더 붉어짐으로써 그의 매력을 떨어뜨렸다. 내가 이해할 수는 없었던 일이었는가? 이것이 요점이다. 사회는 박마리아라는 한 개인을 통제하고자 공모해 왔으며 나 또한 그 사회의 일원이다. 나는 반심을 품기에는 너무나 소심했다. 이 말은 아마도 진실일 것이다. 나는 가능한 한 소심함을 감추기 위해 지혜로운 표정을 보여주었다. 나는 말했다.

"행위에 대한 검증은 한 개인만이 아니라 모든 인간에 대해서 적용되어야 한다는 점을 기억하기 바랍니다."

나는 자족적인 표현을 혐오하지만 그 말은 매우 진실성이 있었다. 그러나 나는 그의 열렬한 개인주의를 이해할 수 있었다. 그는 조국과 단절된 채로 동양인으로서 서양에서 양육되었다. 더욱이 그는 여자였다. 그가 남자였더라면, 그래서 남자로 길러지고 남자의 사고 방식을 가지고 있었더라면 삶은 보다 쉬웠을 것이다. 그가 남자로서 어떤 직업을 선택하더라도 동료들에 비해 더 유리했을 것이다. 그리고 서구화된 그 동양인이 결혼하는 데에는 아무런 문제가 없을 것이며 기껏해야 뒤에서 집안을 정돈하고 아들을 낳아 줄 여자를 구하기만 하면 된다.

그러나 박마리아에게 조선 사람과의 결혼은 상상도 할 수 없는 일이었으며 외국인과의 결혼 또한 엄두도 낼 수 없는 일이었다. 그러한 현실은 그로 하여금 결혼은 노예 제도라는 단호한 선언을 불필요하게 반복하게끔 몰고 갔다. 그는 결코 결혼하지 않을 것이다. 그에게는 자유가 필요했다. 그는 개인주의적인 신조에 매몰되어 있었다. 그는 완전히 외톨이였다.

논쟁의 주제가 조선으로 옮아가자 그 점은 보다 명료해졌다. 이 논쟁의 과정에서 나는 뜻하지 않게 원군을 얻었는데, 나의 형이 중국에서 돌아온 것이었다. 그곳에서 그의 생각은 자유의 복음과 정부의 전복이라는 불행한 결과에 다소 강렬하게 경도되어 있었다. 박마리아가 자신의 만족 속에서 과장된 그 나름대로의 사례를 들었던 것은 당연한 일이었다. 일본인들은 조선 사람들의 동의 없이 그들의 법률을 강제로 조선에 이식했다. 그의 조국은 분노를 정당화하고 있고 앞으로도 그렇게 해 나갈 것이다. 그들에게 힘이 있었다면 그들은 맞서 싸웠을 것이다. 나의 생각에 그는 매우 "위험한 사상"을 주장하다가 투옥되었고 삶의 절반을 감옥에서 보낼 수도 있을 것이다.

그 당시에 나는 일본의 통치가 조선에 가져다주는 수혜에 대해서 거의 몰랐고 대답할 자격도 없었지만 나의 형은 중국을 인용할 수 있었다. 중국의 민족주의자들에게 자유는 게으른 자가 근면한 자를 약탈하고 강자가 약자를 착취하는 것을 의미했다. 그것은 간단하게 말해서 정부가 무너지고 강도 떼가 잡초들처럼 출현한 것이었다.

그때 박마리아는 빈정대는 말투로 당신들은 영국인이라고 날카롭게 되받아 쳤다. 물론 우리는 일본인들을 옹호했는데, 그것은 일본인들이 조선에서 자행하고 있는 것처럼 우리도 마찬가지로 인도에서 똑같은 일을 자행하고 있었기 때문이었다. 그러나 우리가 인도에서 가졌던 권리는 무엇인가? 우리가 그들의 의지에 반해서 제약을 부과할 수 있었던 것은 무슨 권리에서였던가? 우리는 그들을 노예 국가로 전락시켰다. 나의 형이 말했다.

"우리가 그들로 하여금 그들의 과부들을 흥분하게 만들지 않았던 점은 분명합니다."

물론 그 논쟁은 끊임없이 부딪히면서 최소한도로 서로를 자극했지만 아무런 결론을 도출하지 못했다. 그러나 그들은 우월감과 비위 맞추기로 얽혀져 우왕좌왕하던 나의 머릿속을 말끔히 씻어 주었다. 그들은 그 문제를 해결한 것이 아니라 통치 이론에 대한 추상적이거나 보편적인 어떤 원리들을 정립했다. 나는 거기에 어떤 해답이 있을 것이라고 믿지 않는다. 그 원리들은 서양에서는 상식이지만 동양에서는 그렇지 않다.

예를 들자면 질서 없이는 자유도 존재하지 못한다는 식의 원리가 그렇다. 자유는 어떤 우연한 계기의 산물이 아니라 세대를 이어온 노고의 산물이다. 나는 상식을 반복했다. 그러나 조선 사람들의 사고 방식은 독단적이고 모순에 차 있었다. 심지어 박마리아조차도 그러했다. 그는 지적으로는 서양인이었지만 정서적으로는 동양인이었다. 그에게 자유와 질서는 본질적으로 상치되는 개념이었다. 그는 질서를 제약이라고 불렀다. 그에게 자유는 햇빛과 가득한 공기와도 같은 자연의 산물이었으며 따라서 자유는 어떤 노력과 준비를 필요로 하지 않았다. 쉽게 말해서 인간은 자기 만족을 추구하며 행동할 수 있으며 그것은 그가 자유롭다는 뜻이었다. 그리고 아마도 자유란 국가적인 분노라기보다 시대 정신이므로 조선에서 일본의 통치를 철회하는 것이다.

물론 어떤 사람은 관료주의를 허용할 수도 있다. 어떤 이는 사소한 간섭을 용납할 수 있으며, 심지어는 정실주의나 불의까지도 받아들인다. 그러나 일본이 조선을 무관심하게 방치되어 있는 무기력한 존재로 인식했던 것은 부분적으로는 사실이며, 많은 사람들이 한결같이 조선의 정치적 혼란을 종식시키고 모든 재능과 힘을 동원해서 무관심하게 방치되어 있는 그 나라를 근대 국가의 반열로 끌어올리기 위해 온갖 노력을 다했다고 말할 것이라는 점도 여전히 사실이다.

일본은 도로, 철도, 우편과 전신 서비스, 그리고 공중 위생 설비를 만들었고 전기 가설의 대중화를 이룩했다. 이러한 것들이 조선 사람들에게 이익이 되든 되지 않든 간에 그들은 지금 거기에 존재한다. 일본은 가장 우수한 품종의 닭을 대대적으로 곳곳에 보급해 왔기 때문에 조선의 달걀은 더 이상 빈약하지 않으며 품질과 크기에서 모두 만족스러워 부화시켜 고기를 얻을 만했다.

일본은 벼가 자라지 않는 경사지에 과실수들을 심었다. 일본은 별도의 공간을 경작해서 실험 농장을 만들었다. 일본은 불모지에 물을 대고 신속하게 강을 막아 댐을 만들고 가뭄과 홍수에 대비하기 위해 저수지를 건설했다. 일본은 산에 나무를 심고 있는데, 조선 사람들은 궁궐과 사찰과 왕릉을 제외한 모든 곳의 나무를 베었다.

조선 사람들은 물을 무료로 자유롭게 썼으나 지금은 1년에 3엔(6실링)을 내야만 하고 당국의 허가를 받아야만 집을 짓고 땔감으로 쓸 나무를 벨 수 있다는 사실을 알고 있다. 아마도 두 배의 쌀을 수확하고 기아의 위협에서 벗어났기 때문에 1년에 6실링을 낸다고 불평하는 것은 불필요한 짓일 것이다. 벌목은 금지되었지만 적어도 과거에 베었던 나무들이 있다. 전에 그들은 산에서 갓 자라기 시작한 묘목들을 아무 것도 아닌 일을 위해 베어 썼다.

자, 이런 사람들에게 해줄 수 있는 일은 과연 무엇이겠는가? 어떤 사람은 일본이 느끼는 초조함에 연민을 보낼 것이다. 반면에 어떤 사람은 왜 일본이 조선 사람들을 내버려두고 물러나지 않는지 의아해 하고 있다. 조선은 전략적으로 필요하고 상업적으로 이익이 되는 곳이라는 점이 명확한 답변이다. 그러나 본질적으로 다른 답변이 있다. 그것은 실제로 조선에게 이득이 되든 그렇지 않든 간에 일본이 조선을 변화시키고 싶어 한다는 점이다.

사실 이 대답은 영국인들이 인도에 대해서 질문 받을 때 사용하는 답변이다. 조선 사람들이 부패하도록 내버려두는 것은 조선 한 나라뿐만 아니라 전 세계적으로 영향을 파급하는 일이다. 조선은 광대하거나 활기가 넘치는 나라는 아니다. 가령 인도가 부패하도록 내버려두는 것은 훨씬 더 심각한 문제가 될 것이다. 그 원리는 마찬가지이다. 결국 모든 정책은 그것의 실시와 더불어서 필연적으로 세계화된다. 아무리 대수롭지 않고 인류에 기여하는 공헌도가 낮다 할지라도 어떠한 국가도 부패하고 무시되어 몰락하도록 방치해서는 안 된다. 이것은 조선에 대한 일본의 통치가 정당하다는 근본적인 이유가 된다.

일본이 장기적인 목표로 조선이 자치할 수 있도록 훈련시키려는 의도를 가지고 있었는지 나로서는 모르는 일이다. 일본이 그러한 의도를 가지고 있었다면 일본은 참으로 낙천적인 나라이다. 조선 사람들은 활달한 민족이고 붙임성 있고 환한 웃음을 가지고 있지만 최소한 스스로를 통제하는 자질을 보여주지는 못했다. 그들은 정말로 정부의 관리이든 목사이든 힘 있는 사람이면 누구나 혐오하면서 반기를 들었다.

외국인이 아닌 이상 아무리 민족주의적인 제스처를 보인다 해도 아무도 그들의 저항을 견디지 못한다. 이러한 행태는 혼돈의 세기에서 물려받은 부정적인 유산만은 아니다. 지독하게 사악한 정부는 고질적인 가뭄처럼 불가피한 불행은 아니다. 타락하고 전제적인 법정이 세대를 이어 존속하는 것은 명백히 국가적인 쇠락의 징후이다. 어떤 민족이 강압적으로 통치를 받고 있다면 그것은 그들 내부에 그럴 만한 이유를 가지고 있기 때문이다.

적극적이든 소극적이든 멸망한 민족은 스스로에게 책임을 져야만 한다. 조선이 악의 무고한 희생자들이라고 심약하게 동정해서는 안 된다. 조선 사람들은 그러한 민족이다. 어떤 이는 그들을 중국인들, 가능하면 러시아인에 비유하면서 개인과 마찬가지로 어떤 인종들은 자치에 필요한 자질을 결핍하고 있다는 이론을 정립하려고 한다. 그것은 마치 어떤 나라는 산업화에 필요한 자원을 결핍하고 있는 것과 같다.

그러한 경우들은 외부로부터의 결합을 통해 개선될 수 있다. 석탄이나 철강과 마찬가지로 조직을 이끌어 갈 두뇌는 수입할 수도 있다. 조직을 이끌어 가는 두뇌뿐만 아니라 서양의 모든 국가들의 기준을 이루고 있는 사법적 판단과 정치적 청렴성도 수입할 수 있다. 그러나 동양에서는 일본만이 유일하다.

그러나 일본은 국가적 결핍을 좋은 기회로 바꾸는 데 필요한 특별한 수입품으로 자신들을 간주하라고 조선 사람들을 납득시키기는 어려울 것이다. 당신이 그 역할을 바꾸어서 조선을 고용주, 다시 말해서 지주로서 땅을 소유해서 안락하게 살아가는 사업주로 만드는 반면에 일본인을 고용인으로 제안한다 해도 그것은 받아들여지기 어려울 것이다. 그리고 일본인들 또한 그것을 좋아하지는 않을 것이다. 나의 사고 방식으로는 제국주의가 그 이상으로 다른 어떤 뜻을 가지고 있는지 알 수가 없다.

우리는 박마리아로부터 벗어나 있었던 듯하다. 그의 아버지는 조선의 국왕 아래에서 고관으로 봉직했고 일본 정부에서 일할 것을 종용받았지만 모든 공직을 거절했다. 선교사들의 주장에 따르면 일본은 이러한 그의 행동을 모욕으로 간주하여 뒤에 그를 일련의 역모에 연루시켜 3년간 투옥시켰다. 그것은 단적으로 말해서 일본의 고의적이고도 악의에 찬 복수극이었을 수도 있고 그렇지 않을 수도 있다. 어쨌든 나의 여주인은 감방에 갇혀 있는 그를 면회하고서 그의 이야기를 들려주곤 했는데, 그럴 때면 그는 분개하여 그가 겪는 고초에 대해서 호들갑을 떨었다. 가령 그는 여름이든 겨울이든 단 한 겹의 면옷만을 입고 있으며 냉랭한 방에 갇혀 있고 매일 찬물로 씻어야 한다는 등의 얘기였다. 그러나 감옥에서조차도 그는 빈틈없이 가정사를 챙겼고 딸에 대한 동양의 독재를 행사하는 기술을 잃지 않았다.

그러나 그는 재미있는 노인이었으며 일본에 관한 이야기를 나누며 선교사들을 접대했다. 그는 영리한 사람, 그 자체였다. 그러나 그도 다를 바 없이 다른 지주들처럼 소작농들의 노동을 착취해서 살았는데, 해마다 수확량의 50%를 빼앗아 갔다.

마리아에 대해서 부연하자면 그는 다재다능했다. 그를 어린 시절부터 잘 알고 있는 나의 여주인조차도 그는 상상할 수도 없이 "특이한 사고의 소유자"였으며 또한 "재간둥이" 그 자체였다고 말한다. 그는 대학 졸업자라는 화려한 이력을 가지고 있다. 그는 다부진 논객이었다. 그는 자유자재로 영어를 구사할 수 있었으며 그는 바이올린을 연주할 수도 있었다.

그의 선생이자 매우 훌륭한 나의 친구인 한 체코슬로바키아인은 "그는 음악에 대해 천부적인 재질을 가지고 있고 연주 솜씨 또한 훌륭하지만 연습하지 않는다."고 말했다. 나는 그의 연주를 한 번도 들어보지 못했다. 내가 보기에 그는 축음기로 우쿨렐레[2)]와 색소폰 연주를 듣는 것을 더 좋아하는 것 같았다. 그는 또한 독특한 재능을 가지고 있었다. 그는 필적학자였다. 그는 자신의 필체 감정 실력을 믿지 않았지만 그의 감정 솜씨는 놀라웠다.

나는 그가 나의 개성에 대해 평가했던 말들을 대부분 잊어버렸지만 내 기억에 나는 논리적이면서도 민감한 사람이었다. 민감하다니! 나 보고 민감하다니! 그는 나에게 다른 어떤 사람도 당신보다 민감하지 못할 것이라는 믿음을 나에게 심어 주었다. 나는 그의 말을 아부로 받아들였는지 조소로 받아들였는지 모르겠다. 그러나 그는 논리적이었기 때문에 가식으로 위장한 이면의 나의 둔감함을 간파하지 못했다. 그는 민감하면서도 일본의 압제에 대한 나의 소극적인 지지를 갈파하지 못했다. 나는 반골 기질의 소유자로 태어났으나 노예였다.

그렇다. 그 여인의 앞에서 나는 노예였다. 아마도 내가 그의 반골 기질을

---

2) 우쿨렐레(ukulele) : 하와이의 원주민들이 즐기는 4현 악기로서 기타와 비슷함.

교외의 양반가

거슬렀기 때문이었을 것이다. 그러나 그로부터 벗어나면 나는 그와의 굴욕적인 대면을 더듬으며 스스로를 조소했다. 그러나 차이는 있었다. 그로 인하여 특별히 난처한 상황에서 벗어나면 나의 논리는 나의 조소에 그를 포함시키도록 했다. 나는 민감하지만 그 때문에 온 마음으로 그에게 연민을 느꼈다. 당신도 아시겠지만 그것은 저주스러운 만남이었다. 그러나 그의 필적학은 그에게 큰 도움이 되었다. 그는 동서 문헌의 필적을 감정하고 있다. 그가 그 일을 맡았을 때 나에게 서신을 전해 왔다. 그는 다음과 같이 썼다.

"나는 지금 대영제국 국민들에게 온 신경을 기울이고 있습니다."

그는 자신의 성공에 들떠 있는 듯했다. 그의 행운은 보장되어 있었다. 그는 적어도 독립을 성취했다. 그는 설날에 아버지 앞에 무릎을 꿇고 바닥에 세 번 고개를 조아릴 필요가 없다. 그리고 그것은 그 조선의 소녀에게 꿈같은 비상보다도 더 큰 자유였다.

제 13 장 새로운 놀이와 전승 놀이

영국에서처럼 조선의 5월은 시적인 찬사를 받을 만한 가치가 있는 달이다. 그 무렵에 나는 몇 몇 친구들과 함께 어느 사찰을 방문하기로 되어 있었다. 그러나 우리들 중에는 사찰에 대해 잘 아는 전문가가 없었기 때문에 결과적으로 사찰은 우리에게 별로 의미 있게 다가오지는 않았다. 무시무시한 형상의 특별한 신에게 예배하는 모습을 보았던 이 날의 기억이 흐릿하게 남아 있다. 그들은 북과 징과 무기와 갑옷을 갖춘 동방의 용사인 듯 했다. 단지 어두운 실내와 험상궂은 수호신들만이 어렴풋하게 뇌리에 남아 있다.

기억에 분명한 것은 울타리 바깥에 엄청나게 거대한 그네가 있었다는 사실이다. 그네는 매우 높이 솟아 있는 구조물이었기 때문에 그것을 타기 전에는 누구를 막론하고 망설였을 것이다. 그네는 항해 중에 있는 배의 높은 깃대처럼 무섭게 흔들렸다. 그러나 조선 사람들은 전혀 망설이지 않았다. 수많은 사람들이 자신의 차례를 열심히 기다리며 그네 앞에 서 있었다. 그들은 그네의 꼭대기까지 솟아오르려 했다. 어떤 이는 그네를 타고 어떻게 하면 두 기둥 사이에서 아래로 곤두박질쳐 다시 치솟아 오를 수 있는지에 몰두해 있기도 했다. 어린이들뿐만 아니라 성인 남녀들도 그랬다.

그들은 분명히 어떤 종류의 휴일의 풍습을 즐기고 있었다. 재미있는 것은 이것이 내가 조선에서 본 최초의 그네였다는 것이다. 같은 날에 나는 언덕 위에서도 그네의 진풍경들을 보았다. 그것들은 밤새 생겨난 듯했다. 며칠이 지나자 이내 그 풍경들은 다시 흔적도 없이 사라져 버렸다. 나는 이듬해 5월까지 그 광경들을 다시는 보지 못했다.

마찬가지로 다른 놀이들도 별안간에 그 모습을 바꾸기 시작했다. 8월에는 하루나 이틀 동안 사내 녀석들이 연을 날렸다. 2월에는 사내 녀석들은 팽이를 돌리고 여자아이들은 널을 뛰었다. 그러면 담벼락 너머로 검고 길게 땋아 내린 댕기 머리들이 솟았다가 가라앉는 모습이 보였다. 땅에서 솟아오르는 그 모습은 기막힌 장관을 연출했다.

여자아이들은 널빤지 위에 올라타고 공중으로 높이 뛰어오르는데, 영국에서처럼 앉지도 않고 서 있는 것이었다. 그것은 기적 같은 균형을 이루고 있었다. 그들은 연신 등을 때리는 댕기 머리에는 전혀 아랑곳하지 않는 것 같았다. 그네 타기처럼 연날리기, 팽이치기, 널뛰기도 며칠 만에 그렇게 사라져 버렸다.

풍습에 본능적으로 집착하는 면에서 동양인들의 정서는 마치 곤충들 같다. 추측하건대 이러한 놀이들은 어느 정도 계절적인 의미를 가지고 있는 일회성 놀이였으며 따라서 결과적으로 그것들은 단지 특정 시기에만 선을 보였던 듯하다. 그 놀이들을 연중 내내 즐기지 않았던 데에는 특별한 이유가 없는 것 같다.

아마도 가장 놀랄 만한 일은 그러한 일시적인 유희에 만족했던 어린아이들의 유순함일 것이다. 영국 소년에게 연날리기나 팽이치기를 일 년에 단 며칠만 허용하고 여자아이에게는 일본식으로 상자 안에 인형을 넣어 포장해서 선반 위에 올려놓고 이듬해 5월 축제까지 멀리서 바라보기만 하도록 설득하기란 쉽지 않을 것이다. 그러나 동양인들의 생활은 고래로부터 내려온 관습을 통해 심지어 어린아이들의 장난감에까지도 강제되어 있다.

이러한 동양인들의 생활은 서양인들의 사고 방식으로는 도저히 이해할 수 없는 생활상의 제약과 단조로움의 결과를 낳는다. 조선 사람들에게는 특히 중국인들의 창조성이나 일본인들의 상상력이 전체적으로 결여되어 있다. 그들은 풍습으로 늘 해 오던 이상으로 놀이를 발전시키지 못했다. 일례로 나는 갖가지 화려한 연들을 보여준 어느 중국 소년 때문에 때때로 경외심을 느낄 정도로 유쾌했던 기억을 가지고 있다. 그것들은 별, 나비, 매, 용의 형상이었다.

그러나 조선의 연은 단조롭기 그지없다. 그것은 완전히 무미건조하고 단조로운 직사각형에 특별한 모양도 없고 가운데에 둥근 구멍을 뚫어서 얇게 쪼갠 대나무 줄기와 종이로 만든 것이었다. 축제가 끝나면 그것은 갈가리 찢긴 연휴 동안의 장식물처럼 전선에 휘감겨 걸려 있었다. 나는 곧 일 년 중의 많은 날 동안 아이들이 더 많은 놀이로부터 배제되어 있다는 사실을 알게 되었다.

그러나 그들은 스스로 놀이를 만들었다. 동전 던지기를 하는 사내 녀석들과 땅위에 네모 칸을 그려 놓고 돌을 던지며 노는 여자아이들의 놀이터는 언제나 하수구의 진창이었다. 그러나 학교는 서양에서 들어온 경기를 채택했다. 예를 들어 야구와 축구 그리고 테니스와 그 밖의 일반적인 체육 경기들을 가르친다. 조선에서는 여름의 폭우와 나머지 기간의 건조한 날씨 탓에 잔디 구장의 사용이 불가능하기 때문에 테니스는 딱딱한 코트 위에서나 할 수 있다. 경기는 신속하게 진행해야만 한다.

조선 사람들의 주머니 사정으로는 우리 테니스 클럽의 공과 같은 고급품을 살 수 없기 때문에 물렁물렁한 고무공을 사용할 수밖에 없다. 한마디 덧붙이자면 그들이 보통 사용하는 라켓은 테니스용이라기보다는 라크로스[1]용이다. 그 때문에 선수가 코트의 끝 선에 서서 있는 힘을 다해 상대편 선수를 향해 힘껏 공을 내리치면 힘의 강도 때문에 아웃이 된다. 공이 오기를 여

---

1) 라크로스(lacrosse) : 하키와 비슷한 구기 경기인데 스틱 대신에 손잡이가 긴 라켓을 사용함. 현재 캐나다의 국기임.

유 있게 기다리면서 한 손에서 다른 손으로 라켓을 바꿔 쥐기에 항상 시간이 충분하기 때문에 백핸드 플레이는 드물다. 우리가 테니스라고 부르는 그 경기가 바로 그 경기인지 정확하지 않다.

조선 사람들은 튼튼하고 재간 있는 발을 가지고 있기 때문에 축구를 매우 잘 한다. 야구에 관해서 나는 뭐라고 말할 입장이 못 된다. 그렇지만 나는 야구 경기를 죽 지켜봤다. 학생들은 열릴 예정에 있는 경기를 항상 칠판에 써넣는 방식으로 나에게 알려주었다. 교실에 들어서면 몇 가지 소식이 나를 기다리고 있곤 했다.

"선생님, 오늘은 경기 상업 학교와 크게 한판 붙는 날입니다. 우리는 진심으로 영예로운 승리를 안을 것입니다. 부디 선생님께서도 바쁜 시간을 쪼개어 와 주시면 고맙겠습니다."

경기가 끝나자 그들이 다시 찾아 와서 이렇게 말했다.

"그 더운 날에 보잘 것 없는 경기를 관람해 주셔서 대단히 감사합니다. 그러나 우리는 졌습니다. 선생님의 얼굴을 뵐 면목이 없습니다. 다음에는 무섭게 복수해 줄 것을 맹세합니다."

이러한 경기들에서 특별히 두드러진 점은 관중들의 열성적이고 진지한 태도였다. 나는 『옛날의 일본』이라는 책의 어딘가에서 모든 선수들이 정식 경기복을 입고 90%가 공기로 채워진 공을 가지고 치른 축구 경기가 끝난 뒤에 이긴 팀의 주장은 큰 격려를 받고 진 팀의 주장은 호되게 매질을 당했다는 내용을 읽은 적이 있었다. 서양의 축구는 본연의 모습대로 진행되지 않으며 다만 그 정신만이 남아 있는 것 같다.

경성에는 테니스코트와 야구장을 갖춘 정말로 엄청나게 큰 경기장이 있었는데, 경기가 열리는 날이면 양 진영의 전교생이 무리를 지어 반대편에 마주앉아 서로를 응시했다. 찢어진 제복과 긴 머리 때문에 늘 눈에 튀는 6명의 학생들이 활기를 돋우는 역할을 자임하여 정신을 산만하게 만들었다. 그들은 장대에 기를 달아 들고 다녔고 경기가 박진감을 띠면 앞쪽으로 달려나

사대부의 정원

가 일제히 깃발을 힘차게 흔들어 댔다. 동작이 격렬해지면 그들은 그것을 몸에 부착시킨 채 껑충껑충 뛰며 몸의 균형을 유지했다. 그들이 악을 쓰며 교가를 제창하면 나머지 학생들도 발을 동동 구르고 모자를 벗어 흔들면서 그들을 따라 했다. 이것은 자기편의 선전을 응원하는 것뿐만 아니라 상대편의 실책을 조롱하는 행위였다.

보다 솔직하게 말하면 그들의 응원은 갈채라기보다 조롱의 뉘앙스가 더 짙었으며 상대편에게는 결코 박수를 쳐주지 않았다. 이런 식으로 선수와 관중의 마음 씀씀이가 드러나면 그것은 스포츠 정신에 완전히 배치되는 것처럼 보인다. 시합이 곧 전투라도 되는 것처럼 승리는 사활이 걸린 문제였다. 그리고 경기가 끝나면 승리한 팀 선수들은 부상을 입고 귀향한 병사들처럼 목말을 타고 시가를 행진했고 기수를 앞장세운 전교생이 그 뒤를 따랐다.

학생들은 종종 영국의 운동 경기에 대해 이야기해 달라고 조르곤 했다. 아마 나는 우리 나라 선수와 관중들의 깨끗한 경기 자세와 관전 태도를 과장되게 말했던 것 같다. 나는 조선 사람들이 훌륭한 경기를 펼친 양편 모두에게 박수를 보내고 최소한 야유라도 삼가는 것도 경기의 한 부분이라는 점을 알아야 한다고 생각했다. 그러나 그러한 일은 그들의 이해 범위를 완전히 넘어서는 것이었다.

경기에 패한 학생들이 저녁 식사에 참석하자 한번은 선생들 중 한 사람이 나에게 서양의 운동 경기에 대해 불평을 털어놓은 적이 있다. 그것은 동양의 학교에 유입된 서양의 경기들이 우호심을 유발한다는 것이었다. 그들은 우호심 대신 학교간의 대결심만을 불러일으키려 했다. 그는 내가 믿었던 학생이었다.

조선에는 크리켓 경기가 없다. 비범한 재간을 가진 국민들에게 그 경기가 낯설다는 사실은 차치하더라도 운동장 사정부터 형편없다. 럭비는 근래에 들어 시작되었다. 그러나 내 생각에 다시 운동장 사정과 관중들의 태도가 그것의 성공을 저해할 것이다.

사람 좋은 영국인 친구가 한 번은 특히 럭비 경기가 노여움이나 불쾌한 기분을 전환시키는 만병통치약이긴 하지만 "그 녀석들에게 럭비를 가르쳐 줘 보라"라고 나에게 편지를 보냈다. 그러나 호전적인 자세로 경기에 임한다면 은유적인 표현으로나 문자 그대로 럭비는 뜨거운 피를 쏟는 위험천만한 기회를 제공할 것이다. 그러한 일은 의사와 경찰을 분주하게 만들 것이다.

영국에서 흔히 스포츠 데이라고 부르는 운동회는 매우 큰 연중 행사이다. 그 날은 시합과 경주가 온종일 이어진다. 그러나 운동회는 지루하다. 그것은 불가피하게 일요일에 열렸다. 따라서 토요일은 운동회를 준비하는 휴일이었고 월요일은 기운을 회복하는 휴일이었다. 늦어도 하루 만에 몸의 상태를 회복하는 사람도 있었다. 운동장을 둘러싸며 서 있는 천막에는 수많은 구경꾼들로 붐볐다. 그들은 몇 시간 동안 앉아서 단조롭고 재미없는 반복된 동작들을 지켜보며 동양식으로 정말 흥겨워 하는 듯했다. 그들은 점심 식사로 밥과 김치를 담은 작은 통과 과일 바구니를 가져왔다. 그들은 마치 천국에 온 듯이 만족스러워 했다.

고적대도 있기는 했지만 그다지 큰 관심을 끌지는 못했다. 횡적과 징을 비롯해서 한 두 개의 각적으로 구성된 고적대는 하루 종일 한 음조만 연주했다. 사람들은 시합과 시합 사이의 지루한 시간에 고적대가 흥을 돋워 주길 바랐지만 그들은 줄곧 시합이 진행되는 동안에 연주했다. 가령 주자들이 출발을 알리는 총소리와 함께 출발하는 동시에 고적대는 연주를 시작했고 1위 주자가 테이프를 끊고 들어오면 연주를 멈추었다.

정확하게 일시에 연주가 멈춰지는 것이 아니라 귀에 거슬리는 여음이 나마 공중에 소리를 울리면서 사라졌다. 연회복을 입은 지휘자가 상품들이 높이 쌓인 테이블에 놓여 있었다. 상품은 메달이나 은컵이 아니라 볼펜과 연필, 연습장 등이었다. 우승자들은 경주가 끝난 뒤에 상품을 받았으며 사람들은 모든 참가자들이 상품을 받아야 한다고 생각했다. 메달이나 은컵은 기대하기 어려웠다.

그러나 많은 흥미로운 일들이 일어났다. 나에게는 특별하게 기억되는 한 가지 일이 있다. 선수들이 한 장의 종이를 받아 들면 그 지점에서 시합을 시작하는 경기가 있었다. 선수들은 종이에 적혀 있는 물건을 관중들에게서 빌려서 결승점까지 가지고 가야 했다. 이긴 선수에게 물건을 빌려준 사람 또한 상품을 받았기 때문에 구경꾼들은 자신의 물건을 빌려주기를 바라고 있었다.

결과적으로 구경꾼들은 만년필, 시계, 심지어 돈까지도 인심 좋게 제공했다. 그러다 뜻하지 않게 재미있는 일을 보게 되었다. 그 시합의 동기는 잘 이해되지 않았는데, 달리기 선수 중 한 사람이 엄마에게서 아기를 잡아채어 결승점을 향해 달리기 시작하자 그 아기의 엄마는 비명을 지르며 선수를 뒤쫓아 달려갔다. 내 옆에 앉아 있던 독일어 선생인 내 친구가 손목을 붙들려 쌓아 놓은 의자들 사이로 끌려나갔고 "목표물"이 된 다른 사람도 힘차게 트랙을 내달렸다. 저런! 내가 끌려나갔을 때에도 나는 홍겹기 그지없었다. 그리고 나는 그 댓가로 비누 한 개를 받았다.

그리고 나서는 선생님들을 위한 행사가 마련되었다. 양철통이 운동장 가운데에 놓여졌다. 우리는 눈가리개를 한 채 큰 막대기를 하나씩 받았다. 우리의 임무는 양철통을 향해 돌진해서 그것을 세게 내려치는 것이었다. 한두 명 정도만 성공했다. 나는 성공하지 못했다. 그러나 우리는 모두 상품을 받았다. 흔하게 볼 수 있는 종목의 경기 외에도 원반던지기와 창던지기가 있었다. 꽤나 재미있었다.

그날 경기에는 줄다리기도 포함되어 있었다. 내가 보기에 줄다리기는 특정한 팀을 뽑아서 하는 경기가 아니라 전교생이 참여하는 경기였다. 줄다리기 선수들은 편당 100명은 충분히 넘어 보였고 밧줄은 운동장의 한쪽 끝에서 다른 쪽 끝까지 닿았다. 그러나 물론 아무 일도 일어나지 않았다. 그들은 밧줄을 들어올려서 서서히 잡아당기는 것처럼 보였는데 그런 행동이 전부였다. 그래서 양쪽 팀의 후미에서 잡아당기는 사람들은 자신들의 팀이 이겼다고 생각했을지도 모른다. 횡적과 북과 각적은 여전히 한 가지 음조만을 내고 있었다. 그리고 충분하다고 생각할 만큼 시간이 흐르자 줄다리기는 끝났다. 이번 장처럼.

제 14 장 미국인 선교사들

언제인가 나는 여주인과 다투었다. 그 일로 사과한 사람은 바로 여주인이었는데, 그것은 비난받아 마땅한 쪽이 나라는 것을 의미했다. 나는 그 점을 인정한다. 나는 고의적으로 그를 화나게 만들었던 것이다. 솔직히 말해서 나는 그를 화나게 할 뜻은 없었지만 그를 화나게 만들고 괴롭히고 싶었으며, 그것은 표면적으로는 성공을 거두었다.

그러나 문제의 그 일은 나와는 무관한 일이었기 때문에 나로서는 주제넘은 짓이었다. 그 일은 누구나가 자유롭게 말할 수 있다고 느껴지는 그런 문제였다. 그 사건에는 위선적인 맛이 있기 때문에 늘 대중적 비난의 표적이 되었다. 추상적으로 표현하자면 그 일은 직업과 관행 간의 대조를 이루고 있었다. 구체적으로 말하자면 그 일은 다음과 같이 일어났다.

적어도 내 생각에 여주인은 선교 일을 통해서 얻는 안위와 혜택과 수입을 자랑삼아 떠들고 있었다. 본국에서는 곤경과 위험에 대해서만 들었기 때문에 그것은 당신에게 믿을 수 없는 소리로 들릴 것이다. 그러나 현장에서 미국인 선교사들이 이러한 곤경과 위험을 겪었다고 입증하기란 어려운 일일 것이다.

다른 나라들을 적용하기에는 적절하지 않으므로 나는 조선에 대해서만 배타적으로 언급하기로 한다. 실제로 선교사들도 사이에서는 돈을 좇아서 일어나는 이런 식의 이야기들이 농담으로 오고갔다. 감리교 감독의 말을 빌어 보자. 미국 감리교는 감독을 두고 있다는 것을 알아두시라. 나는 만찬장에서 그가 말하는 것을 들었다.

"사람들이 내게 편하게 물어 볼 때 나는 선교사들이 얼마나 어렵게 살고 있는지 알면서도 이렇게 대답하고자 했소. "나의 선한 사람들아. 선교사들은 그대들이 가지고 있는 모든 것은 물론 그 외에도 더 많은 것을 가지고 있다.""

내가 생각하기에 선교사들은 그 기만적인 익살을 즐기면서 웃었다. 그들은 만찬회 그 자체가 감독의 말이 진심임을 보여주고 있음을 잘 알고 있었다. 나아가 다음과 같은 예도 있다. 1927년에 중국의 대사변[1)]을 피해 건너온 어느 선교사는 처음으로 감독이 자신을 방문했을 때 북경에서 가져온 양탄자와 최고급 가구들을 치워 버렸다고 유쾌하고 허심탄회하게 말했다.

"그러나 그는 맨 마룻바닥을 보고서는 껄껄 웃으며 말했지요. "양탄자를 숨길 필요는 없소. 나는 선교사들이 어떻게 살고 있는지 알고 있소.""

그의 말은 일종의 구원과 같은 것이었다고 한다. 그는 그만큼 이해심이 많은 있는 사람이었다. 여주인이 남편의 넉넉한 봉급과 안락한 집과 아이들을 위한 특별한 교육과 그 아이들을 가지게 된 특별한 결혼과 해마다 친구들이 집으로 보내오는 푸짐한 선물들과 미국에서 퇴임 시에 마련한 집과 차의 종류 그리고 막대한 연금의 자질구레한 항목에 대해서까지 자랑을 늘어놓기 시작하자 나는 방금 말한 두 가지 이야기와 그 외의 다른 일련의 상황들이 떠올랐다.

그것들은 적절한 사례일 뿐이었으나 나의 또 다른 내면에는 부딪히고 싶은 도전 의식이 생겼다. 선교사가 가장 높은 보수를 받는 직업처럼 보였기

---

1) 1927년 5월 27일에 일본군이 산동성에 출병하여 국부군의 북경 진격을 봉쇄한 사건을 의미함.

때문에 나는 스스로 선교사가 되고자 마음먹었으며 전부터 선교사에 대한 모든 것을 알고자 했다고 말했다. 그리고 나서 우리는 언쟁을 벌였다.

이 모든 것은 생각만큼 사소하지 않았다. 선교 생활 초기에 외부인이 싸우는 것은 선교사들이 누리고 있는 매우 사치스러운 생활이다. 어려운 희생의 삶에 헌신하기로 각오하고 고향을 떠나 온 신출내기 선교사들은 처음에는 경악의 눈길로 그것을 바라본다. 한 젊은 캐나다인이 그것을 나에게 신랄하게 말한 바 있다.

"나는 대학을 졸업할 때까지 한 번도 예복을 입을 필요가 없었는데, 지금 선교 지역에 와 보니 예복도 사야 하고 저녁 식사 초대 중의 반은 거절해야 합니다."

그러나 외부인이나 신출내기 선교사에 대한 영향보다 더 중요한 것은 현지인들에 대한 그들의 영향이다. 선교사들은 그러한 면을 고려하여 첫 선교지를 선택했다고 자신을 합리화한다.

보통 현지인들에게 기독교 신앙을 서구 사상과 명확하게 구별해서 설명해 주기란 거의 쉽지 않다. 그것은 거대한 벽돌집과 하인들과 사회적 특권, 다시 말하자면 신분의 몰락과 대비되는 재산과 번영을 의미한다. 재산과 번영은 교육을 통해서 취득되기 때문에 현지인들은 선교 학교로 모여든다. 더 현명하고 진취적인 선교사들일수록 신앙을 깊이 맹약할 것이다.

당신은 내가 묵었던 시설의 감리교 신학생들을 증거로 삼을 수 있을 것이다. 이 학생들은 조선의 기독교인들 중에서 선발되었으며 현지에서의 목회 활동을 준비하고 있었다. 그들의 교과 과정에는 일주일에 약 8시간의 영어 수업이 배정되어 있었다. 그런데 조선의 어느 마을 교회의 주임 목사가 영어를 사용할 일은 없기 때문에 영어 수업은 완전히 시간 낭비일 뿐이며 따라서 교과 과정에서 영어를 폐지하자고 제안했다. 학생들은 영어 수업을 복원하지 않는다면 집단으로 자퇴하겠다고 위협하면서 수업 거부에 들어갔다. 영어의 중요성은 불문 가지였다.

조선 사람들은 물론 일본인들에게도 역시 영어의 습득은 그 자체가 옳든 그르든 간에 어떤 성공한 사람의 이력을 갖기 위한 열쇠이다. 영어를 배우고 싶어 하는 진취적인 젊은이들은 전차와 열차를 막론하고 어디에서나 귀찮게 따라붙을 정도였다. 그들은 생전 처음 보는 당신에게 말을 걸 것이다.

"제게 영어를 좀 가르쳐 줄 수 있습니까?"

그러면 당신은 이렇게 대답할 것이다.

"물론입니다. 당신이 시간을 조금만 내준다면 당장 가르쳐 드리겠습니다."

보수에 대하여 언급함으로써 그들에게서 벗어날 수는 있겠지만 이렇게 하지 않을 경우 더 미묘한 문제는 종교 교육은 기꺼이 무료로 받을 수 있다는 가정에 기초해서 당신이 그들에게 성경을 가르치겠다고 대답하는 것이다. 그러나 당신은 몇 명의 선교사들을 대천함으로써 매우 간단하게 속뜻을 드러낼 수 있는데, 그러면 그들은 머리를 설레설레 흔들면서 말한다.

"그런데 그는 조선어 성경을 가르칩니다. 저는 영어 성경을 읽고 싶습니다."

당신은 그 점을 알고 있다. 영어 수업이 폐지되면 학교를 떠나겠다고 위협했던 이 신학생들은 일생을 마을의 담임 목사로 봉직할 의향이 전혀 없을 것이다. 내가 이제까지 만났던 선교사들 중에서 가장 진실하고 인내심 많으며 성실한 사람은 내가 사는 집주인이었다. 그는 이들이 선교 교육을 받았다는 점을 이용해서 장차 돈벌이할 자격을 갖추려 한다고 나에게 털어놓았다. 그 선교사들은 단순히 기독교 윤리와 서구의 물질적 진보를 구별하지 못했을 뿐이므로 나는 그들이 그들의 동료들보다 더 파렴치하다고는 생각하지 않는다.

그러나 선교사의 생각에 공감하고 그의 문제를 이해할 수도 있다. 밥을 굶으면서까지 사람들을 선교할 수는 없는 일이라고 말하는 것은 판에 박힌 말이다. 마찬가지로 비참한 가난에 찌든 모든 이들을 전도할 필요도 없다. 초기의 선교사들은 자신의 신조에 필경 물질적인 향상을 포함시켰을 것이다. 그들은 영혼의 구제뿐만 아니라 더 좋은 음식과 더 좋은 옷과 더 좋은 집을 위해 설교하지 않을 수 없었다. 이러한 물질적인 것들이 없다면 영혼은 구제될 기미가 보이지 않기 때문이다.

그러나 이런 것들을 설교한다는 것은 교육을 의미했고 거기에서 문제가 불거졌다. 선교단은 조선의 소박한 요구에 부응하는 교육에 만족하지 않고 공을 들여 교육 시설과 값비싼 건물을 짓고 서구 교육을 그대로 들여왔다. 그러나 학생들은 기독교인이 되기 위해 선교 학교의 출석을 거부했다. 그들의 뜻이 진심으로 그랬을 것이라고 추측하는 것은 어리석은 생각이었다. 그들은 교육이란 개인의 출세를 위한 방편이라고 생각했고 그러한 경향은 점점 두드러졌다.

현재 선교 학교가 공립학교를 닮아 가고 있는 것은 빈번한 소요 때문임이 분명하다. 내가 조선을 떠날 무렵 조선기독교신학교는 소요에 휩싸여 있었다. 내가 보기에 그 학교는 영리를 추구하기 시작했다. 요구 사항들이 제출되었지만 학교 측은 그것을 거부했고 전교생이 수업 거부에 돌입했다. 학교 측은 통보 시한까지 수업에 복귀하지 않은 학생들은 제적하겠다는 최후 통첩으로 반격했다. 일부 학생들은 돌아왔으며 돌아오지 않은 학생들은 제적을 통보 받기 시작했다. 이러한 조치는 수업에 복귀한 학생들 사이에서 연이은 소요를 불러일으켰다. 그들은 동료들의 복학을 요구했으나 거절당했다. 이튿날 저녁에 학교는 침통한 표정으로 언덕 위에 연좌해 있는 학생들로 둘러싸였다. 그들은 절규했다.

"우리의 형제들은 죽어 가고 있는데 어떻게 우리만 더 많은 것을 누릴 수 있는가?"

결과적으로 영리 추구는 완전히 철회되었다. 그리고 더 나아가서 전체 대학이 소요에 동조하여 참여할 기미를 보였다. 그것은 내가 떠났을 때의 상황이었다. 이것은 비단 특정한 학교의 사례가 아니라 모든 학교에서 주기적으로 일어나는 일이라는 점을 독자들은 알기 바란다. 중요한 것은 선교사들이 그들에게 무엇이 합당하다고 생각하는지를 가르쳐 주는 것이 아니라 그들이 자신들에게 무엇을 배우길 원하는지를 가르쳐 주기 위해 조선에 왔다는 사실을 학생들이 잘 알고 있다는 사실이었다. 다시 말해서 선교사들의 내한을 통하여 사업 시장에서 경쟁할 수 있는 자격이 그들에게 부여되는 것이다. 그리고 선교사들이 강의 계획서에 과학, 의학, 상업을 포함시킬 때까지 소요는 정당화된다.

현재는 이러한 관행이 바뀌어서 일본 정부에 교육을 맡기는 추세이다. 그러나 나는 선교사들이 그러한 조치를 마음 내켜 하지 않고 있다는 점을 지적하지 않을 수 없다. 어느 정도는 권리가 허용되었을 것이다. 그러나 아마도 그것은 실패작은 아니었겠지만 적어도 중대한 오판이다. 또한 앞선 두 세대의 선구적인 선교사들과는 다른 가치관을 가지고 있는 선교사 개개인은 어려움이 있었을 것이다.

순전히 복음 활동만을 위해서 선교사들이 조선으로 건너오는 것은 현지인들의 집에서 거취하며 아마도 현지인들이 먹는 음식을 먹고 그들과 같은 옷을 입고 살았던 30년 전의 초기 상태로 되돌아가는 것을 의미한다. 그러나 요즘은 이러한 습관을 들이기는 쉽지 않은 문제이기 때문에 분명히 그들을 쩔쩔매게 만든다. 그 신참 내기들은 실험을 허용해 달라고 극성스럽게 요구하지만 그들은 정신착란을 일으킬 정도의 모든 상상할 수 있는 질병으로 위협받음으로써 몹시 낙담했다. 그들은 업무를 수행하기 위해서는 건강을 제대로 돌봐야 하며 그것은 청결한 양옥에 살고 소화가 잘 되는 음식을 섭취함으로써만 가능하다고 말한다.

이따금 시골에서 조선식으로 살며 한 달 정도 지내라고 하면 한두 명 정도는 수락한다. 그러나 그들은 널찍한 집에서 잠시 동안 머무르다가 이내 돌아와서는 "건강을 제대로 돌보자"는 쪽으로 신조를 쉽게 바꾸고 신참자들에게 그것을 주입시킨다. 그러나 내가 조선을 떠날 무렵에 심지어 서울에서조차도 한복을 입고 다니는 대담한 반항아가 있었다. 그는 무례하고 반골적인 부류는 아니었다. 그는 매우 온순하고 부드럽게 대화했으며 감상적인 찬

송가를 연주해 주기도 했다.

어떤 사람은 그가 왜 어머니를 떼어 두고 건너왔는지 의아해 하기도 했다. 실제로 나는 그가 좋은 아내를 얻어서 잘 살 것이라는 말을 들은 적도 있는데, 그가 친절한 남편이 되면 그 여자도 상냥한 아내가 되리라는 말에 이의를 달지 않았다. 그러나 그는 모든 동료들의 극심한 반대에 맞서 견뎌내는 용기의 소유자였다. 그들은 매우 신랄하게 비난하며 그의 참뜻을 매도했다.

기성 선교사들은 신참 선교사들이 자신들을 비난하고 있다고 믿었음이 틀림없었다. 한복을 입는 것은 명백히 그들 고유의 양복을 무시하는 행위였다. 그리고 그 문제가 양복바지 대 홀태바지의 문제로 끝나지 않았던 것으로 보아 그들이 그것을 비난으로 받아들인 것은 심기가 불편하다는 것을 드러낸 것이었다. 요즘 선교사들이 너무 성급한 바람에 그 문제가 더 커졌다고 할 수 있다. 개명되지 않은 사람들에게 효과적으로 복음을 전파하기 위해서는 어떻게 하면 그들 상태에 가장 잘 적응할 수 있겠는가? 그리고 어떻게 하면 그들이 문명의 이기에 젖어 들어 익숙해지도록 만들 수 있겠는가?

아주 솔직하게 말해서 상당한 관용의 선을 정해 놓았기 때문에 조선 사람 선교사에게는 확신에 찬 대답이 없다. 예를 들어 "건강을 제대로 돌보자"는 생각조차도 네 명의 시종을 거느리고 매년 24톤의 석탄이 드는 집을 유지하는 것을 전혀 정당화하지 않는다. 이런 생각은 보편화되어 있는 시골의 극빈 상태와는 전혀 어울리지 않는다. 그리고 외부인, 특히 선교사는 보수를 받는 직업인이라고 주장하는 나 같은 뻔뻔스러운 외국인 선교사의 자발적인 비판으로 인해 조선 사람 선교사가 자극 받고 화를 낸 것은 그가 이 점을 알고 있기 때문이다.

그러나 내가 뻔뻔스럽긴 해도 여주인을 화나게 한 것은 즐거운 일이었다. 그가 나름대로의 표현 방식으로 화를 내는 바람에 나는 이전부터 혐오하고 있던 행태에 대해서 확신하게 되었다. 그들은 생활 수준에 적응하면서 전적으로 사도적인 자세를 견지했던 것은 아니다. 그리고 그들의 공들인 교육 정책에서부터 더 오래 전의 선교 정책까지 그것들을 이전의 상태로 되돌리는 것은 그들에게는 극도의 어려움을 만드는 표준이다. 그러나 가장 혐오스러운 서구형 인물, 이를테면 어설픈 서구 지식을 동원해서 자국민들을 멸시하는 인간에 길들여짐으로써 과거로 돌아가지 않는다면 그들의 일은 점차 단지 부정적인 낭비가 아니라 긍정적인 골칫거리가 될 것이다.

그것은 매우 슬픈 일이지만 나에게는 그런 일들이 조선에서 선교 교육의 결실로 보인다. 다음의 예는 선교사들에게는 아무 잘못도 없다는 것을 보여줄 것이다. 어느 만찬 자리에서 들은 일이다. 어느 선교사가 이러저러해서 자신의 교회가 뜻하지 않은 기부를 받았다고 무척 뽐냈다. 기부자는 어느 농부의 가족이었다. 그것은 감사의 선물이었다.

여행 중에 선교사는 이 곤궁하게 살고 있는 농부들을 만났음에 틀림없었다. 그들은 자신들의 가난이 낮은 쌀값 때문이라고 설명했다. 선교사는 겨울이 될 때까지 쌀을 보관해 두었다가 값이 오른 다음에 내다 팔면 쉽게 해결할 수 있다고 가르쳐 주었다. 이러한 발상이 이 순진무구한 사람들에게 떠오를 리는 만무했다. 그들은 그의 충고를 따라서 광을 짓고 값이 오를 때까지 쌀을 보관한 다음 큰 이윤을 남기며 내다 팔았다. 그들은 기독교인은 아니었지만 고맙게도 선교사의 교회에 상당한 액수를 헌납했다. 그러자 선교사는 기뻐했다. 그는 미래를 준비하지 않는 조선 사람들에게 미래를 준비할 것을 설득했다. 그가 모든 조선 사람들이 똑같이 미래를 준비하도록 설득시킬 수만 있다면 그들은 단시간 안에 번영을 구가하는 민족이 될 것이다.

문제는 이토록 단순한 사람이 어떻게 자신이 그리스도의 복음을 전파하기 위하여 성령을 받았다는 것을 이 이교도들에게 설명할 수 있느냐 하는 점이다. 내가 비싼 값에 쌀을 사야 하는 가난한 사람들은 어떻게 해야 하느냐고 그에게 물어 보자 그는 그들의 입장을 고려해 보지 않은 듯했다. 모든 사람들이 값이 오를 때까지 기다려서 쌀을 비축해 놓는다면 어떠한 일이 일어날까 하는 문제에 대해서는 더 이상 물어 보지 않았다.

나는 그 질문을 마음에 품고 있었지만 그가 이웃들을 이용해 먹지 않은 실례를 보여준다면 그것은 그의 복음을 보다 사실적으로 예증할 것이라는 점을 내색하지 않았다. 그들의 입장에서 보면 당신은 조선 사람들이 기독교의 교의를 서구적 진보와 혼동하기가 얼마나 쉬운 일인지 알게 될 것이다.

내가 여주인과 언쟁을 벌인 것은 잘못한 일이었다. 왜냐하면 그는 조선에서 거의 40년을 살았기 때문이다. 그는 생애를 바쳐 최일선에서 선교 활동에 복무해 왔고 통한의 슬픔을 감내해 왔다. 그러나 사람은 두 개의 길을 갈 수는 없다. 그들이 자신의 희생 정신을 추앙 받으려면 봉급과 집과 자동차를 뽐내서는 안 된다. 그러나 나는 아직 그에게 사과를 하지 않았다. 지금이라도 사과를 헤야겠다.

제 15 장 영국의 성공회 신부들

나는 성직자가 아니었지만 영국 교회의 신부들로부터 늘 환대를 받았다. 나의 어떤 점이 그들의 이목을 끌었는지는 정확하게 말하기 어렵지만 나는 빈번하게 그들을 방문하여 차를 마시며 담소를 나누었다. 내가 그들을 좋아했다는 점이 간단한 이유였다. 나는 그들의 영국인다운 예절과 영어 말씨를 좋아했다. 나는 그들의 휴게실에서 느껴지는 일상의 수수함을 좋아했다. 팔걸이 의자 위에는 영국의 화재 사건 기사가 실린 신문이 흩어져 있었다. 나는 또한 영국제 케이크를 좋아했다. 그들에게는 흡연을 허용하는 규정의 조항까지 있었다.

미국인 선교사들은 흡연을 음주나 무절제한 생활처럼 천벌을 받을 일로 여겼기 때문에 결과적으로 저녁 식사를 마치고 커피를 마시면서 담배를 피울 수 있는 기회가 없었으므로 나는 방으로 돌아와 고독하게 일탈에 젖어 들었다. 혹시라도 동료들이 나를 아래층에 붙잡아 두는 경우에는 나는 흔들의자의 안락함에 빠져 신경을 진정시켜야만 했다. 달콤한 향이 나는 담배가 없었던 탓에 나는 떠들썩하고 유치한 대화를 나누었다. 그러나 영국인 신부들은 놀랍게도 매우 인간적이었다. 그들의 인간적인 면모는 그들이 사제복을 입고 십자가 문양을 단 벨트를 매고 있다는 사실을 완전히 잊도록 만들었다. 한 마디로 그들은 편안했다.

내가 여러분에게 그들의 실명을 숨김없이 소개한다 해도 그것은 그들과의 우정에 대한 배반이라기보다 오히려 그들이 낱낱이 알려질 가치가 있다는 뜻으로서 받아들여지기를 바란다. 그러나 그들을 어떤 표현으로 소개해야 할지 난감하다. "교육을 받았다"거나 "내력 있는 가문 출신"이라고 말하는 것 또는 "공립학교와 대학을 나왔다"고 말하는 것조차도 적절한 표현이 아니다. 그들은 자만하거나 방종하지 않고 근력을 기른 운동 선수처럼 훌륭하게 육성된 부류의 사람들이라는 점을 덧붙여야 한다.

그러나 물론 주목할 점은 그들 나름대로의 개성 있는 기질이다. 여러분은 그러한 기질이 그들의 화려한 배경을 기반으로 그들의 인간적인 면모를 드러냈다고 말할 것이다. 그리고 그들이 성직자라는 점이 그들을 인지시키는 가장 두드러진 특징임에도 불구하고 그러한 점은 주목할 필요가 없었다.

헌트[1] 신부는 신도들, 특히 여신도들 사이에서 누구보다도 성직자답다는 평을 들었다. 가령 음악 클럽에서 옛날의 영어 찬송가를 가르칠 때 그는 보좌 신부로서 세련된 매너를 선보였는데, 그런 경우에 여성들은 쉽게 현혹되고 탐닉하는 "달콤한 존재들"이었다. 이런 면을 고양시키자면 당신은 경성의 대부분의 "달콤한 존재들"은 영국인의 유머와 말투, 특히 옥스퍼드풍의 말씨를 알아들을 수 없는 미국인이었다는 것을 기억해야 한다.

그들에게 그러한 역할은 불식간에 자연스럽게 헌트 신부를 익살맞게 모방하는 것인데, 그것은 미국인의 무대 위에서 영국인을 정확하게 모방한 것처럼 보였다. 자연스럽고도 희극적인 풍자이다. 그들은 그가 말한 것을 절반도 알아듣지 못했지만 그가 "매우 재미있다"는 점을 알았기 때문에 그의 이야기를 듣기 위해 모여들었다. 그 시간은 매우 유쾌했다.

---

1) 헌트(C. Hunt : 1889~1950) : 영국의 더럼대학과 캠브리지의 성어거스틴대학에서 신학을 공부한 후에 1915년에 성공회 신부로 내한하여 연극을 통해 셰익스피어를 한국에 소개했다. 한국전쟁 당시에 공산군에 납치되어 압록강변에서 순교했다.

헌트 신부는 뚱뚱하게 살이 쪄 갔지만, 우리와는 별 다른 관계가 없었던 드레이크[2] 신부는 키가 크고 비쩍 말랐다. 줄곧 생기 있는 눈빛을 띠고 미소를 짓기 위해서 입을 실룩거리지 않았다면 그 노인은 엄격한 고행자의 인상을 지울 수 없었을 것이다. 그는 유머는 물론 놀랄 만큼 부드러운 목소리의 소유자였기 때문에 더욱 유쾌한 분위기를 만들었다. 일전에 나의 여주인이 노래를 들려 달라고 요청하자 헌트 신부는 성량이 풍부한 바리톤으로 멋들어지게 노래를 불렀다. 그는 한때 음악 교습을 하는 문제를 거절하다가 받아들이기도 했다.

"그러나 당신은 압니다. 내가 무엇을 할 수 있는지를 보여주려 하자 나의 선생님이 나를 제지하면서 나에게 말했습니다. "당신은 단연코 그래서는 안 됩니다. 그것은 끔찍한 일이오. 끔찍해! 나는 그것을 견딜 수가 없소.""

그는 점잖게 고백하듯이 내게 말했다. 그는 바이런의 글을 읽었다. 헌트 신부는 알렌[3]을 더 좋아했다. 나는 그가 한두 페이지를 속독한 후에 휙 소리를 내며 책을 덮어 버리고서는 준엄하게 일갈했다고 들었다.

"이 똥을 치워 버려."

나에 대한 그의 논평은 그가 나의 책 첫 페이지에서 간음하는 장면을 발견했기 때문에 그는 마지막 페이지에 무슨 내용이 있는지를 전혀 상상할 수 없었다는 것이다. 헌트 신부는 "그러나 그것은 신성한 간음이었습니다"라고 말하면서 내가 그것들을 판단할 수 있도록 나에게 책을 빌려주겠노라고 제안했다. 이들이 독신자였다는 점은 그들의 티파티를 화기애애하게 만들었

---

2) 드레이크(Henry J. Drake : 1867~1947) : 영국의 래팅에서 출생하여 캠브리지 트리니티대학에서 신학을 공부한 후 1891년에 사제 서품을 받음. 1898년에 내한하여 성공회 신부로 1898년까지 봉직하다가 남아프리카로 전임(1898~1911). 1911년에 다시 내한하여 1942년까지 봉직함.

3) 알렌(Michael Arlen : 1895~?) : 영국의 소설가이자 극작가. 아르메니아 출생이었지만 영국에 귀화하여(1922) 『모험의 도시 런던』(1920), 『푸른 모자』(1924), 『인간의 도덕』(1933) 등의 글을 썼다.

다. 그들은 필요한 것에 손을 뻗는 총각들의 습성을 가지고 있었기 때문에 그들의 손님들을 손이 미치는 범위에 앉혔다. 트롤로프[4] 주교는 늘상 차를 마셨기 때문에 결과적으로 손님들은 시종들에게 차를 만드는 법을 가르쳐 주었다. 그것은 미국인 시종들에게는 잘 알려지지 않았던 교양이었다. 그에 대한 댓가로 주교는 커피를 끓이는 법을 배웠다. 주교는 허리 둘레에 어울리는 지성을 갖춘 강건한 남자였다. 그는 조선어를 익히는 데에만 만족하지 않고 일본어와 중국어까지 배워야만 했다.

그러나 딱딱할 것 같은 그의 학식에도 불구하고 그와의 대화는 건조하지 않았다. 그는 동료들 가운데에서도 모든 주제에 기민하게 관심을 보였기 때문에 결코 대화가 시들지 않았다. 사람들은 그가 주인으로서의 임무를 망각했다고 인정할 정도였다. 그가 호머(Homer)와 일본의 교육과 자신과 이름이 같은 사람의 소설들에 대해서 이야기를 하는 동안 그의 자주색 사제복이 인상적으로 눈에 들어왔다.

그는 요란스럽게 차 주전자를 치켜들면서도 정작 차를 따르는 데에는 무심했다. 그가 신선한 대화를 끄집어내는 동안에 헌트 신부는 그에게 손님들이 갈증을 느끼고 있다고 점잖게 주지시켰지만 컵들은 여전히 그의 팔꿈치 옆에 놓여 있었다. 나는 그가 되돌아온 컵을 높이 쳐들고 탁자에 다소 힘없이 앉아 있는 모습을 머릿속에 떠올렸다. 그는 마침내 입을 열었다.

"우리에게는 구정물통(slop-pail)이 없는 것 같습니다."

그는 자신이 잘못된 단어를 사용했다는 것을 깨달았다. 그리고 어찌할 줄

---

4) 트롤로프(Mark N. Trollope : 1862~1930) : 영국성공회 3대 조선 교구장. 커데스덴신학교를 졸업하고(1886) 사제의 서품을 받은 뒤(1888) 1891년 3월에 내한했다. 초창기에 그는 개신교 목사들과 한글 성서 번역에 힘썼으며, 강화도 성당에서 시무하면서 코르프 주교의 뒤를 이어 주교 대리로 활약하였다. 1901년에 귀국하였다가 터너 주교가 갑자기 별세하자 3대 조선 교구장으로 임명되어 1911년에 다시 입국했다. 그는 1922~1926년에 정동 성당을 준공했다. 영국에 업무차 갔다가 돌아오는 길에 고베에서 해상 사고를 당하여 그 후유증으로 별세하여 정동 지하 성당에 안장되었다.

모르는 헌트 신부를 바라보면서 말했다.

"내 생각에 그것은 전혀 맞지 않는 말 같습니다. 그렇지 않습니까?"

헌트 신부는 자못 정중하게 태도를 고치며 대답했다.

"그렇지 않습니다. 주교님. 우리는 그것을 slop-basin이라고 부릅니다. slop-pail은 우리가 침실에서 쓰는 물건입니다."

독신 생활은 영국인 신부들에게 단지 부수적이며 사소한 일에 불과한 것만은 아니었다. 독신 생활은 명백하게 공식적으로 채택되고 주교에 의해서 고수되어 온 정책이었다. 내 생각에 그것은 가톨릭교회에서 성직을 인가하는 징표는 아니었다. 그것은 외지에서의 선교사의 활동을 단순화하고 강화하기 위한 방법일 뿐이었다. 사실이 그러했다. 독신은 조선에서 영국 교회와 비국교도를 명확하게 구별하고 있다.

조선에서의 비국교도들은 아시는 바와 같이 구세군을 제외하고는 미국인이나 캐나다인들이다. 사람 자체로서가 아니라 봉직의 유형으로서 그들을 구별할 수 있다. 독신은 더 낮은 급료라는 직접적인 결과의 의미를 내포하고 있으며 더 많은 선교사들이 자금을 쓸 수 있다는 것을 의미한다. 독신은 또한 보다 작은 집을 의미한다. 비국교도 선교사들의 큰 집은 아내와 아이들의 공간이다. 특히 선교사의 부인이 곧 선교사는 아니라는 점을 상기할 때 그것은 그가 안락한 집에 익숙해져 있으며 사회적 교제를 위해 완전하게 예의를 갖추는 것으로서 서구의 성직이나 여흥과는 무관한 그 여인만의 공간을 요구하고 있다는 것을 뜻한다.

그러나 미혼 남자에게 큰 집은 거추장스럽다. 실제로 서울에 있는 영국인 신부들은 집단으로 거주한다. 그들은 대성당의 복합 건물에 공동으로 거주하는데, 수수한 조선식 단층 건물들을 공유해서 자신들의 필요에 따라 개조하고 시설을 갖추었다. 그들은 제한되어 있는 안락의 범주 내에서 놀라울 정도로 늠름하게 자신을 절제했다.

예를 들어 헌트 신부의 서재의 한쪽으로 작은 책상과 의자가 있고 맞은쪽으로는 예수 십자가상과 초들이 달린 스탠드가 있다. 그리고 방의 옆면으로는 책장이 있는데, 방문객을 위해서 더 이상 침실에서 옆문으로 들여온 의자들을 들여놓을 수 없다. 반면에 좁은 침대와 세면대를 갖춘 침실은 훨씬 더 끔찍할 정도로 작다. 그러나 독신자들에게는 이 정도로 충분하다.

또한 독신자들은 자신이 일에 집중적으로 주의를 기울일 수 있다. 자유로운 여가 시간을 차치하고서라도 그는 아내와 아이들에게 일어날 수도 있는 염려스러운 일들을 걱정할 필요도 없이 위험한 일에 뛰어들 수도 있다. 그는 또한 어디에서나 누구와도 자유롭게 어울릴 수 있다. 이동하기도 쉽다. 그러나 삶이 그에게 그리 편한 것만은 아니다. 그들은 때때로 참을 수 없는 외로움을 겪는다.

기혼 선교사들은 증거가 매우 빈약한 합리화이긴 해도 그럴 경우에 독신자들은 미쳐 버릴 것이라고 말하기를 좋아한다. 그들은 놀랍게도 순전히 자기 방어의 측면에서 미치지 않기 위해서 두세 번씩 결혼하는 선교사들도 있다고도 말할 것이다. 독신자들이 기혼자들을 비난할 것이라고 상상하겠지만 그렇지는 않고 오히려 기혼자들이 독신자들을 비판한다는 점은 주목할 만한 일이다. 때때로 일어나는 일이지만 아내에게 푹 젖어 결과적으로 그는 엉뚱한 일에 신경을 쏟으며 오히려 신랄하게 독신자들을 비판하고 그것을 즐긴다. 그러나 이 특별한 독신자들에게서는 점점 미쳐 가고 있다는 어떠한 징후도 발견되지 않는다. 반대로 그들은 변덕을 부리는 일조차도 없이 오히려 더욱 안정되고 확신에 차 보인다.

독신자 문제는 접어 두더라도 영국 교회 선교단은 선교 방식을 놓고 비국교도 선교사들과 첨예하게 대립한다. 그들의 목표는 팽창이 아니라 집중이다. 그것은 큰 학교를 세우는 것이 아니라 기껏해야 30명 안팎에 불과한 인원을 수용할 수 있는 정도에 불과한 수도의 대성당 복합 건물 내의 소박한 기숙사를 유지하는 것이다. 소년들은 특별하게 선발되었으며 처음부터 끝까지 감독을 받고 있다.

여러분은 그들이 받는 영향을 교육적이라기보다 부성애적이라고 말할지도 모른다. 그들은 스스로의 희망에 의해서 그러한 학교들에 입학한다. 그것은 가정이 미치는 영향과도 같다. 소수일지언정 독실한 기독교인들을 육성하고 배출해서 중앙에서 더 큰 영향력을 행사하도록 하는 것이 공동체 안에서 개인을 실종시키는 무분별한 대중 교육보다 훨씬 효과적이라고 그들은 기본적으로 생각하고 있다. 그것이 실제로도 곧이곧대로 될지는 모르겠지만 논리적으로 그러한 방침은 합당한 것처럼 보인다.

영국인 신부들은 비국교도 선교사들만큼 교육적 결과에 대해 비관적으로 여기는 것처럼 보인다. 나는 드레이크 신부가 거의 절반의 기숙사 학생들이 부도덕하게 생활하고 있다고 매우 혐오스럽게 말하는 것을 들은 적이 있다. 점점 낭패감이 깊어진 헌트 신부는 더 이상의 체류를 포기하고 지방 교회에서 돌아온 듯 행동했다. 그는 조선 사람들이 어떠한 영적인 호소에도 목석처럼 묵묵부답일 뿐이라고 불평했다. 내 생각에 이러한 사고 방식이 조선에서 선교가 실패한 이유이다. 그들은 통치자가 될 재목이 아닌 것과 마찬가지로 단순하게 기독교인으로 만들어질 재목도 아닌 것이다. 조물주는 그렇게 그들을 만들었다.

대성당 자체는 비잔틴 양식의 화려한 대리석 건물이다. 대성당은 아직 완성되지 않았고 좌우익 부분도 완전히 형성되지 않았다. 그리고 지금까지 완성된 길이의 반만큼 다시 확장되고 있다. 그러나 그 모습만으로도 청명한 조선의 하늘에 대비되어 평온하게 우뚝 서 있었다. 대성당의 내부는 하얀색이어서 깨끗하고 널찍한 인상을 준다.

성가대는 아일랜드산 대리석과 마주보고 있으며 제단 뒤의 골방은 최근에 모자이크를 새겨 넣었다. 그 곳의 신도들이 기껏해야 30명에 불과한 기숙사 소년들과 거의 동수의 수도회 소녀들로 이루어져 있다는 점을 고려한다면 대성당의 택지의 크기는 암시하는 바가 있다. 특히 여러분들이 그것을 수백 명의 학생들을 수용할 수 있도록 지어진 조선기독교신학교의 예배당과 비교했을 때 더욱 그렇다. 그 대학은 아직까지 기껏해야 한 건물의 꼭대기에 한 쪽에 설교를 위한 탁자와 창교자 예수의 사진을 걸어 놓은 비좁고 긴 다락방에 불과했다.

이것은 영국 국교와 비국교 간의 선교 방식과 사고 방식의 중요한 차이를 상징한다. 영국 국교에서 중심적이고 기저가 되는 것은 미래보다는 현재를 위해서 건립된 대성당이다. 비국교에서 중심적이고 기저가 되는 것은 묵시적으로 허용된 듯한 후미진 구석에 예배소를 갖춘 설교장과 연구실이다. 나는 양쪽 모두의 입장에서 비켜서 있기 때문에 그들에 대한 개인적인 판단을 논의하고 싶지는 않다. 나는 단지 그것에 내포되어 있는 함의를 대비해서 언급하고 싶을 뿐이다. 나는 어느 한 쪽이 더 우월하다거나 양자가 서로 상보적이라거나 아니면 각각 모두 타당한 행태를 표출하고 있다는 식으로 말하고 싶은 의도가 없다.

헌트 신부는 일견 조선 예술의 감정가였다. 그는 때때로 그림이나 병풍의 매매를 중개하기도 했다. 그는 한 쪽으로 고개를 돌리거나 가볍게 손짓하는 식으로 내가 예술품의 미를 감상할 수 있도록 해주었다. 나는 작품의 아름다움을 전혀 이해할 수 없을 때에도 사회적 위치 때문에 감상에 빠진 체하는 내 자신의 지독한 위선이 마음에 걸렸다. 박물관이나 사찰에 갈 때에도 나는 그와 동행했다.

나는 오래된 토기들을 보고 찬사를 금할 수가 없었으며 사찰 또한 늘 나에게 즐거움을 안겨 주었다. 헌트 신부와 승려들 사이의 대화를 알아들을 수만 있었다면 나는 그러한 재미를 더욱 만끽할 수 있었을 것이다. 그러나 알아들을 수 없는 대화조차도 무언극처럼 재미있었다. 손을 모으고 허리를 굽히는 것은 서로의 적대감을 용서하는 웅변으로서 너무나 정중하여 종교적 이질감을 볼 수 없었다. 헌트 신부의 과장된 후음은 나에게 그가 조선어까지 옥스퍼드 억양으로 발음한다는 인상을 심어 주었다.

그러나 불교에 대한 헌트 신부의 태도는 나를 흐뭇하게 만들었다. 그는

사원의 산신도

사찰 안에서는 모자를 벗어 들고 기어들어 가는 목소리로 말했을 뿐만 아니라 부처님의 가르침에 높은 외경심을 표하고 불상이 가지고 있는 상징적인 의미를 찬양했다. 배타적인 선교사들은 그러한 행태를 배교와 우상 숭배로 몰아붙이기 십상일 것이다.

그러나 앞서 말했듯이 그는 점점 더 비만해져 갔다. 우리가 답사를 떠날 때에는 늘 날씨가 뜨겁고 산길이 가팔랐기 때문에 그는 꾸준하게 열심히 부채질을 했고 때로는 "당신도 보다시피 이런 날씨 때문에 나는 정말 죽을 노릇"이라고 탄식했다. 그의 시종이 물 주전자와 차 주전자까지 완벽하게 갖춘 큰 점심 도시락을 가지고 우리를 따라다녔다. 나는 그의 손님이었기 때문에 그는 나의 기운을 북돋워 주며 성심껏 대해 주었다.

언제인가 우리는 독특한 흥미를 자아내는 사찰 안에서 점심을 들었다. 그 사원 위쪽의 산비탈에는 평평한 제단 위로 사당이 지어져 있었다. 사당 안에는 호랑이와 고양이 사이에서 태어난 새끼 한 마리가 한 노인의 발치에 앉아 있는 그림이 한 점이 걸려 있었다. 헌트 신부는 그가 산신이며, 그것은 불교에 원시 애니미즘 신앙이 덧씌워지는 과정에서 속설로 전화되었다고 설명했다. 승려들은 부처님의 제단과 산신각 모두를 똑같이 정성스럽게 돌본다. 훗날 나는 이것이 조선에서는 보편적인 현상이라는 것을 알게 되었다.

모든 사찰에는 실존하거나 전설에 등장하는 동물들이 장식되어 있다. 이러한 도교적 요소는 처음에는 불교에 대해 적대적인 자연의 힘을 표현했으나 나중에는 불교 신앙 안으로 수용되고 통합되어 어느 쪽이 정복자이고 어느 쪽이 피정복자였다고 말할 수 없게 되었다. 실제로 금강산의 모든 봉우리와 웅덩이에는 부처님과 물과 바위의 창조자 사이의 쟁투에 대한 전설이 있다. 그러나 그것은 다른 이야기이다. 이상주의자인 헌트 신부는 순수한 기독교회만큼이나 순수한 불교를 갈망하며 그 노인과 고양이의 개입을 개탄했다.

그때는 나를 통찰하는 순간이었고 그 각성을 통해서 나는 다른 신부들 중의 누군가가 조선의 모든 교회들이 폐쇄된다 해도 그것으로 인해 괴로워하지 않을 것이라고 말했을 때 그의 말이 무엇을 뜻하는지를 이해할 수 있었다. 그는 기꺼이 텅텅 빈 성당에 남아서 성직을 수행할 것이며 빈 성당을 더 좋아할 것이다. 사실 오늘날의 집회가 그렇다. 나는 여기에서 과감하게 나의 생각을 밝히고자 한다. 큰길이건 샛길이건 접어들어서 사람들이 참여하도록 만드는 것은 성서의 글귀에는 부응할 것이나 그로 인해서 권세 있는 교회를 만들지는 못할 것이다. 그러나 나는 어떠한 권위를 가지고 이런 말을 하는 것은 아니다.

제 16 장 칼리스토 신부

내가 조선의 북부 지역을 방문하고자 했던 데에는 이유가 있었다. 그러나 마지막 부활절 휴가를 맞아 그러한 기회를 얻을 수 있었을 때 나의 남은 휴가는 나흘에 불과했다. 다른 여행길에서 24시간씩을 썼기 때문에 내가 북부 지방을 방문했던 시간은 정확히 이틀이었다. 그러나 동양에서 거리는 별로 중요하지 않다.

하루 동안의 도보 여행에 앞선 3시간 동안의 기차 여행은 거의 매주말의 일과였다. 그리고 나의 아내가 동양권을 여행하던 무렵 그를 만나기 위해 48시간 동안 육로와 해로를 경유해서 도쿄로 갔던 것은 더 없이 적절한 것으로 보였다. 그것은 가령 서양으로 되돌아오는 친구를 만나기 위해 바르샤바에 들리거나 로마로 남하하는 것과 같았다.

이러한 특별한 예는 런던 시민들이 스코틀랜드 북부에서 주말을 보내는 것에 비유할 수 있을 것이다. 그러한 제안을 받는다면 당신은 적어도 시간적인 여유가 필요하다고 기대할 것이다. 그러나 나에게 우물쭈물하는 일은 일어나지 않는다. 어디에 묵느냐가 유일한 문제가 된다. 여관에 묵는 일은 매우 불편했기 때문에 나는 많은 것을 배우기를 기대할 수 없었다. 나는 그 지방과 그 곳 사람들을 잘 알고 있으며 나를 신속하게 그 곳의 환경과 접촉시켜 줄 수 있는 사람이 필요했다.

칼리스토[1] 신부는 내가 찾던 바로 그런 사람이었다. 칼리스토 신부! 그 이름은 내가 위작한 것이 아니다. 나는 그 이름이 너무 매혹적이어서 몇 마디의 미사여구로써 그 이름을 왜곡시킬 수 없다는 것을 잘 알고 있다. 그는 어떠한 윤색도 필요 없는 사람이다. 나는 주제 넘는 외경심으로 그를 생생하게 설명하는 것 이상으로 진심에서 우러나오는 찬사를 보낼 수가 없다. 그는 두만강 연안에 있는 회령이라는 접경 도시에 살고 있었는데, 그 마을은 조선과 만주 사이의 북동 방면 접경을 이루고 있었다. 정확하게 말해서 나는 그 지역을 둘러보고 싶었다. 그 곳에는 캐나다 선교단이 있었고 나는 가톨릭 교회의 극진한 환대를 받았다. 그 곳에는 새로운 전도 행위와 사고 방식들이 펼쳐지고 있었다.

경성에 있는 한 친구로부터 칼리스토 신부의 이름을 듣자마자 나는 그에게 서신을 보내어 나를 숙박시켜 줄 수 있는지를 물었다. 나는 내가 소설가라는 점을 덧붙였으며 나의 호기심은 순수하게 직업 의식 때문이라고 정직하게 밝혔다. 그가 달가울 수 없는 초대에 즉시 응답한 것으로 보아 그는 별로 다른 갈등을 겪지 않았던 듯했다. 그는 우리 영국인들과는 전혀 친교가 없었을 것이다. 그는 독일 선교단 소속이기 때문에 나에게 영어를 거의 못한다는 점을 주지시키고 북부 지방은 여전히 매우 춥기 때문에 "옷을 따뜻하게 입고 오라"고 전해 왔다.

나는 아침에 과내에 도착했다. 깎아지른 듯한 해안과 군도의 수많은 바위들로 테를 두른 해안을 따라 철길을 달렸던 전날의 여행은 매우 낭만적이었다. 우리는 아침에 바다를 떠나 관목이 우거진 언덕 사이의 내지를 돌아보

---

1) 칼리스토(Calistus) 신부에 대해서는 기록이 보이지 않는다. 그가 독일인이었다는 점과, 1920년대 원산 일대에서 포교한 신부라는 필자의 설명에 따라서 그의 행적을 추정해 보면, 그는 베네딕토회에 소속되었던 신부임을 알 수 있고, 아마도 1921년을 전후하여 함경남도 덕원 교구가 설립되면서 입국한 독일인 신부 14명 중의 한 분일 것으로 추정되나 그 이상의 행적은 밝혀지지 않는다.

았다. 음산하고 적막한 분위기가 점차 짙어졌고 산의 정상에는 눈이 쌓여 있었다. 나는 역에서 칼리스토 신부를 만났다. 사람들은 그를 흘끗흘끗 쳐다보았다. 그는 검은 망토와 외투를 입고 양털 모자에 달린 볼 가리개로 각진 얼굴과 턱수염을 가리고 있었으며 손에는 지팡이를 들고 있었다.

그는 영락없이 가톨릭 사제의 인상이었다. 그는 호들갑을 떨지 않고서도 나를 반갑게 맞아 주었기 때문에 우리는 이내 가까워져 돈독한 사이가 되었다. 그는 나의 여행 가방과 신발을 물끄러미 바라보았다. 나를 위해 짐을 옮겨 주겠다는 내키지 않는 호의보다 소란 떨지 않고 내게 맡겨 두는 편이 더 편했다. 나는 그에게 감사를 표시했고 그는 나를 자신의 집으로 안내했다.

칼리스토 신부는 수사였으므로 나는 처음에 수도원에 묵게 될 것이라는 점 때문에 어떻게 그 곳에서 지낼 수 있을지 다소 걱정이 앞서고 실망스러웠다. 그러나 거기에는 수도원이 없었다. 칼리스토 신부는 마을의 중심가를 벗어나 다소 지저분한 뒷골목의 한 한옥에서 조선의 소년 한 명만을 데리고 사실상 혼자 살고 있었다.

그는 의복과 최소한의 가구를 제외하고는 완전하게 현지인으로 살았다. 그의 집은 약 2평방 야드 정도 출입하는 현관과 함께 두 개의 방으로 이루어져 있었다. 그리고 대들보와 낮은 툇마루가 마당을 향해 열려 있었다. 방들은 매우 작고 낮았다. 한 방에는 작은 책상과 쿠션을 대지 않은 두 개의 등받이 의자와 책꽂이가 놓여 있었다. 몇 점의 성모 마리아 그림과 십자가에 못 박힌 한두 개의 예수상 그리고 풀이 무성한 목초지와 푸른 언덕들의 풍경을 담은 독일 달력이 못으로 벽에 걸려 있었다.

뒤에 알았지만 장지문을 통해 들어가는 다른 한 방은 조잡한 세면대를 제외하고는 뎅그렁했다. 그 방은 침실이었지만 침대도 없었기 때문에 칼리스토 신부는 조선 사람들처럼 맨 바닥 위에서 누비이불을 덮고 잤다. 또 다른 한 방은 그 방과 연결되어 있는 부엌이다. 그러나 간간이 드러나는 전체적인 징후로 보아 그 또한 때때로 요리와 청소를 돕는다는 것을 암시하긴 했지만 그 곳은 그 소년이 전용했기 때문에 나는 그 방을 칼리스토 신부의 처소에 포함시키지 않았다.

집안에는 난로도 없었으며 방바닥 아래에서 온기가 올라왔다. 그러나 방바닥에는 내가 경험했던 다른 어떤 것들보다도 더 열악했다. 바닥은 맨 흙 위에 엉성하게 볏짚이 깔려 있었다. 방은 충분히 따뜻했지만 벌레들로부터 벗어난다는 것은 불가능했다.

서재에 앉아 잠시 대화를 나누는 동안 우리는 주전자에 담긴 우유를 타지 않은 단 맛 나는 차를 수도 없이 부어 마셨다. 우리들만으로도 여분의 공간이 남지 않았기 때문에 누구도 편하게 발을 뻗을 수는 없었다. 벽과 낮은 천장이 비좁게 방을 둘러쌌을 뿐 아니라 초라한 실내조차도 충분하게 밝히지 못하는 빛 때문에 감금당해 있는 듯한 슬픔이 일었다.

하나밖에 없는 창은 조그만 사각 유리를 제외하고는 종이로 발라져 있어서 희미한 불빛만이 겨우 투과되었다. 나는 그 유리를 통해서 빈 마당과 아무 것도 없는 맨 벽을 올려다보았다. 그 곳은 마치 감옥이나 무덤 같았다. 여전히 우리는 차를 마시며 담소를 나누었다. 우리는 담배도 피웠다. 칼리스토 신부에게 파이프 담배는 아내, 친구, 음악, 연극, 문학으로서의 역할을 하고 있다는 것을 나는 이내 알아차릴 수 있었다. 선반 위에 책들이 있긴 했지만 그는 자신이 책을 읽는데 너무 게으름을 피운다고 말했다. 그렇다고 이 단순한 사람들과의 관계 속에서 그를 도울 수 있는 읽을 만한 책들이 무엇이 있을까?

그들의 삶은 출생과 결혼과 죽음이라는 단조로움에서 벗어나려는 고행으로 짜여 있다. 그 이상은 아무 것도 없다. 책은 그가 그의 생로병사를 이해하는 데 아무런 도움이 되지 못했고 그 또한 읽을 필요를 못 느끼는 듯했다. 젊었을 때 그 또한 신학을 공부했다. 그가 젊었을 때…. 그는 담배의 끄트머리까지 피우기 위해 격렬하게 파이프를 빨았다. 그리고 나서 파이프를 톡톡 두드리고 담뱃잎을 다시 채웠다. 그는 서툰 영어로 설명했다.

"이 파이프 담배는 가장 좋은 친구라고들 말하지요."(De pipe ees—wie sagt man?—de best freund.)

그는 조선에서 19년째 살고 있었다. 그는 한 번도 독일에 다녀온 적이 없었다. 독일로 돌아가고 싶지 않느냐고 내가 그에게 물었다. 그는 친근하게 어깨를 으쓱해 보였다.

"언젠가는 가겠지요. 그런데 아마도 그런 일은 결코 없을 겁니다."

나는 푸른 언덕과 풀들이 넘실거리는 목초지를 담은 달력을 흘끗 쳐다보았다. 조선은 아름다운 땅이지만 목초지가 없었다. 2년이 지나는 동안 나는 미나리아재비가 피어 있는 들판과 짙푸른 풀밭 그리고 완만한 능선을 뽐내는 언덕들을 열망했다. 그러나 화염처럼 격렬하게 솟구쳐 오르며 시선을 사로잡는 화강암 산봉우리는 수려하고 환상적인 형세였기 때문에 잠시나마 그저 그렇고 밋밋한 풍경에서 벗어나는 데에는 적격이었다.

그러나 19년의 세월… 아직도 파이프는 큰 위안자이다. 칼리스토 신부는 조선 담배를 쉽게 피우는 방법을 익혔는데, 질이 좋고 매우 가느다란 궐련 하나를 집어 들어 들이마시고 내뿜은 다음 다시 얼룩진 종이를 가지고 청년의 실험 정신으로 거칠게 말아 간다. 조선 담배의 좋은 점은 한 달에 3실링이면 하루종일 쉬지 않고서 피울 수 있다는 것이다. 유럽인들이 피우는 담배가 영국에서는 이곳에 비해 거의 거의 3배나 비싸다. 그는 또한 익숙하게 조선 음식을 먹고 술을 마셨다.

"이것은 소화에 좋다고들 말하지요. 조선의 소주를 들어 보실래요?"(eet is good for de —wie sagt man?— Verdauung. Korean Brandy?)

그것은 소화가 잘 되었으며 별 다른 위생상의 주의를 기울이지 않아도 되었다. 그는 자신의 오두막집에서 토착민들과 어울려서 식사를 했는데, 그 모습은 무척 자연스러워 보이기까지 했다. 그러나 그것은 고약한 냄새가 나고 비위에 거슬렸다. 정말로 나는 그 소년이 이것저것 섞어 만든 맛없는 음식들을 비웠다는 것을 고백해야만 하다. 뭉근한 불에 끓여서 맛없는 양념을 흠뻑 들인 끈적끈적한 고기와 기름기 많은 부침개와 신 김치 등이 나왔다.

그렇게까지 비위에 거슬리지 않고 그저 맛이 없고 만족스럽지 못한 정도만 되었어도 나는 뒤에 나올 향긋한 푸딩과 과일을 기대하며 물러나고 싶었다. 그러나 나는 그들의 성의를 저버릴 수가 없었다. 나는 먹지 않을 수 없었던 음식들 때문에 모호한 의무감에서 적당히 술과 담배에 손을 댔다. 칼리스토 신부가 이 고백의 글을 읽을 가능성은 거의 없겠지만 그의 입맛을 얕잡아 봐서가 아니라 그의 대범하고 자애로운 행적에 대한 찬사로 그가 나의 고백을 받아들이기를 나는 바란다.

처음에는 그도 나처럼 비위에 거슬렸으리라. 그러나 그는 음식을 비우는 인내를 통해서 자신을 훈련시켰다. 그것은 그의 전도 행위의 한 부분이었다. 또한 그것은 경제적 필요 때문이기도 했다. 나는 그와 서울의 선교사들을 비교하는 건방진 호기심으로 그에게서 그의 재원에 대한 설명을 유도했다. 그의 말에 따르면 그는 한 달에 100엔(10파운드)을 받았다. 현지인의 방식으로 생활한다고 했을 때 아마도 그는 자신과 그가 데리고 있는 소년의 식비로 한 달에 20엔을 쓰고, 의복을 구입하는 데 20엔 정도를 소비할 것이다. 그 외에 담뱃값 1엔 50센을 쓰고 다른 사람에게 편지를 부치는 데 1엔을 쓸 것이다.

"아시다시피 나는 드릴 것이 없어요."(So, wissen Sie, I can a lettle to the poor give.)

자신의 희생에 대해 칭찬 받을 만하다는 어떤 암시도 없이 그는 아무렇지도 않은 듯이 나에게 말했다. 오히려 그는 친구들이 자신에게 종종 우유나 심지어 담배 상자까지 보내온다고 말하면서까지 내가 자신의 가난에 대해서 과대평가하지 말기를 진심으로 바라는 것 같았다. 그에게는 모든 것이 충족되어 있었다. 그와 함께 이틀을 보내는 동안 그는 시골로 나를 안내해서 작가인 내가 흥미를 가질 만한 것이면 무엇이든 보여주려 했다. 우리는 탄광과 오래된 요새와 그의 사목 지역 주민들이 살고 있는 두만강을 둘러보았다. 그는 이렇게 고백했다.

“이 곳에는 아무 것도 없기 때문에 당신에게 보여줄 만한 것이 없습니다.”

그 곳에는 탄광이 많았다. 탄광은 수갱이 아니라 땅속으로 뚫린 경사진 터널을 통해서 안팎이 통해 있었다. 일본인 관리인은 갱도를 따라 우리를 안내했다. 화강암과 현무암 벽 사이로 꼬불꼬불한 석탄 광맥이 형성되어 있었다. 우리는 아세틸렌 램프를 밝히면서 그를 따라 갔다. 우리가 배웠던 하루 8시간 근무라는 것은 거기에 없었으며 12시간씩 일하는 2교대조가 있었다. 조선의 노동자들은 탄광 안에서조차도 흰옷을 입고 있어서 창백했으며, 기분도 우울해 보였다. 그들은 방 하나로 된 집에서 살고 있는 듯 했는데, 가족들도 거기에서 토끼들처럼 함께 옹기종기 살았다.

석탄 값이 올라갈수록 그들의 급료는 늘 낮아진다고 칼리스토 신부가 나에게 말했다. 개선된 위생적인 환경으로 노동자들이 시장에 넘쳐 났다. 그들은 모두 남자들이었다. 사고가 일어나거나 적은 급료 때문에 굶는 경우에는 무슨 일이 일어났을까? 그들은 그저 가여운 조선 사람에 불과했다.

산의 요새는 내가 전에 보아 왔던 것만큼 많았다. 요새는 만주의 침략자들이 주기적으로 국경을 침범해 올 때를 대비하기 위해 축성된 것으로 산등성이의 넓은 공간을 조잡한 벽으로 둘러싸고 있었다. 절벽과 자갈밭 해안을 굽이도는 두만강의 넓은 물줄기는 그때까지 얼어붙어 있었고 그 너머로 헐벗고 험준한 산맥이 어렴풋이 드러났다.

자갈밭 사이로 여기저기에 급작스러운 강물의 범람으로 수몰된 농장과 과수원의 시든 과실수들이 보였다. 오두막집들도 쓰러져 있었다. 쓸모없는 돌들을 치운다는 것은 불가능해 보였다. 사람들은 정처 없이 도처를 떠돌아다녔다. 아마도 그들은 만주 일대를 방황하는 것 같았다. 그 곳에는 구호의 손길이 없었기 때문에 많은 사람들이 굶어 죽을 수밖에 없었다. 그러나 어찌하랴. 그들은 그저 가여운 조선 사람에 불과했다.

그러나 칼리스토 신부는 별다른 씁쓸한 표정 없이 말했다. 그는 이 소박하고 가난한 사람들과 이웃해 살며 동정심을 가지고 그들과 어우러짐으로써 각별한 인내심을 체득하며 원숙해져 있었다. 그것은 체념도 아니고 불요불굴의 의지도 아니었다. 그의 입술은 무성하게 자란 수염 사이에서 부드럽게 움직였고 안경 너머로는 눈망울이 매우 차분하게 빛났다.

작은 체구에 은은하고 차분하게 움직이는 그의 모습은 돌풍에 흔들리지 않고 차디찬 바람에도 꿈적하지 않을 듯했다. 그의 모습은 그 침울한 고난 속에서도 내밀하게 위안과 희망을 담고 있었으며 숙명적인 비애와도 화해하는 온화한 인내를 보여주었다. 그리고 그의 모습은 그가 여기에 온 이유를 말해 주는 메시지였다.

여기저기에서 사람들이 그를 알아보고는 그를 맞이하기 위해 넘어질 듯이 오두막집을 박차고 나와 문가의 신발을 신고 상인방 아래를 지나오면서 고개를 조아렸다. 어떤 사람들은 머리 위에 마술사의 모자에서 나온 동물처럼 무엇인가 솟아 있었다. 그들은 웃음을 띠우며 인사하면서 그에게 다가와 반갑게 안으로 맞아들였다.

그는 바닥 위에 볏짚 방석을 깔고 생선, 김치, 담배를 담은 소반을 내와 그의 옆에 서 있거나 그가 편하게 있으라고 할 때까지 다소곳이 쪼그려 앉아 있었다. 그들은 그의 약한 심정을 알고 있었다. 그의 물음에 수다스럽게 대답하고 있는 동안 여자들과 어린아이들은 부엌문 틈으로 우리를 엿보고 있었다. 그는 그들과 함께 식사하고 술을 마시고 담배를 피웠다. 그는 그들 중의 한 사람이었다.

그러나 그들이 그에게 무엇을 해줄 수 있을 것이며 그는 보답 받을 가망도 없이 외로움을 삭이면서 어떻게 그들과 친밀한 관계를 유지해 나갈 것인가? 그리고 그것은 그의 집에서도 마찬가지였다. 식사 때조차도 문간방은 남녀노소들로 넘쳐 났고 함께 이야기했다. 문간에 서 있는 사람들은 단지 우리만을 응시할 뿐이었고 우리가 음식을 먹고 담배를 피우는 동안에도 끊이지 않고 후음의 독백을 유지하고 있었다. 예외란 없었다. 1년 중에 한 주 정도를 제외하고는 주말마다 다른 수도원들에 불려 다녔다. 나는 그가 그것을 어떻게 견딜 수 있는지 물었다.

"나에게는 파이프 담배가 있잖아요. 아시다시피."(Wissen Sie)

그가 대답했다. 물론 진실한 대답은 그의 집에 인접한 작은 기도실에 있었다. 그는 아침저녁으로 우리와 산책에서 돌아오는 길에 몇 분 동안 그곳에 들렀다. 거기에서 그는 맨 바닥 위에 무릎을 꿇고 두 손을 모은 다음 고개를 들어 제단을 응시했다. 그 제단에는 촛불과 밝은 빛을 띤 화려한 장식품이 달려 있었으며 남자들이 앉는 쪽과 여자들이 앉는 쪽을 나누는 칸막이 벽으로 기도실이 나누어져 있었기 때문에 예수의 고통 받는 형상을 단지 반밖에 볼 수 없었다. 그는 그 곳에서 자신이 필요로 하는 바를 갈구했다.

밤이 되면 우리는 침대의 선반에서 누비이불을 내렸고 그들은 나를 위해 그 이불을 깔아 주었다. 그리고 그 이불 주위에 분말 가루를 뿌려 경계선을 만들었다.

"아시다시피 빈대 때문에…."(because of de—wie sagt man?— Wanzen)

나는 촛불 가에서 옷을 벗었고 방과 바닥을 더럽힐 소지가 있기 때문에 흔들거리는 작은 세면대 위에 옷가지들을 조심스럽게 놓아두었다. 그러나 날벌레들은 줄어들지 않았다. 그들과 함께 지난 나의 기억들 중에서 유쾌하지 않은 것은 아무것도 없다. 경성으로 돌아왔을 때 나는 칼리스토 신부에게 담뱃잎과 담배 한 상자를 보내는 것 이상으로 더 지극하게 감사의 마음과 존경심을 표현할 수 있는 것은 없다고 생각했다.

제 17 장 영어 수업

6월의 오후는 매우 더웠다. 3일간 학기말 시험을 치르고 1주일 후에는 방학이었다. 오전에는 수업이 없었기 때문에 나는 점심 시간이 지나서야 학교에 도착했다. 전차의 햇볕 가리개 아래로 불어 들어오는 바람이 비교적 서늘했다. 그러나 종점에서부터 눈부신 하늘 아래 더러운 길을 따라 걷는 3분간의 산보를 마치고 나면 나는 허벅지와 등이 냉습해지면서 옷이 딱 달라붙었다.

나는 어떻게 하면 학생들을 재미있게 해줄까 궁리하며 집을 나섰다. 그런 날에는 더욱 참을 수 없었다. 그러나 교무실에 도착할 때까지 나는 흥이 나지 않았다. 나는 자신이 노력하고 있다는 신선한 물결로 자신을 고무시키는 수밖에 없었다. 주의를 기울여 느릿느릿하게 재미있는 이야기를 하고 그것을 세 번 되풀이하는 것, 공을 들여 요점을 정확하게 설명하는 것 그리고 학생들을 한 사람씩 불러서 이야기하는 것만이 나의 의구심이 기우라고 확신하도록 만들었다. 그러나 나의 재담은 절망스럽게도 분위기를 썰렁하게 만들 것 같았다.

나는 교무실의 선생님들에게 인사를 하고 별가리개 모자를 벗어 든 다음 문가의 세면대에서 손과 얼굴을 씻고 책상 앞에 앉아 두 시간 동안 어떻게 하면 학생들에게 재미 보따리를 펼쳐 보일 수 있는지를 연구하기 위해 시험

사원의 벽화

지들을 읽었다. 사환은 나에게 뜨거운 차를 한 잔 가져다주었다. 그것은 일본차로서 연한 황갈색을 띠었으며 우유와 설탕은 들어 있지 않았다. 찻잔에는 손잡이가 달려 있지 않았다. 쟁반에서 그것을 들다가 나는 손을 데었다. 나는 곧 바로 차를 마실 수 없었다.

나는 차를 식히기 위해 잔을 내려놓고 계속해서 시험지들을 읽었다. 나는 몇 가지 읽을 거리들을 찾아내어 대화를 나누기 위해 종이에 옮겨 적었다. 그러나 그것은 곤혹스러운 작업이었다. 오래된 시험지에 영어 문제들이 인쇄되어 있었는데, 그중에 다섯 줄의 일본어 문장이 있었다. 내 기억에 그 문장들은 업무용 서신이었다. 나는 그것을 번역하느라 힘들게 고생했다.

나는 몇 분을 소비했다. 주위의 두 명의 일본인 영어 교사가 내 일을 상담해주느라고 애를 먹었다. 한 교사는 학생들과 함께 골즈워디(John Galsworthy)의 『정의』를 읽고 있었으며 다른 교사는 하디(T. Hardy)의 『인생의 몇 가지 모순들』을 읽고 있었다. 영어의 대중적인 통용어라고 할 수 있는 속어와 영어의 문법 구조는 동양인들의 논리적인 정서를 함양시키기 위해 수많은 난해한 문장 요소들을 필요로 한다는 점을 강조하면서 나는 복잡한 문장들을 설명했다. 다른 교사가 정력적으로 부채질을 하면서 나에게 다가왔다. 그는 두 걸음 째마다 엉덩이를 뒤뚱거리며 인사를 했다. 차마 미워할 수 없이 다정한 미소를 지으면서. 그의 앞니는 금니를 심어 놓았다. 그는 콧소리를 내며 말했다.

"자, 엄청나게 덥지요. (Veree hot) 그렇지 않습니까? 내가 보기에 선생님도 꽤 더워하시는 것 같은데요. 매우 불편합니다. (Veree in-con-ven-yent)"

지난 달 내내 그는 매일 정확하게 이런 식으로 같은 말을 말했다. 그러나 그는 매우 쾌활했으며 숫기 없음을 극복하고 이역에서 나와 친근해지려고 눈에 띄게 노력하고, 진심으로 나의 안위를 걱정했기 때문에 나는 30차례 동안 대답해야 했던 일에도 전혀 분개하지 않았다.

"예, 매우 덥군요. 그런데 나는 이런 날씨가 좋아요."

그의 미소는 더 커졌다.

"아! 그래요! 나도 좋아요."

그가 인사하면서 물러났다. 종이 울렸다. 시간 엄수는 몰인정해서 나는 눌러 앉아서 차를 한 모금 들이켰다. 찻잔에는 일본의 가타카나로 내 이름이 새겨져 있었는데, 이 인쇄체 활자는 특별히 외국어를 표기하는 데 사용되었다. 도레쿠(ドレーク)는 나의 이름인 드레이크(Drake)에 가장 가까운 발음이었다. 찻잔에는 아무렇게나 드러누운 달마의 형상이 장식되어 있었다. 달마는 썩어 문드러진 다리로 오랫동안 사색에 잠겨 앉아 있는 신비스러운 인도의 고승이었다. 반항적인 인상을 가지고 있으며, 수염이 덥수룩하고 외투를 입은 사람들이 회초리를 손에 쥔 그의 주위에 열광적으로 모여들어 있었다. 그는 나에게 내 직업의 훌륭한 상징이자 일종의 귀감으로 느껴졌다.

교사들이 줄지어 나오기 시작했다. 나는 두 개의 분필과 출석부를 챙겼다. 출석부에는 일본어와 영어로 학생들의 이름이 기입되어 있었다. L 2 B, 이것은 B반을 뜻했다. 2학년에는 법학반과 문학반이 있었는데, B반은 문학도들이었고 A반은 법학도들이었다. 나는 B반을 더 좋아했다. 그들은 더 쾌활했고 유순하고 밝았으며 금욕적이고 엄숙한 분위기를 풍기는 성직자로서의 사명감이 덜 느껴졌다. 무능할지라도 좋은 친구들이었다. 우리는 서로를 이해했다. 교실은 2층에 있었기 때문에 더 많은 수고를 했다. 내가 교실에 들어서면 반장은 주의를 환기시키며 학생들에게 호령했다.

"기립!"

나는 단상 위로 올라가 책상 너머로 멀리 눈길을 두었다. 반장의 구령에 따라 학생들은 인사를 했다.

"예"

나도 답례를 했다. 나는 출석부를 펴고 차례대로 이름을 불렀다. 어떤 이름에서는 킥킥대는 웃음소리가 나왔다. 그러나 그 웃음소리에는 두 가지 다른 뜻이 있었다. 한 편으로 그것은 내 잘못된 발음으로 인한 순수한 즐거움이었고, 다른 한 편으로는 다른 학생이 결석한 친구의 이름을 성공적으로 대신 대답한 데 대한 은밀한 유희였다.

그러나 나는 이런 생활에 점차 익숙해져서 그 의미를 구별하게 되었다. 두 종류의 대답 소리는 톤이 전혀 달랐는데, 첫 번째 경우는 비일비재했고 두 번째 경우는 가끔 있었다. 간단한 가감을 통해서 나는 두 명의 학생이 결석했음을 알 수 있었다. 나는 대답에 따라서 출결을 표시했다. 그러나 그것은 분위기가 고무될 필요가 있을 때 사소하지만 즐거운 구제책이 되었다. 내가 내 뒤의 벽에 걸려 있는 긴 칠판을 응시하자 웃음소리가 터져 나왔다. 나는 기대하고 있었던 바를 정확하게 목격했다. 누군가 다음과 같이 썼다.

"선생님, 너무 더워서, 죄송하지만 공부를 할 수가 없어요. 재미있는 얘기나 해 주세요."(Dear teacher, too hot day, sorry, can not work, please tell me funny story.)

나는 그 문장을 아래와 같이 교정했다.

"Dear students, too hot day sorry can not tell funny story too hard work."

이러한 간단한 익살은 큰 박수와 함께 환영받았는데, 내가 계속해서 구두점과 문형을 고쳐 주면 연이어 환호성이 일어났다. 그러면 누군가 손으로 자신의 얼굴을 가렸기 때문에 어느 학생이 그러한 요구를 했는지 곧 알아낼 수 있었다. 동양의 정서는 유쾌하게도 유희와 친근하다. 그때 그 학급은 완벽하게 즐거운 분위기에 휩싸여 있었다. 그리고 소년들 중 한 명에게 받아쓰기를 시켰다. 과제를 주면 그들은 더 이상의 군소리 없이 공부하기 시작했다. 나는 그들에게 25분을 주었다. 나는 앉아 있으면서도 한동안 웃음이 터져 나오려는 것을 가까스로 참았다.

나는 출석부를 훑어보았다. 출석부는 꽤 효율적인 기록표였다. 거기에는 한 쪽 줄에 일본어와 영어로 이름이 기입되어 있었으며 매 시간마다 결석생들을 표기할 수 있는 칸이 있었다. 무엇보다도 가장 좋은 것은 맨 앞장이었는데, 그것은 각각의 학생들이 어디에 앉아 있는지 정확하게 보여주는 그림표였다. 빈 책상들과 함께 이것을 점검함으로써 두 명의 결석생이 누구인지를 알아내기란 쉬운 일이었다.

그리고 나서 나는 그 시험 시간에 앞의 한 일본어 교사가 번역해 준 시험지의 뒷면의 사업용 서신을 훑어보았다. 그것은 『오사카아사히신문』에 광고가 실린 어느 회사에서 출간한 『영일사전』에 대한 주문서였는데, 사전을 신속하게 보내 달라는 요청이 기재되어 있었고 책값과 우편 요금으로 10엔짜리 수표가 동봉되었다. 매우 간단하고 짤막한 편지였다. 번역의 몇 가지 오류를 수정할 필요가 있어서 다른 문장들을 기입했다. 그 덕분에 휴식 시간을 빼앗겼다. 학생들에게 작문을 읽히기 전의 30분은 꿈속으로 달아날 수 있는 시간이었다.

그들은 연신 글씨를 문질러 지우며 정성스럽게 작성한 시험지들을 접었다. 군복에 가까운 회색과 청색의 얇은 상하의 제복을 입은 40명 남짓한 학생들이 각자의 책상에 앉아 있었다. 그들은 대부분 옷깃의 단추를 채워 놓지 않았기 때문에 땀 찬 갈색 가슴이 드러나 보였다. 그들은 엉덩이 아래에 수건을 깔고 앉았다. 일부는 머리를 짧게 잘랐지만 일부는 어깨까지 긴 머리를 늘어뜨렸다. 머리를 기른 학생들은 자유의 이상을 꿈꾸며 정신적으로 방황하고 있었다.

그들은 연필 끄트머리를 물어뜯으면서 서로 의논하고 사전을 뒤적거렸다. 그들의 얼굴에는 노력과 낭패감이 배어 있었다. 한두 명은 이미 노력을 포기하고 실력 그대로 책을 읽었다. 어떤 학생은 책상 위에 팔을 늘어뜨리고 고개를 떨군 채 깊이 잠들었다. 어떤 학생들은 왕왕 일어나 교실의 구석으로 가서 타구에 침과 가래를 뱉었다. 그들은 종이 조각으로 코를 푼 다음 그 종이를 찌그러뜨려서 공을 만들어 책상 위에 두기도 했다.

나는 이름을 기억하고 있는 학생들 중에서 특별히 총명하거나 아둔한 학생들을 몇 명 뽑아서 숙사로 불렀다. 그러나 나는 그들의 이름을 대부분 몰랐다. 나는 많을 때에는 일주일에 거의 250명의 학생들을 만났다. 옷을 똑같이 입었고, 머리 길이를 제외하고는 얼굴 생김새 또한 한결같았기 때문에 나는 수많은 강아지들과 같은 그들을 알아볼 수가 없었다. 나는 그들의 이름도 도무지 기억할 수 없었다. 내가 학생들의 얼굴을 알아 볼 수 없다는 것을 그들도 잘 알고 있었기 때문에 그들은 이를 대리 출석으로 이용하고 있었다. 그러나 나는 이럴 경우에 그들을 어떻게 다루는가를 알고 있었다.

나는 고민하기 시작했다. 그것은 불가피한 일이었다. 그들은 결코 서양 언어의 공부를 완성할 수 없고 그것을 사용할 확률도 1/100에 불과하다. 뜨거운 열기로 골머리를 썩이며 그들이 서구 언어와 씨름하고 있는 모습을 보았을 때 나는 현대 교육의 무익함에 분개하는 감정이 일어났다. 나는 다른 교실에서 수업하고 있던 두 권의 책을 기억했다. 『인생의 몇 가지 모순들』과 『정의』였다. 나는 이 상징적인 함의가 버겁게 느껴졌다.

오랜 세월을 거치면서 고착된 동양의 특성은 덧없이 서구의 색조로 다시 주형되어야 한다. 그것은 정의인가? 모순인가? 그리고 미망에 사로잡혀 있지 않다고 스스로 생각하고 있는 나는 오히려 비극적 웃음거리에 사로잡혀 있는 것은 아닌가?

25분이 지났다. 나는 일어나서 늘 하던 식으로 말했다.

"자, 이제 마칩시다."

그들은 한결같이 탄식하며 등을 기댔다. 한 두 학생이 불평했다.

"아직 못했어요."

"시간을 조금만 더 주세요."

"너무 어려워요."

나는 반박했다.

"너무 쉽네."

그러자 그들은 소리쳤다.

"아니에요! 아니에요!"

나는 출석부를 내려다보고는 결석생들 중 한 명을 불러서 작성한 문장을 읽게 했다. 그 학급은 무슨 일이 일어날지를 알고 어린아이들처럼 곧 일어날 일을 즐거워하면서 감사의 표시로 웃었다. 아무런 응답이 없자 내가 말했다.

"그 학생은 여기에 없나 봐."

그리고 출석부에 결석 표시를 했다. 그리고 나서 나는 다른 결석생을 호명했다. 그를 대신해서 대답한 그의 친구는 절벽에 선 것처럼 어쩔 줄 몰라 하면서 일어나 작문을 읽었다. 이것은 새로운 계략이었지만 그에게서 한 마디 답도 듣지 못하자 왁자지껄한 웃음소리가 터져 나왔다. 나는 말했다.

"미안한데 무슨 말인지 알아들을 수가 없군. 누구 다른 사람이 한 번 읽어볼까."

그리고 나서 나는 읽힐 학생을 찾기 위해 출석부를 들여다보고는 좀 전의 그 학생을 지목했다. 거꾸로 계략을 쓰자 학생들 모두 말할 수 없이 소란스러운 웃음을 터뜨렸다. 당황한 그 학생이 손으로 얼굴을 감싸자 학생들이 요란하게 환호했다. 그리고 깊이 잠들어 있던 학생까지도 깨어나 게슴츠레한 눈으로 그를 쳐다보았다. 나는 그 잠꾸러기를 호명했다. 평정을 회복해서 수업을 마치기까지는 30분이 남았다.

마지막으로 나는 한 학생을 지명했으나 그는 더듬거리면서 탄식을 내뱉고 머리를 긁적이며 목청을 가다듬었다. 나는 그의 작문을 칠판 위에 한 단어씩 쓰게 만들었다.

> 게이죠, 혼마찌
> 이초메 3, # 2
> 1928년 2월 1일
>
> 안녕하십니까?
>
> 회사는 번창하시는지요? 오랫동안 연락드리지 못한 점 용서해 주시기 바랍니다. 귀사에서 발간하여 얼마 전에 『오사카아사히신문』에 광고를 실은 『영일사전』을 위에 적은 주소로 가급적 빨리 보내 주시기 바랍니다. 책값과 우편 비용 10엔을 동봉해서 보냅니다. 귀사의 번영을 기원합니다.
>
> 귀사의 애정 어린 친구,
> 마쓰시마(A. Matsushima)

나는 뒤로 돌아서서 학생들이 내가 쓴 것을 볼 수 있도록 한 다음 이 글을 비판하고 어떻게 문장을 바꾸는 것이 좋을까를 물었다. 들떠 있던 분위기는 가라앉았고 그들은 진지하게 작문을 공부했다. 그 공부가 그들에게 즐거움을 가져다 줄 리는 만무했다. 그것은 그들이 영어 책에서 읽었던 것과는 전혀 동떨어진 매우 가혹한 작문이었다. 그들은 점점 대담해졌다. 나는 그것을 큰 공간이 있는 칠판 위에 그들의 답들을 다음과 같이 모아서 썼다.

Dear you
How are you all?
Dear People
I pray your health!
My dear shoppers
May your Company be blessed!
The following place of mine
As soon as this letter has been reached
The upper abode
Very hasty
The next existence
As fast as can
As a reward here is ten yen
Waiting your kindly
For a ransom and posted tax
Please deal with this as you wish, I hope.
I send ten yen as the atonement

적어도 "How are you all?" "May your Company be blessed!"와 같은 표현은 사업용 서신에는 부적절하고, "the next existence"와 "the upper abode"와 같은 표현은 누군가의 "terrestrial address"에는 부적절하고, "reward", "ransom", "atonement"와 같은 단어들은 매매의 용도에는 부적절하며, 상업상의 거래에서 "Please deal with this as you wish"와 같은 신뢰의 표현과 "I want be done well"이라는 솔직함의 표현은 부적절하다는 점을 설명

하기에는 5분밖에 남지 않았다. 이 모든 내용을 설명하는데 5분밖에 남지 않았을 뿐만 아니라 명료하고 정확한 영어로 고쳐 써야만 했다. 종이 울리자 나는 허둥댔다. 반장이 학급생들의 주의를 환기시켰다.

“기립”

“경례”

“예!”

나는 출석부를 감싸 안고 교실을 나왔다. 10분 동안 나는 자유였다. 사환이 나에게 뜨거운 차를 가져다주었다. 나의 두 동료들이 내가 곧 만나게 될 고충에서 해방되어 나에게 다가왔다. 그러나 그 고충에서 나를 해방시킬 사람은 아무도 없었다. 다시 종이 울렸다. 같은 수업을 A반에서 반복해야 했다. 그러나 그들은 고상한 척하고 건방졌다. 수업의 전망이 밝아 보이지 않았다. 그러나 그것은 그 날의 마지막 수업이었다.

제 18 장 금강산

금강산의 봉우리들은 사람들에게 영감을 불어넣기 때문에 나는 마법의 모험담을 위해 한 장을 할애해서 선원 신밧드의 우화를 늘어놓을 생각은 없다. 여기에도 마찬가지로 기이한 마법처럼 환상적이고 기묘한 매력의 정취가 배어 있다. 그것은 우리도 모르는 사이에 우리를 옛날의 낭만적인 향수 속으로 매혹한다. 그러나 그 향수는 음울하고 "신령스러운 주술"과도 같은 면을 잃지 않으면서도 물리적인 감각에 예민하다. 이러한 믿을 수 없는 산봉우리들을 오르는 것은 어린이의 심안으로 돌아가서 다시금 경종, 기대, 찬탄이라는 오래된 종소리를 울리는 것이다. 그것은 태고의 마법의 자취를 다시 한 번 느끼는 것이다. 그것을 느낀다는 것은 단순히 영혼의 응답으로서가 아니라 피와 뼈에 사무친 형용할 수 없는 도취이다.

만물상의 꼭대기에 올라서면 당신은 허공에 떠다니고 있는 듯한 환상에 빠질 것이다. 적막한 반원형의 정상에서는 모든 생명체들이 곰과 새, 명상에 잠겨 있는 부처님, 기도하는 성직자 등과 같이 각기 특이한 형상들을 가지고 있음에도 불구하고 마치 공중의 한 점으로 보인다. 그것들은 오히려 생명체가 아닌 것처럼 보인다. 어둠이 내려앉거나 자욱한 안개 속에 도깨비불이 피어오르고 베일이 휘날리면서 마치 유령들이 당신을 감싸는 것처럼 하얀 바위들은 형상 없는 혼귀처럼 보인다.

그리고 비로봉 꼭대기 한가운데에서는 더욱 그렇다. 그러나 아마도 아무런 준비도 하지 않는다면 당신은 들떴던 마음을 자책하게 될 것이다. 당신은 구체적으로 경도와 위도 그리고 기차와 도로를 자세하게 원한다. 쉽게 말해서 이 산봉우리들이 어디에 있는지 그리고 어떻게 거기에 갈 수 있는지를 알고 싶어 할 것이다.

당신은 거의 바다에 다다라서 조선의 동쪽에서 금강산을 만나게 될 것이다. 서울에서 일곱 시간 동안 기차를 타고 가면 원산에 도착할 수 있다. 거기에서 공용 차나 개인 차량을 이용해서 150마일[1] 남짓한 길을 달리면 산 입구에 위치한 온정리에 이를 것이다. 2년 안에, 아마도 그보다 더 짧은 시간 내에 당신은 기차로 이 여로를 달릴 수 있을 것이다. 당신은 큰 불안감과 위험에서 벗어나겠지만 그러기 위해서는 경험이라는 댓가를 치러야 한다.

자동차로 150마일(sic)은 크게 먼 거리는 아니지만 당신은 도로 사정을 감안해야만 한다. 또한 이 글에서처럼 공용 차로 여행하기로 마음먹었다면 차의 상태를 감안해야만 한다. 물론 차는 포드를 타야 한다. 왜냐하면 다른 어떤 차도 그러한 여정을 소화할 수가 없기 때문이다. 그 자동차에는 보조좌석으로 얇게 덮개를 댄 폭 4인치가량의 보호 의자가 갖추어져 있다. 뒷바퀴에서 올라타고 가는 느낌이 들겠지만 그 보조 의자를 외면하고 뒷좌석에 타시라.

자동차에는 어린이를 포함해서 아홉 명이 탈 수 있다. 당신에게는 다리를 뻗을 만한 공간이 없을 것이다. 일단 올라타면 자리를 바꾸거나 팔다리를 전혀 옴짝달싹 할 수가 없다. 그리고 그 여행은 일곱 시간 동안 지속된다. 발판과 배기 통에 묶인 짐들은 진흙탕과 시냇물에 그대로 노출될 것이다. 당신은 날씨가 좋기만을 바랄 수밖에 없다. 우기가 시작되기 전의 초여름에

---

1) 원산에서 금강산의 거리를 150마일(240km)로 기록한 것은 필자의 오기로서 50마일(80km)이 맞다.

날을 잡으시라. 또는 우기가 완전히 끝난 가을이 더 좋을 수도 있다. 만약 나처럼 우기에 금강산을 찾아야 한다면 비가 멎기를 기도하시라. 그러면 당신의 기도가 이루어질지도 모른다. 나의 경우에는 그렇지 않았지만 말이다.

이제 나의 여행담을 들려 드리고자 한다. 나는 독일인 친구 부부와 함께 동행했다. 이미 우리에게는 원산의 외국인 휴양지가 있었기 때문에 날을 잡을 수가 있었다. 무더위와 장마가 교차하는 8월이었다. 우리는 날씨가 쾌청한 날 아침에 출발하기로 결정했다. 그러나 비는 오지 않았지만 먹구름이 짙게 드리워진 몇 날 아침을 보내다가 우리는 더 이상 참지 못하고 어리석게도 불안한 하늘을 바라보며 등반에 나섰다.

출발한 지 30분 만에 우리는 비를 만났다. 가파른 언덕의 경사지 주위를 굽이도는 암봉 속으로 난 길에는 자갈이 거의 깔려 있지 않았다. 5분가량 지나자 길은 빙판처럼 미끄러운 진흙 길로 바뀌었다. 타이어에는 체인이 감겨 있지 않았고 차는 운전자의 말을 듣지 않았다. 차는 갑자기 낭떠러지를 향해 경사지를 곤두박질쳤다. 차는 경사지의 모퉁이까지 미끄러져 내려갔다. 운전자는 빠져나가려고 차를 힘껏 몰았으나 차의 바퀴는 마치 팽이처럼 헛돌았다. 그는 속력을 늦추지 않았다. 우리는 기암괴석들과 드넓은 평야를 내려다보았다.

논둑을 따라 경사면을 오르는 등산객들이 시야에 들어왔다가 이내 사라졌다. 골짜기의 계곡이 길을 가로막았다. 빗물이 불어나 급류를 이루면서 조금씩 다리를 침식해 들어갔다. 판자 묶음들이 위태롭게 서 있었다. 물살에 이겨진 판자들이 느슨해져 모서리가 흔들거렸고 말뚝이 떨어져 나갔다. 우리는 그 길을 포기하고 물살을 가로질러 빠져나갔다. 그러나 바퀴에 돌이 걸려 덜컥덜컥 소리가 나면서 엔진이 멈췄다.

우리는 지쳐 버렸다. 여전히 서 있는 다리를 보자 더욱 기운이 빠졌다. 급류의 하상은 움푹 패인 구멍을 만들었지만 이 갑작스레 기운 둑길보다는 오히려 나았다. 그러는 사이 비가 그치고 해가 나타났다. 단박에 뜨거운 숨을

금강산에서의 필자

내몰아 쉬는 것처럼 길이 말랐다. 정상에 구름이 떠다니는 산자락이 우리 앞에 선명하게 나타났다. 우리는 안개가 자욱한 거대한 계곡의 입구를 향해 차를 몰아 온정리에 도착했다.

짜릿한 날들이 지나갔다. 우리는 구룡폭포, 만물상, 내륙의 산봉우리들을 축소해서 만든 것처럼 투명하고 푸른 물살 위로 솟아 있는 소나무 삼림이 울창한 바닷가를 돌아보았다. 호텔 측은 우리에게 안내인을 붙여 주었다. 그는 점심과 우의와 우리가 신고 있는 신발 위에 덧신을 조선 짚신을 가져다주었다. 짚신은 훌륭한 발명품이었다.

미끄러운 돌이 물과 함께 흘러내렸지만 짚신 덕분에 우리는 미끄러질 염려 없이 가파른 경사지에 서 있을 수 있었다. 산의 실제 높이는 그다지 중요하지 않았으나 육안으로 보이는 높이는 문제가 되었다. 산세는 시각적으로 협곡이 가파른 산맥 사이에서 급하게 갈라져서 도저히 오를 수 없는 정상이 우뚝 서 있는 효과를 나타냈다. 누군가 정상에서 재빠르게 움직였다. 산의 크기는 중요하지 않았다. 그 산의 매력은 다른 데에 있었다.

둥근 돌 사이에서 연신 거품을 일으키며 웅덩이를 편평하게 길들이는 얼음처럼 차갑고 수정같이 맑은 황록색 빛깔의 폭포와 낙수와 급류……, 갑작스럽게 황량해진 바위 틈새로 교차해 달리는 물살이 실처럼 레이스를 수놓고 있는 소나무와 단풍 나무숲……, 마치 거인의 손가락처럼 그리고 무너져 내린 사찰의 기둥처럼 생긴 산꼭대기……, 동굴과 그 입구를 만들면서 무너져 내리고 뒹군 돌무더기들……, 가파르고 가느다란 담벼락처럼 산등성이를 시원스럽게 관통하는 마치 눈처럼 생긴 구멍……, 그리고 천길 낭떠러지의 바위 턱 위에 서 있는 수많은 사찰들…….

사찰은 잿빛과 초록빛이 어우러진 가운데 붉은빛이 도드라졌다. 금강산은 만물을 품고 있었으며 또한 매력 그 자체였다. 모두가 불가사의했다. 강렬하지는 않았지만 그것은 인간의 심장이 갈망하는 모든 야생과 마법을 간직하고 있었다. 그것은 단지 경이에 찬 숭배의 눈길들을 위압하지만은 않았으며 더 없는 다정다감함을 뽐내는 산이었다.

그 산을 오르는 데에는 결연한 각오까지는 필요하지 않았다. 그러나 그것은 노력과 인내와 용맹스러운 의지라는 건전한 댓가를 요구했다. 위험을 감내하지 않고서는 정상에 오를 수 없기 때문이었다. 우리는 사람의 발의 길이보다도 좁은 틈새를 가진 돌들로 이루어진 가파른 협곡의 가장자리를 따라서 협곡과 둥근 돌과 미끄러운 물길과 좁은 길을 올라야 했다. 우리는 대지를 휘감아 올리는 매서운 바람과 둥둥 떠다니는 구름 떼를 거느리고 마치 기둥 위에 올라 선 것처럼 정상 위에 서서 거대한 구멍을 이루고 있는 한 점 바위와 소나무 가지들을 내려다보았다. 우기에는 느닷없이 소나기를 만나 하루종일 또는 한 주일 내내 낭떠러지에 고립되어 오도 가도 못하는 또 다른 위협이 도사리고 있었다.

매혹적이었다. 그저 평안하기만 했으며 두려움은 일어나지 않았다. 나는 나에게 없었던 용기를 가지고 있었던 것처럼 말하고 싶지는 않다. 나는 높이에 대해 어리석은 생각을 가지고 있다. 그 곳에는 안내인을 종용하는 내 친구를 만류하던 장소들이 있었다. 나는 아직까지도 새록새록 당황스러웠던 특별한 순간이 있었다. 안개가 만물상 위에서 우리의 발목을 붙들고 있었다. 우리는 되돌아오는 길에 거대한 경사지를 가로질러 계곡을 따라 내려가려고 고집했다. 안내인은 우리를 만류했지만 우리는 고집을 꺾지 않았다.

눈앞의 정상은 자욱해진 안개 속에서 구름처럼 나타났다가 어둠처럼 사라졌다. 시야는 몇 발자국 이내로 제한되었다. 하얀 불투명함 속에서 우리는 산등성이 끝자락의 꼭대기를 걷고 있는 것 같았다. 갑자기 안내인이 발걸음을 멈추었다. 우리 앞에는 완벽한 허공이 있었다. 양쪽 면으로는 완벽한 공백이었다. 우리가 서 있던 바위는 마치 허공 속에 매달려 있는 것 같았다. 우리는 발길을 되돌렸다. 우리는 올라갈 때는 직립으로 걸어왔었으나 이제는 손과 무릎으로 되돌아갔다…….

우리는 산 속으로 더 깊이 들어가 장안사에 도착했다. 그 곳에서는 사찰과 수도승들의 생활을 엿볼 수 있었다. 불교는 나름대로 금강산을 영산으로 여기고 있었다. 그 곳에는 울치에서 돌배를 타고 온 53개의 불상들이 독수리 머리와 날개에 사자의 몸통을 가진 바위 속의 괴수 그리핀[2]과 연못 속의 용들과 맞서 싸워 그들을 몰아내고 아미타불의 숭배를 천명했다는 황당무계한 전설이 내려오고 있다.

매우 유치하지만 거기에는 중요한 의미가 담겨 있다. 아마도 그 산에는 여전히 호랑이들이 살고 있을 것이다. 곰은 확실히 있다. 소용돌이치는 물살을 본다면 누구나 휘감겨져 있는 용의 비늘을 상상할 수 있을 것이다. 옛 수도승들은 야수와 홍수와 악천후에 맞서 생존하기 위해 격렬하게 싸웠을 것이다. 그들은 의도적인 적개심을 가지고 그들을 찾아 헤맨 야만적인 괴수들과 맞서 싸웠을 것이다.

아마도 그들은 정당했을 것이다. 왜냐하면 기독교의 도전과 마찬가지로 불교의 도전은 고대의 정신이기 때문이다. 여기 이 산봉우리들에서 그 도전은 매우 강고한 정신으로 전해져 내려온 듯했다. 사찰들과 수없이 많은 암자들이 있었다. 사찰들은 저항감을 표출하는 것처럼 계곡이 아니라 가장 가파른 절벽 위에 자리 잡고 있었다.

특히 마하연 근처의 암자는 깊은 나락을 굽어보며 드러나 있는 바위에 매달려 있는 듯했다. 그러나 그 정복이 완전한 것인지는 의아하다. 부처님에 대한 숭배 또는 부처님의 철학이 정복의 위용을 과시하는 것처럼 사찰에는 부처님과 그의 제자들 그리고 기괴한 동물들이 그려져 있다. 더욱이 용의 여정에 관해 말하는 전설들은 그들의 완전한 소멸을 주장하는 것처럼 보이지는 않는다. 많은 수가 괴멸되었지만 일부는 산 속 더 깊은 곳의 은신처로 달아났다. 나는 그들의 퇴각하는 모습을 보았다.

---

2) 그리핀(griffin) : 그리스 신화에 나오는 동물로서 사자의 몸통에 독수리의 머리를 가지고 있었는데, 스키타이의 황금을 수호했다.

금강산 보덕암

가장 높은 산봉우리인 비로봉 정상에 서 있을 때였다. 나는 친구와 떨어져 있었다. 나는 장안사에서 영어를 할 줄 아는 안내인을 만났다. 그는 장중한 계곡을 타고 올라가 나를 보덕암으로 안내했다. 우리는 거기에서 다시 비로봉 기슭에 있는 수도승들의 휴식처로 갔다. 아직 이른 오후기에 곧장 정상에 오르자고 내가 제안하자 안내인은 불가능한 일이라고 단언했다. 우리는 황혼이 질 때까지 돌아올 수 없었으며 어둠에 사로잡히는 것은 형언할 수 없는 위험에 도전하는 행위였다. 나는 일정을 너무 늦추지는 않았다.

일주일가량이 지날 무렵에 나는 완벽하게 준비를 갖추었다. 오후 내내 게으름을 피우는 일은 참을 수가 없었다. 더군다나 나는 그 동료가 거짓말을 하고 있다는 것을 알았다. 그의 외국 의상 흉내는 그가 신뢰받을 가치가 없다는 것을 웅변으로 보여 주었다. 그는 카키색 반바지에 면 조끼를 입고 있었는데, 스타킹을 신지는 않았기 때문에 무릎 위로는 아무런 장식도 걸치지 않고 있었다.

장갑처럼 큰 발가락이 분리된 짧은 양말처럼 보이는 일본의 신발은 그의 발을 갈라진 발굽처럼 보이게 했다. 이런 잡동사니 의상을 제외하고 그는 온화하게 환심을 자아내며 구구절절이 조선의 전설을 늘어놓을 줄 알았다. 그는 금강산의 전설을 마치 어린아이들에게 들려주는 동화처럼 설명했지만, 그 심층 심리에는 자신이 영어를 할 줄 안다는 우월감이 도사리고 있었다. 나는 그가 터무니없는 말을 하고 있는 줄 알았기 때문에 그 동기를 알아보려고 고생했다. 그러나 나는 마지막에 실수했다.

나는 매우 빨리 걸어서 아침에 그 날의 행선지를 모두 돌아보았고 오후에는 다음날의 행선지를 돌아보자고 제안했다. 안내인은 하루치 보수로 이틀치 일을 하고 있었다. 나는 나아가 안내인들이 일종의 노동조합에 참여하고 있다는 사실을 알게 되었다. 가장 우수한 안내인들은 적어도 영어를 할 수 있었다. 그들은 방문객들이 동반하는 구역을 나누고 있었다. 나는 해가 떨어지기 전에 돌아올 수 있도록 빨리 다녀 올 수 있다면 그가 말한 대로 두 배의 보수를 지불하겠노라고 제안했다. 우리는 별다른 어려움이 없이 그렇게 했다.

그날은 안개도 끼지 않았고 구름 한 점 없었다. 우리는 높이가 40피트쯤 되는 거대한 석불을 지났다. 안내자의 설명에 따르면 그것은 단일 바위에 조각한 것이다. 우리는 여울을 지나 단풍 나무숲으로 돌아왔다. 그곳에는 줄 다람쥐가 나뭇가지 위에서 우리를 엿보고 있었고 물총새가 물속으로 뛰어들고 있었다. 우리는 가파르고도 호박 돌이 갈린 협곡에 들어섰다. 그곳에는 나무도 없었다. 우리 앞에 갑자기 닭볏처럼 생긴 화강암의 벼랑이 나타났다. 그것은 푸른 천궁에 대비를 이루며 새하얀 실루엣처럼 어렴풋했다.

정상에 오르니 산의 전경이 보였다. 계곡이 달리고 산봉우리가 우람하게 솟아올랐다. 모든 것이 완벽했고 선명했다. 15마일 밖에는 바다가 우리의 발밑에 누운 것 같았다. 바다에는 파도가 끊임없이 일고, 해안선이 지도책처럼 펼쳐 있었으며, 양편으로 수백 마일에 이르는 짙푸른 해안에는 황금 모래로 이루어진 만이 자리 잡고 있었다.

바로 우리의 발아래는 곧 추락할 것만 같은 수천 피트의 거대한 계곡이 펼쳐졌다. 그것은 차라리 웅덩이와 같아 깎아지른 듯한 절벽으로 둘러싸여 있었다. 안내인은 이 분지를 가로지르며 떨어지는 구룡폭포의 수원지를 가리켰다. 그 곳은 3마일쯤 떨어져 있었다. 그러나 폭포를 방문하기에 앞서 우리는 비로봉에 도착하는 이틀간의 여행을 해야만 했다. 나는 안내인에게 물었다.

"왜요? 계곡 아래를 가로지르면 안 됩니까?"

그는 마치 경련을 일으키는 것 같았다. 그는 누구도 그 길로는 갈 수 없다고 말했다. 예전에 한 승려만 알고 있었던 길이 있었으나 그것은 오래 전의 일이고 지금 그 승려는 죽고 없었다. 많은 사람들이 그 길을 도전했지만 다시는 돌아오지 못했다. 몇 주도 채 지나지 않아 다른 일행들이 그 길을 떠났지만 그들 또한 돌아오지 않았다…. 그 장소에는 혼령이 출몰했다. 나는 은

금강산 마애석불

신하기 위해 산 속 더 깊이 달아난 그 용들을 떠올렸다. 그 곳은 몽환경이었다. 이곳은 그들의 은신처이며 그들은 여전히 잠들어 있었다.

일본과 조선, 동양과 서양의 도시는 덧없는 적개심으로 분노를 터뜨리고 있었다. 그러나 여기에서 근본적인 대립이 일어났다. 사찰은 산에 맞서 있고 인간적인 연민과 위안과 이상은 고대 동양의 냉엄한 현실에 맞서 있었다. 그런 의미에서 어두운 방황 속에서 꾸준히 구체화된 현실은 더욱 엄혹하다. 나는 산의 편에 서 있었다. 우매한 머리에도 불구하고 나는 산의 편에 섰다. 주관적인 생각에 갇혀 있는 나는 진실의 계시를 바로 보지 못했다.

우리는 바위와 불로부터 태어난 사람들이지 천상에서 내려온 침입자가 아니었다. 일상의 대지는 우리를 충족시켜 준다. 진리는 거역과 극기에 있지 않고 전력을 다해서 요구를 받아들이는 데에 있다. 그러한 시각 속에서 삶은 가치 있게 변모한다. 어떤 외형적인 목표가 아니라 순수하게 삶 그 자체를 위한다면 쾌락은 그것의 정당한 표현이며 나름대로의 목표를 가진 노력이다. 그것은 기복이 심한 의혹이 아니라 확실하고 믿을 수 있는 것이다.

그러나 그 도시를 내려오면서 다시 그 생각은 수그러들었다. 그것은 머릿속에 고착된 우매함 때문이었다. 어디에도 없는 항구를 향한 망망대해 위의 무익한 항해에 참여한 승객처럼 사람들은 미숙한 논쟁의 한복판에서 싸우고 진정하기를 반복하고 있노라고 당신은 말할 것이다. 그러나 그것은 그 도시 안에서만 일어나는 일이다. 그 산은 전혀 다른 것을 주장하고 있다. 그리고 그 산은 준엄하게 그것을 증명하고 있다.

역주자 참고문헌

『기독교대백과사전』(서울 : 기독교문사, 1983)

金源模(편저), 『근대 한국 외교사 연표』(서울 : 단국대학교출판부, 1984)

민두기, 『일본의 역사』(서울 : 지식산업사, 1977)

朴大憲, 『서양인이 본 조선』(서울 : 壺山房, 1996)

『성경』

『세계인명대사전』(서울 : 문공사, 1973)

李在楨, 『대한성공회 100년사』(서울 : 대한성공회 출판부, 1990)

이홍직, 『국사대사전』(서울 : 지문각, 1965)

『한국가톨릭대사전』(서울 : 한국교회사연구소, 1985)

『한국인명대사전』(서울 : 신구문화사, 1967)

『한국학대백과사전』(서울 : 을유문화사, 1972)

『大人名辭典』(東京 : 平凡社, 1955)

『世界大百科事典』(東京 : 平凡社, 1957)

『日本人名事典』(東京 : 平凡社, 1986)

American-English Dictionary on Historical Principles(Chicago : University of Chicago Press, 1968)

Barhart, Clarence L.(ed), *The New Century Cyclopedia of Names* (Englewood Cliffs : Prentice-Hall Inc., 1975)

Brock Haus Enzyklopaedie(Wiesbaden : F. A. Brock Haus, 1969)

Encyclopedia Britannica(Chicago : The University of Chicago, 1963)
Encyclopedia of World Methodism(Nashville : The United Methodist House, 1974)
National Cyclopaedia of American Biography(New York : James T. White & Co., 1956)
Sullivan, Jack, *The Penguin Encyclopedia of Horror and the Supernatural* (New York : Viking Penguin Inc., 1986)
Webster's Biographical Dictionary(Springfield : G. and C. Merriam Co, 1951)
Who Was Who : 1929~1940(London : Adam and Charles Black)
Who Was Who among English and European Authors : 1931~1949, Vol. 1(Detroit : Gale Research Co. Book Tower, 1978)

李盛平, 『中國近現代人名辭典』(北京 : 新華書店, 1989)
孫平化, 『日本人物大辭典』(北京 : 商務印書館, 1988)

변영욱(邊泳旭)

건국대학교 정치외교학과 졸업

장우영(張又永)

건국대학교 의과대학 중퇴

광운대학교 졸업

건국대학교 정치학과 석사 과정 수료

동 박사 과정 재학

역주자 **신복룡(申福龍)**

충북 괴산 출생/ 건국대학교 정치외교학과 · 동 대학원 수료(정치학박사)/ 고등고시위원 역임/ 건국대학교 정치외교학과 교수 역임/ 미국 Georgetown 대학교 객원 교수 역임/ 건국대학교 중앙도서관장 · 대학원장 역임/ 한국정치외교사학회 회장 역임/ 건국대학교 정치외교학과 석좌교수 역임

저서 및 역서

저서

『한말 개화사상연구』(평민사, 1987)/ 『전봉준평전』(지식산업사, 1996)/ 『한국분단사 연구 : 1943-1953』(한울, 2001, 한국정치학회 저술상 수상)/ 『한국사 새로보기』(풀빛, 2001)/ 『이방인이 본 조선 다시 읽기』(풀빛, 2002)/ 『한국정치사』(박영사, 2003)/ 『대동단실기』(선인, 2004)/ 『동학사상과 갑오농민혁명』(선인, 2006)/ 『서재 채워드릴까요?』(철학과 현실사, 2006)/ *The Politics of Separation of the Korean Peninsula 1943-1953*(Edison, NJ : Jimoondang International & Seoul : Jimoondang, 2008)/ 『한국정치사상사』(지식산업사, 2011, 한국정치학회 인재상(仁齋賞) 수상)/ 『해방정국의 풍경』(지식산업사, 2016) 외 다수

역서

『민족자결주의』(A. Cobban, *National Self-Determination*, 1968 : 共)/ 『외교론』(H. Nicolson, *Diplomacy*, 1979)/ 『군주론』(N. Machiavelli, *The Prince*, 1980)/ 『칼 마르크스』(I. Berlin, *Karl Marx*, 1982)/ 『공산주의 간부 제도 연구』(Cho Jaekwan, *A Comparative Analysis of the Communist Cadre System*, 1985)/ 『모택동자전』(E. Snow, *Red Star over China : Genesis of A Communist*, 1985)/ 『데니의 생애와 활동』(R. Swartout, *O. N. Denny and the International Rivalries in Korea*, 1988 : 共)/ 『묵시록의 4기사』(E. Penchef, *Four Horsemen : Pollution, Poverty, Famine, Violence*, 1988)/ 『한국분단보고서』(1992 : 共)/ 『현대정치사상』(L. P. Baradat, *Political Ideologies*, 1995 : 共)/ 『정치권력론』(C. E. Merriam, *Political Power*, 2006)/ 『入唐求法巡禮行記』(2007)/ 『林董秘密回顧錄』(2007 : 共)/ 『한말외국인기록』 전 23권 외 다수